AF124600

Schritte

international NEU 6

Niveau B1/2

Deutsch als Fremdsprache
Lehrerhandbuch

Susanne Kalender
Petra Klimaszyk

Hueber Verlag

S. 138: Matthias Kraus, München
S. 144: Buch © Hueber Verlag/Nina Metzger
S. 145: Flughafen: Gisela Specht, Weßling
S. 151: Karte: Martin Lange, Karlsfeld

Zeichnungen: Jörg Saupe, Düsseldorf
Bildredaktion: Iciar Caso, Hueber Verlag, München

Symbole / Piktogramme

 Binnendifferenzierung

 Achtung

 Ausspracheübung

TiPP methodisch-didaktischer Tipp

ZDM Hier kann eine bestimmte Aufgabe aus der Rubrik „Zwischendurch mal …" eingeschoben werden.

 Zu dieser Aufgabe gibt es einen Film.

Länderinfo landeskundliche Informationen zu Deutschland, Österreich und der Schweiz

Abkürzungen

EA: Einzelarbeit

GA: Gruppenarbeit

HA: Hausaufgabe

PA: Partnerarbeit

PL: Plenum

WPA: wechselnde Partnerarbeit

IWB: interaktives Whiteboard

Der Verlag weist ausdrücklich darauf hin, dass im Text enthaltene externe Links vom Verlag nur bis zum Zeitpunkt der Buchveröffentlichung eingesehen werden konnten. Auf spätere Veränderungen hat der Verlag keinerlei Einfluss. Eine Haftung des Verlags ist daher ausgeschlossen.

Das Werk und seine Teile sind urheberrechtlich geschützt.
Jede Verwertung in anderen als den gesetzlich zugelassenen Fällen bedarf deshalb der vorherigen schriftlichen Einwilligung des Verlags.

Eingetragene Warenzeichen oder Marken sind Eigentum des jeweiligen Zeichen- bzw. Markeninhabers, auch dann, wenn diese nicht gekennzeichnet sind. Es ist jedoch zu beachten, dass weder das Vorhandensein noch das Fehlen derartiger Kennzeichnungen die Rechtslage hinsichtlich dieser gewerblichen Schutzrechte berührt.

3. 2. 1.   Die letzten Ziffern
2023 22 21 20 19   bezeichnen Zahl und Jahr des Druckes.
Alle Drucke dieser Auflage können, da unverändert,
nebeneinander benutzt werden.
1. Auflage
© 2019 Hueber Verlag GmbH & Co. KG, München, Deutschland
Redaktion: Kerstin Reisz, Berlin
Umschlaggestaltung: Sieveking · Agentur für Kommunikation, München
Gestaltung und Satz: Sieveking · Agentur für Kommunikation, München
Druck und Bindung: Friedrich Pustet GmbH & Co. KG, Regensburg
Printed in Germany
ISBN 978-3-19-611086-9

Art. 530_20310_001_01

Inhalt

Schritte international Neu ist die umfassende Neubearbeitung des Lehrwerks *Schritte international*.

1 Rahmenbedingungen

Schritte international Neu ist ein Lehrwerk für Lernende auf den Niveaustufen A1, A2 und B1 des Gemeinsamen Europäischen Referenzrahmens (GER), die in einem deutschsprachigen Land leben oder arbeiten möchten. Ziel ist es, die Lernenden auf die sprachlichen Anforderungen in Alltag und Beruf vorzubereiten.

Schritte international Neu geht bei der Stoffauswahl von den Vorgaben des GER aus und deckt die Prüfungsvorgaben der Prüfungen *Start Deutsch 1* und *2* sowie der *Goethe-Zertifikate (A2, B1)* und des *Zertifikats Deutsch* ab.

2 Aufbau *Schritte international Neu*

2.1 *Schritte international Neu* in sechs oder drei Bänden

Schritte international Neu liegt in einer sechsbändigen Ausgabe (Arbeitsbuch integriert) und einer dreibändigen Ausgabe (Arbeitsbuch separat) vor:

Schritte international Neu 1 *Schritte international Neu 2* oder *Schritte international Neu 1+2*	A1 / *Start Deutsch 1*
Schritte international Neu 3 *Schritte international Neu 4* oder *Schritte international Neu 3+4*	A2 / *Start Deutsch 2*, *Goethe-Zertifikat A2*
Schritte international Neu 5 *Schritte international Neu 6* oder *Schritte international Neu 5+6*	B1 / *Zertifikat Deutsch*, *Goethe-Zertifikat B1*

2.2 Die Bestandteile von *Schritte international Neu*

Schritte international Neu bietet ein umfangreiches Angebot an Materialien und Medien, die aufeinander abgestimmt und eng miteinander verzahnt sind:
- ein Kursbuch
- ein Arbeitsbuch mit integrierter Audio-CD
- ein Medienpaket mit den Audio-CDs zum Kursbuch und einer DVD mit den Filmen zum Kursbuch
- eine digitale Ausgabe von Kursbuch und Arbeitsbuch mit allen Audios und Filmen
- eine App mit allen Audios und Filmen zu Kurs- und Arbeitsbuch
- ein Lehrerhandbuch
- Glossare zu verschiedenen Ausgangssprachen
- Intensivtrainer
- Berufstrainer
- Testtrainer
- eine Übungsgrammatik

Der Lehrwerkservice im Internet unter www.hueber.de/schritte-international-neu enthält u. a.:
- ausführliche Unterrichtspläne zu Kurs- und Arbeitsbuch
- zahlreiche Kopiervorlagen, z. B. zu den Transferaufgaben/Aktivitäten im Kurs und den Filmen
- ein Lerner-Portfolio
- interaktive Zusatzübungen für die Lernenden zu den Selbsttests im Arbeitsbuch

Der Lehrwerkservice wird sukzessive immer wieder mit aktuellen Informationen und zusätzlichen Angeboten für den Unterricht ergänzt.

2.3 Medienüberblick: Die Verfügbarkeit von Filmen, Hörtexten, interaktiven Übungen und Kopiervorlagen

Material	eingelegte Audio-CD im KB/AB	Medienpaket	Lehrwerkservice www.hueber.de/ schritte-international-neu	App*	LHB
Hörtexte Kursbuch		X	X	X	
Hörtexte Arbeitsbuch	X		X	X	
Audio-Dateien zur Foto-Hörgeschichte		X	X	X	
Foto-Hörgeschichte als Slide-Show		X		X	
„Ellas Film"		X		X	
Kopiervorlagen zu „Ellas Film"			X		
Filme zu „Zwischen-durch mal …"		X		X	
Audiotraining		X	X	X	
Lektionstests					X
Kopiervorlagen zu den Lernschritten					X
Kopiervorlagen zu den Aktivitäten im Kurs			X		
Interaktive Übungen zu den Selbsttests im AB			X		
Kopiervorlagen zum Portfolio			X		

* Mit der kostenlosen *Schritte international Neu*-App können alle Filme und Hörtexte ganz einfach per Smartphone oder Tablet direkt aus dem Buch heraus abgerufen werden. Sie sind jederzeit verfügbar und somit ideal einsetzbar für das individuelle Lernen und Wiederholen. Die App ist im App Store oder Google Play Store verfügbar.

3 Das Kursbuch

Jeder Band von *Schritte international Neu* enthält sieben Lektionen.
Diese folgen einem klaren und einheitlichen Aufbau.

Aufbau einer Lektion

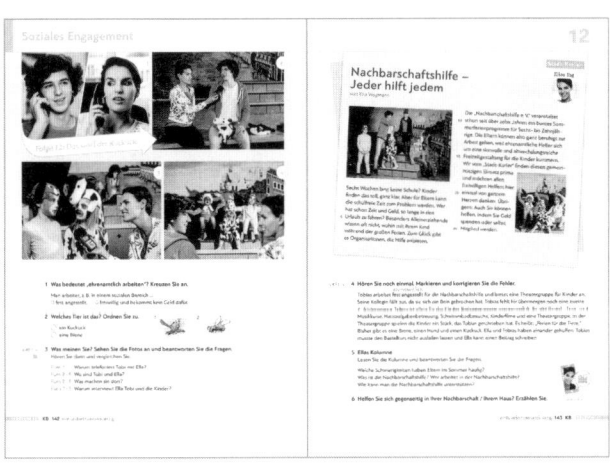

Die Foto-Hörgeschichte
Motivierender Einstieg über eine Foto-Hörgeschichte und einen interessanten, mit der Geschichte in Verbindung stehenden Lesetext

Konzeption – Das Kursbuch

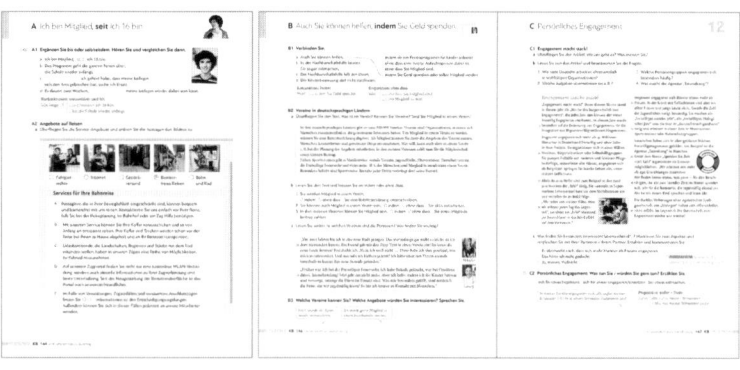

Die Seiten A bis C
Einführung und Einübung des neuen
Lernstoffs in abgeschlossenen Einheiten

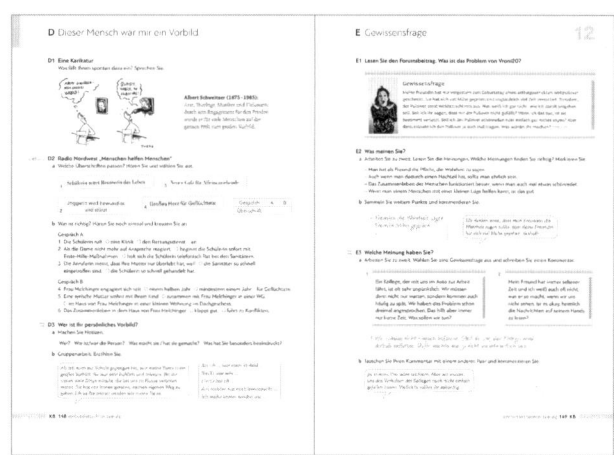

Die Seiten D und E
Training und Erweiterung der rezeptiven
und produktiven Fertigkeiten

Die Seiten „Grammatik und Kommunikation"
- Übersicht über Grammatikstrukturen
  und Redemittel, dazu Übungen, Tipps,
  Visualisierungen und Merkhilfen
- Übersicht über Lernziele und Möglich-
  keit zur Selbstevaluation
- Verweis auf das Audiotraining

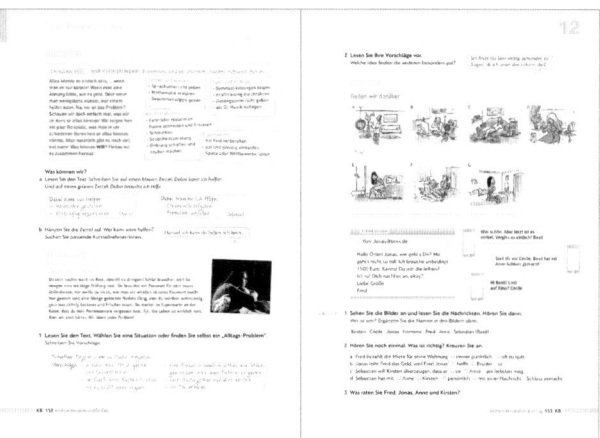

Die Seiten „Zwischendurch mal …"
Fakultatives Angebot mit Filmen, Projekten
etc. zum variablen Einsatz im Unterricht

3.1 Die Foto-Hörgeschichte

Jede Lektion beginnt mit einer Foto-Hörgeschichte und einem Lesetext. Die Lernenden begleiten die junge Journalistin Ella in ihrem Alltag und Beruf.

Die Foto-Hörgeschichte und der Lesetext bilden den sprachlichen und thematischen Rahmen der Lektion: Sie führen die Kommunikationsmittel und den grammatischen Stoff in einer zusammenhängenden Episode ein und entlasten damit den Lernstoff. Zugleich trainiert die Foto-Hörgeschichte das globale Hörverstehen.

Die Geschichte kann über die Audios 🔊 gehört werden, während die Lernenden parallel die Fotos im Kursbuch ansehen. Sie steht aber auch als Slide-Show 🎞 zur Verfügung und kann im Unterricht am interaktiven Whiteboard gezeigt werden (→ siehe „2.3 Medienüberblick" auf S. 5).

„Ellas Film"
Ergänzt wird die Foto-Hörgeschichte jeweils durch einen kleinen Film („Ellas Film").

Ellas Film

Diese Filmsequenzen erzählen kurze Alltagsszenen aus der Perspektive der Hauptfigur Ella und lassen diese dadurch noch lebendiger werden. Darüber hinaus wird das Hör-Sehverstehen geschult. Diese Filme sind fakultativ einsetzbar und können gemeinsam im Unterricht angesehen werden, eignen sich aber auch gut zum selbstständigen Nachbereiten und Ansehen zu Hause. Eine Kurzbeschreibung des Filminhalts sowie konkrete Vorschläge, an welchen Stellen die Filme im Unterrichtsablauf der Lektion eingesetzt werden können, finden Sie in diesem Lehrerhandbuch am Ende der Hinweise zu den Foto-Hörgeschichten. Tipps, Hinweise zum Einsatz im Unterricht sowie Kopiervorlagen zu den Filmen finden Sie im Lehrwerkservice unter www.hueber.de/schritte-international-neu (→ siehe „2.3 Medienüberblick" auf S. 5).

3.2 Die Seiten A bis C

Die **Kopfzeile** enthält ein Zitat aus der Foto-Hörgeschichte bzw. dem Lesetext und repräsentiert den Lernstoff der Seite. Die neue Struktur ist fett hervorgehoben. So können Sie und die TN sich rasch orientieren.

Kopfzeile

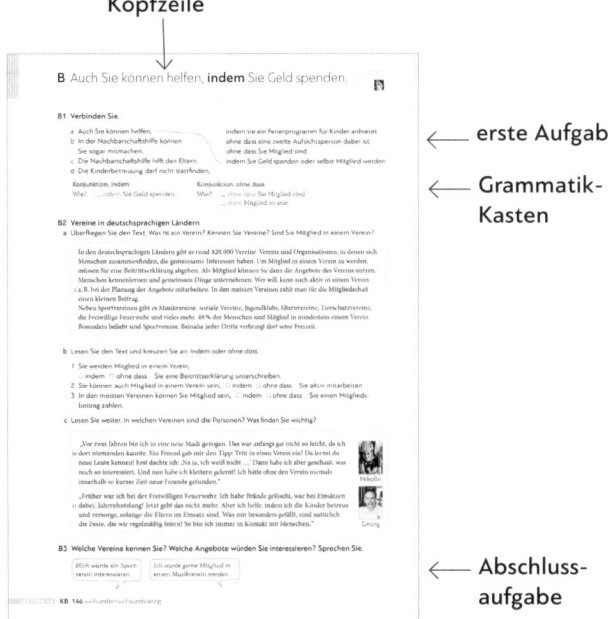

← erste Aufgabe

← Grammatik-Kasten

← Abschlussaufgabe

Die **erste Aufgabe** dient der Einführung des neuen Stoffs. Sie bezieht sich ebenfalls im weiteren Sinne auf die Foto-Hörgeschichte bzw. den Lesetext und schafft damit den inhaltlichen und sprachlichen Kontext für die neu zu erlernenden Strukturen.

Der **Grammatik-Kasten** fasst den Lernstoff übersichtlich zusammen und macht ihn bewusst. In den **folgenden Aufgaben** üben die TN den Lernstoff zunächst gelenkt und dann in freierer Form.

Die **Abschlussaufgabe** ist mit dem Piktogramm 🔁 gekennzeichnet und dient dem Transfer des Gelernten in den persönlichen Anwendungsbereich (z. B. über sich selbst sprechen oder schreiben, seine Meinung sagen) oder bietet die Möglichkeit, den Lernstoff auf spielerische Art und Weise aktiv und interaktiv anzuwenden. Manche Aufgaben sind zusätzlich mit dem Piktogramm 📱 versehen. Dieses weist darauf hin, dass die TN bei dieser Aufgabe ihr Smartphone oder Tablet nutzen können. Hinweise dazu finden Sie in diesem Lehrerhandbuch jeweils bei den didaktischen Vorschlägen zu den entsprechenden Aufgaben. Der Einsatz dieser Medien ist jedoch fakultativ!
Hinweis: Zur Vereinfachung und Unterstützung Ihrer Unterrichtsvorbereitung finden Sie zu vielen der Abschlussaufgaben Kopiervorlagen im Lehrwerkservice unter www.hueber.de/schritte-international-neu.

3.3 Die Seiten D und E

Die Seiten D und E dienen der Vertiefung und Erweiterung der vier Fertigkeiten Lesen – Hören – Schreiben – Sprechen. Die Textsorten zu den Fertigkeiten Lesen und Hören entsprechen ebenso den Anforderungen der Niveaustufe B 1 wie die Sprech- und Schreibanlässe (→ siehe „5.2 Fertigkeitstraining" auf S. 12).

3.4 Übersicht: Grammatik und Kommunikation

Diese Doppelseite gibt einen Überblick über die neue Grammatik und die wichtigen Wendungen der Lektion. Mithilfe der Übersicht kann der Stoff der Lektion selbstständig wiederholt und nachgeschlagen werden. Die Übersicht enthält zudem Verweise auf die *Schritte Übungsgrammatik*.

Darüber hinaus soll auf dieser Seite mit kleinen Aufgaben, Tipps, Merkhilfen und Visualisierungen auch wiederholend und vertiefend gearbeitet werden. Diese sind den Grammatiktabellen oder den Redemittelkästen jeweils am rechten Rand direkt zugeordnet. Auf dieses Zusatzangebot kann entweder im Unterricht eingegangen werden oder Sie weisen Ihre Lerner darauf hin, wie sie mit diesen Seiten sinnvoll eigenständig arbeiten und sie zum Nachschlagen nutzen können. Entsprechende Hinweise finden Sie in diesem Lehrerhandbuch auf den Seiten 17–18 und in den didaktischen Hinweisen direkt bei den Aufgaben mit den jeweiligen Grammatikthemen bzw. Wendungen. Sollten mehrere Verweise zu einem Grammatik-Teil vorkommen, dann steht die kurze Anleitung an der „Hauptstelle" und von den „Nebenstellen" wird auf die Hauptstelle verwiesen.

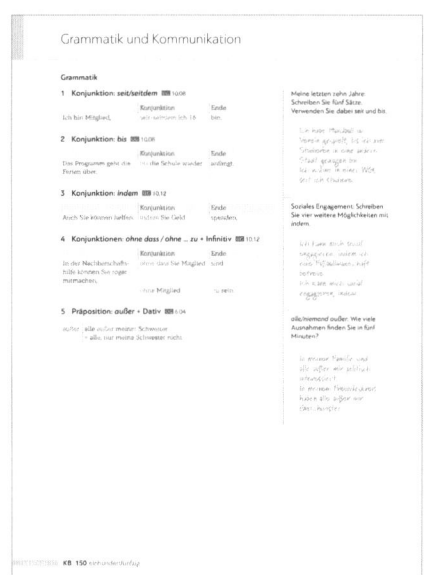

Die Rubrik „Audiotraining" verweist auf ein umfangreiches fakultatives Trainingsangebot, das Lernende und Lehrende im Medienpaket, im Internet und über Smartphone/Tablet

abrufen können. (→ siehe „2.3 Medienüberblick" auf S. 5). Sie können die Übungen zum Audiotraining anfangs in den Unterricht integrieren, um Ihre TN mit diesen Übungsformen vertraut zu machen und sie später zur selbstständigen Beschäftigung mit diesem Zusatzangebot anregen. Eine Kurzbeschreibung des Inhalts und mögliche Vorgehensweisen finden Sie in diesem Lehrerhandbuch unter → „5.12 Arbeit mit den Übersichtsseiten ‚Grammatik und Kommunikation'" auf den Seiten 17–18 und direkt in den didaktischen Hinweisen zur jeweiligen Lektion.

Audiotraining
Das Audiotraining umfasst jeweils drei Übungen zum Wiederholen, Üben und mündlichen Einschleifen der wichtigen Wendungen der Lektion.

Den Abschluss der Doppelseite bildet die Übersicht über die Lernziele der Lektion. Diese schafft Transparenz und eignet sich zur Selbstevaluierung. Sie ist nach den Lernschritten A bis E gegliedert (→ siehe „5.12 Arbeit mit den Übersichtsseiten ‚Grammatik und Kommunikation'" auf S. 17).

3.5 Zwischendurch mal …

Auf dieser Doppelseite finden Sie zwei bis vier kleine Angebote, die Sie fakultativ im Kurs einsetzen oder zur Binnendifferenzierung nutzen können.
Die Rubriken sind: Lied, Film, Spiel, Landeskunde, Projekt, Schreiben, Lesen, Hören, Gedicht.

Der Schwerpunkt dieser Aufgaben und Projekte liegt nicht mehr auf dem Erwerb und Einüben von Strukturen, sondern die Lernenden können hier das in der Lektion erworbene Wissen aktiv und oft spielerisch anwenden und erweitern. Diese Zusatzangebote sind völlig unabhängig voneinander und an verschiedenen Stellen der Lektion einsetzbar. Eine Beschreibung der Einsatzmöglichkeiten finden Sie in diesem Lehrerhandbuch unter „Zwischendurch mal ..." in der jeweiligen Lektion. Die Stellen im Unterrichtsablauf, an denen ein Angebot aus „Zwischendurch mal ..." eingesetzt werden könnte, sind mit diesem Symbol ZDM gekennzeichnet.

4 Das Arbeitsbuch

Im Arbeitsbuch finden Sie vielfältige Übungen und Aufgaben zu den Lernschritten A bis E für die Still- und Partnerarbeit im Kurs oder als Hausaufgabe. Auch hier erscheinen – wie auf der entsprechenden Kursbuchseite – in der Kopfzeile ein Zitat und ein Foto aus der Foto-Hörgeschichte bzw. dem Lesetext als Strukturierungs- und Memorierungshilfe.

4.1 Basisübungen – Vertiefungsübungen – Erweiterungsübungen

Die Übungen und Aufgaben berücksichtigen unterschiedliche Lernniveaus innerhalb des Kurses und bieten so Möglichkeiten zur Binnendifferenzierung. Die Aufgaben sind folgendermaßen gekennzeichnet:
- keine Kennzeichnung: Basisübungen für alle TN
- ◇ : vertiefende Übungen für TN, die noch mehr üben wollen/müssen
- ❖ : erweiternde Übungen als Zusatzangebot oder Alternative für schnellere TN

4.2 Die Rubriken
Neben den oben beschriebenen Basis-, Vertiefungs- und Erweiterungsübungen finden Sie im Arbeitsbuch folgende Aufgaben:
- **Wiederholung:** Aufgaben, die den bereits gelernten Stoff aus den Bänden A2.1 und A2.2 wiederholen
- **Schreibtraining:** eine Schreibaufgabe, passend zum Thema und den neuen Inhalten jeder Lektion
- **Grammatik entdecken:** Aufgaben, die neue Grammatikphänomene durch die Art der Aufgabenstellung bewusst machen und zum eigenen Entdecken des neuen Stoffs einladen
- **Prüfung:** Aufgaben, die in ihrem Aufbau genau den gängigen Prüfungsformaten der Prüfungen *Goethe-Zertifikat (B1)* und des *Zertifikats Deutsch* folgen und zur Prüfungsvorbereitung eingesetzt werden können
- **Phonetik:** ein systematisches Aussprachetraining mit Übungen passend zur Lektion, das sich je nach Bedarf der TN gut in den Unterrichtsablauf integrieren lässt

4.3 Der Selbsttest

Den Abschluss jeder Arbeitsbuchlektion bildet ein Lernertest zur Selbstevaluation..

- drei Rubriken: Wörter – Grammatik – Kommunikation
- Punkteauswertung mit „Ampelsystem"
- Vertiefungs- und Erweiterungsübungen im Lehrwerkservice unter www.hueber.de/schritte-international-neu/lernen

4.4 Die Fokus-Seiten

Die Inhalte der Fokus-Seiten am Ende jeder Arbeitsbuchlektion orientieren sich an konkreten Sprachhandlungen, die im Berufsalltag der TN eine Rolle spielen. Die Fokus-Seiten können fakultativ – jeweils den Bedürfnissen und Lerninteressen der TN entsprechend – im Unterricht behandelt werden. Methodisch-didaktische Hinweise zu jeder Lektion finden Sie in diesem Lehrerhandbuch.

4.5 Der Lernwortschatz

Am Ende des Arbeitsbuchs gibt es auf den Seiten LWS 29 – LWS 52 ein integriertes „Wörterlernheft" in Form einer Liste mit dem Lernwortschatz und Visualisierungen zu Kernthemen der Lektion. Der Lernwortschatz ist chronologisch nach Lektionen sortiert und innerhalb der Lektion den Aufgaben zur Foto-Hörgeschichte sowie den Lernschritten A–E zugeordnet. Die TN können eigene Übersetzungen in ihrer Muttersprache ergänzen. Es gibt mehrere Memorierungshilfen für die TN: Zu jedem Wort gibt es einen Kontextsatz, der das Lernen des Wortes unterstützt. Zudem sind die Nomen mit farbigen Genuspunkten und Artikeln versehen. Am Ende des Lernwortschatzes jeder Lektion finden die TN eine bebilderte Darstellung eines Wortfelds sowie einen Lerntipp zum Wörterlernen.

4.6 Die Grammatikübersicht

Am Ende des Buches befindet sich eine Übersicht über den gesamten Grammatikstoff des Bands zum Nachschlagen. Die Übersicht enthält Verweise auf das Vorkommen in den Lektionen sowie auf die *Schritte Übungsgrammatik*.

5 Methodisch-didaktische Grundlagen und praktische Tipps

5.1 Arbeit mit der Foto-Hörgeschichte

Der Einstieg in jede Lektion erfolgt über eine Foto-Hörgeschichte. Diese …

* ist authentisch: Die Sprache wird im Kontext vorgestellt. Die Lernenden können sich intensiv mit einer Geschichte auseinandersetzen, wodurch das Memorieren von Wörtern und Strukturen erleichtert und verbessert wird.
* ist motivierend: Die Fotos erleichtern eine situative und lokale Einordnung der Geschichte und aktivieren das Vorwissen. Durch die Kombination von Foto und Hörtext/ Geräuschen verstehen die Lernenden eine zusammenhängende Episode. Sie erkennen, dass sie am Ende der Lektion in der Lage sein werden, eine ähnliche Situation sprachlich zu meistern.
* macht neugierig: Die Geschichten sind so amüsant, dass sie das Interesse der Lernenden wecken und zur Identifikation einladen.
* vermittelt implizit Landeskunde und regt zu interkulturellen Betrachtungen an.

Neben den Audio-Dateien steht Ihnen die Foto-Hörgeschichte auch als „Slide-Show" zur Verfügung. Diese können Sie im Unterricht am interaktiven Whiteboard abspielen und haben damit eine direkte Verknüpfung von Bild und Ton. Alternativ können die TN die Slide-Show zur Nachbereitung auf dem Smartphone oder Tablet ansehen (→ siehe „2.3 Medienüberblick" auf S. 5).

„Ellas Film"
Die Foto-Hörgeschichte wird ergänzt durch kleine Filme. Jede Filmsequenz passt zur Foto-Hörgeschichte und erweitert das Thema der Foto-Hörgeschichte um einen Aspekt aus der Perspektive der Hauptfigur Ella. Die Hauptfigur erzählt in kleinen „Handyfilmen" ergänzende Geschichten aus ihrem Alltag. Dies lässt Geschichte und Figur lebendiger werden, vermittelt darüber hinaus vertiefende landeskundliche Inhalte und bietet motivierende Sprechanlässe.

Praktische Tipps:
Arbeit mit der Foto-Hörgeschichte
Beginnen Sie den Unterricht nicht direkt mit dem Hören der Geschichte. Die TN lösen zu jeder Episode Aufgaben vor dem Hören, während des Hörens und nach dem Hören. Generell sollten Sie die Geschichte so oft wie nötig vorspielen und ggf. an entscheidenden Passagen stoppen. Achten Sie darauf, jede Episode mindestens einmal durchgehend vorzuspielen.

Hören Sie am Ende jeder Lektion die Geschichte mit den TN noch einmal. Das ermutigt sie, denn sie können erleben, wie viel sie im Vergleich zum allerersten Hören nun schon verstehen, und das fördert die Motivation.

Aufgaben vor dem Hören
Die Aufgaben vor dem Hören machen eine situative Einordnung der Geschichte möglich. Sie führen neue, für das Verständnis wichtige Wörter der Geschichte ein und lenken die Aufmerksamkeit auf die im Text wichtigen Passagen und Schlüsselwörter. Für die Vorentlastung bieten sich außerdem viele weitere Möglichkeiten:

Fotosalat und Satzsalat
Kopieren Sie die Fotos und schneiden Sie die einzelnen Fotos aus. Achten Sie darauf, die Nummerierung auf den Fotos wegzuschneiden. Die Bücher bleiben geschlossen. Verteilen Sie je ein Fotoset an Kleingruppen mit 3 bis 4 TN. Die TN legen die Fotos in eine mögliche Reihenfolge, hören die Geschichte mit geschlossenen Büchern und vergleichen die Foto-Hörgeschichte mit ihrer Reihenfolge. Sie korrigieren ggf. ihre Reihenfolge.
Diese Übung kann um Satzkarten erweitert werden: Schreiben Sie zu den Fotos einfache Sätze oder Zitate aus der Geschichte auf Kärtchen, die die TN dann den Fotos zuordnen. Sie können hier auch zwischen geübteren und ungeübteren TN differenzieren, indem Sie geübteren TN weniger Vorgaben und Hilfen an die Hand geben als den ungeübteren.
Auf fortgeschrittenerem Niveau können sich die TN zu ihrer Reihenfolge der Fotos eine kleine Geschichte ausdenken oder Minidialoge schreiben. Ihre Geschichte können sie dann beim Hören mit dem Hörtext vergleichen.

Poster
Jede Foto-Hörgeschichte und den dazugehörigen Lesetext gibt es auch als großes Poster, das Sie im Kursraum aufhängen können oder für einen Fotosalat verwenden können. Wenn Sie nur ein Poster haben, geben Sie je ein aus dem Poster ausgeschnittenes Foto an eine Kleingruppe. Die Gruppen versuchen dann, den richtigen Platz in der Geschichte für ihr Foto zu finden, und entwickeln eine gemeinsame Reihenfolge. So müssen sich alle beteiligen und mitreden. Alternativ können die TN aus ihrer Gruppe auch je einen TN bestimmen, der sich mit den anderen gewählten TN vor dem Kurs in der richtigen Reihenfolge aufstellen muss, sodass diese TN die Reihenfolge der Geschichte bilden und das Foto vor sich halten. Das macht Spaß, weil die TN sich bewegen müssen und womöglich mehrmals umgestellt werden, bis alle mit der Reihenfolge einverstanden sind.

Hypothesen bilden
Verraten Sie den TN nur die Überschrift der Lektion und zeigen Sie ggf. noch eines der Fotos auf Folie. Die TN spekulieren, soweit es die Sprachkenntnisse zulassen, worum es in der Geschichte gehen könnte (Wo? Wer? Was? Wie viele? Wie? Warum?). Oder die TN sehen sich die Fotos im

Buch an und stellen Vermutungen über den Verlauf der Handlung an. Das motiviert und macht auf die Geschichte neugierig. Zudem wird das spätere Hören in der Fremdsprache erleichtert, weil eine bestimmte Hör-Erwartung aufgebaut wird. Fortgeschrittenere TN können sich im Vorfeld Minigespräche zu den Fotos überlegen und ein kleines Rollenspiel machen. Nach dem Hören vergleichen sie dann ihren Text mit dem Hörtext.

Situationsverwandte Bilder/Texte

Vielleicht finden Sie einen passenden Text oder ein Bild / einen Comic, den Sie verwenden können, um in das Thema einzuführen und unbekannten Wortschatz zu klären. Diese Übungsform eignet sich, wenn Sie erst ganz allgemein auf ein Thema hinführen wollen, ohne die Fotos aus der Foto-Hörgeschichte schon zu zeigen. Zeigen Sie z. B. beim Thema „Wohnen" Bilder von unterschiedlichen Lebenssituationen. Die TN nennen die ihnen bekannten Wörter. Dadurch wird das Vorwissen der TN aktiviert und die können Wortschatz der Stufen A1 und A2 wiederholen.

Aufgaben während des Hörens

Die TN sollten die Geschichte mindestens einmal durchgehend hören, damit der vollständige Zusammenhang gegeben ist. Dabei ist es nicht wichtig, dass die TN sofort alles erfassen. Sie haben verschiedene Möglichkeiten, den TN das Verstehen zu erleichtern:

Mitzeigen

Beim Wechsel von einem Foto zum nächsten ist ein „Klick" zu hören, der es den TN erleichtert, dem Hörtext zu folgen. Bei jedem Klick können die TN wieder in die Geschichte einsteigen und mithören, falls sie den Faden einmal verloren haben sollten. Als weitere Hilfestellung können Sie zumindest in den ersten Stunden einen TN bitten, auf dem Poster der Foto-Hörgeschichte mitzuzeigen. Die übrigen TN zeigen in ihrem Buch mit, sodass Sie kontrollieren können, ob alle der Geschichte folgen können.

Wort-/Bildkärtchen

Stellen Sie im Vorfeld Kärtchen mit Informationen aus der Foto-Hörgeschichte her. Die TN hören die Geschichte mit geschlossenen Büchern und legen die Kärtchen während des Hörens in die Reihenfolge, in der die Informationen in der Geschichte vorkommen.

Antizipation

Wenn die TN wenig Verständnisschwierigkeiten beim Hören haben bzw. wenn die TN schon geübter sind, können Sie die Foto-Geschichte natürlich auch während des Hörens immer wieder stoppen und die TN ermuntern, über den Fort- und Ausgang der Geschichte zu spekulieren. Allerdings sollten Sie die Geschichte im Anschluss auch einmal durchgehend vorspielen.

Aufgaben nach dem Hören

Die Aufgaben nach dem Hören dienen dem Heraushören von Kernaussagen. Sie überprüfen, ob die Handlung global verstanden wurde. Lesen Sie die Aufgaben gemeinsam mit den TN, geben Sie Gelegenheit zu Wortschatzfragen und spielen Sie die Geschichte noch weitere Male vor, um den TN das Lösen der Aufgaben zu erleichtern. Stoppen Sie die Geschichte ggf. an den entscheidenden Passagen, um den TN Zeit für die Eintragung ihrer Lösung zu geben. Darüber hinaus können Sie die Foto-Hörgeschichte für weitere spielerische Aktivitäten im Unterricht nutzen und so den Wortschatz festigen und erweitern:

Rollenspiele

Vor allem schon geübtere TN können kleine Gespräche zu einem oder mehreren Fotos schreiben. Diese Gespräche werden dann vor dem Plenum als kleine Rollenspiele nachgespielt oder mit dem Smartphone aufgenommen und dann gezeigt. Regen Sie die TN auch dazu an, die Geschichte weiterzuentwickeln und eine Fortsetzung zu erfinden.

Pantomime

Stoppen Sie das Audio beim zweiten oder wiederholten Hören jeweils nach der Rede einer Person. Bitten Sie die TN, in die jeweilige Rolle zu schlüpfen. Lassen Sie die TN pantomimisch darstellen, was sie soeben gehört haben. Fahren Sie dann mit der Foto-Hörgeschichte fort. Wenn die TN schon geübter sind, können die TN die Geschichte pantomimisch mitspielen, während Sie diese noch einmal vorspielen.

Kursteilnehmerdiktat

Die TN betrachten die Fotos. Ermuntern Sie einen TN, einen beliebigen Satz oder mehrere zu einem der Fotos zu sagen, z. B. „Ella und Sami sind im Büro. Sami hat viel Arbeit." Alle TN schreiben diesen Satz auf. Ein anderer TN setzt die Aktivität fort, z. B. „Ella und Sami machen einen Spaziergang." etc. So entsteht eine kleine Geschichte oder ein Dialog. Die TN sollten auch eine Überschrift für ihren gemeinsam erarbeiteten Text finden. Schreiben Sie oder einer der TN auf der Rückseite der Tafel oder auf Folie mit, damit die TN abschließend eine Möglichkeit zur Korrektur ihrer Sätze haben. Diese Übung trainiert nicht nur eine korrekte Orthografie, sondern dient auch der Wiederholung und Festigung von Wortschatz und Redemitteln.

Phonetik

Die Foto-Hörgeschichte bietet sich sehr gut für das Aussprachetraining an, denn sie enthält viele für den Alltag wichtige Redemittel, die sich gut als Formeln merken lassen. Greifen Sie wesentliche Zitate/Passagen aus der Geschichte heraus, spielen Sie diese isoliert vor und lassen Sie die TN diese Sätze nachsprechen. Der Hörspielcharakter und der situative Bezug innerhalb der Foto-Hörgeschichte erleichtern den TN das Memorieren solcher Redemittel. Außerdem lernen die TN, auch emotionale Aspekte (Empörung, Freude, Trauer, Wut, Mitgefühl ...) auszudrücken. Schließlich kommt es nicht nur darauf an, was man sagt, sondern vor allem darauf, wie man es sagt. In jeder Sprache werden ganz unterschiedliche Mittel benutzt, um solche emotionalen Aspekte auszudrücken.

Nicht zuletzt können auch Modalpartikeln wie „doch", „aber", „eben" unbewusst eingeschliffen werden. Die Bedeutung von Modalpartikeln zu erklären, ist im Anfängerunterricht schwierig und daher oft wenig sinnvoll. Mithilfe der Zitate aus der Foto-Hörgeschichte können die TN diese aber verinnerlichen und automatisch anwenden, ohne dass Erklärungen erforderlich sind.

Praktische Tipps:
Arbeit mit „Ellas Film"

Es gibt mehrere Möglichkeiten für den Einsatz im Kurs:
- Sie können die Filme im Unterricht zeigen, nachdem Sie die Foto-Hörgeschichte durchgearbeitet haben. In diesem Lehrerhandbuch finden Sie Hinweise dazu, wie und wann Sie die Filme im Unterricht einsetzen können. Darüber hinaus gibt es im Lehrwerkservice unter www.hueber.de/schritte-international-neu Arbeitsblätter zu jedem Film, die Sie im Kurs bearbeiten können (→ siehe „2.3 Medienüberblick" auf S. 5).
- Sie können die Filme im Unterricht auch als motivierenden Abschluss der Lektion zeigen.
- Die TN können die Filme nutzen, um ihr eigenes Verständnis des Lektionsstoffs zu überprüfen.
- Die Filme bieten neben der Foto-Hörgeschichte eine situative und authentische Einbindung des Lernstoffs, sodass die TN sehen, wo und wie sie das Gelernte umsetzen können.
- Die TN nutzen die Filmvorlage für entsprechende eigene kleine Handyfilme, z. B. im Rahmen eines kleinen Projekts. Anschließend zeigen die TN ihre Filme im Kurs oder stellen sie auf die Lernplattform.
- Alternativ können sich die TN analog zu den Handyfilmen weitere Situationen ausdenken, eigene Rollenspiele entwickeln und diese im Kurs präsentieren.
- Wenn Sie keine Möglichkeit haben, Filme im Unterricht zu zeigen, sollten Sie Ihre TN auf jeden Fall auf das Filmsymbol hinweisen. Sie können die Filme dann im Internet über ihre Smartphones/Tablets abrufen und haben damit eine motivierende Möglichkeit, den Lernstoff zu wiederholen (→ siehe „2.3 Medienüberblick" auf S. 5).

5.2 Fertigkeitstraining:
Lesen – Hören – Schreiben – Sprechen

Das gezielte Fertigkeitstraining spielt in *Schritte international Neu* eine tragende Rolle. Sowohl die rezeptiven Fertigkeiten (Lesen und Hören) als auch die produktiven Fertigkeiten (Schreiben und Sprechen) werden systematisch geübt.

Lesen

Die TN üben das Lesen anhand authentischer Textsorten. Dazu gehören Statistiken, Zeitungsartikel, Blogeinträge und Reportagen.

Hören

Die TN lernen, Kernaussagen und wichtige Informationen aus relevanten Textsorten zu entnehmen. Dazu gehören z. B. Radiosendungen, automatische Telefonansagen, Meldungen im Radio etc.

Schreiben

Die TN lernen z. B. Bewerbungen, Beschwerden und Hausordnungen zu schreiben. Um die Schreibfertigkeit der TN aufzubauen, enthält das Arbeitsbuch ein systematisches Schreibtraining.

Sprechen

Die TN werden zur sprachlichen Bewältigung von Alltagsgesprächen hingeführt. Dazu gehören z. B. höflich absagen/nachfragen, die eigene Meinung ausdrücken, Berufswünsche äußern und über Geschäftsideen sprechen.

5.3 Grammatikvermittlung

Die Grammatikprogression in *Schritte international Neu* orientiert sich an den Vorgaben des *GER*. In übersichtlichen kurzen Lernschritten werden die Strukturen in kleinen „Portionen" eingeführt und intensiv geübt. Häufige Wiederholungsschleifen festigen das Gelernte und bereiten auf die Erweiterung einer grammatischen Struktur vor. Dort, wo es sich anbietet, wird der neue Stoff auch induktiv eingeführt, d. h. die TN erarbeiten und entdecken neue Strukturen/Paradigmen mithilfe der Aufgaben selbst.

Von Anfang an gibt es im Arbeitsbuch die Rubrik „Grammatik entdecken", die den TN neue Grammatikphänomene durch die Art der Aufgabenstellung bewusst macht und zum eigenen Entdecken des neuen Stoffs einlädt.

Grammatik-Kasten

Der Grammatik-Kasten fasst den neuen Stoff anhand von Beispielen einfach und verständlich zusammen. Farbsignale ersetzen Regelerklärungen, die die TN im Anfängerunterricht noch gar nicht verstehen würden.

Das Erlernen des Artikelsystems wird durch eine besondere Farbkennzeichnung unterstützt:
(blau) • der Fernseher, -
(grün) • das Bett, -en
(rot) • die Dusche, -n
(gelb) • die Möbel (Pl.)

Diese Farbkodierung, die sich durch alle Bestandteile des Lehrwerks zieht, unterstützt als Memorierungshilfe den Lernprozess (→ siehe „4.5 Der Lernwortschatz" auf S. 9).

Praktische Tipps: Arbeit mit den Grammatik-Kästen

- Schreiben Sie die Beispiele aus den Grammatik-Kästen an die Tafel / ans IWB und heben Sie die neuen Strukturen – wie im Grammatik-Kasten – visuell hervor. Verweisen Sie auf die erste Aufgabe auf den A – C-Seiten und zeigen Sie die dahinterstehende Struktur auf.

- Die TN sollten immer das Gefühl haben, Grammatik als Hilfsmittel für das Sprechen und Schreiben zu lernen und nicht als Selbstzweck. Zeigen Sie deshalb immer den konkreten kommunikativen Nutzen der erlernten Grammatik auf und arbeiten Sie mit Beispielen.
- Sollten Ihre TN die Grammatik-Kästen selbst ausfüllen, ist es wichtig, dass Sie immer im Anschluss die richtige Lösung an der Tafel / am IWB präsentieren.
- Verweisen Sie im Verlauf der Unterrichtsstunde immer wieder auf den Grammatik-Kasten. Er soll den TN auch bei den anschließenden Anwendungsaufgaben als Gedächtnisstütze und Orientierungshilfe dienen.
- Der Grammatik-Kasten kann auch als Vorlage für Plakate dienen, die im Kursraum aufgehängt werden. Sie zeigen kurz und knapp das Wichtigste. Vor allem zu Beginn eines Kurses und bei lernungewohnten TN ist es sehr nützlich, wichtige Strukturen immer „im Blick" zu haben und schnell darauf verweisen zu können.
- Die Aufgaben „Grammatik entdecken" im Arbeitsbuch dienen dem induktiven Lernen. Sie können auch vor der Arbeit mit dem Grammatik-Kasten eingesetzt werden. Alternativ können Sie diese Aufgaben auch vertiefend bearbeiten, nachdem Sie die Strukturen erklärt haben.
- Verweisen Sie auch immer wieder auf die Tabellen auf der Übersichtsseite „Grammatik und Kommunikation" sowie die dort angebotenen Zusatzaufgaben und Memorierungshilfen.
- Achten Sie von Anfang an darauf, dass die TN neue Nomen mit dem Genuspunkt und der Pluralmarkierung (analog zum Lernwortschatz) und die Verben immer mit dem Partizip Perfekt und dem entsprechenden Hilfsverb notieren.

5.4 Wortschatzvermittlung

Die Wortschatzprogression orientiert sich ebenfalls an den Vorgaben des *GER*. Der Wortschatzarbeit liegen folgende Überlegungen zugrunde:
- Neuer Wortschatz wird mit bekannten Strukturen eingeführt, damit die TN sich auf die neuen Wörter konzentrieren können.
- Nach Möglichkeit werden Wortfelder eingeführt.
- Im Lernwortschatz am Ende des Arbeitsbuchs wird jedes neue Wort mit einem Kontextsatz aus der Lektion und einer Schreiblinie ergänzt, auf der die TN die Übersetzung in ihre Muttersprache eintragen können. Sie können sich damit selbst abfragen und den neuen Wortschatz im Kontext lernen. Zahlreiche Wörter und Wortfelder sind im Lernwortschatz visualisiert. Auch dies erleichtert das Vokabellernen.
- Kleine Lerntipps zum Vokabellernen im Lernwortschatz helfen den TN beim Spracherwerb.
  (→ siehe „4.5 Der Lernwortschatz" auf S. 9)

Praktische Tipps
- Achten Sie darauf, dass die TN von Anfang an gezielt ein Wörterbuch (oder eine Wörterbuch-App) benutzen. Das fördert das autonome Lernen.
- Nutzen Sie auch die Foto-Hörgeschichten für die Wortschatzarbeit. Die TN suchen im Wörterbuch passende Wörter zu den Fotos.
- Achten Sie auf regelmäßige Wiederholung der Lernwörter.
- Geben Sie regelmäßig die Lernwörter der jeweiligen Kursbuchseiten als Hausaufgabe und fragen Sie diese in der nächsten Stunde ab. Erstellen Sie zum Abfragen einen kleinen Lückentext mit Lücken für die neuen Wörter.
- Lassen Sie neue Wörter pantomimisch darstellen: Die anderen raten.
- Lassen Sie neue Wörter zeichnen: Die anderen raten.
- Umschreiben Sie die Wörter. Die TN raten das passende Wort.
- Erstellen Sie Bildkarten oder ein Bilder-Bingo, um den Wortschatz spielerisch zu wiederholen.
- Die TN bilden Wortketten im Rahmen eines „Ich packe meinen Koffer"-Spiels.
- Die TN erstellen Wortschatzübungen füreinander (Kreuzworträtsel, Buchstabensalat etc.).
- Die TN bilden zwei Gruppen, laufen abwechselnd zur Tafel und notieren neue Wörter.
- Die TN laufen im Kursraum herum und murmeln die neuen Wörter. Das hilft beim Einprägen.
- Ermuntern Sie die TN, neue Wortfelder in ihrem Portfolio zu notieren.
- Fragen Sie auch immer wieder Wörter aus vorhergegangenen Lektionen als Wiederholung ab, indem Sie z. B. ausgewählte Wörter auf Kärtchen schreiben und nach Wortarten, Artikeln oder Wortfeldern sortieren lassen.
- Weisen Sie die TN auf die Lerntipps zum Wörterlernen auf den Lernwortschatz-Seiten hin.

5.5 Automatisierung

Für einen erfolgreichen Spracherwerb ist es wichtig, neue Strukturen nicht nur kognitiv zu erfassen, sondern sie auch immer wieder einzuschleifen. Durch diese Automatisierung bekommen die TN ein Gespür für die neuen Strukturen. Durch das aktive Verwenden und Memorieren werden diese zu beherrschbarem Sprachmaterial. Die TN gewinnen Vertrauen in die Erlernbarkeit des Neuen. Dafür bietet *Schritte international Neu* mehrere Möglichkeiten an:
- Alltagsbezogene Modellgespräche, die die TN anhand von Dialoggerüsten variieren sollen.
- Audiotraining: Einschleifübungen zu Grammatik und Redemitteln der Lektion

Praktische Tipps zum Audiotraining finden Sie unter
→ „5.12 Arbeit mit den Übersichtsseiten ‚Grammatik und Kommunikation'" auf den Seiten 17–18 und direkt in den didaktischen Hinweisen zur jeweiligen Lektion.

Praktische Tipps: Arbeit mit den Modellgesprächen

- Die TN decken den Modelldialog zu und hören ihn zunächst nur. Falls vorhanden, sehen sie dazu das Bild/Foto an und konzentrieren sich auf die Situation. Wenn Sie die Bilder/Fotos auf Folie kopieren / am IWB zeigen, können die TN die Bücher geschlossen lassen.
- Stoppen Sie das Modellgespräch beim zweiten Hören nach jedem einzelnen Sprechpart. Die TN sprechen im Chor nach. Dabei sollen sie den Text nicht mitlesen, sondern sich auf das Hören und Nachsprechen konzentrieren.
- Die TN hören das Gespräch noch einmal und lesen mit.
- Die TN lesen und sprechen das Gespräch in Partnerarbeit.
- Die TN lesen die Varianten und sprechen das Gespräch in Partnerarbeit mit den Varianten.
- Die TN wechseln regelmäßig die Rollen.
- Die TN sollten manche Gespräche auch auswendig lernen und vor dem Kurs vorspielen.
- Die TN können oder sollen auch eigene Varianten bilden.

5.6 Aktivitäten im Kurs 🔁

In den Abschlussaufgaben auf jeder Kursbuchseite wird der Lernstoff in den persönlichen Bereich der TN übertragen. Sie befragen sich auf ganz unterschiedliche Art gegenseitig zu verschiedenen Themen oder üben den Lernstoff durch eine spielerische Aktivität in Kleingruppen.

Achten Sie darauf, dass die TN sich bei diesen Aktivitäten möglichst oft im Kursraum bewegen. Das fördert das Memorieren von Wörtern und Strukturen. Bewegung ist für viele TN auch konzentrationsfördernd und trägt zur Aktivierung beider Gehirnhälften bei. Dadurch wird neuer Wortschatz im Gedächtnis besser verankert.

Bei dieser Art von Aufgaben geht es häufig darum, dass die TN selbst Kärtchen, Plakate oder Fragebögen erstellen, was nicht nur ein gutes Schreibtraining ist, sondern sich auch positiv auf das Kursklima auswirkt. Wenn Sie im Kurs nicht genug Zeit für Bastelarbeiten haben, können Sie zu den entsprechenden Aufgaben Kopiervorlagen aus dem Lehrwerkservice unter www.hueber.de/schritte-international-neu nutzen (→ siehe „2.3 Medienüberblick" auf S. 5).

Praktische Tipps

- Vermeiden Sie in diesen Phasen zu viele Korrekturen. Die TN sollen Gelegenheit haben, sich frei auszudrücken.
- Achten Sie auf den Wechsel von Sozialformen.
- Nutzen Sie einen Ball für Frage-Antwort-Gespräche.
- Rollenspiele sollten nicht nur gesprochen, sondern auch gespielt werden. Wenn Ihre TN im Besitz von Smartphones sind, können Sie sie auch anregen, kleine Videos von den Rollenspielen aufzunehmen.
- „Kugellager": Die TN stehen sich in einem Außenkreis und einem Innenkreis gegenüber. Der Außenkreis stellt Fragen, der Innenkreis antwortet. Nach jedem Mini-Gespräch bewegt sich der Innenkreis im Uhrzeigersinn, damit stehen sich zwei neue Partner gegenüber.

Alternativ können Sie die TN sich auch zu Musik im Kreis bewegen lassen. Wenn die Musik stoppt, sprechen sie mit der Partnerin / dem Partner, die/der ihnen gerade gegenübersteht. Auf diese Weise können Sie Bewegung und Musik in den Unterricht integrieren.

- Texte, Plakate etc. werden im Kursraum aufgehängt. Die TN gehen herum und sprechen darüber.
- Die TN suchen andere TN mit möglichst vielen Gemeinsamkeiten oder Unterschieden.
- Die TN sprechen mit wechselnden Partnern (WPA), um so möglichst oft die Dialoge oder Aufgaben zu wiederholen und zu variieren.
- Sie können hier gezielt geübtere und ungeübtere TN zusammenarbeiten lassen und so eine Differenzierung vornehmen, ohne dass sie den TN sofort bewusst wird.

Praktische Tipps zur Paar- und Gruppenbildung
Paare:
- Verteilen Sie Kärtchen, auf denen z. B. Frage und Antwort stehen. TN mit einer Frage suchen den TN mit der passenden Antwort. Dies können Sie auch mit Verbformen (Infinitiv und Partizip), Gegensatzpaaren, Komposita oder mehrsilbigen Wörtern usw. durchführen.
- Kleben Sie vor dem Unterricht unter oder hinter die Stühle der TN Zettelchen, von denen je zwei die gleiche Farbe haben. Das geht auch mit Bonbons. So können Sie die Partnerfindung steuern.
- Nehmen Sie ein Bündel Schnüre, Anzahl: die Hälfte Ihrer TN. Die TN fassen je ein Ende einer Schnur, am anderen Ende der Schnur finden sie ihre Partnerin / ihren Partner.
- Das „Atomspiel": Die TN stehen auf und bewegen sich frei im Raum, evtl. können Sie Musik dazu vorspielen. Als Stoppzeichen rufen Sie „Atom 2" (alternativ: 3/4/5/...). Die TN finden sich paarweise (bzw. zu Dreier-, Vierer-, Fünfergruppen ...) zusammen.

Gruppen:
- Zerschneiden Sie einen Satz in seine Bestandteile: Die TN müssen den Satz zusammenfügen (z. B. „Und wie heißen Sie?") und bilden eine Gruppe.
- Lassen Sie die TN abzählen (bei einer Gruppe von 21 TN von 1 bis 7, alle Einser gehen zusammen, alle Zweier etc.).
- Zerschneiden Sie Postkarten (Bilderpuzzle) oder Spielkarten und verteilen Sie sie: Die TN suchen die fehlenden Puzzleteile und finden so gleichzeitig ihre Partner.
- Definieren Sie bestimmte Merkmale: Alle mit Brille, alle mit blauen Augen, ... bilden eine Gruppe.

5.7 Binnendifferenzierung

In Kursen finden sich oft TN mit unterschiedlichen Lernerfahrungen und Lernzielen. Binnendifferenzierung ist eine Möglichkeit, den Unterricht für alle TN interessant zu gestalten, auf die unterschiedlichen Bedürfnisse der TN einzugehen und jeden Einzelnen so gut wie möglich zu fördern.

Binnendifferenzierung bedeutet Gruppenarbeit: Innerhalb des Kurses werden (zeitweise) mehrere Gruppen gebildet, die unterschiedliche Lerninhalte bearbeiten. Das kann beispielsweise heißen, dass leistungsstärkere Gruppen mehr oder schwierigere oder freiere Aufgaben erhalten oder dass für einzelne Gruppen verschiedene Lernziele gesetzt werden. *Schritte international Neu* bietet vielfache Unterstützung für einen binnendifferenzierenden Unterricht:

- in den Unterrichtsplänen durch praktische Hinweise zum binnendifferenzierenden Arbeiten; diese sind mit ←→ gekennzeichnet
- explizit im Kursbuch durch gekennzeichnete Zusatzaufgaben für schnellere TN SCHON FERTIG?
- implizit im Kursbuch durch Lesetexte oder Rollenspiele in unterschiedlichen Schwierigkeitsgraden
- implizit im Kursbuch durch die „Zwischendurch mal …"-Seiten: Die Aufgaben auf diesen Seiten können in Einzelarbeit, in Gruppenarbeit oder auch im Kurs bearbeitet werden. In den Unterrichtsplänen finden Sie jeweils Verweise dazu, wie und wann schnelle oder interessierte TN die Aufgaben auf diesen Seiten bearbeiten können. ZDM
- implizit im Kursbuch durch die Extra-Aufgaben auf den Übersichtsseiten „Grammatik und Kommunikation"
- explizit im Arbeitsbuch durch die mit ◇ gekennzeichneten, vertiefenden Übungen für Lernungewohnte und die mit ❖ gekennzeichneten, erweiternden Übungen für Lerngewohnte
- implizit im Arbeitsbuch durch die Selbsttests: Das „Ampelsystem" in der Auswertung ermöglicht den TN, im Internet unter www.hueber.de/schritte-international-neu/lernen die passenden Anschlussübungen zu finden. Die TN können mit diesen Übungen den Stoff der Lektion selbstständig wiederholen und sich ggf. auch auf den Test vorbereiten. (→ siehe „4.3 Der Selbsttest" auf S. 9).

Praktische Tipps

Wichtig: Es ist nicht nötig, dass immer alle alles machen! Teilen Sie die Gruppen nach Kenntnisstand und/oder Neigung ein. Die einzelnen Gruppen können ihre Ergebnisse dem Plenum präsentieren. So lernen die TN miteinander und voneinander.

Binnendifferenzierung / Kursbuch

- Verweisen Sie schnellere TN immer wieder auf die „Schon-fertig?"-Aufgaben, auf die passenden Aufgaben auf den „Zwischendurch mal …"-Seiten und den Übersichtsseiten. Gehen Sie herum und helfen Sie individuell.
- Lassen Sie nach Abschluss von Lektion 1 alle TN den Selbsttest im Arbeitsbuch machen. Erläutern Sie das „Ampelsystem" und zeigen Sie – wenn möglich – exemplarisch im Internet, wie die TN mit den zusätzlichen Übungen umgehen sollen.

- Wenn Sie einen Computerraum zur Verfügung haben, bieten Sie für die erste Lektion an, die Übungen gemeinsam im Kurs durchzugehen. So können Sie helfen, wenn die TN mit den Übungsformen noch nicht vertraut sind.
- Ermuntern Sie die TN, das Audiotraining und die Handyfilme aktiv zu nutzen. Schnellere TN können diese Aufgaben mithilfe von Smartphone/Tablet und Kopfhörer auch nutzen, während andere TN noch Aufgaben aus Kurs- oder Arbeitsbuch lösen.
- Stellen Sie Mindestanforderungen, die von allen TN gelöst werden sollen. Besonders schnelle TN bekommen zusätzliche Aufgaben, z.B. Erweiterungsübungen im Arbeitsbuch. Reduzieren Sie die Vorgaben und Hilfestellungen für lerngewohnte TN. Entfernen Sie z.B. Vorgaben oder Schüttelkästen in den Aufgaben.
- Binden Sie schnellere TN als Co-Lehrer mit ein: Wenn diese eine Aufgabe beendet haben, können sie die Lösung schon an die Tafel oder ans IWB schreiben.
- Stellen Sie die Gruppen nach Neigung oder Lerntypen zusammen. Haben Sie beispielsweise visuell orientierte TN, können Sie neue Grammatikstrukturen mit Beispielen und Farben an der Tafel oder dem IWB präsentieren. Kognitiv orientierte TN erhalten Tabellen, in denen sie neue Formen eintragen – für diese TN sind die „Grammatik entdecken"-Aufgaben im Arbeitsbuch besonders gut geeignet.
- Lassen Sie bei unterschiedlich schwierigen Aufgaben die TN selbst wählen, welche sie lösen möchten und wie viel sie sich zutrauen. Damit vermeiden Sie eine feste Rollenzuweisung, denn ein TN kann sich einmal für die einfachere Aufgabe entscheiden, weil er sich selbst noch unsicher fühlt, ein anderes Mal aber für die schwierigere, weil er sich in diesem Fall schon sicher fühlt.
- Aufgaben zum Lesen: Nicht alle TN müssen alle Aufgaben lösen. Langsamere TN können sich auf die Aufgaben zum globalen Lesen konzentrieren oder nur weniger Absätze lesen und den restlichen Text als Hausaufgabe bearbeiten. Schnellere TN finden eine Reihe von weiteren Lesetexten auf den „Zwischendurch mal …"-Seiten.
- Aufgaben zum Hören: Sie können die TN in Gruppen aufteilen: Jede Gruppe achtet beim Hören auf einen bestimmten Sprecher und beantwortet die entsprechenden Fragen.
- Aufgaben zum Sprechen: TN, die noch Hilfestellung benötigen, können bei Sprechaufgaben auf die Redemittel auf den Kursbuchseiten und auf der Übersichtsseite zurückgreifen. Geübtere TN sollten das Buch schließen.
- Aufgaben zum Schreiben: Achten Sie auf die Vorlieben der TN. Nicht alle haben Freude am kreativen Erfinden von kurzen Texten. Bieten Sie auch Diktate an oder unterstützen Sie TN, die noch Schwierigkeiten beim Schreiben haben, indem Sie ihnen Beispieltexte mit Lücken zum Ausfüllen geben.

Binnendifferenzierung/Arbeitsbuch

Die binnendifferenzierenden Übungen im Arbeitsbuch (siehe auch Seite 9) können im Kurs oder als Hausaufgabe bearbeitet werden. Es empfiehlt sich folgendes Vorgehen:

- Die Basisübungen (ohne Kennzeichnung) sollten von allen TN gelöst werden.
- Zusätzlich können die Vertiefungsübungen (◇) und die Erweiterungsübungen (❖) gelöst werden. Lassen Sie nach Möglichkeit die TN selbst entscheiden, wie viele Aufgaben sie lösen möchten, oder geben Sie bei der Stillarbeit im Kurs einen bestimmten Zeitrahmen vor, in dem die TN die Übungen lösen sollten. So vermeiden Sie, dass nicht so schnelle TN sich unter Druck gesetzt fühlen.

Die Basis- und Vertiefungsübungen sollten Sie im Plenum kontrollieren – durch Vorlesen im Kurs oder durch Selbstkontrolle der TN mithilfe einer Folie, auf der Sie oder ein TN zuvor die Lösungen notiert haben. Erweiterungsübungen führen über den Basiskenntnisstand hinaus. Hier gibt es auch freiere Übungsformen, z. B. das Schreiben von Dialogen anhand von Vorgaben. Die TN können sich bei diesen Übungen selbstständig zu zweit kontrollieren oder Sie verteilen eine Kopie mit den Lösungen. Bei freien Schreibaufgaben sollten Sie die Texte einsammeln und in der folgenden Unterrichtsstunde korrigiert zurückgeben.

5.8 Wiederholung

Damit sprachliche Strukturen und Wörter gefestigt werden können, müssen sie immer wieder aktiviert werden. *Schritte international Neu* setzt daher auf häufige Wiederholungssequenzen:

- Im Lehrwerkservice finden sich interaktive vertiefende und erweiternde Übungen zum selbstständigen Weiterüben. Sie sind mit den Selbsttests am Ende jeder Arbeitslektion verknüpft.
- Mit dem Audiotraining auf den Übersichtsseiten „Grammatik und Kommunikation" können die TN wichtige Wendungen aus der Lektion selbstständig üben.
- Im vorliegenden Lehrerhandbuch gibt es zu jeder Lektion eine Kopiervorlage zur Wiederholung.
- Im Internet finden sich weitere Kopiervorlagen zur Wiederholung („Wiederholungsstationen").

Praktische Tipps

- regelmäßige Wortschatzwiederholung am Anfang jeder UE, z. B. durch spielerische Aktivitäten zum Einstieg (→ siehe „5.4 Wortschatzvermittlung" auf S. 13)
- Greifen Sie bereits bekannte Hör- und Lesetexte nochmals wiederholend auf und erstellen Sie kleine Wiederholungsübungen dazu (z. B. Lückentexte).
- Nutzen Sie die Wortfeld-Abbildungen auf den Lernwortschatz-Seiten zur Wortschatzwiederholung und -erweiterung. Kopieren Sie dazu die Abbildungen (z. B. ohne Artikel oder ohne Wörter) auf Folie, zeigen Sie sie am IWB und lassen Sie sie von den TN ergänzen.

- Wiederholen Sie Wortschatz, besonders Verben durch pantomimische Darstellung. Verteilen Sie dazu Wortkarten an die TN. Diese spielen das jeweilige Wort pantomimisch vor, die anderen raten.
- Die TN erstellen zu Beginn der Kursstunde kleine Plakate zu einem bestimmten Wortfeld der letzten Kursstunde. Achten Sie darauf, dass alle Nomen immer mit dem richtigen Artikel (und Genuspunkt) präsentiert werden. Lerngewohnte TN können in dieser Phase selbstständig mit dem Wörterbuch arbeiten und das Wortfeld um weitere Wörter ergänzen.
- Erstellen Sie zusammen mit den TN eine „Schatzkiste", indem Sie die TN in regelmäßigen Abständen bitten, die neuen Wörter auf Kärtchen zu schreiben und zu visualisieren. Die „Schatzkiste" kann dann bei Bedarf zur Binnendifferenzierung oder Wiederholung genutzt werden.

5.9 Lernstrategien/Lernerautonomie

Viele Lernende verfügen aufgrund ihrer Lernbiografie nicht über die Mittel, ihren Lernprozess eigenständig zu strukturieren und zu steuern. Deshalb gibt es in *Schritte international Neu* dazu einige Hilfestellungen:

- Durch die Übungen im Arbeitsbuch lernen die TN in der praktischen Anwendung verschiedene Lerntechniken kennen (z. B. „Grammatik entdecken").
- Auf den Übersichtsseiten „Grammatik und Kommunikation" und auf den Lernwortschatzseiten finden die TN kleine Tipps zu verschiedenen Lerntechniken.

> **TiPP**
> Wählen Sie einige Redemittel aus, die für Sie wichtig sind, und schreiben Sie kleine Gespräche.

- Auf den Übersichtsseiten „Grammatik und Kommunikation" finden Sie die Lernziele der jeweiligen Lektion. (→ siehe „3.4 Übersicht: Grammatik und Kommunikation" und „5.12 Arbeit mit den Übersichtsseiten ‚Grammatik und Kommunikation'" auf S. 8 und 17)

Praktische Tipps

- Verweisen Sie regelmäßig auf die Lerntipps auf den Übersichtsseiten „Grammatik und Kommunikation" und den Lernwortschatzseiten.
- Achten Sie darauf, dass die TN die Lerntipps ausprobieren und tauschen Sie sich darüber im Unterricht aus, z. B. indem Sie Kärtchen mit Smileys an Ihre TN verteilen, damit sie die Lerntipps bewerten; erstellen Sie ein Plakat mit den hilfreichsten Tipps für Ihren Kurs.
- Nehmen Sie sich eine feste Zeit in der Unterrichtswoche vor, in der sich die TN mit dem Thema „Sprachenlernen" beschäftigen.

5.10 Landeskunde

Die Vermittlung von Landeskunde ist gerade für Lernende in nicht europäischen Ländern, die den Alltag in Deutschland kennenlernen wollen, besonders wichtig. In *Schritte international Neu* werden landeskundliche Inhalte gezielt angeboten:

- durch die Foto-Hörgeschichte, die den deutschen Alltag authentisch abbildet und dabei implizit landeskundliches Wissen vermittelt sowie interkulturelle Diskussionsanlässe bietet
- durch die Handyfilme zu den Foto-Hörgeschichten, die ebenfalls den Alltag in Deutschland zeigen
- durch landeskundlich relevante Lese- und Hörtexte auf den D- und E-Seiten sowie auf den „Zwischendurch mal ..."-Seiten
- durch die fakultativen Fokus-Seiten im Arbeitsbuch, die konkrete Informationen und Hilfestellungen zum Leben in Deutschland geben

Landeskundliche Informationen finden Sie in diesem Lehrerhandbuch unter der Rubrik Länderinfo.

Praktische Tipps

- Setzen Sie gezielt authentisches Material aus dem Internet ein, z. B. Fotos, Videos oder Webseiten aus dem deutschsprachigen Raum.
- Lassen Sie die TN landeskundliche Informationen mit ihren Heimatländern vergleichen.

5.11 Phonetik

Häufig erwerben Lernende gute Kenntnisse in Wortschatz und Grammatik. Damit haben sie einen wichtigen Schritt für die Kommunikation mit Muttersprachlern der Zielsprache gemacht. Aber selbst wenn die Wörter von ihrer Semantik her richtig verwendet werden, kann es durch eine falsche Aussprache oder Betonung zu Missverständnissen bis hin zum völligen Scheitern der Kommunikation kommen. Deshalb wird in *Schritte international Neu* von Anfang an Wert auf eine gründliche Ausspracheschulung gelegt: In *Schritte international Neu* stehen neben der Schulung einzelner Laute und Lautkombinationen vor allem Wortakzent, Satzakzent und Satzmelodie im Vordergrund. Die Ausspracheschulung in *Schritte international Neu* hält sich an folgende Prinzipien:

- Sie erfolgt in einem Wechselspiel aus imitativem und kognitivem Lernen, z. B. durch Hören, Erkennen und Nachsprechen oder Hören, Erkennen und Markieren oder Hören und Nachsprechen.
- Die Laute werden zunächst im Wort und darauf aufbauend im ganzen Satz geübt.
- Die Beispiele ergeben sich aus der Lektion. Dadurch steht die Phonetik in einem für die TN relevanten und nachvollziehbaren Kontext. Zudem ergibt es wenig Sinn, Wörter nachzusprechen, die man nicht versteht.

Praktische Tipps

- Regen Sie die TN dazu an, phonetische Phänomene zunächst zu übertreiben, um die Lautbildung/Betonung zu üben und dadurch sicherer zu werden.
- Einzelne Sätze und Sequenzen aus der Foto-Hörgeschichte eignen sich sehr gut, um gesprochene Sprache zu hören und zu üben, z. B. wenn emotionale Ausdrücke und Aussagen dabei sind.
- Lassen Sie die TN Wortschatz zu einem bestimmten Laut sammeln und anschließend nach Schreibweise ordnen.
- Die TN oder Sie können aus Wörtern zu einem bestimmten Phänomen auch kleine Texte schreiben, in denen möglichst viele Laute einer bestimmten Sorte vorkommen, z. B. „Ist Iris in Iran?" – „Ich bin nicht sicher." / „Wo? Rot?" – „Da! Das Fahrrad!"
- Sprechen Sie mit den TN Wörter/Sätze laut, leise, geflüstert, gebrummt etc. Variieren Sie in der Stimmung und lassen Sie die TN mit ihrer Stimme spielen.

5.12 Arbeit mit den Übersichtsseiten *Grammatik und Kommunikation*

Die Übersichten über den Grammatikstoff und die wichtigen Wendungen der Lektion dienen den Lernenden zur Wiederholung direkt im Anschluss an die Lektion oder auch später.

Bei den Grammatik-Kästen sind jeweils Verweise zu den entsprechenden Abschnitten der *Schritte Übungsgrammatik* zu finden. Hier können die Lerner den Grammatikstoff weiterführend nachschlagen und trainieren (→ siehe „3.4 Übersicht: Grammatik und Kommunikation" auf S. 8).

Aufgaben / Tipps / Visualisierungen

Zu den einzelnen Grammatikphänomenen und den systematisch gruppierten Wendungen werden über die Übersicht hinaus am rechten Rand die folgenden Möglichkeiten angeboten:

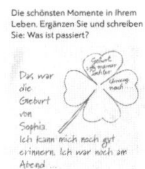

In kleinen freien Aufgaben wenden die Lernenden den Lernstoff noch einmal an – meist in Bezug auf ihre eigene Lebenswelt.

Tipps zu Lernstrategien unterstützen den Lernprozess.

Kleine Aufgaben wiederholen den gelernten Stoff.

Illustrationen von Situationen verdeutlichen den Kontext des Gelernten.

Praktische Tipps

* Erstellen Sie Lückentexte aus den Übersichten. Die TN ergänzen die Lücken in Partnerarbeit und vergleichen anschließend mit dem Buch.
* Die TN ergänzen die Grammatikübersichten um eigene Beispiele.
* Verweisen Sie im Unterricht immer wieder auf diese Seiten, damit sich Ihre TN an den Umgang mit den Übersichten gewöhnen. Tipps zur Einbindung der Übersichten in den Unterrichtsablauf finden Sie auch hier in diesem Lehrerhandbuch.
* Aufgaben: Diese Aufgaben können zur Wiederholung im Unterricht bearbeitet werden, als Hausaufgabe gegeben werden oder zur Binnendifferenzierung genutzt werden.
* Tipps: Lesen Sie die Tipps – wenn möglich – gemeinsam mit Ihren TN und lassen Sie sie – wenn möglich – auch direkt praktisch anwenden.
* Lassen Sie die TN aus den Übersichten Plakate erstellen, die im Kursraum aufgehängt werden und so immer einen schnellen „Zugriff" zum neuen Stoff bieten.
* Achten Sie darauf, dass Sie die Grammatikübersichten aktiv in den Unterricht einbinden, damit die TN die Scheu vor diesen verlieren und lernen, sie als Hilfsmittel zu nutzen.
* Erläutern Sie den TN, dass diese Übersichten die wichtigen Strukturen zeigen, die zum Gebrauch der Sprache wichtig sind und kein Selbstzweck.

Audiotraining

Die Automatisierung spielt im Sprachlernprozess eine wichtige Rolle. Deshalb bietet *Schritte international Neu* ein umfassendes Programm zum Einschleifen der wichtigsten Strukturen und Redemittel an (→ siehe „5.5 Automatisierung" auf S. 13).

Dieses Angebot können die TN zum selbstständigen Üben und Festigen von Strukturen und wichtigen Wendungen nutzen. Sie können die Übungen zum Audiotraining anfangs in den Unterricht integrieren, um Ihre TN mit diesen Übungsformen vertraut zu machen und die selbstständige Beschäftigung mit diesem Zusatzangebot anzuregen.
In den Unterrichtsplänen finden Sie Hinweise dazu, wie Sie diese Lerneinheiten konkret im Unterricht nutzen können. Zu jeder Lektion gibt es drei Übungen, die die wichtigen Wendungen und Strategien in kleinen Sätzen / Gesprächen aufgreifen. Die Übungen sind selbsterklärend und

ausschließlich über die Informationen in den Audios zu lösen. Jede Aufgabe beginnt mit einem Beispiel, das die Aufgabenstellung transparent macht. Das Trainingsprogramm besteht aus Übungen zum Nachsprechen und Variieren der gelernten Wendungen nach einfachem Muster. Mithilfe dieses Trainings schleifen die Lernenden diese noch einmal ein und automatisieren so ihre Verwendung.

Praktische Tipps

* Weisen Sie Ihre TN auf diese Trainingsmöglichkeit und das Potenzial der Automatisierungsübungen hin. Spielen Sie zwei oder drei Sequenzen im Unterricht vor und zeigen Sie, wie Ihre TN selbstständig mit diesen Aufgaben arbeiten können.
* Spielen Sie das Audiotraining im Unterricht vor, die TN laufen im Kursraum herum und sprechen die Aufgaben mit.
* Spielen Sie das Audiotraining im Kurs vor und lassen Sie die TN die Lösungen im Chor sprechen.
* Die TN nutzen das Audiotraining der vorhergehenden Lektionen zur Wiederholung und Festigung.

Lernziele

Die Auflistung der Lernziele dient der Transparenz des Lernprozesses. Für jeden Lernschritt A bis E können Lernende und Lehrende das Lernziel nachvollziehen. Diese Liste dient dazu, dass die Lernenden ihren Lernfortschritt selbst überprüfen können, indem sie ihr Können selbst einschätzen.
Durch Ankreuzen können die TN in der Rubrik „Ich kann jetzt ..." selbst bestimmen, ob sie die Ziele erreicht haben. Darüber hinaus ergänzen sie in der Rubrik „Ich kenne jetzt ..." Wörter aus dem erlernten Wortfeld. Auch dies dient der Überprüfung des Gelernten.

Praktische Tipps

* Verweisen Sie nach jedem erarbeiteten Lernschritt A bis E auf die Lernziele auf der Übersichtsseite und motivieren Sie Ihre TN dazu, anzukreuzen, wie sie ihren Lernerfolg einschätzen.
* Gehen Sie im Kurs umher und fragen Sie nach. Geben Sie unsicheren TN Tipps, wie sie den Stoff nochmals wiederholen oder vertiefen können, zum Beispiel, indem Sie ihnen geeignete Aufgaben im Arbeitsbuch, auf der Übersichtsseite oder die interaktiven Übungen im Internet empfehlen.
* Lassen Sie die Rubrik „Ich kenne jetzt ..." nach Abschluss der Lektion ergänzen. Vergleichen Sie die Ergebnisse im Kurs und nutzen Sie diese Unterrichtsphase zur Wiederholung der Wortfelder. Verweisen Sie ggf. auch auf die Lernwortschatzseiten der Lektion.

5.13 Arbeit mit den Seiten *Zwischendurch mal …*

Die Einheiten auf diesen Seiten können Sie während der Arbeit mit den einzelnen Lernschritten der Lektion benutzen. In den Unterrichtsplänen finden Sie Verweise auf eine optimale Verknüpfung des Lernstoffs mit den Aufgaben auf diesen Seiten. Sie können diese Einheiten aber auch zur Wiederholung und Festigung des Stoffs im Anschluss an die Lektion bearbeiten. Sie sind fakultativ und spiegeln den Stoff der Lektion – oft in spielerischer Form.

Die Aufgaben können teilweise auch in Selbstarbeit bearbeitet und gelöst werden. Damit sind sie sehr gut zur Binnendifferenzierung geeignet (→ siehe „5.7 Binnendifferenzierung" auf S. 14).

Auf diesen Seiten finden Sie folgende Rubriken, die komplett unabhängig voneinander als eigenständige Zusatzaufgaben einsetzbar sind:

PROJEKT Hier wenden die TN den Stoff noch einmal praktisch und frei an, und zwar in Teamarbeit. Die Projekte fördern auch soziale Kompetenzen, den Umgang mit Informationsmedien und das selbstständige Handeln.

FILM Zu vielen Lektionen gibt es landeskundlich interessante Filmsequenzen, die das Thema der Lektion unter einem neuen Blickwinkel aufgreifen. Die Aufgaben dazu schulen das Hör-Sehverstehen.

LESEN Ergänzende, landeskundlich interessante Lesetexte vertiefen und erweitern den Stoff und schulen das globale Leseverstehen.

HÖREN Ergänzende Hörtexte vertiefen und erweitern den Stoff und schulen das globale Hörverstehen.

SCHREIBEN Zusätzliche authentische und kreative Schreibanlässe bieten die Möglichkeit zum gezielten Schreibtraining.

LANDESKUNDE Interessante landeskundliche Zusatzinformationen und Themen schärfen den Blick für die deutschsprachige Lebenswelt und bieten Anlass zum interkulturellen Vergleich.

SPIEL/RÄTSEL Das spielerische Wiederholen des Lernstoffs soll die TN motivieren und ist besonders gut nach längeren, kognitiv orientierten Unterrichtsphasen einsetzbar.

LIED Beim Einsatz von Musik im Unterricht haben Sie vielfältige Möglichkeiten, Ihre Lernenden durch die Kombination von Text und Rhythmus anzuregen. Auch der Einsatz von Bewegung in Form von Pantomime oder Tanz trägt in vielen Lerngruppen zur zusätzlichen Motivation bei.

GEDICHT Die Präsentation von Redemitteln in Form von Gedichten erweitert den Stoff und eignet sich zum Auswendiglernen.

Praktische Tipps

PROJEKT
- Bereiten Sie die Projekte immer sprachlich so weit wie nötig vor. Wiederholen Sie erforderliche Redemittel. Das gibt den TN Sicherheit bei der Durchführung der Projekte.
- Sie können die Projekte als Hausaufgaben aufgeben, die einzeln oder im Team gelöst werden sollen. Wenn Sie genug Unterrichtszeit zur Verfügung haben, können Sie die Projekte auch für selbstständige Gruppenarbeitsphasen nutzen.
- Wichtig ist, dass die Ergebnisse der Projekte im Kurs präsentiert und/oder auf die Lernplattform gestellt werden.

FILM
- Nutzen Sie die Fotos und die Überschriften im Buch, um Erwartungen an die Filme zu wecken.
- Stellen Sie W-Fragen (Wer? – Was? – Wann? – Wo? – Wie? – Warum?) zum Film.
- Lassen Sie den Film zunächst ohne Ton laufen und ermuntern Sie die TN, Hypothesen zum Gesehenen aufzustellen.
- Lassen Sie nur die Tonspur ablaufen und lassen Sie die TN Hypothesen zum Gehörten aufstellen.
- Zeigen Sie ausgewählte Standfotos aus den Filmen und lassen Sie die TN beschreiben, was gerade passiert oder was sie sehen.
- Stoppen Sie den Film nach kurzer Zeit. Die TN äußern Vermutungen, was weiter passiert.
- Lassen Sie die TN Szenen aus dem Film nachspielen.

LESEN/HÖREN/LANDESKUNDE
- Nutzen Sie Bilder und Überschriften, um Erwartungen an den Text zu wecken und das Vorwissen der TN zu aktivieren.
- Die TN können auch eigene Aufgaben füreinander erstellen, z. B. Richtig-Falsch-Aufgaben, Fragen zum Text, Lückentexte etc.
- Wortschatzarbeit: Die TN suchen wichtige Wörter aus dem Text und sortieren sie nach Wortfeldern.
- Die TN stellen anhand der Informationen im Text interkulturelle Vergleiche an. Das kann paarweise, in Gruppenarbeit oder im Plenum geschehen.

LIED
- Arbeiten Sie mit dem ersten, ganzheitlichen Höreindruck (Melodie/Gesang), indem Sie das Lied als Ganzes vorspielen. Fragen Sie dann, wie die TN das Lied finden bzw. worum es gehen könnte.
- Nutzen Sie Bilder und Überschriften, um Erwartungen an den Liedtext zu wecken und das Vorwissen der TN zu aktivieren.
- Spielen Sie, wenn vorhanden, zunächst nur den Refrain vor und tragen Sie im Kurs zusammen, was die TN verstanden haben.

- Die TN hören das Lied und notieren, welche Wörter sie verstanden haben. Notieren Sie diese dann auf Zuruf an der Tafel und lassen Sie Vermutungen über den Liedinhalt anstellen.
- Schreiben Sie einige Schlüsselwörter auf Kärtchen, verteilen Sie sie im Kurs und bitten Sie die TN, sie hochzuhalten, wenn das Wort im Lied vorkommt. Alternativ können Sie die TN bitten, aufzustehen und sich nach den gehörten Worten chronologisch aufzustellen.

- Schreiben Sie den Text satzweise auf Papierstreifen und bitten Sie die TN, die Sätze während des Hörens in die richtige Reihenfolge zu legen.
- Abschließend können die TN das Lied oder den Refrain auch mitsingen. Dabei können verschiedene Zeilen oder Strophen im Kurs aufgeteilt werden.

Die erste Stunde im Kurs

	Form	Ablauf	Material	Zeit
		Bevor Sie mit Lektion 8 beginnen, sollten Sie je nach Ausgangssituation Ihres Kurses diese Seite bearbeiten.		
Situation 1		Ihr Kurs läuft weiter und alle TN kennen *Schritte international Neu 5* bereits.		
1	**Kurzvorstellung**			
	PL	1. Wenn keine neuen TN dazugekommen sind, entfällt dieser Schritt.		
2	**Informationen sammeln**			
	PA/PL	1. Die TN sehen sich das Foto an und lesen die Texte zu Ella und Sami, den Protagonisten der Foto-Hörgeschichte. Anschließend ergänzen sie die beiden Wortigel. Bestimmt wissen die TN noch mehr, als im Text steht. Lassen Sie als Gedankenstütze die Ereignisse in den Foto-Hörgeschichten in *Schritte international Neu 5* Revue passieren, indem Sie den TN Kopien der Foto-Hörgeschichten aus *Schritte international Neu 5* bzw. die Poster zu den Geschichten verteilen oder die Slide-Shows zeigen. Sammeln Sie die Informationen abschließend im Plenum. *Variante:* Wenn Sie wenig Zeit im Kurs haben, können Sie auch direkt mit Lektion 8 beginnen.	Kopien/Poster/Slide-Shows der Foto-Hörgeschichten aus *Schritte international Neu 5*	
3	**Die Partnerin / Den Partner vorstellen**			
	PA/PL	1. Die TN erzählen ihrer Partnerin / ihrem Partner über sich selbst. Sie können sich dabei an den Stichworten im Buch orientieren, aber auch gern mehr über sich erzählen. Achten Sie darauf, dass möglichst TN zusammenarbeiten, die sonst nicht so oft zusammenarbeiten. Abschließend stellt jede(r) die Partnerin / den Partner im Plenum vor.		
Situation 2		Ein neuer Kurs beginnt und einige TN kennen *Schritte international Neu 5* bereits.		
1	**Kurzvorstellung**			
	PL	1. Wenn mit *Schritte international Neu 6* ein neuer Kurs beginnt, der sich sowohl aus neuen TN als auch aus TN zusammensetzt, die schon mit *Schritte international Neu 5* Deutsch gelernt haben, sollten die TN zuerst Zeit zum gegenseitigen Kennenlernen haben. Bitten Sie die TN, sich kurz vorzustellen und ein Namensschild aufzustellen.	dickes (buntes) Papier für Namensschilder	
2	**Informationen sammeln**			
	PA	1. Teilen Sie den Kurs in „neue" und „alte" TN. Die neu hinzugekommenen TN lesen die Texte zu Ella und Sami im Buch und ergänzen die Wortigel. Helfen Sie ggf. bei unbekannten Wörtern. Die TN, die die Foto-Hörgeschichten aus *Schritte international Neu 5* bereits kennen, versuchen gemeinsam, sich anhand der Kopien bzw. Poster zu den Foto-Hörgeschichten aus *Schritte international Neu 5* an die wichtigsten Informationen zu den Protagonisten zu erinnern, und machen sich Notizen. Es ist nicht notwendig, dass die TN Details sprachlich wiedergeben können. Es geht hier vielmehr darum, möglichst viele Informationen zu den Protagonisten zu sammeln. Gehen Sie herum und helfen Sie bei Schwierigkeiten.	Kopien/Poster/Slide-Shows der Foto-Hörgeschichten aus *Schritte international Neu 5*	
	GA	2. Die TN finden sich in gemischten Kleingruppen zusammen. Die „neuen" TN erzählen anhand der Wortigel, was sie über Ella und Sami erfahren haben. Die „alten" TN ergänzen anschließend, was sie sonst noch über die Protagonisten wissen.		

Die erste Stunde im Kurs

3	Die Partnerin / Den Partner vorstellen		
PA/PL	1. Die TN erzählen ihrer Partnerin / ihrem Partner über sich selbst. Achten Sie darauf, dass möglichst TN zusammenarbeiten, die sich noch nicht kennen. Abschließend stellt jede(r) die Partnerin / den Partner im Plenum vor. *Variante:* Wenn nur wenige neue TN in den Kurs gekommen sind, sammeln Sie zuerst Fragen zum Kennenlernen an der Tafel und bilden dann einen Kreis. Die TN werfen sich gegenseitig den Ball zu und stellen sich abwechselnd Fragen. So erfahren alle TN etwas voneinander und können in der Pause daran anknüpfen.	Ball	
Situation 3	Ein neuer Kurs beginnt und die TN kennen *Schritte international Neu 5* alle noch nicht.		
1	Kurzvorstellung		
PL	1. Wenn die TN sich alle noch nicht kennen, sollten Sie ihnen unbedingt Gelegenheit zu einer Vorstellungsrunde geben, z. B. à la Speed-Dating. Die TN bilden dazu zwei gleich große Kreise, einen Innenkreis und einen Außenkreis. Zwei TN stehen sich also gegenüber. Spielen Sie Musik vor. Dabei laufen die TN in den beiden Kreisen in jeweils entgegengesetzter Richtung (im/gegen den Uhrzeigersinn), bis Sie die Musik stoppen. Die TN, die sich nun gegenüberstehen, stellen sich gegenseitig Fragen, bis die Musik wieder einsetzt. Dann gehen sie weiter, bis die Musik wieder stoppt etc. Achten Sie darauf, die Gesprächsphasen kurz zu halten und sorgen Sie dafür, dass die TN bei jedem Stopp mit jemand anderem sprechen. Diese Vorstellungsrunde dient dazu, dass die TN mit möglichst vielen TN kurz in Kontakt kommen und auf diese Weise „das Eis gebrochen wird". Das eine oder andere Gespräch kann dann in der Pause fortgesetzt werden.	Musik	
TIPP	Musik und Bewegung nehmen die erste Anspannung und tragen zu einer angenehmen Lernatmosphäre im Kurs bei. Da diese für den Lernerfolg von großer Bedeutung ist, sollten Sie den TN jetzt am Anfang, aber auch immer wieder im Verlauf des Kurses, Gelegenheit zum gegenseitigen Kennenlernen geben.		
2	Informationen sammeln		
PA	1. Die TN lesen die Texte zu den Protagonisten im Buch und ergänzen die Wortigel. Helfen Sie bei unbekannten Wörtern.		
PL	2. *fakultativ:* Nutzen Sie die erste Unterrichtsstunde für eine Einstimmung auf das gemeinsame Lernen und spielen Sie den TN alle Foto-Hörgeschichten aus *Schritte international Neu 5* vor. Zeigen Sie dabei jeweils die Fotos auf Folie oder am IWB. Dies ist nicht nur ein „gemütlicher" Einstieg in den Kurs, sondern die TN aktivieren ihre Sprachkenntnisse und können Fragen stellen, wenn sie etwas nicht verstanden haben. Es ist auch eine gute Möglichkeit, den Wortschatz und die Strukturen, die in *Schritte international Neu 6* vorausgesetzt werden, aufzugreifen. Sie können dabei rasch feststellen, wo Wiederholungsbedarf besteht.	Kopien/Poster/ Slide-Shows der Foto-Hörgeschichten aus *Schritte international Neu 5*	
3	Die Partnerin / Den Partner vorstellen		
PA/PL	1. Die TN finden sich paarweise zusammen und sprechen anhand der Stichpunkte mit ihrer Partnerin / ihrem Partner über sich selbst. Dabei machen sie sich Notizen zu ihrer Partnerin / ihrem Partner. Anschließend stellen sie ihre Partnerin / ihren Partner im Plenum vor.		

UNTER KOLLEGEN

Folge 8: Der wichtige Herr Müller

Einstieg in das Thema „Arbeit und Kollegen"

	Form	Ablauf	Material	Zeit
1		**Vor dem Hören / Beim ersten Hören: Vermutungen anstellen und überprüfen**		
	PA	1. Die TN lesen die Aufgabenstellung und das Beispiel. Dann stellen sie mit ihrer Partnerin / ihrem Partner Vermutungen an.		
	PA/PL	2. Die TN hören die Foto-Hörgeschichte und vergleichen mit ihren Vermutungen. Abschlusskontrolle im Plenum. *Lösung: Foto 1: Ella ist schlecht gelaunt, weil sie länger warten muss. Foto 2–4: Die beiden Frauen sind in einem Flur und warten darauf, dass Herr Müller Zeit für sie hat. Sie möchten ihn interviewen. Foto 3+4: Herr Müller ist ein Politiker.*	Folie/IWB, CD 4/1–4	
2		**Beim zweiten Hören: Details verstehen**		
	EA/PA	1. Die TN lesen die Sätze a–g und ergänzen. Geübtere TN lösen die Aufgabe in Stillarbeit, ungeübtere TN arbeiten zu zweit.		
	EA/PA	2. Die TN hören die Foto-Hörgeschichte noch einmal und vergleichen mit ihren Lösungen. Abschlusskontrolle im Plenum. *Lösung: a Ella; b Ella, Jessica Langer; c Ella, Herrn Müller; d Ella, Jessica Langer; e Jessica Langer; f Jessica Langer, Herrn Müller; g Jessica Langer, Herr Müller*	Folie/IWB, CD 4/1–4	
	GA	3. *fakultativ:* Wenn Sie mit der Foto-Hörgeschichte weiter das Hören trainieren und den Wortschatz der TN erweitern möchten, können Sie dazu die Kopiervorlage einsetzen. Kopieren Sie diese so oft, dass immer vier TN einen Kartensatz erhalten. Schneiden Sie die Satzkarten aus und mischen Sie sie. Die TN finden sich in Kleingruppen von vier TN zusammen. Jede Gruppe erhält einen Kartensatz und Gelegenheit, die Karten zu lesen. Fordern Sie die TN auf, die Satzkarten zu nehmen, die sie beim nochmaligen Hören der Foto-Hörgeschichte wiedererkennen. Wer pro Gruppe die meisten Karten hat, hat gewonnen. In einem zweiten Schritt versuchen die TN, die Satzkarten aus dem Gedächtnis in die richtige Reihenfolge zu bringen. Anschließend hören die TN die Foto-Hörgeschichte noch einmal und vergleichen mit ihrer Lösung. Gehen Sie anschließend auf Wortschatzfragen ein, nicht aber auf die neuen Strukturen. Die Nebensätze mit „falls", Relativsätze mit Präpositionen sowie die zweiteilige Konjunktion „je ... desto/umso ..." werden in den Schritten A bis C sukzessive präsentiert.	KV L8/FHG, CD 4/1–4	
3		**Nach dem Hören: Wesentliche Inhalte verstehen**		
	PA	1. Die TN lesen Ellas Chat und beantworten die Fragen mit ihrer Partnerin / ihrem Partner. Abschlusskontrolle im Plenum. *Musterlösung: Jessica Langer ist eine Kollegin, von der Ella schon erzählt hat. Sie ist berühmt, kommt aus Berlin und ist gar nicht eingebildet.; Ella findet Jessica Langer nett/sympathisch/toll/klasse.*		
4		**Anwendungsaufgabe: Über eigene Vorbilder berichten**		
	EA	1. Fragen Sie die TN, wer ihr Vorbild ist. Die TN lesen das Beispiel und suchen auf ihrem Smartphone oder im Internet nach Fotos von Personen, die sie sehr schätzen. Geben Sie den TN bei Bedarf etwas Zeit, um gegebenenfalls einige Wörter im Wörterbuch nachzuschlagen und sich Stichpunkte notieren zu können.	Smartphone	
	GA	2. Die TN erzählen sich in Kleingruppen von drei bis vier TN von ihren Vorbildern.		

▦ Ellas Film	In „Ellas Film": „Schöne Grüße von Jessie" verfolgen die TN Ellas Gespräch mit Sami über Jessica Langer. Dabei hören sie noch einmal, was Jessica über Sami denkt, und erfahren, wie er zu ihr steht. Sie können den Film beispielsweise direkt nach der Foto-Hörgeschichte einsetzen, die hier quasi ihre Fortsetzung findet. Stoppen Sie zunächst gleich nach dem Satz „Mal sehen." (00:26) und schreiben Sie dann folgende Fragen an die Tafel: „Was erzählt Ella über Jessica? Stimmt das?", „Was dachte Sami immer über Jessica?", „Wie reagiert Sami auf Jessicas Grüße?" Die TN sehen „Ellas Film", wenn nötig, mehrmals, und machen sich Notizen. Abschlusskontrolle im Plenum. *Lösungsvorschlag: Ella erzählt, dass sie Jessica Lange vom „Abendspiegel" getroffen hat und sie Sami von Jessica grüßen soll. Sie sagt, dass Jessica nur Gutes von Sami sagen kann, dass Sami ein toller Journalist und ein Vorbild ist.; Sami dachte, dass Jessica ihn doof findet.; Sami freut sich über Jessicas Grüße und fühlt sich geschmeichelt. Er sagt, dass Jessicas Grüße ihm gutgetan haben.*	„Ellas Film" Lektion 8	

A WIR SIND JETZT PER *DU*, FALLS DICH DAS INTERESSIERT.

Konjunktion *falls*

Lernziel: Die TN können Arbeitsaufträge höflich ablehnen.

	Form	Ablauf	Material	Zeit
A1		**Präsentation der Konjunktion *falls***		
a	PL	1. Erinnern Sie die TN noch einmal an Ellas Chat mit Vivi. Lesen Sie dann zusammen mit den TN die Sätze im Grammatik-Kasten und fragen Sie die TN, was die Konjunktion „falls" bedeutet. Die TN kreuzen an. Abschlusskontrolle im Plenum. *Lösung: falls = wenn* Machen Sie deutlich, dass „falls" dieselbe Bedeutung hat wie die Konjunktion „wenn", die die TN bereits aus *Schritte international Neu 3* / Lektion 4 kennen. „Falls" leitet genauso wie „wenn" einen Nebensatz ein, in dem entweder die Bedingung für die Handlung im Hauptsatz oder eine Möglichkeit genannt wird. Weisen Sie an dieser Stelle noch einmal auf die Wortstellung im Nebensatz hin und verweisen Sie auf die Grammatikübersicht 1 (Kursbuch, S. 102). Die kleine Schreibübung erledigen die TN als Hausaufgabe und geben sie Ihnen zur Korrektur ab.		
b	PL	2. Lesen Sie zusammen mit den TN die Aufgabenstellung und fordern Sie einen geübteren TN auf, den Beispielsatz zu vervollständigen. Schreiben Sie diesen an die Tafel und erklären Sie noch einmal die Inversion im Hauptsatz bei vorangestelltem Nebensatz. Weisen Sie die TN darauf hin, dass diese Satzfolge für Sätze mit der Konjunktion „falls" typisch ist, ähnlich wie für Sätze mit der Konjunktion „als", die die TN bereits aus *Schritte international Neu 5* / Lektion 1 kennen.		
	EA/PA	3. Die TN formulieren die beiden anderen Sätze mit der Konjunktion „falls". Wer fertig ist, vergleicht seine Lösung mit seiner Partnerin / seinem Partner. Abschlusskontrolle im Plenum. *Lösung: 1 Falls Sie ein Problem haben, können Sie sich gern an mich wenden. 2 Falls Sie noch etwas wissen möchten, können Sie einfach anrufen. 3 Falls Sie noch Fragen haben, sind meine Mitarbeiter immer für Sie da.*		

EA/PA/PL Wiederholung	**Arbeitsbuch 1:** im Kurs: Mit dieser Übung können Sie mit Ihren TN noch einmal Konjunktionen wiederholen, die die TN bereits aus früheren Lektionen kennen bzw. schnell feststellen, welche Konjunktionen den neuen TN noch nicht bekannt sind. Gehen Sie an dieser Stelle auch auf die Satzstellung ein. *Hinweis:* Alle in der Übung verwendeten Konjunktionen leiten einen Nebensatz ein, wohingegen die übrig gebliebenen Konjunktionen („deshalb", „deswegen", „aber", „trotzdem", „denn") zwei Hauptsätze miteinander verbinden. Fordern Sie die TN auf, in Partnerarbeit Satz 1 mit „deshalb", „deswegen" und „denn" sowie Satz 4 mit „aber" und „trotzdem" umzuformulieren. Notieren Sie die Sätze dann auf Zuruf an der Tafel und vergleichen Sie noch einmal gemeinsam die verschiedenen Satzkonstruktionen. Es ist wichtig, dass sich alle TN dieser Unterschiede bewusst sind, um in diesem Kurs weiter darauf aufbauen zu können.		
EA/HA	Arbeitsbuch 2–3		

A2	**Leseverstehen: Wichtige Details verstehen**

a	PL/EA	1. Ein TN liest die beiden Überschriften vor. Gehen Sie ggf. auf Wortschatzfragen ein. Die TN überfliegen den ersten Textabschnitt und kreuzen an, welche der beiden Überschriften passt. Abschlusskontrolle im Plenum. *Lösung: Grenzen setzen: Wie lehne ich Aufgaben im Job ab?*		
b	PA	2. Die TN lesen den Text noch einmal komplett und beantworten danach mit ihrer Partnerin / ihrem Partner die Fragen. Abschlusskontrolle im Plenum. Gehen Sie abschließend auch auf Wortschatzfragen ein. *Lösung: 1 Man möchte hilfsbereit sein und niemanden enttäuschen. Manchmal kann es sein, dass man auch Angst vor negativen Konsequenzen hat. 2 Man sollte Aufgaben freundlich, aber bestimmt ablehnen und in kurzen und klaren Sätzen erklären, warum man Nein sagen muss. 3 Man sollte Verständnis für die Situation des Kollegen oder Chefs zeigen und Alternativen/Kompromisse anbieten. Vielleicht können Aufgaben getauscht oder verschoben werden.*		
	PL	3. Greifen Sie die Sätze mit der Konjunktion „falls" heraus und stellen Sie sicher, dass die TN diese verstanden haben. Zur Verdeutlichung können Sie sie auch an die Tafel schreiben und die Konjunktion „falls" durch „wenn" ersetzen. Eventuell haben Sie auch Angst vor negativen Konsequenzen, <u>falls</u> Sie *Nein* sagen. ... <u>wenn</u> Sie *Nein* sagen.		
	GA	4. *fakultativ:* Fragen Sie die TN, ob sie schon einmal in einer ähnlichen Situation waren und wie sie reagiert haben. Die TN tauschen sich in Kleingruppen darüber aus.		
	PL/EA	5. *Hinweis:* Hierzu passt thematisch der „Fokus Beruf: Eine Kündigung schreiben" (Arbeitsbuch, S. 97).		

A3	**Wortschatzarbeit: Aufgaben ablehnen und Alternativen vorschlagen**

	EA	1. Die TN lesen die Redemittel und ordnen die Überschriften zu. Abschlusskontrolle im Plenum. Gehen Sie dabei auf Wortschatzfragen ein. Verweisen Sie auch auf die Redemittelübersichten: „Aufträge/Aufgaben ablehnen: Tut mir leid, aber ...", „Alternativen vorschlagen: Ich könnte Ihnen helfen, falls ..." und „Auf Alternativvorschläge reagieren: Ja, gute Idee." (Kursbuch, S. 103). Die kleine Schreibaufgabe lösen die TN als Hausaufgabe. Wer möchte, kann sein Gespräch dann am nächsten Kurstag mit einem anderen TN vorlesen. *Lösung: (von links nach rechts) Aufträge/Aufgaben ablehnen, Alternativen vorschlagen, auf Alternativvorschläge reagieren*		
	EA/HA	Arbeitsbuch 4		

A4	Aktivität im Kurs: Ein Rollenspiel machen		
a PA	1. Die TN lesen die Rollenkarten im Buch und entscheiden, ob sie diese Situation spielen möchten oder ob sie sich selbst eine andere Situation ausdenken wollen. Wenn sie sich für Letzteres entscheiden, schreiben sie eigene Rollenkarten, um sich die Situation noch einmal genau bewusst zu machen. Alternativ können Sie auch die Rollenkarten der Kopiervorlage verteilen und die TN eine der Situationen auswählen lassen.	KV L8/A4	
PA	2. Die TN lesen die Redemittel in A3 noch einmal und markieren, welche zu ihrer gewählten Situation passen.		
b PA/GA ⬌	3. Die TN sehen sich das Dialoggerüst und das Beispiel im Buch an und spielen die gewählte Situation mithilfe der Redemittel in A3. Nach dem ersten Durchgang wechseln sie die Rollen und spielen die Situation noch einmal. Geübtere TN überlegen sich weitere Variationen der Situation oder wählen andere Beispiele von der Kopiervorlage, ungeübtere TN konzentrieren sich auf ihr gewähltes Beispiel, tauschen aber ebenfalls die Rollen. *Hinweis:* Wenn Sie neue TN im Kurs haben, die sich das freie Sprechen noch nicht zutrauen, können sie auch zuerst ein Manuskript schreiben, bevor sie die Situation spielen. *Variante:* Sie können auch Kleingruppen mit jeweils drei TN bilden lassen: Zwei TN spielen, der dritte TN nimmt das Rollenspiel mit dem Smartphone oder Tablet auf. Anschließend sehen sich die TN das eigene Rollenspiel noch einmal in der Kleingruppe an.	KV L8/A4, Smartphone / Tablet	
PL	4. Wer möchte, kann sein Rollenspiel zum Abschluss im Plenum vorspielen oder die Videoaufnahme zeigen. Auf diese Weise werden die Redemittel noch einmal in unterschiedlichen Kontexten präsentiert und gefestigt.	Smartphone / Tablet	
EA/PA/HA 👄	Arbeitsbuch 5–6: im Kurs: In der mündlichen Sprache werden oft unbestimmte Artikel und Pronomen verkürzt sowie Verbendungen „verschluckt". Das erschwert für ungeübte Hörer/Sprecher die Verständigung, da diese Formen nicht der vollen grammatischen Form entsprechen, die sie im Unterricht gelernt haben. Umgekehrt ist es für die TN insbesondere dann schwierig, die Kurzformen auszusprechen, wenn durch die Verkürzung Vokale wegfallen und in der Folge mehrere Konsonanten hintereinander ausgesprochen werden müssen. Ein wenig Übung tut daher Not. In Übung 5 hören die TN die Kurzformen und sprechen sie nach. Wiederholen Sie die Übung ggf. mehrmals. Anschließend ergänzen die TN die Vollformen, die sie aus dem Kontext erschließen können. In Übung 6 hören die TN den Text und lesen mit. Wer möchte, kann die Kurzformen markieren. Anschließend lesen die TN sich den Text paarweise vor. Gehen Sie herum und korrigieren Sie sanft. Als Hausaufgabe können die TN den Text noch einmal mit den Vollformen schreiben und/oder die Aussprache der Kurzformen mithilfe der CD allein üben.	AB-CD 2/1–2	
TIPP	Bei Phonetikübungen ist es sinnvoll, die TN diese zu Hause noch einmal allein wiederholen zu lassen. Wer möchte, kann sich dabei selbst mit dem Handy aufnehmen und dann seine Aussprache mit dem Original auf der CD vergleichen. Wer Schwierigkeiten mit der Aussprache hat, kann seine Aufnahme in den Kurs mitbringen und Sie um Rat fragen oder sie Ihnen per E-Mail zuschicken.		
EA/HA	Arbeitsbuch 7		

B JE LÄNGER MAN WARTET, DESTO SCHLECHTER WIRD …

Zweiteilige Konjunktion *je … desto/umso*

Lernziel: Die TN können ein Interview verstehen und über den Umgang mit Kollegen diskutieren.

	Form	Ablauf	Material	Zeit
B1		**Präsentation der zweiteiligen Konjunktion *je … desto/umso***		
a	PL	1. Zeigen Sie auf das Foto der Foto-Hörgeschichte und fordern Sie die TN auf, sich zu erinnern, worüber Ella und Jessica gesprochen haben. *Hinweis:* Es geht dabei nicht darum, dass die TN sich an den genauen Wortlaut erinnern, sondern sich die konkrete Situation in Erinnerung rufen.	Folie/IWB	
	EA/PA ⟷	2. Die TN lesen die drei Sätze und verbinden, was zusammenpasst. Geübtere TN lösen die Aufgabe in Stillarbeit, ungeübte TN arbeiten paarweise zusammen. Die TN hören die drei Aussagen und vergleichen mit ihren Lösungen. Abschlusskontrolle im Plenum. *Lösung: 1 Je länger man wartet, desto schlechter wird die Stimmung. 2 Je wichtiger die Leute sind, desto länger muss man auf sie warten. 3 Je mehr man weiß, desto weniger muss man glauben.*	CD 4/5	
	EA/PL	3. Die TN ergänzen den Grammatik-Kasten im Buch. Gehen Sie anhand dieses Beispiels auf die Bedeutung der zweiteiligen Konjunktion „Je …, desto/umso …" ein. Es sollte klar werden, dass im „je"-Satz die Ursache, im „desto"-Satz die Wirkung oder Folge genannt wird. Machen Sie auch noch einmal deutlich, dass „je … desto/umso" einen Nebensatz einleitet und das Verb daher im vorangestellten Nebensatz mit „Je" am Satzende steht, während im nachgestellten Hauptsatz Inversion stattfindet, d. h. Subjekt und Verb die Position tauschen. Gehen Sie dann auch darauf ein, dass diese Doppelkonjunktion immer mit der Komparation verbunden ist, die die TN bereits aus *Schritte international Neu 4 / Lektion 9* kennen. Verweisen Sie auch auf die Grammatikübersicht 2 (Kursbuch, S. 102).		
	GA/HA	4. *fakultativ:* Wenn Sie die Verwendung der zweiteiligen Konjunktion auf spielerische Weise üben möchten, können Sie die TN in Kleingruppen einteilen und sie auffordern, innerhalb von fünf Minuten so viele Sätze wie möglich mit „je …, desto/umso …" zu formulieren. Die Gruppe mit den meisten korrekten Sätzen gewinnt. Beispiele aus dem Berufsalltag finden die TN in der kleinen Schreibübung (Kursbuch, S. 102). Wenn Sie dazu im Kurs keine Zeit haben, geben Sie die Übung als Hausaufgabe auf und sammeln die Sätze zur Korrektur ein.		
b	GA	5. Die TN lesen das Beispiel und setzen die Reihe fort. Alle Gruppen sollen mindestens zehn sinnvolle und grammatisch korrekte Kettensätze formulieren. Am Ende werden alle Ketten im Plenum präsentiert. Wenn Sie möchten, können Sie mit den TN vor dem Schreiben Kriterien wie Originalität, Korrektheit, Länge etc. vereinbaren, nach denen dann die beste Kette ausgewählt und prämiert werden soll. Geben Sie die Arbeitszeit vor. *Hinweis:* Bringen Sie zu diesem Zweck einen kleinen Gewinn, z. B. Süßigkeiten, für die Gewinnergruppe mit. Diese kann sie dann ggf. auch mit den anderen TN teilen.	Gewinn	
	EA/PA/HA ⟷ Grammatik entdecken	**Arbeitsbuch 8:** im Kurs: In a ergänzen die TN die Adjektive im Komparativ. Geübtere TN lösen die Aufgabe in Stillarbeit, ungeübte TN arbeiten paarweise zusammen. Wenn Sie viele neue TN im Kurs haben, können Sie vorher die Komparativbildung (*Schritte international Neu 4 / Lektion 9*) kurz wiederholen. Lassen Sie dann bei der Übung einen „alten" und einen „neuen" TN zusammenarbeiten, denn der Fokus der Übung liegt hier auf der Verwendung der zweiteiligen Konjunktion „je …, desto/umso …". In b markieren die TN dann die Verben wie in a angegeben und ergänzen die Tabelle. Abschlusskontrolle im Plenum. Die TN machen sich auf diese Weise noch einmal die Wortstellung in dieser Konstellation bewusst.		

B2	Leseverstehen: Wichtige Inhalte verstehen		
PL	1. Schreiben Sie „Freundschaften am Arbeitsplatz?" an die Tafel und fragen Sie die TN, was sie davon halten. Notieren Sie wichtige Stichpunkte an der Tafel und gehen Sie gegebenenfalls auf neuen Wortschatz ein.		
EA/PA	2. Die TN lesen zuerst die vier Aussagen und dann den Lesetext. Anschließend kreuzen sie an, welche Aussagen mit dem Lesetext übereinstimmen. Geübtere TN lösen die Aufgabe in Stillarbeit, ungeübtere TN arbeiten paarweise zusammen. Abschlusskontrolle im Plenum. *Lösung: 2, 3*		
EA/PA	3. *fakultativ:* Die TN suchen die Sätze mit „je ..., desto" aus dem Text heraus und formulieren das Gegenteil. Aus „Je angenehmer die Arbeitsatmosphäre ist, desto ..." wird dann beispielsweise „Je unangenehmer die Arbeitsatmosphäre ist, desto ...". Auf diese Weise üben die TN nicht nur die neue Struktur ein, sondern wiederholen gleichzeitig ihren Wortschatz sowie den Komparativ. Geübtere TN lösen die Aufgabe in Stillarbeit, ungeübtere TN arbeiten paarweise zusammen.		
EA/HA	Arbeitsbuch 9		
EA/PA/HA	Arbeitsbuch 10–11: im Kurs: Alle TN bearbeiten Übung 10, wo sie anhand von Stichpunkten Sätze mit „je ..., desto/umso ..." schreiben sollen. Dazu müssen sie sich noch einmal bewusst machen, was die Ursache und was die Wirkung bzw. Folge dessen ist. Wer schneller fertig ist, findet in Übung 11a heraus, was zusammenpasst, und schreibt anschließend in 11b Sätze mit „Je ..., desto/umso ..." wie im Beispiel vorgegeben. Wenn Sie die Übungen ganz oder teilweise als Hausaufgabe aufgeben, sollten sie von allen bearbeitet werden. Sammeln Sie in jedem Fall die Sätze aus Übung 11b zur Korrektur ein, um sich einen Überblick zu verschaffen, inwieweit die neue Struktur verstanden wurde bzw. bereits verwendet werden kann.		
EA/PA/ HA	Arbeitsbuch 12: im Kurs: Die TN hören vier Aussagen zu einem Thema. Vor dem Hören haben die TN Zeit, die Sätze a – f durchzulesen, bevor sie beim oder nach dem Hören entscheiden sollen, welcher Satz zu welcher Aussage passt. Wichtig ist, dass die TN die Aussagen vor dem Hören gründlich durchlesen. Dabei kann es nützlich sein, Schlüsselwörter zu unterstreichen, damit man beim Hören schneller den passenden Satz findet und die richtige Ziffer eintragen kann. Diese Hörtechnik sollten die TN möglichst oft trainieren, um Hörverstehensaufgaben auch in Prüfungssituationen, d.h. unter Zeitdruck, gewachsen zu sein.	AB-CD 2/3–6	

B3	Aktivität im Kurs: Eine Diskussion führen		
EA	1. Die TN lesen die Fragen 1–3 und notieren sich dazu Stichpunkte, wie im Beispiel vorgegeben. Wem weitere wichtige Fragen zum Thema einfallen, notiert diese ebenfalls. Geben Sie den TN hierfür ca. fünf Minuten Zeit.		
GA	2. Die TN finden sich in Kleingruppen von drei bis vier TN zusammen. Sie lesen gemeinsam das Beispiel im Buch und stimmen der Aussage zu oder äußern anhand ihrer Stichpunkte ihre eigene Meinung. Die TN diskutieren zunächst über die drei vorgegebenen Fragen und dann über eventuelle Fragen, die sich die TN selbst zum Thema überlegt haben. *Variante:* Statt die TN selbst Fragen ergänzen zu lassen, können Sie auch auf die Kopiervorlage im Lehrwerkservice unter www.hueber.de/schritte-international-neu zurückgreifen. Kopieren Sie hierzu die Kopiervorlage pro Gruppe einmal und schneiden Sie die Fragekarten aus. Die TN ziehen reihum eine Karte und beantworten die Fragen. *Hinweis:* Wenn Sie viele ungeübte TN oder viele neue TN im Kurs haben, können Sie vorab die Redemittel zur Meinungsäußerung und zum Ausdruck von Wichtigkeit, die die „alten" TN bereits aus *Schritte international Neu 3* / Lektion 6 und Lektion 7 kennen, als Kopie zur Verfügung stellen, um diese gleichzeitig zu wiederholen bzw. einzuüben.	KV L8/B3 im Lehrwerkservice	

EA/PA/ GA	3. *fakultativ:* Wenn Sie mit Ihren TN das Thema „Freundschaft" vertiefen möchten, können Sie das Gedicht „Freundschaft" aus der Rubrik „Zwischendurch mal ..." (Kursbuch, S. 104) einsetzen.	ZDM	
PA Prüfung	Arbeitsbuch 13: im Kurs: Mit dieser Übung können Sie die TN auf die Prüfung *Zertifikat Deutsch*, mündlicher Ausdruck, Teil 2 vorbereiten, in dem die TN ein Gespräch über ein Thema führen sollen. Die TN berichten sich in a zunächst gegenseitig, welche Situation sie auf ihrem Foto sehen und welche Meinung die Person auf dem Bild vertritt. Die Redemittel rechts sollen sie dabei unterstützen. Anschließend tauschen sie sich in b über das Thema aus. Sie sagen ihre eigene Meinung und erzählen von eigenen Erfahrungen. Gehen Sie herum und helfen Sie bei Schwierigkeiten.		

TiPP	Fordern Sie die TN auf, sich eine Art Redemittelkartei anzulegen, um den Wortschatz für unterschiedliche Situationen immer wieder wiederholen zu können und auf diese Weise ihren aktiven Wortschatz zu erweitern. Je sicherer sie die Redemittel (Chunks) beherrschen, desto leichter wird ihnen vor allem das freie Sprechen und Schreiben fallen. Aber auch im Hör- und Leseverstehen profitieren sie von einem größeren aktiven Wortschatz.

C ... DIE KOLLEGIN, VON DER ICH DIR ERZÄHLT HABE.

Relativsatz mit Präpositionen, Adjektiv als Nomen, n-Deklination

Lernziel: Die TN können eine Person näher beschreiben.

	Form	Ablauf	Material	Zeit
C1		**Präsentation der Relativsätze mit Präpositionen**		
	EA/HA Wiederholung	Arbeitsbuch 14 – 15: im Kurs: Die TN lösen die Übungen 14 und 15 in Stillarbeit oder bereits vorab als Hausaufgabe, um die Verben mit Präpositionen und die Relativsätze zu wiederholen, die sie bereits aus *Schritte international Neu 3* / Lektion 5 bzw. *Schritte international Neu 5* / Lektion 2 kennen. Abschlusskontrolle im Plenum. Sollten einige der (neuen) TN noch Schwierigkeiten damit haben, verwenden Sie etwas Zeit darauf, diese Elemente zu wiederholen und zu üben, bevor Sie die Relativsätze mit Präpositionen einführen, denn diese stellen die Basis für die Grammatik in Schritt C dar.		
	PL	1. Notieren Sie Satz a an der Tafel und fragen Sie die TN, worauf sich „der" bezieht. Ergänzen Sie das Tafelbild wie unten.		

Das ist die Kollegin, von der ich dir so oft erzählt habe.
Ich habe dir so oft von ihr erzählt.

Machen Sie anhand des Tafelbildes deutlich, dass sich das Relativpronomen genauso wie das Personalpronomen auf eine Person oder Sache im vorangegangenen Satz bezieht und sich deshalb in Person, Genus und Numerus nach dieser richtet, der Kasus aber von der Präposition bestimmt wird. Weisen Sie an dieser Stelle auch noch einmal explizit darauf hin, dass Relativsätze Nebensätze sind und das konjugierte Verb daher am Satzende steht.

PA ⟷	2. Die TN finden sich paarweise zusammen und ergänzen die Sätze b und c nach dem Muster an der Tafel. Sie können sich dabei auf die Übersicht im Grammatik-Kasten stützen. Abschlusskontrolle im Plenum. *Lösung: b Sami gehört zu den Kollegen, von denen ich nur Gutes sagen kann. c Das ist ein Mann, über den man Bescheid weiß, wenn man einmal mit ihm gesprochen hat.* *Variante:* Falls die Relativsätze mit Präpositionen Ihren TN noch große Schwierigkeiten bereiten, können Sie die Beispiele b und c auch gemeinsam mit den TN analog zu Beispiel a an der Tafel notieren. Geben Sie geübteren TN dabei die Möglichkeit, zum Tafelbild beizutragen. Verweisen Sie abschließend auf die Grammatikübersicht 3 (Kursbuch, S. 102). Die kleine Schreibaufgabe lösen die TN als Hausaufgabe und geben Ihnen ihre Personenbeschreibung zur Korrektur ab.		
GA	3. *fakultativ:* Wenn Sie mit Ihren TN die Relativsätze mit Präpositionen auf spielerische Weise üben möchten, können Sie die Kopiervorlage einsetzen. Kopieren Sie die Kopiervorlage und laminieren Sie sie. Jede Kleingruppe von drei bis vier TN erhält ein Spielbrett, Spielfiguren und einen Würfel. Der jüngste TN beginnt. Die TN würfeln und ziehen ihre Spielfiguren im Uhrzeigersinn auf das entsprechende Feld. Kann der Spieler anhand der Stichpunkte einen korrekten Satz bilden, darf er ein Feld vorrücken. Ist der Satz falsch, muss er ein Feld zurückgehen. Die TN würfeln reihum, bis der Erste wieder am Start- und Zielpunkt angekommen ist.	KV L8/C1, Spielfiguren, Würfel	
EA/HA	Arbeitsbuch 16–17		
EA/GA/HA ⟷	Arbeitsbuch 18–19: im Kurs: Alle TN ergänzen die Anzeigen in Übung 18. Wer fertig ist, liest die Aufgabenstellung sowie das Beispiel in Übung 19 und schreibt zu einem selbst gewählten Foto auf seinem Smartphone acht oder mehr Sätze. Gehen Sie herum und achten Sie darauf, dass die TN die neuen Strukturen benutzen. Falls einige TN schneller fertig sind als andere, können sie ein weiteres Foto auswählen und beschreiben. Abschließend finden sich die TN in Kleingruppen von drei bis vier TN zusammen und präsentieren sich gegenseitig ihre Fotos. Wenn Sie die Übungen als Hausaufgabe aufgeben, bearbeiten alle TN beide Aufgaben wie im Buch angegeben und präsentieren ihr Foto dann in der nächsten Stunde in Kleingruppen.	Smartphone	

C2	**Anwendungsaufgabe zu Relativsätzen mit Präpositionen**		
EA/PA ⟷	1. Die TN lesen die Aufgabenstellung und ergänzen die Sätze. Wenn nötig, besprechen Sie das erste Beispiel im Plenum. Geübtere TN lösen die Aufgabe in Stillarbeit, ungeübtere TN arbeiten zu zweit. Abschlusskontrolle im Plenum. *Lösung: 1 Enzo? Das ist so ein verrückter Bekannter, mit dem ich monatelang durch Asien gereist bin. 2 Leo? Das ist mein treuester und romantischster Freund, von dem ich oft so schöne Gedichte bekomme. 3 Isabel? Das ist eine witzige Bekannte, über die ich immer lachen muss. 4 Maria? Das ist eine meiner besten Freundinnen, an die ich oft denke.*		
PL ⚠	2. Besprechen Sie mit den TN die besondere Deklination von „ein Bekannter". Beschränken Sie sich darauf, den TN zu erklären, dass das Nomen „ein Bekannter / eine Bekannte" bzw. „der/die Bekannte" von einem Adjektiv abgeleitet ist und deshalb wie ein Adjektiv dekliniert wird. Weitere wichtige Wörter für das Niveau B1, die so dekliniert werden, sind „der/die Jugendliche", „der/die Erwachsene" und „der/die Deutsche". Verweisen Sie hierbei auch auf die Grammatikübersicht 4 (Kursbuch, S. 102). Es geht hier nur darum, die TN dafür zu sensibilisieren, dass es Wörter gibt, die so funktionieren. Eine Systematisierung erfolgt dann erst auf dem Niveau B2. Deshalb sollte hier nur anhand der bekannten Wörter geübt werden.		

EA/PA Grammatik entdecken ⟵⟶	Arbeitsbuch 20: im Kurs: a Die TN lesen die Sätze und markieren wie im Beispiel. b Die TN ergänzen die Nominalisierungen/Nomen zu „bekannt" aus a in der Tabelle und ergänzen die entsprechenden Formen zu „jugendlich" und „erwachsen". Geübtere TN lösen die Übung in Stillarbeit, ungeübtere TN arbeiten zu zweit. Den TN soll bewusst werden, dass aus einigen Adjektiven Nomen abgeleitet werden können und diese je nachdem, welcher Artikel vorangeht, unterschiedliche Endungen haben, die aber der Adjektivdeklination entsprechen, die die TN bereits aus *Schritte international Neu 4 / Lektion 9 und 10* kennen.		
EA/HA	Arbeitsbuch 21		
EA/PA	3. *fakultativ:* Wenn Sie mit Ihren TN das Thema „Personenbeschreibung" bzw. „Charakteristika" weiter vertiefen möchten, können Sie an dieser Stelle den Lesetext „Die Sterne lügen nicht" aus „Zwischendurch mal ..." (Kursbuch, S. 105) einsetzen, in dem es um Tierkreiszeichen geht.	ZDM	

C3 Aktivität im Kurs: Über Freunde, Bekannte und Kollegen sprechen

EA	1. Fragen Sie die TN, was sie mit wem machen. Die TN lesen die Aufgabenstellung und erstellen auf einem Zettel eine Namensliste ihrer Freunde, Nachbarn, Bekannten und Kollegen analog zum Beispiel im Buch.		
PA	2. Sammeln Sie die Namenslisten ein und mischen Sie sie. Ziehen Sie jeweils zwei Listen. Die TN, denen die Listen gehören, arbeiten zusammen und beginnen ein Gespräch nach dem im Buch angegebenen Muster. Gehen Sie herum und helfen Sie bei Schwierigkeiten.		
PL	3. Notieren Sie Folgendes an der Tafel: Javier ist ein Spanier, den ich am Geburtstag eines Kollegen kennengelernt habe. Mia ist eine nette Frau, mit der ich beim Gartenfest meines Nachbarn gesprochen habe. Weisen Sie die TN darauf hin, dass es eine kleine Gruppe von Substantiven gibt, die auch im Singular eine Endung bekommen. Näheres entdecken die TN dann selbst in Übung 22 im Arbeitsbuch.		
EA/HA Grammatik entdecken	Arbeitsbuch 22: im Kurs: In a lesen die TN zunächst die Sätze und markieren die Endungen wie im Beispiel vorgegeben: Blau für Singular, Gelb für Plural. In b ordnen sie die Formen aus a zu und machen sich dabei bewusst, dass die Nomen der n-Deklination außer im Nominativ Singular immer die Endung -n bekommen.		
PL	4. Verweisen Sie auf die Grammatikübersicht 5 (Kursbuch, S. 102), wo die TN auch weitere – meist maskuline – Nomen finden, die der n-Deklination angehören. Es genügt, wenn sich die TN diese frequenten Nomen merken. Machen Sie in diesem Zusammenhang aber auch deutlich, dass über die genannten Beispiele hinaus alle Nationalitätenbezeichnungen auf -e sowie alle Substantive auf -ant der n-Deklination folgen.		
EA	Arbeitsbuch 23–24		
EA/PA	5. *fakultativ:* Wenn Sie die Frage, was man mit wem zu welchem Zweck macht, vertiefen wollen, können Sie hierzu das Projekt zum Thema „Netzwerken" aus „Zwischendurch mal ..." (Kursbuch, S. 104–105) durchführen.	ZDM	

D VON MIR AUS KÖNNEN WIR UNS GERN DUZEN.

Lernziel: Die TN können das *Du* anbieten und entscheiden, in welchen Situationen man sich duzt oder siezt.

	Form	Ablauf	Material	Zeit
D1		**Hörverstehen: *Du* oder *Sie*?**		
a	PL	1. Erinnern Sie die TN an die Foto-Hörgeschichte. Wie war das Verhältnis zwischen Ella und Jessica? Wer bietet wem das *Du* an? Warum nicht zum Beispiel umgekehrt? Hören Sie bei Bedarf die Foto-Hörgeschichte noch einmal und diskutieren Sie im Kurs. *Musterlösung: Ella bewundert Jessica Langer. Sie kannte sie bisher nur von ihren Artikeln im „Abendspiegel", nicht aber persönlich. Jessica ist Ellas Vorbild. Da Jessica älter ist als Ella, muss sie zuerst das Du anbieten.*	CD 4/1–4	
	PA	2. Fragen Sie die TN, ob die Personen auf dem Foto sich duzen oder siezen. Die TN stellen mit ihrer Partnerin / ihrem Partner Vermutungen an und begründen diese wie im Beispiel vorgegeben. *Musterlösung: Die beiden Personen sind ungefähr im gleichen Alter, daher glaube ich, dass sie sich duzen. Nein, das glaube ich nicht. Ich vermute, dass die beiden Geschäftspartner sind und sich siezen.*		
b	EA	3. Die TN lesen die Aufgabenstellung, hören die Gespräche und kreuzen an. Abschlusskontrolle im Plenum. *Lösung: Gespräch 1: im Büro, Gespräch 2: im Kindergarten, Gespräch 3: im Restaurant*	CD 4/6–8	
c	EA/PA ⬌	4. Die TN lesen die Aufgabe und kreuzen an, was sie für richtig halten. Dann hören sie die Gespräche noch einmal und vergleichen mit ihren Lösungen. Abschlusskontrolle im Plenum. Geübtere TN lösen die Aufgabe in Stillarbeit, ungeübtere TN arbeiten zu zweit. *Lösung: richtig: 1, 4, 6*	CD 4/6–8	
	PL	5. Sprechen Sie mit den TN über die Situationen. Wer trifft wen? Wer bietet wem das *Du* an? Welche Regeln kann man daraus ableiten?		
D2		**Hörverstehen: Details verstehen**		
	PL	1. Fragen Sie die TN, wie man jemandem das *Du* anbieten kann und was man sagt, wenn man das *Du* angeboten bekommt. Vielleicht erinnern sie sich noch in etwa an den Wortlaut in den drei Gesprächen? Sammeln Sie mündlich.		
	EA/PA ⬌	2. Die TN lesen die Redemittel im Buch. Dann hören sie die Gespräche noch einmal und ordnen zu. Geübtere TN lösen die Aufgabe in Stillarbeit, ungeübtere TN arbeiten zu zweit. Abschlusskontrolle im Plenum. *Lösung: das Du anbieten: Wir sagen hier alle Du zueinander. Wenn es Ihnen recht ist, dann können wir uns gern duzen. Gespräch 3; Übrigens, von mir aus können wir uns gern duzen. Ich heiße ... Gespräch 1; Ach, wollen wir uns nicht lieber duzen? Gespräch 2; das Du annehmen: Ja, gern! Ich heiße ... Gespräch 2; Schön! Hallo ... Ich bin ... Gespräch 1; Alles klar! Ich heiße ... Gespräch 3*	CD 4/6–8	
	PL	3. Weisen Sie die TN an dieser Stelle auch auf die Redemittelübersicht „Das *Du* anbieten: Ach, wollen wir uns nicht lieber duzen?" und „Das *Du* annehmen: Ja, gern! Ich heiße ..." (Kursbuch, S. 103) hin. Die kleine Schreibaufgabe lösen die TN als Hausaufgabe und geben sie Ihnen zur Korrektur ab.		
	EA/HA	Arbeitsbuch 25: im Kurs: In a überfliegen die TN die Gespräche und ordnen sie den Bildern zu, bevor sie die Redemittel aus b ergänzen. Anschließend hören sie die Gespräche und vergleichen mit ihren Lösungen.	AB-CD 2/7	

D3	Aktivität im Kurs: Rollenspiel „Wollen wir uns duzen?"		
PA	1. Die TN lesen die Aufgabenstellung. Sie wählen mit ihrer Partnerin / ihrem Partner zunächst eine der Situationen aus und spielen unter Verwendung der Redemittel aus D2 ein Gespräch. Erklären Sie bei Bedarf kurz, was „im Laufe des Gesprächs" bedeutet und fordern Sie die TN auf, in ihren Gesprächen auf einige der vorge-schlagenen Themen zu sprechen zu kommen, bevor sie einander das *Du* anbieten. Wer fertig ist, spielt ein oder zwei weitere Gespräche. Fordern Sie die TN auf, dann auch die Rollen zu tauschen und die Redemittel nach Möglichkeit zu variieren.		
WPA	2. *fakultativ:* Wenn Sie mit Ihren TN weitere Situationen durchspielen wollen, können Sie dazu die Kopiervorlage einsetzen. Kopieren Sie diese so oft, dass jeder TN eine Rollenkarte erhält. Mischen Sie die Karten und verteilen Sie sie. Die TN, die den gleichen Buchstaben haben, finden sich zu Paaren zusammen und spielen ein kur-zes Gespräch. Nach Abschluss des Gesprächs tauschen die Gesprächspartner die Rollenkarten und suchen sich eine neue Partnerin / einen neuen Partner. Geben Sie eine Zeit, z. B. zehn Minuten, vor, in der die TN immer wieder die Partner wech-seln, um sicherzustellen, dass die TN die Redemittel in möglichst vielen unter-schiedlichen Kontexten anwenden können.	KV L8/D3	

	TiPP	Bei wechselnder Partnerarbeit ist es hilfreich, wenn die frei gewordenen Partner den Arm heben, als Zeichen, dass sie nun „frei" sind. Das hilft vor allem in größeren Gruppen, leicht den nächsten freien Gesprächspartner zu finden. Insbesondere wenn TN neu im Kurs sind, trägt das dazu bei, dass diese schneller ihre Zurückhaltung aufgeben und den nächsten freien TN ansteuern.

D4	Leseverstehen: Die wesentlichen Inhalte verstehen		
a EA/PA	1. Die TN lesen die Aufgabenstellung, überfliegen den Text und ordnen zu. Geübtere TN lösen die Aufgabe in Stillarbeit, ungeübtere TN arbeiten zu zweit. Abschlusskon-trolle im Plenum. Gehen Sie bei Bedarf darauf ein, dass „grundsätzlich" hier in etwa gleichbedeutend ist wie „generell" oder „im Allgemeinen". *Lösung: 1 Im Arbeitsleben, 2 Im Privatleben, 3 Grundsätzlich*		
b EA/PA	2. Die TN lesen die Aufgabenstellung und ergänzen die Regeln, nachdem sie den Text noch einmal genauer gelesen haben. Geübtere TN lösen die Aufgabe in Stillarbeit, ungeübtere TN arbeiten zu zweit. Wer früher fertig ist, beschreibt eine Situation, in der ihm das *Du* angeboten wurde und gibt Ihnen den Text zur Korrektur ab. Abschlusskontrolle im Plenum. *Lösung: Im Arbeitsleben: Die Person, die eine höhere Position hat oder schon länger im Betrieb ist, bietet das Du an. Im Privatleben: Die Person, die älter ist, bietet in der Regel der jüngeren Person das Du an.*		
Länderinfo	In Deutschland gelten am Arbeitsplatz folgende Regeln: Derjenige, der in der Hier-archie höher steht, kann das *Du* anbieten, also z. B. die Chefin / der Chef der Mit-arbeiterin / dem Mitarbeiter. Wenn jemand neu in der Firma ist, bietet in der Regel der, der schon länger dabei ist, das *Du* an. Ob Mann oder Frau spielt in diesem Zusammenhang keine Rolle. Wenn einem das *Du* angeboten wird, kann man höf-lich annehmen oder aber auch ablehnen. Lehnt man es ab, sollte man es z. B. damit begründen, dass man nur Freunde und Familie duzt und am Arbeitsplatz gern beim *Sie* bleiben möchte. Das ist völlig legitim, es sei denn, es gehört zur Unternehmensphilosophie, dass sich grundsätzlich alle duzen. Dann sollte man sich dem *Du* anschließen.		

D5	Aktivität im Kurs: Über eigene Erfahrungen berichten		
a EA	1. Die TN lesen die Aufgabenstellung und machen sich in Stillarbeit Notizen dazu. Geben Sie den TN dazu ca. zehn Minuten Zeit. Machen Sie deutlich, dass die TN die Fragen 1 bis 3 jeweils für alle angegebenen Orte bzw. Gesprächspartner beant-worten sollen.		

b GA	2. Die TN finden sich in Kleingruppen von drei bis vier TN zusammen. Sie lesen die Aufgabenstellung sowie das Beispiel im Buch und berichten sich gegenseitig über ihre Erfahrungen.		
EA/HA Prüfung	**Arbeitsbuch 26**: im Kurs: Mit dieser Übung können Sie Ihre TN auf das *Goethe-Zertifikat B1*, Lesen, Teil 4, vorbereiten, der genau diesem Aufgabenformat entspricht. Die Arbeitszeit in der Prüfung beträgt 15 Minuten.		
EA/PA/HA Prüfung	**Arbeitsbuch 27**: im Kurs: a Die TN lesen die Aufgabenstellung und ergänzen mithilfe der Briefe und E-Mails im Kurs- und Arbeitsbuch die Tabelle. Abschlusskontrolle im Plenum. In b können Sie Ihre TN auf das *Goethe-Zertifikat B1*, Schreiben, Teil 3 vorbereiten, in dem die TN ebenfalls eine Absage per E-Mail formulieren sollen. Die TN lesen die Aufgabenstellung und schreiben auf einen Zettel anhand der Vorgaben eine E-Mail. Die Arbeitszeit in der Prüfung beträgt 15 Minuten. Weisen Sie die TN auf den Lerntipp hin, Briefe und E-Mails vor dem Abschicken immer noch einmal auf die Formalia zu überprüfen. Sammeln Sie die Texte zur Korrektur ein, auch wenn sie als Hausaufgabe verfasst wurden.		
GA	*fakultativ:* Wenn Sie noch Zeit haben, können Sie hier die Wiederholung zu Lektion 8 anschließen.	KV L8/Wiederholung	
Lektions-tests	Einen Test zu Lektion 8 finden Sie hier im LHB auf den Seiten 170–171. Verweisen Sie die TN auch auf den Selbsttest im Arbeitsbuch auf Seite 96.	KV L8/Test	

AUDIOTRAINING

	Form	Ablauf	Material	Zeit
Audiotraining 1: Aussagen vom Chef				
	EA/HA	Die TN hören zwei Aussagen, die sie mit „falls" verbinden sollen, z. B. „Sie schaffen Ihre Arbeit nicht. Sie informieren mich." Die TN formulieren: „Falls Sie Ihre Arbeit nicht schaffen, informieren Sie mich." Dabei kommt es auch auf die Satzmelodie an. Nach der Sprechpause hören die TN den korrekten Satz.	CD 4/9	
Audiotraining 2: Wer ist das?				
	EA/HA	Die TN hören zwei Stichpunkte, mit denen sie einen Relativsatz mit Präposition formulieren sollen z. B. „Kollege – erzählen". Die TN formulieren: „Das ist der Kollege, von dem ich erzählt habe." Dabei kommt es auch auf die Satzmelodie an. Nach der Sprechpause hören die TN den korrekten Satz.	CD 4/10	
Audiotraining 3: Das *Du* anbieten				
	EA/HA	Die TN hören verschiedene Formulierungen zum Thema „Das *Du* anbieten". Sie hören z. B. „Ich fände es nett, wenn wir *Du* sagen." Die TN wiederholen den Satz und achten dabei besonders auf die Satzmelodie. Nach der Sprechpause hören die TN die Aussage noch einmal.	CD 4/11	

ZWISCHENDURCH MAL …

Form		Ablauf	Material	Zeit
Gedicht		**Freundschaft (passt z. B. zu B3)**		
1	PL	1. Zeigen Sie das Foto auf der Folie / am IWB. Die Bücher bleiben noch geschlossen. Fragen Sie die TN, was sie auf dem Foto sehen. Die TN beschreiben, welche Personen sie sehen und was diese zusammen machen. Fordern Sie die TN auf, Vermutungen darüber anzustellen, welches Verhältnis die Personen zueinander haben könnten und woran sie das festmachen. Notieren Sie neuen Wortschatz an der Tafel mit.	Folie/IWB	
	PL	2. Schreiben Sie „Freundschaft nur bei Sonnenschein? Kann keine echte Freundschaft sein." an die Tafel und fragen Sie die TN, was das bedeuten könnte. Die TN stellen Vermutungen an.		
	EA/PA	3. Die TN hören das Gedicht und achten dabei insbesondere auf diese Aussage bzw. wie Freundschaft hier beschrieben wird. Die Bücher bleiben dabei noch geschlossen. Anschließend tauschen sich die TN mit ihrer Partnerin / ihrem Partner darüber aus, was im Gedicht über Freundschaft gesagt wird.	CD 4/12	
	EA	4. Die TN öffnen das Buch und lesen beim Hören mit. Kommen Sie noch einmal auf die Aussage an der Tafel zurück und sammeln Sie, was die TN verstanden haben. Gehen Sie auch auf Wortschatzfragen ein.	CD 4/12	
2	GA	1. Fragen Sie die TN, was „echte Freundschaft" für sie persönlich bedeutet. Die TN finden sich in Kleingruppen von drei bis vier TN zusammen und tauschen sich darüber aus. Gehen Sie herum und helfen Sie bei Schwierigkeiten.		
	PL	2. *fakultativ:* Wenn Sie das Thema mit Ihren TN weiter vertiefen wollen, können Sie z. B. das Lied „Echte Freunde" von Prinz Pi einsetzen, das Sie im Internet finden.		
Projekt		**„Netzwerken" (passt z. B. zu C3)**		
1	PL	1. Schreiben Sie das Wort „netzwerken" an die Tafel und fragen Sie die TN, ob sie das Verb schon einmal gehört haben und was es bedeuten könnte. Sammeln Sie gemeinsam im Kurs.		
	EA/PL	2. Fragen Sie, was man genau unter „netzwerken" versteht und wozu das gut ist. Die TN lesen den Text „Netzwerken" und fassen das Wichtigste kurz zusammen.		
	EA/PA	3. Die TN machen ihre eigene Mindmap zu ihrem persönlichen Netzwerk und überlegen zunächst jeder für sich, wo sie andere Menschen kennenlernen können, also z. B. in der Arbeit, im Stadtteil, in der Freizeit und im Internet / in sozialen Netzwerken. Anschließend tauschen sie ihre Ideen mit ihrer Partnerin / ihrem Partner aus und ergänzen ggf. ihre Mindmaps.		
2	EA/PA	1. Die TN ergänzen dann in ihrer eigenen Mindmap Personen aus ihrem Netzwerk, über die sie gern erzählen möchten, bevor sie ihrer Partnerin / ihrem Partner ihr Netzwerk vorstellen. Sie gehen dabei besonders darauf ein, was ihnen diese Personen bedeuten bzw. warum diese für sie wichtig sind. Sie können sich dabei an dem Beispiel orientieren.		
Lesen		**Die Sterne lügen nicht (passt z. B. zu C2)**		
1	PL	1. Deuten Sie auf das Foto und fragen Sie die TN, welche Tierkreiszeichen der westlichen Astrologie sie kennen. Sammeln Sie an der Tafel.		
	EA	2. Die TN lesen den Text und finden heraus, welches Tierkreiszeichen ihnen in der westlichen Astrologie zugeordnet wird. Sie lesen, welche Eigenschaften ihnen auf dieser Grundlage zugeschrieben werden und schlagen neue Wörter gegebenenfalls im Wörterbuch nach.		

	Form	Ablauf	Material	Zeit
	PA	3. Die TN sprechen mit ihrer Partnerin / ihrem Partner darüber, ob diese Beschreibung zu ihnen passt und geben ein Beispiel, warum oder warum nicht.		
	PA	4. *fakultativ:* Wenn Sie das Thema weiter vertiefen möchten, können Sie an dieser Stelle die Kopiervorlage einsetzen. Die TN lesen die Aussagen und ordnen sie den westlichen Tierkreiszeichen zu. Abschlusskontrolle im Plenum.	KV L8/ZDM	
2	PL	1. Besprechen Sie im Kurs, ob es in den Heimatländern Ihrer TN dieselben oder andere Tierkreiszeichen gibt und welche Bedeutung der Astrologie in ihren Ländern zugemessen wird. Wer möchte, kann erzählen, welches andere Tierkreiszeichen er ist und welche Eigenschaften man Menschen, die unter diesem Tierkreiszeichen geboren sind, nachsagt.		

FOKUS BERUF: EINE KÜNDIGUNG SCHREIBEN

Die TN können eine Kündigung schreiben.

	Form	Ablauf	Material	Zeit
		Da dieser Fokus möglicherweise nur für einen Teil der TN von Interesse ist, können die Übungen auch als Hausaufgabe gegeben werden.		
1		**Vor dem Hören: Gründe für einen Jobwechsel**		
a	PL	1. Fragen Sie die TN nach möglichen Gründen für einen Jobwechsel. Die Bücher bleiben dabei noch geschlossen. Die TN formulieren mit eigenen Worten. „Übersetzen" Sie, wenn möglich, die Gründe und Beispiele der TN in die Begriffe aus der Übung und schreiben Sie diese an die Tafel, z. B.: „Man hat Probleme mit den Kollegen." entspricht „schlechtes Arbeitsklima".		
	PL/EA	2. Die TN öffnen die Bücher und lesen die Aufgabenstellung. Klären Sie ggf. die Bedeutung von „Ortswechsel des Partners" oder „berufliche Neuorientierung", bevor die TN die Statistik ergänzen.		
	PA	3. Die TN sprechen mit ihrer Partnerin / ihrem Partner über ihre Ergebnisse. Die Redemittel im Buch helfen ihnen dabei.		
b	PA	4. Die TN vergleichen ihre Ergebnisse mit der Lösung. Notieren Sie dazu folgende Redemittel an der Tafel: „An erster/zweiter ... Stelle steht tatsächlich, dass ...", „Das hätte ich nicht gedacht.", „Das war auch meine Vermutung." *Lösung: 1 schlechtes Arbeitsklima, 2 zu niedriger Lohn, 3 keine Karrieremöglichkeiten, 4 zu viel Stress, 5 berufliche Neuorientierung / Ortswechsel des Partners, 6 Schichtarbeit / Sonstiges*		
2		**Hörverstehen 1: Wesentliche Inhalte verstehen**		
	EA/PA ⟷	1. Die TN lesen die Aussagen im Buch. Dann hören sie das Gespräch, wenn nötig zweimal, und korrigieren die Aussagen. Geübtere TN lösen die Aufgabe in Stillarbeit, ungeübtere TN arbeiten zu zweit. Abschlusskontrolle im Plenum. *Lösung: a ~~schriftlich~~ mündlich, b ~~15 Tagen~~ vier Wochen, c ~~Urlaub~~ Überstunden, d ~~per E-Mail~~ als Brief*	AB-CD 2/8	

3	Hörverstehen 2: Details verstehen		
a EA/PL	1. Die TN lesen zuerst den Text. Besprechen Sie mit den TN, welche Art von Information in den Lücken fehlt, d.h. worauf sie beim zweiten Hören besonders achten müssen. Die TN hören das Gespräch dann noch einmal und ergänzen die Informationen. Abschlusskontrolle im Plenum. *Lösung: 1. September, Würzburg, 15. August*	AB-CD 2/8	
b EA/PA ⟷	2. Die TN schreiben anhand der Sätze in a die Kündigung auf einen extra Zettel und geben Ihnen diesen zur Korrektur ab. Geübtere TN schreiben den Brief in Stillarbeit, ungeübtere TN arbeiten zu zweit. Wenn Sie den Fokus Beruf als Hausaufgabe machen lassen, geben Ihnen die TN das Kündigungsschreiben ebenfalls zur Korrektur ab. *Musterlösung:* *Betreff: Kündigung des Arbeitsverhältnisses – Arbeitsvertrag vom 01.06.20..* *Sehr geehrter Herr Schulte,* *mein Mann hat zum 1. September eine neue Arbeitsstelle in Würzburg. Ich kündige daher mein Arbeitsverhältnis mit Ihnen fristgerecht zum 15. August. Die Arbeit in Ihrem Unternehmen hat mir immer viel Spaß gemacht. Ich bitte Sie, mir möglichst bald mein Arbeitszeugnis zukommen zu lassen und bedanke mich für die Zusammenarbeit.* *Mit freundlichen Grüßen* *Irina Bockel*		
Länderinfo	Die TN sollten wissen, dass in Deutschland in einen Kündigungsbrief das Kündigungsdatum gehört. Höflich ist es, sich für die Zusammenarbeit zu bedanken. Den Grund für die Kündigung muss man nicht nennen. Es wird aber häufig gemacht, insbesondere dann, wenn der Kündigungsgrund nichts mit der Firma zu tun hat, sondern private Gründe wie Umzug etc. hat.		
Projekt	3. *fakultativ:* Wenn einige Ihrer TN eventuell in Deutschland arbeiten möchten, sollten sie die üblichen Kündigungsfristen kennen. Bringen Sie einige Beispiele für Arbeitsverträge aus dem Internet mit in den Kurs und fordern Sie die TN auf, in Kleingruppen herauszufinden, was in dem jeweiligen Vertrag über die Kündigungsfrist steht. Besprechen Sie die Angaben in den Verträgen zur Kündigungsfrist (sechs Wochen zum Quartalsende, vier Wochen zum Ende eines Kalendermonats …) gemeinsam.		

VIRTUELLE WELT

Folge 9: Alex Müller ist weg!

Einstieg in das Thema „Technik im Alltag"

	Form	Ablauf	Material	Zeit
1		**Vor dem ersten Hören: Wörter rund um den Computer verstehen**		
	EA	1. Die Bücher sind geschlossen. Die TN schreiben zunächst eine Minute lang Wörter rund um den Computer auf, die sie bereits kennen.		
	EA/PA ⟷	2. Die TN schlagen die Bücher auf und vergleichen mit ihrer Liste. Bei den „neuen" Wörtern aus dem Kursbuch überlegen sie mit der Partnerin / dem Partner, welche sie kennen und welche nicht. Unbekannte Wörter schlagen die TN im Wörterbuch nach. Danach schreiben sie zu zweit zu jedem Wort einen Beispielsatz. Gehen Sie herum und helfen Sie bei Schwierigkeiten. Eine Abschlusskontrolle im Plenum ist nur nötig, wenn Sie beim Herumgehen merken, dass die TN mit der Aufgabe große Schwierigkeiten haben. *Musterlösung: Auf meinem Computer sind 39 Ordner. Die Festplatte ist alt, sie funktioniert nicht mehr so gut. Die Datei kann ich dir gern schicken. Eine Sicherungskopie würde ich immer machen. Das/Der Virus hat unser IT-System angegriffen. Den Monitor habe ich mir gestern gekauft, weil er im Angebot war. Ich kaufe mir morgen eine neue Speicherkarte für mein Smartphone. Das Programm hat mir schon viel geholfen. Ich glaube, meine Tastatur ist schon wieder kaputt. Den ersten Satz würde ich löschen, ich finde ihn unpassend. Den Ordner musst du aber noch umbenennen. Kopieren Sie mir bitte diese zwei Zeitungsanzeigen? Der neue Computer wird morgen angeschlossen. Speichern ist immer wichtig! Du musst dieses Symbol anklicken, dann startet das Programm. Die Dateien habe ich von der Webseite heruntergeladen.*	Wörterbücher	
	PA ⟷	3. *fakultativ:* Die TN erhalten zu zweit je eine Kopiervorlage. Aus ihren Beispielsätzen sucht jedes Paar zehn aus und erstellt daraus ein Rätsel wie auf der Kopiervorlage angegeben. Danach tauscht jedes Paar seine Kopiervorlage mit einem anderen Paar und löst das Rätsel. Anschließend Kontrolle mit dem anderen Paar. Geübtere TN können auch anstatt der Beispielsätze kleine Definitionen schreiben, z. B. „Man braucht sie, um mit dem Computer zu ‚sprechen' (Tastatur)". *Hinweis:* Sie können auch einige der Rätsel vor dem Ausfüllen kopieren und in der nächsten Stunde zur Wiederholung des Wortschatzes lösen lassen.	KV L9/FHG	
2		**Beim Hören: Die Geschichte global verstehen**		
	EA/PA ⟷	1. Die TN lesen den Text und ergänzen die Wörter in der richtigen Form. Für sehr geübte TN kopieren Sie den Text und tilgen zusätzlich die Endungen der Artikel, sodass die TN auch diese ergänzen müssen.		
	EA/PA	2. Die TN hören die Foto-Hörgeschichte, vergleichen und korrigieren. Abschlusskontrolle im Plenum. *Lösung: Ordner, Sicherungskopie, gelöscht, lädt herunter, Kamera, Speicherkarte, Computer, gespeichert*	CD 4/13–16	
3		**Nach dem Hören: Über eigene Probleme mit der Technik sprechen**		
	WPA	1. Die TN gehen herum und erzählen anderen TN, ob sie schon einmal Probleme mit der Technik hatten.		

4	**Erweiterungsaufgabe: „Ellas Kolumne": Das Verhältnis zwischen Mensch und Maschine**			
PL	1. Die Bücher sind geschlossen. Schreiben Sie „Sind Maschinen besser als wir?" an die Tafel. Diskutieren Sie mit den TN im Plenum über die Frage. *fakultativ:* In Kursen mit überwiegend geübten TN schreiben Sie die Frage an die Tafel und bitten die TN, einen kurzen Text dazu zu schreiben. Zur Anregung können Sie einige Schlüsselwörter aus dem Text zusätzlich an der Tafel vorgeben, die die TN benutzen können, aber nicht müssen. Sie dienen nur zur Anregung: „Langeweile", „Fehler", „hundertmal hintereinander", „bequem", „schnell". Einige TN können ihre Texte vorlesen.			
EA/PA	2. Die TN lesen die Kolumne und kreuzen an, welche Aussagen ihrer Meinung nach richtig sind. Abschlusskontrolle im Plenum. Fragen Sie danach die TN, was sie über Ellas Meinung denken. *Lösung: richtig: a, c*			
5	**Anwendungsaufgabe: Über eigene Erfahrungen sprechen**			
GA/PL	1. Die TN sprechen in der Gruppe darüber, welche Maschinen ihnen besonders im Alltag und/oder in der Arbeit helfen. *fakultativ:* Jeder der TN erstellt eine Liste über die fünf ihm am wichtigsten erscheinenden Maschinen. Erstellen Sie anschließend eine Statistik an der Tafel.			
Ellas Film	Ella zeigt in dem Film zwei Passanten, die ihr zufällig begegnen. Sie erzählt, was sie über die beiden Personen denkt. Sie können den Film als Einstieg vor B1 oder als Abschluss nach B4 nutzen.	„Ellas Film" Lektion 9	

A DU SUCHST WEITER, WÄHREND ICH ...

Konjunktionen *während, nachdem, bevor*

Lernziel: Die TN können über Arbeitsabläufe sprechen und etwas planen.

	Form	Ablauf	Material	Zeit
A1		**Präsentation der Konjunktionen *während, nachdem, bevor***		
	EA/PA	1. Die TN entscheiden, welche alternative Formulierung der ersten Aussage jeweils entspricht. Das sollte ihnen nicht schwerfallen, da sie „während" als Präposition in einigen Wendungen wie „während der Öffnungszeiten" schon kennengelernt haben und auch die Präpositionen „vor" und „nach" schon geübt haben (*Schritte international Neu 2* / Lektion 12). Abschlusskontrolle im Plenum. *Lösung: a Du suchst die Datei. Zur gleichen Zeit lade ich das Programm runter.* *b Alex Müller war zuerst Polizist, danach „Superstar". c Du hast den Ordner auf die Speicherkarte kopiert. Danach hast du ihn auf deinem Computer gelöscht.*		

PL	2. Schreiben Sie die Aussage und die jeweilige Bedeutung an die Tafel. Markieren Sie jeweils die Konjunktion bzw. die Zeit-Wörter. Bitten Sie einen TN, die Verben an der Tafel zu markieren, damit deutlich wird, dass das Verb jeweils am Ende steht, alle Konjunktionen also einen Nebensatz einleiten. Fordern Sie die TN auf, die Beispiele an der Tafel zu vergleichen. Es sollte deutlich werden, dass das Verb im „während"-Satz und im „bevor"-Satz im gleichen Tempus steht wie das Verb im Hauptsatz. Im „nachdem"-Satz dagegen ist bereits am Tempus des Verbs erkennbar, dass die Handlung im Nebensatz vor der Handlung im Hauptsatz stattfindet (Plusquamperfekt → Perfekt). Weisen Sie die TN auch auf den Grammatik-Kasten und auf die Grammatikübersicht 1 (Kursbuch, S. 114) hin. Die kleine Übung rechts bearbeiten die TN im Kurs. Gehen Sie herum und helfen Sie bei Schwierigkeiten.		
EA/HA	Arbeitsbuch 1–3		

A2	Anwendungsaufgabe 1 zu *während, nachdem, bevor*		
EA/PA ⟷	1. Die TN sehen sich die Fotos an und schreiben Sätze mit den Konjunktionen „bevor", „während" und „nachdem". Schnellere TN schreiben mit den Konjunktionen zusätzlich eigene Sätze über sich. Abschlusskontrolle im Plenum. *Lösung: A Ella schreibt einen Artikel, während Sami telefoniert. B Nachdem Sami zehn Stunden gearbeitet hat, geht er nach Hause. C Ella trinkt einen Kaffee, bevor sie zur Arbeit geht.*		
EA/PA Grammatik entdecken ⟷	Arbeitsbuch 4: im Kurs: Die TN machen sich die Zeitenfolge in Sätzen mit „nachdem" noch einmal bewusst. Die Übung kann von geübteren TN in Stillarbeit gelöst werden. Ungeübtere TN arbeiten paarweise zusammen.		
EA/HA	Arbeitsbuch 5		

A3	Anwendungsaufgabe 2 zu *während, nachdem, bevor*		
EA/PA	1. Die TN lesen die Mitteilungen und ergänzen sie. Abschlusskontrolle im Plenum. *Lösung: A während; B nachdem, bevor; C Bevor, Während; D bevor* Wer früher fertig ist, antwortet auf eine der Mitteilungen.		
EA/PA	2. Die TN schreiben in Partnerarbeit eigene Kurzmitteilungen für ihre Kurskollegen, z. B. mit der Bitte, die Stühle auf die Tische zu stellen, bevor der Kursraum verlassen wird, oder mit der Aufforderung, keine Privatgespräche zu führen, während eine Gruppe dem Plenum etwas präsentiert etc. Anschließend vergleichen die Paare ihre Mitteilungen mit einem anderen Paar und korrigieren ggf. Gehen Sie herum und helfen Sie bei Schwierigkeiten.		
WPA	3. *fakultativ:* Die TN üben weiter mithilfe der Kopiervorlage. Kopieren Sie die Kopiervorlage und schneiden Sie die Kärtchen aus. Wenn Sie mehr als 14 TN im Kurs haben, brauchen Sie einige Kärtchen doppelt. Die TN stellen sich in die Mitte des Kursraums. Jeder TN erhält ein Kärtchen, liest die Angaben und formuliert eine vollständige Frage, zum Beispiel: „Was hast du als Erstes gemacht, nachdem du aufgestanden warst?" Jeder TN sucht sich ein Gegenüber, stellt seine Frage und beantwortet die des anderen. Danach werden die Kärtchen getauscht und jeder sucht sich einen neuen Gesprächspartner etc.	KV L9/A3	
EA/HA	Arbeitsbuch 6		
EA/HA ⟷	Arbeitsbuch 7–8: Wenn Sie die beiden Übungen im Kurs durchführen, lösen alle TN Übung 7. Geübtere TN ergänzen außerdem auch Übung 8. Wenn Sie die Übungen als Hausaufgabe aufgeben, sollten sie von allen bearbeitet werden.		

A4		Hörverstehen: Eine Party planen		
a	PL	1. Die Bücher sind geschlossen. Die TN hören das Gespräch und überlegen, was die Kollegen planen. Abschlusskontrolle im Plenum. *Lösung: Die Kollegen planen eine Party.*	CD 4/17	
b	EA/PA	2. Die TN öffnen die Bücher und lesen die Aufgabe. Sie lesen die Aussagen. Dann hören sie das Gespräch noch einmal und ergänzen, wer was sagt. Abschluss-kontrolle im Plenum. *Lösung: 2 E, 3 L, 4 T, 5 N, 6 E, 7 L*		

A5		Aktivität im Kurs: Etwas planen		
a	GA	1. Die TN arbeiten zu dritt. Sie wählen eine Situation und notieren Stichpunkte, was man dafür planen muss.		
b	PL	2. Besprechen Sie mit den TN kurz die Rubriken „jemandem eine Aufgabe geben", „eine Aufgabe annehmen" und „eine Aufgabe ablehnen". Weisen Sie die TN auch auf die Rubriken „Jemandem eine Aufgabe geben: Würdest du …?", „Eine Aufgabe annehmen: Das mache ich gern." und „Eine Aufgabe ablehnen: Eher nicht. Aber …" auf der Kommunikationsseite (Kursbuch, S. 114) hin. *fakultativ:* Sie können das Gespräch aus A4 noch einmal vorspielen und die TN markieren zunächst, welche Sätze aus den Rubriken sie in dem Gespräch hören. Abschlusskontrolle im Plenum (Wie wäre es, wenn du …? Würdest du das tun? Das übernehme ich. Lass mich das machen. Ich weiß nicht. Eher nicht.).		
	EA	3. Die TN lesen die Beispiele. Jeder TN markiert pro Rubrik zwei Sätze, die er später benutzen möchte.		
c	GA	4. Die TN lesen zunächst das kleine Beispielgespräch. Dann planen sie zu dritt und verteilen die Aufgaben. Dabei verwenden sie ihre in b markierten Sätze. Bitten Sie die TN, jeweils kurz zu notieren, wer was macht. Dann behalten sie die Übersicht, was bereits erledigt ist. *fakultativ:* Die TN können ihre Gespräche auch mit dem Smartphone aufnehmen und noch einmal anhören. So können sie sich selbst kontrollieren. Besonders gelungene Gespräche können auch im Plenum vorgespielt werden. *Hinweis:* Mit dieser Aufgabe bereiten Sie die TN auch auf den dritten Teil der mündlichen Prüfung des *Zertifikats Deutsch* bzw. auf den ersten Teil der mündlichen Prüfung des *Goethe-Zertifikats B1* vor. *Hinweis:* An dieser Stelle passt thematisch der „Fokus Beruf: Alternativvorschläge machen" (Arbeitsbuch, S. 109).		
	EA/HA	Arbeitsbuch 9–10		

B DU TUST JA SO, ALS OB ICH KEINE AHNUNG HÄTTE.

Konjunktion *als ob*

Lernziel: Die TN können über Schein und Wirklichkeit sprechen.

	Form	Ablauf	Material	Zeit
B1		**Präsentation der Konjunktion *als ob***		
	PL	1. Steigen Sie mit einer kurzen Wiederholungsübung zum Konjunktiv II Präsens bzw. Konjunktiv II der Vergangenheit ein, die die TN bereits aus *Schritte international Neu 5* / Lektion 4 und 7 kennen. Fragen Sie die TN z. B., was sie tun würden, wenn sie heute frei hätten bzw. gestern frei gehabt hätten. Gehen Sie dabei, wenn nötig, noch einmal kurz auf die Funktionen des Konjunktiv II ein sowie auf die Bildung der Formen von „sein", „haben" und „werden" im Konjunktiv II Präsens bzw. die Bildung des Konjunktiv II der Vergangenheit.		
	EA/PA Wiederholung	**Arbeitsbuch 11:** Die TN wiederholen in dieser Übung den Konjunktiv II.		
	EA/PA	2. Die TN lesen die Aussagen von Sami und Ella aus der Foto-Hörgeschichte und ordnen zu, was sie in Wirklichkeit meinen. Dann hören die TN die Aussagen, vergleichen und korrigieren. Abschlusskontrolle im Plenum. *Lösung: b Du tust so, als ob du die ganze Arbeit noch einmal machen müsstest. Aber in Wirklichkeit finden wir eine Lösung für das Problem. c Du sagst das so, als ob ich das absichtlich getan hätte. Aber in Wirklichkeit war das ein Versehen.*	CD 4/18	
	PL	3. Machen Sie deutlich, dass Sami mit seiner Bemerkung „als ob ich keine Ahnung hätte" zum Ausdruck bringt, dass Ella sich so verhält, als würde sie denken, dass Sami keine Ahnung von Computern hätte. Aber in Wirklichkeit arbeitet Sami jeden Tag damit und kennt sich sehr wohl aus. Mit „als ob" kann man also ausdrücken, dass etwas nicht der Realität entspricht. Weisen Sie darauf hin, dass so eine Diskrepanz zwischen Schein und Wirklichkeit ausgedrückt wird. Verweisen Sie die TN auf den Grammatik-Kasten. Hier wird deutlich, dass die Konjunktion „als ob" einen Nebensatz einleitet, das Verb also am Satzende stehen muss. Weisen Sie die TN auch auf die Grammatikübersicht 2 (Kursbuch, S. 114) hin. Die kleine Übung rechts können die TN in Stillarbeit im Kurs bearbeiten.		
	EA/PA Grammatik entdecken ◄——►	**Arbeitsbuch 12:** im Kurs: Die TN machen sich die Bedeutung der Konjunktion „als ob" und die Satzstruktur des Nebensatzes noch einmal bewusst. Die Übung kann von geübteren TN in Stillarbeit gelöst werden. Ungeübtere TN arbeiten paarweise zusammen.		
B2		**Anwendungsaufgabe zur Konjunktion *als ob***		
	EA/PA	1. Die TN sehen sich das Beispiel an und schreiben zu den Zeichnungen Sätze mit „als ob". Abschlusskontrolle im Plenum. *Lösung: A Sarah tut so, als ob es ihr gut gehen würde. Aber in Wirklichkeit ist sie traurig und weint. B Max tut so, als ob er Computer reparieren könnte. Aber in Wirklichkeit hat er keine Ahnung davon. C Hanna tut so, als ob sie gerade arbeiten würde. Aber in Wirklichkeit ruht sie sich aus. D Fabian tut so, als ob schönes Wetter wäre. Aber in Wirklichkeit regnet und stürmt es.*		
	EA/PA	**Arbeitsbuch 13**		
B3		**Hörverstehen: Falsche Aussagen erkennen**		
a	EA/PA	1. Die TN lesen den Steckbrief. Danach hören sie das Gespräch und notieren, was Michael über sich behauptet. Weisen Sie die TN darauf hin, dass sie keine ganzen Sätze, sondern nur Stichworte notieren sollen. Abschlusskontrolle im Plenum.	CD 4/19	

	Form	Ablauf	Material	Zeit
b	PA	2. Die TN lesen die Verwendungsmöglichkeiten von „als ob" im Buch. Weisen Sie die TN auch auf die Rubrik „Irreales ausdrücken: Er tut so, ..." auf der Kommunikationsseite (Kursbuch, S. 114) hin. Die TN sprechen zu zweit darüber, was sie an unwahren Behauptungen gefunden haben, indem sie die Satzanfänge im Buch benutzen. Abschlusskontrolle im Plenum. *Lösung: ... als ob er ein Haus mit zwölf Zimmern und Pool hätte. Aber in Wirklichkeit wohnt er in einem Wohnblock in Bonn. ... als ob er ein teures Auto / einen Porsche fahren würde, aber in Wirklichkeit hat er kein Auto. ... als ob er Single/ledig wäre, aber in Wirklichkeit ist er verheiratet und hat zwei Kinder. ... als ob er am liebsten golfen / Golf spielen würde, aber in Wirklichkeit sind seine Hobbys Fernsehen und Computerspielen. ... als ob er gerade in Florida gewesen wäre, aber in Wirklichkeit führte seine letzte Reise an die Nordsee.*		
	GA	3. *fakultativ:* Jede Kleingruppe erhält einen Satz Karten der Kopiervorlage. Die Karten werden gemischt und verdeckt ausgelegt. Der erste TN zieht eine Karte und bildet zu den Vorgaben einen Satz mit einer der Ausdrucksmöglichkeiten aus dem Buch aus Aufgabe B3b. Sie können die Ausdrucksmöglichkeiten dazu auch an der Tafel vorgeben. Ist der Satz richtig, darf der TN die Karte behalten, ist er falsch, wird die Karte wieder verdeckt ausgelegt. Dann zieht der nächste TN und bildet einen Satz.	KV L9/B3	
	HA/EA	Arbeitsbuch 14		
	EA/HA ⟷	Arbeitsbuch 15–16: Wenn Sie die beiden Übungen im Kurs durchführen, lösen alle TN Übung 15. Geübtere TN bearbeiten außerdem auch Übung 16. Wenn Sie die Übungen als Hausaufgabe aufgeben, sollten sie von allen bearbeitet werden.		
B4	**Aktivität im Kurs: Eigene Beispiele erfinden**			
	PA ⟷	1. Die TN erstellen einen Steckbrief über eine fiktive Person wie in B3. Sie schreiben ein kurzes Gespräch auf, in dem die Steckbrief-Person über sich falsche Behauptungen aufstellt. Geübte TN schreiben nicht das komplette Gespräch, sondern notieren nur ein paar Stichpunkte.	Plakate	
	PA/PL	2. Die Steckbriefe werden so aufgehängt, dass sie von allen TN gut gelesen werden können. Jedes Paar spielt sein Gespräch vor. Die zuhörenden TN vergleichen die Aussagen mit dem Steckbrief auf dem Plakat und machen sich Notizen. *Variante:* Mehr Tempo entsteht, wenn die Zuhörer bei jeder falschen Behauptung, die sie hören, sofort die Hand heben oder „Einspruch" rufen. Dann muss das vortragende Paar unterbrechen, die falsche Aussage wird sofort korrigiert. Erst dann geht es weiter.		
	PL	3. Die Zuhörer stellen die falschen Aussagen richtig.		

C LADEN SIE DIE APP.

Lernziel: Die TN können über die Funktion von Geräten sprechen, Bedienungsanleitungen verstehen und erklären, wie etwas funktioniert.

	Form	Ablauf	Material	Zeit
C1	**Hörverstehen: Probleme mit Bedienungsanleitungen**			
a	PL	1. Die TN sehen sich die Fotos an und beschreiben, was sie sehen. Gehen Sie auf Wortschatzfragen ein.		

	EA	2. Die TN hören vier Gespräche und ordnen sie den Fotos zu. Abschlusskontrolle im Plenum. *Lösung: 1 B, 2 C, 3 A, 4 D*	CD 4/20–23	
b	EA/PA	3. Die TN lesen die Sätze und ordnen sie den vier Gesprächen zu. Zur Kontrolle hören sie die Gespräche noch einmal. Abschlusskontrolle im Plenum. *Lösung: (von oben nach unten) 3, 1, 4, 2*	CD 4/20–23	

C2	**Anwendungsaufgabe: Eine Bedienungsanleitung verstehen**			
a	EA/PA	1. Die TN lesen die Verben und ergänzen sie dann mithilfe der Wörterbücher. Gehen Sie herum und helfen Sie bei Wortschatzfragen. Abschlusskontrolle im Plenum. *Lösung: 2 zahlen, 3 schließen, 4 abziehen, 5 stecken, 6 öffnen, 7 entnehmen*	Wörterbücher	
b	PL	2. Fragen Sie die TN, ob sie schon einmal in Deutschland, Österreich oder der Schweiz waren und auf Deutsch um Hilfe gebeten haben. Die TN erzählen von ihren Erfahrungen: Wo war das? Wann war das? Was haben sie nicht verstanden? Haben die TN die Erklärung verstanden? Wie haben sie sich gefühlt?		
	PA	3. Die TN lesen die Redemittel im Buch und bereiten paarweise ein Rollenspiel vor. Gehen Sie herum und helfen Sie bei Bedarf. Weisen Sie die TN auch auf die Rubriken „Um Hilfe bitten: Könnten Sie mir vielleicht sagen, …?" und „Etwas erklären: Zuletzt müssen Sie …" auf der Kommunikationsseite (Kursbuch, S. 115) hin. Die kleine Übung rechts können die TN in Stillarbeit bearbeiten.		
	PL	4. Einige Paare stellen ihr Rollenspiel im Plenum vor.		
	HA/EA	Arbeitsbuch 17	AB-CD 2/9	

C3	**Aktivität im Kurs: Die Funktionen eines Gerätes erklären**			
	GA	1. *fakultativ:* Die TN sammeln im Plenum Wörter rund ums Handy und notieren sie auf einem Plakat. Dabei sollten auch die Artikel, die Pluralform und, bei Verben, die Perfektform notiert werden. Geben Sie dafür eine Zeit vor, bei geübten TN acht Minuten, bei ungeübten TN 15 Minuten. Anschließend tauschen die Gruppen ihre Plakate. Die TN kontrollieren und korrigieren das „neue" Plakat. Diesen Vorgang können Sie zweimal wiederholen. Gehen Sie herum und helfen Sie bei Wortschatzfragen.	Plakate	
	PA	2. Die TN erklären sich in Partnerarbeit die Funktionen der Geräte. TN, die mit der Aufgabe fertig sind, schreiben eine kurze Bedienungsanleitung. *Hinweis:* Zum Abschluss eignet sich die Schreibaufgabe „So funktioniere ich." aus der Rubrik „Zwischendurch mal …" (Kursbuch, S. 117).	ZDM	

TiPP	Am besten prägt sich ein, was einen Bezug zum realen Leben hat. Deshalb: Vielleicht hat ja auch einer der TN eine tatsächliche Frage zu einem der Geräte oder zu einem anderen Gerät und kann sich nun von den anderen TN mit einer Erklärung helfen lassen.	

HA/EA Prüfung	**Arbeitsbuch 18**: Mit dieser Übung können sich die TN auf das Leseverstehen, Teil 3 des *Goethe-Zertifikats B1* vorbereiten. Weisen Sie die TN darauf hin, dass es in der Prüfung zehn Anzeigentexte und sieben Situationen sind.		

D INTERNETFORUM

Lernziel: Die TN können in einem Forum antworten.

	Form	Ablauf	Material	Zeit
D1		**Leseverstehen: Den Inhalt eines Textes erfassen**		
	EA/PA	1. Die TN überfliegen die Forumstexte. Geben Sie dazu eine Zeit vor, z. B. vier Minuten. Gehen Sie nicht auf Wortschatzfragen der TN ein. Hier geht es nicht darum, jedes Wort zu verstehen. Dann schließen die TN die Bücher und sprechen mit ihrer Partnerin / ihrem Partner kurz über die Situation der beiden Personen in den Texten. Nach einer Minute wechseln die TN ihre Partnerin / ihren Partner und führen ein zweites Gespräch über die Situation und versuchen zusätzlich, den Inhalt schriftlich zusammenzufassen. Geübte TN schreiben die Zusammenfassung allein, ungeübtere TN arbeiten zu zweit. Abschlusskontrolle im Plenum. *Lösung: A Eine Mutter hat Angst, dass ihr Sohn spielsüchtig ist. Er spielt in seiner Freizeit nur noch am Computer und unternimmt nichts mit Freunden. Manchmal spielt er auch ganze Nächte durch. Sie fragt im Forum um Rat. B Eine Frau hat das Problem, dass ihr Mann nicht mit Geld umgehen kann. Er gibt sein ganzes Geld für teure Dinge aus, die er dann aber nicht nutzt. Sie haben eine Wohnung gekauft und den Kredit muss sie ganz allein abbezahlen, weil ihr Mann kein Geld dafür übrig hat. Gespräche mit ihrem Mann nützen nichts. Sie bittet um Ratschläge im Forum.*		
	PL	2. Weisen Sie die TN auf den Info-Kasten hin: Unbestimmte Aussagen kann man mit „irgend-" machen. Bitten Sie die TN, Ihnen Beispiele aus dem Text zu nennen. *Hinweis:* An dieser Stelle passt thematisch das Lied „Ich bin nicht ,irgendwer'" aus der Rubrik „Zwischendurch mal ..." (Kursbuch, S. 116).	ZDM	
	EA/HA	Arbeitsbuch 19		
D2		**Aktivität im Kurs: Einen Forumskommentar schreiben**		
a	PL/PA	1. Die TN lesen die Redemittel im Buch. Geben Sie Gelegenheit zu Wortschatzfragen. Die TN schreiben einen Kommentar zu einem der Texte aus dem Internetforum. Sie überlegen vorher, ob sie eher Verständnis zeigen oder Kritik äußern wollen, und geben der Verfasserin / dem Verfasser des Textes einen Rat. Gehen Sie herum und helfen Sie bei Bedarf. In Kursen mit überwiegend ungeübteren TN schreiben Sie mit den TN einen Musterkommentar: Die TN machen Vorschläge, Sie halten die Sätze an der Tafel fest. Weisen Sie die TN auch auf die Rubriken: „Verständnis/Mitleid zeigen: Ich kann dich gut verstehen.", „Einen Rat geben: Versuch doch ..." und „Erstaunt/Kritisch reagieren: Das finde ich unmöglich." auf der Kommunikationsseite (Kursbuch, S. 115) hin. Die kleine Übung rechts können die TN zum Abschluss der D-Seite bearbeiten.		
	TiPP	Damit die TN sich intensiver mit den Redemitteln auseinandersetzen, können Sie sie auch als Diktat einführen. Dazu schließen die TN die Bücher. Geben Sie an der Tafel eine Tabelle mit drei Spalten vor: „Verständnis/Mitleid zeigen", „Einen Rat geben" und „Erstaunt/Kritisch reagieren". Diktieren Sie dann die einzelnen Redemittel aus dem Buch in ungeordneter Reihenfolge. Die TN notieren sie in die nach ihrer Meinung nach passende Spalte. Danach kontrollieren die TN sich selbst, indem sie ihre Tabelle mit den entsprechenden Rubriken auf der Kommunikationsseite (Kursbuch, S. 115) vergleichen.		

b	PA/EA	2. Die TN tauschen ihre Texte mit einer Partnerin / einem Partner und lesen noch einmal den Text im Forum sowie den Kommentar ihrer Partnerin / ihres Partners. Die TN schreiben eine Antwort und äußern ihre Meinung zu dem Kommentar. Formulierungshilfen finden die TN im Redemittelkasten und in der Rubrik „Etwas kommentieren: Ich denke, …" auf der Kommunikationsseite (Kursbuch, S. 115). Gehen Sie herum und helfen Sie bei Schwierigkeiten. *Hinweis:* Thematisch passt an dieser Stelle auch der „Fokus Beruf: Alternativvorschläge machen" (Arbeitsbuch, S. 109).		
	EA/HA	Arbeitsbuch 20–21		
	EA/HA Schreib-training ⬌	Arbeitsbuch 22: Die TN ergänzen im ersten Teil gebräuchliche Wendungen in einem Forumskommentar. Im zweiten Teil schreiben die TN selbstständig einen eigenen Kommentar. In Kursen mit ungeübten TN können Sie diese Übung zusätzlich entlasten, wenn Sie mit den TN die Situationen aus Übung 21 zunächst besprechen und mögliche Lösungen oder Tipps besprechen. Erst dann beginnen die TN zu schreiben. Besprechen Sie mit den TN auch den Lerntipp. Geben Sie zur Einübung evtl. bestimmte Fehlertypen vor, auf die die TN sich jeweils konzentrieren sollen, z. B. Großschreibung, Verbstellung etc.		
D3	**Aktivität im Kurs: Meinungen austauschen**			
	GA	1. Jeweils alle TN mit dem gleichen Forumstext bilden eine Gruppe. Die TN lesen ihre Texte aus D2 in der Gruppe vor. Jeder TN entscheidet, welchen Beitrag er am interessantesten findet und begründet seine Wahl.		
	TiPP	Korrigieren Sie die TN bei Vorträgen oder dem Vorlesen von Aufsätzen möglichst wenig, um den Vortrag nicht zu unterbrechen und die TN nicht zu demotivieren. Notieren Sie stattdessen einige fehlerhafte Sätze, die Sie im Anschluss anonym an die Tafel schreiben. Die TN versuchen gemeinsam, die Fehler zu finden und zu korrigieren. Dabei ist nicht nur Grammatikwissen, sondern auch Sprachgefühl gefragt, und Sie können bei Bedarf die eine oder andere Grammatikregel im Kontext wiederholen.		
	GA	2. *fakultativ:* Die TN finden sich in Kleingruppen von drei bis vier TN zusammen und suchen im Internet nach Foren, die sie interessieren. Auf der Seite des Goethe-Instituts finden die TN i. d. R. einige Foren. Ermuntern Sie sie, sich zu beteiligen. Geben Sie den TN ein paar Tage Zeit für die Kommunikation im Internet, damit sie auch die Chance haben, dass ihnen jemand antwortet und sie dann im Kurs über ihre Erfahrungen mit dem Forum berichten können.		

E RADIOREPORTAGE

Lernziel: Die TN können eine Radiodiskussion zum Thema „Digitale Welt" verstehen und über digitale Medien diskutieren.

	Form	Ablauf	Material	Zeit
E1		**Hörverstehen: Eine Radiodiskussion zum Thema „Digitale Welt" verstehen**		
a	PL	1. Die Bücher sind zunächst geschlossen. Schreiben Sie „Digitale Welt" an die Tafel. Fragen Sie die TN, was damit gemeint sein könnte bzw. was die TN sich darunter vorstellen. Fragen Sie, wo den TN selbst die digitale Welt begegnet, was nutzen sie und was denken sie darüber? Was ist positiv, was vielleicht auch negativ? Halten Sie Stichpunkte an der Tafel fest.		

	EA/PA	2. Die TN lesen die Themen und hören die Radiodiskussion. Die TN kreuzen ihre Lösungen an. Abschlusskontrolle im Plenum. *Lösung: 3, 5*	CD 4/24	
b	EA/PA	3. Die TN lesen die Aussagen und kreuzen zunächst aus dem Gedächtnis an. Dann hören sie die Radiosendung noch einmal und markieren, wer was sagt. Danach vergleichen sie ihre Lösungen zunächst mit der Partnerin / dem Partner. Abschluss-kontrolle im Plenum. *Lösung: 2 Frau Fröhlich, 3 Herr Melkonian, 4 Herr Melkonian, 5 Herr Melkonian,* *6 Herr Melkonian, 7 Frau Fröhlich, 8 Frau Fröhlich*	CD 4/24	
	PL	4. Diskutieren Sie mit den TN kurz über die Radiosendung. Was fanden die TN inter-essant? Welcher Meinung stimmen sie zu? Welche lehnen sie ab? Warum? Fragen Sie die TN auch nach eigenen Erfahrungen.		
E2		**Aktivität im Kurs: Ein Rollenspiel: Eine Diskussion zum Thema „Ist ein Leben ohne Handy, Internet, PC, … möglich?"**		
	GA ↔	1. Die TN bilden Gruppen zu je fünf TN. Jeder sucht sich eine Rolle aus und bereitet sie vor, indem er sich Stichpunkte zu seiner Rolle notiert. In Kursen mit ungeübten TN arbeiten zunächst die TN zusammen, die dieselbe Rolle spielen. Sie lesen ihre Rollenkarte und bereiten ihre Rolle gemeinsam vor. Dabei sollte jeder TN der Gruppe die Stichpunkte notieren, da er sie später im Rollenspiel braucht. Für die Diskussion finden sich dann jeweils fünf TN aus den verschiedenen Gruppen zusammen.		
	GA ↔	2. Die TN stellen sich kurz in ihrer Rolle vor. Die TN diskutieren miteinander. Gehen Sie herum und beobachten Sie die TN, helfen Sie bei Wortschatzfragen. Sehr ungeübte TN können unterstützt werden, indem die Rolle in der Diskussion doppelt besetzt wird, sodass ein TN dem anderen helfen kann.		
	PL	3. Zum Abschluss stellen Sie eine neue Diskussionsgruppe mit fünf TN zusammen. Die TN spielen eine Diskussion im Plenum vor. Dazu können Sie TN wählen, die ihre Rolle in Phase 2 sehr gut vertreten haben. *fakultativ:* Zur Unterstützung der Aktivität können Sie auch auf die Kopiervorlage im Lehrwerkservice unter www.hueber.de/schritte-international-neu zurückgreifen.	KV L9/E2 im Lehrwerk-service	
	EA/HA Prüfung	Arbeitsbuch 23: im Kurs: Diese Übung bereitet die TN auf den Prüfungsteil Hören, Teil 4 des *Goethe-Zertifikats B1* vor. Wie in der Prüfung haben die TN eine Minute Zeit, die Sätze zu lesen. Die TN hören die Diskussion zweimal.	AB-CD 2/10	
	PL/PA 👄	Arbeitsbuch 24: im Kurs: Die TN haben mit *Schritte international Neu* die Intona-tion ausführlich geübt. Auf dem Niveau B1 sollen sie erkennen, dass die Intonation je nach Emotion auch variabel ist bzw. nuanciert werden kann. Die Bücher sind geschlossen. Spielen Sie das Gespräch und die Reaktionen vor. Stoppen Sie die CD nach jedem Beispiel und fragen Sie die TN, wie der Sprecher in ihren Ohren klingt (freundlich, genervt, kritisch ...). Die TN öffnen das Buch und hören das Gespräch noch einmal. Sie ordnen die Reaktionen der passenden Stimmung zu. Die TN lesen die Reaktionen in Partnerarbeit und bemühen sich, das Gefühl der jeweiligen Reaktion möglichst gut zum Ausdruck zu bringen. Danach sprechen die TN die Sätze möglichst „gefühlvoll" nach.	AB-CD 2/11–12	
	GA	*fakultativ:* Wenn Sie noch Zeit haben, können Sie hier die Wiederholung zu Lektion 9 anschließen.	KV L9/Wieder-holung	
Lektions-tests		Einen Test zu Lektion 9 finden Sie hier im LHB auf den Seiten 172–173. Verweisen Sie die TN auch auf den Selbsttest im Arbeitsbuch auf Seite 108.	KV L9/Test	

AUDIOTRAINING

	Form	Ablauf	Material	Zeit
Audiotraining 1: Party-Vorbereitungen				
	EA/HA	Die TN hören eine Aussage und eine Aufforderung: „Ich backe einen Kuchen. Du machst einen Salat." Danach nennt der Sprecher eine temporale Konjunktion: „während", „nachdem" oder „bevor". Die TN verbinden die Sätze mit der Konjunktion. In den Sprechpausen sagen die TN ihren Satz: „Während ich einen Kuchen backe, machst du einen Salat." Nach der Sprechpause hören die TN den korrekten Satz.	CD 4/25	
Audiotraining 2: Aufgaben verteilen				
	EA/HA	Die TN hören die Aussage „Wie wäre es, wenn du den Salat machst?" In einer Echoübung wiederholen die TN die Aussage und achten auf Aussprache und Betonung. Zur Kontrolle wird die Aussage von einem zweiten Sprecher wiederholt.	CD 4/26	
Audiotraining 3: Er tut so, als ob ...				
	EA/HA	Die TN hören von einem Sprecher eine Frage: „Peter ist Krankenpfleger, oder?" und eine Antwort: „Chefarzt". Die TN bilden daraus einen Satz mit „als ob": „Ja, aber er tut so, als ob er Chefarzt wäre." Zur Kontrolle wird die Nachfrage von einem zweiten Sprecher wiederholt.	CD 4/27	

ZWISCHENDURCH MAL ...

	Form	Ablauf	Material	Zeit
Lied		**Ich bin nicht „irgendwer" (passt z. B. zu D1)**		
1	PA	1. Die TN decken den Text des Liedes mit einem Heft ab. Dann beschreiben sie, was sie auf dem Foto sehen und stellen Vermutungen darüber an, was wohl passiert ist und warum der Mann so frustriert aussieht. Schlüsselwörter wie z. B. „Bedienungsanleitung" sind in der Lektion bereits vorgekommen und den TN bekannt.		
2	PL	1. Die TN hören das Lied und lesen den Text mit.	CD 4/28	
	EA/PA/PL	2. *fakultativ:* Verteilen Sie die Kopiervorlage. Die TN bearbeiten Übung 1 zum Wortschatz des Liedes. Abschlusskontrolle im Plenum. Klären Sie, wenn nötig, weitere Wortschatzfragen.	KV L9/ZDM	
3	EA/PA	1. *fakultativ:* Die TN bearbeiten Übung 2 und 3 der Kopiervorlage, um den Wortschatz für die Stimmung des Mannes zu erarbeiten. Abschlusskontrolle im Plenum.	KV L9/ZDM	
	EA/PA	2. Spielen Sie das Lied so oft wie nötig vor. Die TN ordnen jeder Strophe die Stimmungslage des Mannes zu. Abschlusskontrolle im Plenum. *Lösung: 2. Strophe: leicht genervt, 3. Strophe: verzweifelt, 4. Strophe: wütend*	CD 4/28	
	PL	3. *fakultativ:* Die TN hören das Lied noch einmal und singen den Refrain mit, wenn sie Lust haben.	CD 4/28	
4	PL	1. Die TN berichten zwanglos über eigene Erlebnisse und Probleme mit technischen Geräten.		

Schreiben		So funktioniere ich. (passt z. B. zu C3)		
1	EA	1. Die TN lesen den Text und schreiben eine Bedienungsanleitung über sich selbst nach dem Beispiel von Leyla.		
2	EA	1. Die TN schreiben eine Bedienungsanleitung für ihre Partnerin / ihren Partner.		
3	PA	1. Die TN vergleichen jeweils die beiden Bedienungsanleitungen und sprechen über die Unterschiede und Gemeinsamkeiten.		

Spiel		Menschen sind so unterschiedlich! (passt z. B. zum Abschluss der Lektion)		
1	PL	1. Ein TN liest den Einführungstext laut vor. Die TN unterstreichen die Themen, die in dem Text genannt werden. Abschlusskontrolle im Plenum. *Lösung: Wo jemand sein Geld mit sich herumträgt, Wo jemand sein Smartphone aufbewahrt, Welche Schuhe jemand trägt, Wie jemand die Lernsachen trägt, Welche verschiedenen Brillenformen die Leute tragen*		
	PA	2. Die TN wählen zu zweit ein Thema aus oder überlegen sich ein eigenes Thema.		
	PL	3. Die TN gehen mit der Partnerin / dem Partner herum und fragen andere. Sie machen sich Notizen.		
2	PL	1. Die Paare präsentieren ihre Ergebnisse im Kurs.		

FOKUS BERUF: ALTERNATIVVORSCHLÄGE MACHEN

Die TN können einem Vorgesetzten angemessen Alternativvorschläge zu einem Arbeitsauftrag machen.

	Form	Ablauf	Material	Zeit
		Da dieser Fokus möglicherweise nur für einen Teil der TN von Interesse ist, können die Übungen auch als Hausaufgabe gegeben werden.		
1		**Hörverstehen: Arbeitsaufträge verstehen**		
a	EA/PA	1. Besprechen Sie mit den TN kurz die Situation von Herrn Rossi. Die TN lesen den Notizzettel von Herrn Rossi und sprechen mit ihrer Partnerin / ihrem Partner darüber, ob die Reihenfolge sinnvoll ist. Was würden die TN ändern und warum? Wenn nötig Abschlussgespräch im Plenum.		
b	EA/PA	2. Die TN hören das Gespräch zwischen Herrn Rossi und seinem Angestellten Alberto und ergänzen, welche Reihenfolge Alberto vorschlägt. Abschlusskontrolle im Plenum. *Lösung: Salat und Gemüse im Großmarkt kaufen: Donnerstag; Tischdekoration machen und auf Tische stellen: Mittwoch; Tiramisu zubereiten: Freitag; Bilder aufhängen: Montag; Fleisch und Fisch im Großmarkt holen: Donnerstag; putzen (auch die Fenster!): Montag; Einladungen verteilen: Dienstag; Sekt in Kühlschrank stellen: Freitag; Sekt eingießen: Samstag; Wechselgeld holen: Donnerstag*	AB-CD 2/13	
	PL	3. Die TN vergleichen Albertos Reihgenfolge mit ihrer eigenen Reihenfolge. Stimmen die TN mit Alberto überein?		
2		**Wortwahl: Angemessen Alternativvorschläge machen**		
a	EA/PA	1. Die TN lesen die Sätze und kreuzen an, welche man zum Chef sagen kann, welche also angemessen sind.		

b	PL	2. Die TN hören das Gespräch noch einmal und vergleichen. Den TN sollte deutlich werden, dass man gegenüber dem Chef höflich und vorsichtig formulieren sollte. Abschlusskontrolle im Plenum. *Lösung: 3, 6, 7, 8*	AB-CD 2/13	
c	EA/PA	3. Die TN markieren die passenden Sätze wie im Beispiel im Buch, d. h. die TN markieren den allgemeinen Teil der Sätze, die als Redemittel verwendet werden können. Abschlusskontrolle im Plenum. *Lösung: 3 Wäre es nicht besser, ...? 6 Wie wäre es,... ? 7 Vielleicht sollten wir ... 8 Ist es nicht besser, ...*		
3		**Rollenspiel: Alternativvorschläge machen**		
	PA	1. Die TN finden sich paarweise zusammen und lesen die Aufgabenliste. Ein TN übernimmt die Rolle der Chefin / des Chefs, der andere spielt die Angestellte / den Angestellten. Die TN sprechen über die Liste mit den Aufgaben. *Variante:* Lassen Sie berufstätige TN von ihrer eigenen Arbeitssituation berichten: Welche Aufgaben müssen geplant werden? Die TN schreiben eigene Listen und besprechen die Reihenfolge der Aufgaben mit der Partnerin / dem Partner.		

WERBUNG UND KONSUM
Folge 10: Der Gute-Laune-Tee
Einstieg in das Thema „Werbung und Konsum"

	Form	Ablauf	Material	Zeit
1		**Vor dem ersten Hören: Vermutungen anstellen und Wortschatz vorentlasten**		
	PL	1. Deuten Sie auf den Titel der Foto-Hörgeschichte und die Fotos. Fragen Sie, was ein „Gute-Laune-Tee" sein könnte und welche Rolle dieser in der Geschichte spielen könnte. Die TN stellen Vermutungen an. Lassen Sie noch offen, was zutrifft und was nicht.	Folie/IWB	
	EA	2. Die TN lesen die Aufgabenstellung und verbinden. Abschlusskontrolle im Plenum. *Lösung: a veröffentlichen: z. B. in einem sozialen Netzwerk oder in einer Zeitung berichten, b Hautausschlag: Punkte z. B. im Gesicht, auf der Brust oder am Hals, c Schadensersatz: Man bekommt Geld, wenn man Nachteile hatte.*		
2		**Beim Hören: Details verstehen**		
	PA	1. Die TN sehen sich noch einmal die Fotos an und lesen die Fragen. Sie hören die Foto-Hörgeschichte, wenn nötig zweimal, beantworten mit ihrer Partnerin / ihrem Partner die Fragen und machen sich Notizen. Abschlusskontrolle im Plenum. *Lösung: Foto 1: Ella ist schlecht gelaunt, weil sie es eilig hat und im Stau steht.; Foto 2: Der Mann möchte in der Redaktion einen Tee-Test machen.; Foto 3: Das Foto hatte der Mann in einem sozialen Netzwerk gepostet; es zeigt, dass er von dem Gute-Laune-Tee einen Ausschlag bekam.; Foto 4: Ella ist gut gelaunt, weil Sami nach dem Trinken des Tees auch den Ausschlag bekommt.*	Folie/IWB, CD 5/1–4	
3		**Nach dem Hören: Die Geschichte nacherzählen**		
	PL	1. Klären Sie gemeinsam mit den TN die Stichpunkte und fordern Sie die TN auf, sie den Fotos zuzuordnen.		
	PA	2. Die TN arbeiten paarweise zusammen und sammeln zu jedem der Fotos weitere Stichpunkte. Gehen Sie herum und helfen Sie bei Wortschatzfragen.		
	PA/PL	3. Die TN erzählen die Geschichte anhand ihrer Stichpunkte nach. Geübtere TN überlegen sich auch, wie die Geschichte weitergehen könnte, ungeübtere TN beschränken sich auf die Nacherzählung der Foto-Hörgeschichte. *Hinweis: Wenn Ihre TN sich sicherer fühlen, wenn sie die Geschichte zunächst aufschreiben können, geben Sie ihnen ausreichend Zeit, die Geschichte schriftlich zu formulieren, bevor sie diese anschließend im Plenum präsentieren. Wer möchte, kann dabei versuchen, sich etwas vom Text zu lösen. Musterlösung: Ella steht im Stau und ist genervt. Im Radio läuft eine Werbung für einen Gute-Laune-Tee. In der Redaktion ist Philipp König, der von dem Gute-Laune-Tee aus der Werbung einen Hautausschlag bekam. Davon hat er ein Foto gemacht und es in einem sozialen Netzwerk gepostet. Daraufhin bekam er Ärger mit dem Rechtsanwalt des Teeproduzenten. Jetzt möchte er einen Tee-Test in der Redaktion machen, um zu beweisen, dass der Tee zu Hautausschlag führt. Sie trinken zu dritt den Tee und Sami bekommt auch einen Ausschlag. Ellas Laune ist nun wieder besser, sie lacht.*		

4	Erweiterungsaufgabe: „Ellas Kolumne": Wesentliche Inhalte verstehen		
EA/PA ⟷	1. Die TN lesen die Aufgabenstellung und die vier Aussagen. Dann lesen sie „Ellas Kolumne" und kreuzen an. Geübtere TN lösen die Aufgabe in Stillarbeit, ungeübtere TN arbeiten paarweise zusammen. Abschlusskontrolle im Plenum. Gehen Sie dabei auch auf Wortschatzfragen ein. *Lösung: richtig: b, d*		

5	Anwendungsaufgabe: Über eigene Erfahrungen berichten		
GA	1. Fragen Sie, ob sich die TN von Werbung beeinflussen lassen. Die TN lesen die Beispiele und tauschen sich dann in Kleingruppen von drei bis vier TN aus.		
Ellas Film	In „Ellas Film": „Alles, was du brauchst" zeigt Ella einen kurzen Werbe-Clip, den sie von Sami gemacht hat. Sie können den Film beispielsweise nach C2 einsetzen, um das Thema Werbung auf humorvolle Weise abzuschließen. Und vielleicht bekommen Ihre TN dadurch Lust, ein eigenes Werbevideo zu einem Fantasieprodukt aus C2 oder zu einem selbst gewählten Produkt mit ihrem Handy aufzunehmen und im Kurs zu zeigen?	„Ellas Film" Lektion 10	

A DER TEE SOLL SOWOHL LECKER … ALS AUCH … MACHEN.

Zweiteilige Konjunktionen *sowohl … als auch* und *weder … noch*

Lernziel: Die TN können sich beschweren und etwas reklamieren.

	Form	Ablauf	Material	Zeit
A1		**Präsentation der zweiteiligen Konjunktionen *sowohl … als auch* und *weder … noch***		
a	EA/PA ⟷	1. Die TN lesen die Beispiele 1 bis 4 und ordnen ihnen die fehlenden Satzteile zu. Geübtere TN lösen die Aufgabe in Stillarbeit, ungeübtere TN arbeiten zu zweit. Abschlusskontrolle im Plenum. *Lösung: 2 Ella meint, dass der Tee weder lecker ist noch gute Laune macht. 3 Philipp K. bekommt sowohl Probleme mit seinem Netzwerk als auch Post vom Rechtsanwalt. 4 Er darf das Foto weder im Internet noch sonst irgendwo veröffentlichen.*		
	PL	2. Ein TN liest noch einmal den ersten Satz vor. Fragen Sie nach der Bedeutung von „sowohl … als auch" (mögliche Erklärung: Der Tee soll lecker schmecken und gute Laune machen.). Erklären Sie, dass man die zweiteilige Konjunktion „sowohl … als auch" benutzt, wenn zwei Dinge gleichzeitig zutreffen. Bitten Sie dann einen TN, noch einmal Satz zwei vorzulesen. Fragen Sie, was „weder … noch" in diesem Satz bedeutet. Helfen Sie ggf. (mögliche Erklärung: Ella meint, der Tee ist nicht lecker und macht auch keine gute Laune.). Die zweiteilige Konjunktion „weder … noch" wird also benutzt, wenn zwei Dinge gleichzeitig verneint werden. Weisen Sie die TN darauf hin, dass „sowohl … als auch" bzw. „weder … noch" genauso wie die zweiteilige Konjunktion „je … desto/umso", die die TN bereits aus *Schritte international Neu 6 / Lektion 8* kennen, immer zusammen benutzt werden. Verweisen Sie an dieser Stelle auch auf den Grammatik-Kasten und die Grammatikübersicht 1 und 2 (Kursbuch, S. 126). Die kleine Schreibaufgabe lösen die TN als Hausaufgabe und geben sie Ihnen zur Korrektur ab. Geben Sie eine Mindestanzahl von Sätzen vor.		

b	EA/PA ⟷	3. Die TN sehen sich die Bilder an und formulieren Sätze mit zweiteiligen Konjunktionen. Geübtere TN lösen die Aufgabe in Stillarbeit, ungeübtere TN arbeiten zu zweit. Abschlusskontrolle im Plenum. *Lösung: 1 Der Tee soll sowohl lecker als auch gesund sein. 2 Der Fitnessriegel enthält weder Zucker noch Fett. 3 Die Limonade schmeckt sowohl fruchtig als auch erfrischend.* Wer früher fertig ist, schreibt eine eigene Produktwerbung, wie z. B. „Joghurt-Drink – sowohl gesund als auch lecker".		
	PL	4. *fakultativ:* Spielen Sie mit den TN Kofferpacken in abgewandelter Form. Bitten Sie die TN, sich vorzustellen, sie gingen zusammen für ein gemeinsames Essen einkaufen. Jeder sagt, was er nicht mag. Beginnen Sie: „Ich mag weder Rotkohl noch Zwiebeln." Werfen Sie einem TN ein Tuch oder einen weichen Ball zu. Er wiederholt nur den letzten Teil und setzt einen neuen hinzu: „Ich mag weder Zwiebeln noch rote Äpfel." Dann wirft er das Tuch dem nächsten zu etc. Zum Training der zweiteiligen Konjunktion „sowohl ... als auch" bietet sich die Situation einer gemeinsamen Urlaubsreise an: „Ich nehme sowohl meine Zahnbürste als auch meine Lesebrille mit." Dann weiter wie oben beschrieben. Durch das permanente, spielerische Wiederholen der zweiteiligen Konjunktionen sollen sich die zwei Bestandteile im Gedächtnis der TN verankern. Helfen Sie ggf. bei der Formulierung der Beispiele, aber korrigieren Sie auch, denn der Gebrauch der zweiteiligen Konjunktionen soll sich durch diese spielerische Übung richtig einprägen.	Tuch oder Ball	
	EA/HA	Arbeitsbuch 1–2		
	EA/PA/HA ⟷	Arbeitsbuch 3–4: im Kurs: Alle ergänzen zunächst die Werbeanzeigen in Übung 3. Wer fertig ist, formuliert in Übung 4 anhand der Stichpunkte Sätze mit den zweiteiligen Konjunktionen „sowohl ... als auch" und „weder ... noch". Geübtere TN lösen die Aufgabe in Stillarbeit, ungeübtere TN arbeiten zu zweit. Wenn Sie die Übungen als Hausaufgabe aufgeben, bearbeiten alle TN beide Übungen.		
A2		**Anwendungsaufgabe zu den zweiteiligen Konjunktionen** *sowohl ... als auch* **und** *weder ... noch*		
a	PA	1. Kopieren Sie die Zeichnungen im Buch auf Kärtchen, und zwar so oft, dass jeweils zwei TN ein Kärtchen bekommen. Die Paare machen schriftlich eine kurze Beschreibung ihres Bildes (3–4 Sätze). Geben Sie ihnen dazu einige Leitfragen wie z. B.: „Was ist die Situation?", „Was ist passiert?", „Ist die Person zufrieden? Warum (nicht)?" Die Bücher bleiben dabei geschlossen. *Variante:* Wenn es den TN leichter fällt, können sie auch konkret aufschreiben, was die Personen wohl sagen – nicht mehr als 3–4 Sätze! Dabei können Redemittel zum Thema „Beschwerde" auch schon wiederholt werden.	Kärtchen	
	PL	2. Legen Sie eine Folie mit allen Bildern auf bzw. zeigen Sie sie am IWB. Einige Paare lesen ihre Situationsbeschreibung vor.	Folie/IWB	
	EA/PA ⟷	3. Die TN öffnen ihr Buch, hören die Gespräche und ordnen zu. Geübtere TN lösen die Aufgabe in Stillarbeit, ungeübtere TN arbeiten zu zweit. Abschlusskontrolle im Plenum. *Lösung: 1 B, 2 D, 3 A, 4 C* *Hinweis:* Fragen Sie die TN nach dem Grund der jeweiligen Beschwerde und diskutieren Sie mit den TN, wer ihrer Meinung nach im Recht ist und warum. Fragen Sie, ob die TN den Ärger nachvollziehen können und fordern Sie sie auf zu erzählen, wie diese Situationen in ihrem Land verlaufen würden. Machen Sie die TN abschließend darauf aufmerksam, dass die Rechte und Pflichten von Käufer und Verkäufer in Deutschland genau geregelt sind.	CD 5/5–8	

	Länderinfo	Den präsentierten Situationen liegt nach deutschem Recht ein Kaufvertrag zugrunde, d. h. sowohl der Käufer als auch der Verkäufer haben Rechte und Pflichten. Der Verkäufer verpflichtet sich zur Übergabe und Übereignung des Produkts. Der Käufer verpflichtet sich zur Zahlung des vereinbarten Preises. Es ist auch geregelt, innerhalb welcher Frist ein Kaufvertrag widerrufen werden kann, d. h. unter welchen Bedingungen die Ware zurückgenommen oder umgetauscht werden muss. Dies gilt auch bei Online-Käufen. Als Käufer muss man hierzu den Kauf durch einen Kassenbon oder eine Rechnung belegen können. In der Umgangssprache spricht man heutzutage auch bei vereinbarten Dienstleistungen, wie z. B. Renovierungsarbeiten, von einem Kaufvertrag, obwohl im juristischen Sinne kein Verkauf stattfindet.		
b	EA/PA ⟷	4. Die TN lesen die Zitate aus den Gesprächen und ergänzen die zweiteiligen Konjunktionen. Geübtere TN lösen die Aufgabe in Stillarbeit, ungeübtere TN arbeiten zu zweit. Dann hören sie die Gespräche noch einmal und kontrollieren ihre Lösungen. Abschlusskontrolle im Plenum. *Lösung: 1 noch, 2 sowohl … als auch, 3 sowohl … als auch, weder … noch, 4 sowohl … als auch*	CD 5/5–8	

A3	**Systematisierung: Redemittel für Beschwerden**			
	EA/PA ⟷	1. Deuten Sie auf die Redemittel und fragen Sie: „Wer sagt was?" Die TN lesen die Redemittel und markieren wie im Beispiel vorgegeben. Geübtere TN lösen die Aufgabe in Stillarbeit, ungeübtere TN arbeiten zu zweit. Abschlusskontrolle im Plenum. Machen Sie eine Tabelle und ergänzen Sie diese auf Zuruf. Verweisen Sie an dieser Stelle auch auf die Redemittelübersichten „Enttäuscht/überrascht sein: Also, ich muss sagen, …", „Sich beschweren: Das geht doch nicht.", „Ein Problem genauer beschreiben: Es war abgemacht, dass …", „Mit Verständnis auf den Kunden reagieren: Oh, das tut mir leid." (Kursbuch, S. 127) und gehen Sie auf Wortschatzfragen ein. Die kleine Schreibaufgabe erledigen die TN als Hausaufgabe und geben Ihnen den Text zur Korrektur ab. *Lösung: Kunde: Dazu möchte ich aber noch anmerken, dass …; Ich musste nun leider feststellen, dass …; Das geht doch nicht.; Ich bin wirklich sehr verärgert/wütend/enttäuscht.; Es war abgemacht/vereinbart, dass …; Das Hauptproblem war, …; Das kann man doch nicht machen.; Also, ich muss sagen, das hat mich schon etwas enttäuscht. Verkäufer: Ich kann verstehen, dass Sie enttäuscht/verärgert sind.; Selbstverständlich, das ist überhaupt kein Problem.; Oh, das tut mir leid. Da sehe ich leider nur eine Möglichkeit: …; Ach wirklich? Das ist wirklich sehr ärgerlich.; Ich werde mich sofort persönlich darum kümmern.*		
	EA/HA	Arbeitsbuch 5	AB-CD 2/14	

A4	**Aktivität im Kurs: Rollenspiel**			
a	PA	1. Die TN lesen die beiden Situationen und wählen eine aus oder überlegen sich selbst eine andere. Dabei können sie z. B. auf eigene Erfahrungen zurückgreifen.		
b	PA ⟷	2. Die TN lesen die Vorgaben im Dialoggerüst. Geübtere TN spielen die ausgewählte Situation spontan, ungeübtere TN machen sich zunächst Notizen und spielen dann das Gespräch. In jedem Fall sollten dabei die Redemittel aus A3 benutzt werden. Die TN spielen die Kundengespräche jeweils zweimal, d. h. sie wechseln nach dem ersten Durchgang die Rollen und können den Verlauf des Gesprächs dabei variieren. Paare, die schneller fertig sind, denken sich in eine zweite Situation ein und machen ein weiteres Rollenspiel nach dem gleichen Muster.		

	Form	Ablauf	Material	Zeit
	WPA	3. *fakultativ:* Wenn Sie mit Ihren TN weitere Kundengespräche üben möchten, können Sie die Kopiervorlage nutzen. Kopieren Sie die Kopiervorlage mehrmals und zerschneiden Sie sie, sodass jeder TN eine Situationskarte mit beiden Rollen erhält. Die TN bewegen sich im Raum und suchen sich eine Partnerin / einen Partner. Sie lesen sich die erste Situation durch, entscheiden, wer welche Rolle übernimmt und spielen das Gespräch. Zeigen Sie das Dialoggerüst (Kursbuch, S. 121) auf Folie oder am IWB, sodass sich die TN daran orientieren können. Dann tauschen die TN die Karten und suchen sich eine neue Partnerin / einen neuen Partner. Gehen Sie herum und helfen Sie bei Schwierigkeiten.	Folie/IWB, KV L10/A4	
	EA/PA	4. *fakultativ:* Wenn Sie das Thema „Beschwerden" weiter vertiefen wollen, können Sie den Hörtext „Hallo? Hier spricht die Automatik AG" aus der Rubrik „Zwischendurch mal ..." (Kursbuch, S. 128) einsetzen.	ZDM	
	EA/PA	5. *fakultativ:* Zur Erweiterung des Themas „Beschwerden" bietet sich an dieser Stelle die Arbeit mit dem „Fokus Beruf: Rechte und Pflichten am Arbeitsplatz" (Arbeitsbuch, S. 119) an.		

B WARUM FAHRE ICH DORT, WO DER STAU ...

Relativsatz mit *wo* und *was*

Lernziel: Die TN können über Pannen und Missgeschicke im Alltag sprechen.

	Form	Ablauf	Material	Zeit
B1		**Präsentation der Relativsätze mit *wo* und *was***		
	PL	1. Schreiben Sie Ellas Aussage „Warum fahre ich immer genau dort, wo der Stau am schlimmsten ist?" an die Tafel und zeigen Sie noch einmal Foto 1 der Foto-Hörgeschichte. Fragen Sie die TN, ob sie ähnliche Situationen kennen. Die TN berichten von eigenen Erfahrungen. *Hinweis:* Möglicherweise nennt ein TN in diesem Zusammenhang das Stichwort „Murphy's Law". Ergänzen Sie ggf. zur Erklärung, dass es sich dabei um die Benennung scheinbarer Gesetzmäßigkeiten des Alltags handelt, wonach etwas immer nach dem gleichen Muster schiefzulaufen scheint. Erstmals benannt hat sie der amerikanische Ingenieur Edward E. Murphy, daher der Name.	Folie/IWB	
	EA/PA	2. Die TN lesen die Sätze 1 bis 4 und ordnen die Fotos zu. Geübtere TN lösen die Aufgabe in Stillarbeit, ungeübtere arbeiten paarweise zusammen. Abschlusskontrolle im Plenum. *Lösung: 1 B, 2 C, 3 D, 4 A*		
	PL	3. Schreiben Sie Satz 1 an die Tafel. Markieren Sie die Verben und das Relativpronomen. Fragen Sie, woher die TN eine solche Struktur schon kennen und erinnern Sie sie ggf. an die Relativsätze, die bereits in *Schritte international 5 Neu* / Lektion 2 und *Schritte international 6 Neu* / Lektion 8 eingeführt wurden. Fragen Sie, worauf sich das Relativpronomen „wo" bezieht. Markieren Sie auf Zuruf die Lokalangabe „dort" und verbinden Sie sie mit einem Pfeil. Machen Sie anhand des Tafelbildes noch einmal deutlich, dass der Relativsatz immer direkt nach dem Wort steht, das er näher beschreibt, und wie in allen anderen Nebensätzen auch hier das finite Verb am Ende steht. Weisen Sie die TN darauf hin, dass sich das Relativpronomen „wo" auch auf andere unbestimmte Ortsangaben wie „da", „überall", „die Stadt", „der Ort" etc. beziehen kann.		

Warum fahre ich immer genau <u>dort,</u> wo der Stau am schlimmsten ist?

PL	4. Notieren Sie dann Satz 2 an der Tafel und verfahren Sie genauso. Erklären Sie, dass der Relativsatz auch nach „nichts", „etwas", „alles" etc. mit „was" eingeleitet wird. Machen Sie mit den TN zusammen für alle diese Wörter Beispielsätze und notieren Sie diese an der Tafel. Verweisen Sie auch auf den Grammatik-Kasten und die Grammatikübersicht 3 (Kursbuch, S. 126). Die kleine Schreibaufgabe lösen die TN als Hausaufgabe oder zum Abschluss der Stunde, wenn noch Zeit ist. Wer möchte, kann seine Geschichte am nächsten Tag präsentieren.		
EA/PA/HA Grammatik entdecken ⬌	Arbeitsbuch 6: im Kurs: Die TN sehen sich zunächst die Bilder in a an und ordnen die Sätze zu. Geübtere TN arbeiten in Stillarbeit, ungeübtere TN arbeiten zu zweit. In einem zweiten Schritt markieren die TN in b die Relativpronomen sowie die Bezugswörter wie im Beispiel und ergänzen abschließend die Tabelle.		

B2	Anwendungsaufgabe zu den Relativsätzen mit *wo* und *was*		
a EA/PA ⬌	1. Die TN sehen sich die Fotos an, hören die Gespräche und ordnen zu. Geübtere TN lösen die Aufgabe in Stillarbeit, ungeübtere arbeiten zu zweit. Abschlusskontrolle im Plenum. *Lösung: 1 C, 2 B, 3 A, 4 D*	CD 5/9–12	
b EA/PA ⬌	2. Die TN lesen die Beispielsätze aus den Gesprächen und ergänzen sie. Geübtere TN lösen die Aufgabe in Stillarbeit, ungeübtere arbeiten zu zweit.		
EA/PA	3. Die TN hören die Gespräche noch einmal und kontrollieren ihre Lösungen. Abschlusskontrolle im Plenum. *Lösung: 1 wo; 2 etwas, was, dort, wo; 3 alles, was, nichts, was, alles, was; 4 alles, was, etwas, was*	CD 5/9–12	
EA/PA	4. *fakultativ:* Wenn Sie auch die Relativsätze mit Relativpronomen, die die TN bereits aus *Schritte international Neu 5* / Lektion 2 und *Schritte international Neu 6* / Lektion 8 kennen, noch einmal wiederholen und üben möchten, kopieren Sie die Kopiervorlage und schneiden Sie die Kärtchen aus. Kleben Sie sie verdeckt an folgende Gegenstände, die sich in jedem Kursraum finden (außer Nummer 12, die Sie zu Hause vorbereiten müssen, indem Sie eine beliebige Pappschachtel in Geschenkpapier einpacken): 1. Fenster, 2. Platz, 3. Kursbuch, aufgeschlagen auf Seite 150, 4. Tafel oder Flipchart, 5. Tür, 6. Armbanduhr, 7. CD, 8. Wand, 9. Kuli, 10. Teilnehmerin, 11. Fußboden des Kursraums, 12. eingepacktes Päckchen, 13. Schlüssel, 14. Handy. Bitten Sie die TN, einen Zettel mit einer Zahlenreihe von 1 bis 14 vorzubereiten. Da die Gegenstände im Kursraum verteilt sind, müssen die TN nun herumgehen, die Kärtchen hochheben und zu jeder Nummer auf ihrem Zettel, d. h. zu jedem Gegenstand einen Satz schreiben, z. B.: Nr. 1 ist das Fenster, das immer sauber ist. Nr. 2 ist der Platz, wo XY immer sitzt. Nr. 3 ist alles, was ich heute lernen muss. Geben Sie den TN anschließend die Möglichkeit, ihre Sätze im Plenum zu präsentieren, indem Sie z. B. fragen: „Was ist Nummer ...?" Lassen Sie ruhig mehrere Lösungsvorschläge pro Gegenstand präsentieren. Auf diese Weise gehen die Relativkonstruktionen allmählich ins Ohr. Sammeln Sie die Listen zur Korrektur ein, um sich einen Überblick zu verschaffen, inwieweit die TN die Relativsätze bereits beherrschen. *Variante:* Wenn Ihre TN gern spielen oder sehr wettbewerbsorientiert sind, können Sie auch Paare bilden lassen. Jedes Paar macht sich dann nur einen „Laufzettel" mit Nummern. Einer läuft zu einem der Gegenstände, liest und merkt sich die Information und formuliert dann zusammen mit seiner Partnerin / seinem Partner einen passenden Relativsatz zu dem Gegenstand. Dann läuft der andere usw.	KV L10/B2	
EA/HA	Arbeitsbuch 7		
EA/PA/HA ⬌	Arbeitsbuch 8–9: im Kurs: Alle TN bearbeiten Übung 8. Wer fertig ist, schreibt anhand der Stichpunkte in Übung 9 Relativsätze mit „wo" oder „was". Geübtere TN lösen die Übung in Stillarbeit, ungeübtere TN arbeiten zu zweit. Wenn Sie die Übungen als Hausaufgabe aufgeben, lösen alle TN beide Übungen.		

B3	Aktivität im Kurs: Über Pannen und Missgeschicke sprechen		
EA	1. Die TN sehen sich die Bilder an und lesen das Beispiel. Jeder schreibt analog eine kurze Geschichte zu einem der Bilder oder einem eigenen Missgeschick. In jedem Fall sollen die TN aber wie im Beispiel vorgegeben aus der Ich-Perspektive schreiben. Wer schneller fertig ist, kann auch zwei oder drei Missgeschicke beschreiben. Geben Sie die Arbeitszeit vor, z. B. zehn Minuten. *fakultativ:* Zur Unterstützung der Aktivität können Sie auch auf die Kopiervorlage im Lehrwerkservice unter www.hueber.de/schritte-international-neu zurückgreifen.	KV L10/B3 im Lehrwerk-service	
GA	2. Die TN finden sich in Kleingruppen von vier bis sechs TN zusammen und präsentieren „ihre" Missgeschicke. Die anderen kommentieren mithilfe der Redemittel im Buch. Anschließend hängen die TN ihre Geschichte im Kursraum auf. Verweisen Sie auch auf die Redemittelübersicht „Auf Erzählungen über Missgeschicke reagieren: Oje, wie peinlich!" (Kursbuch, S. 127).		
EA/HA Prüfung	Arbeitsbuch 10: im Kurs: Die TN lesen zuerst die Aussagen 1–6, dann den Text und kreuzen an. Mit dieser Übung können Sie Ihre TN auf die Prüfung *Goethe-Zertifikat B1*, Lesen, Teil 1 vorbereiten, in der die TN ebenfalls ankreuzen sollen, ob die Aussagen zum Text richtig oder falsch sind.		
EA/HA	Arbeitsbuch 11		

C DER WOHLTUENDE TEE

Partizip Präsens als Adjektiv *wohltuend*

Lernziel: Die TN können Produkte beschreiben.

	Form	Ablauf	Material	Zeit
C1		Präsentation des Partizip Präsens als Adjektiv		
	EA/PA ⟷	1. Die TN sehen sich die Bilder an und ordnen zu. Anschließend ergänzen sie die Tabelle wie im Beispiel vorgegeben. Geübtere TN lösen die Aufgabe in Stillarbeit, ungeübtere TN arbeiten zu zweit. Abschlusskontrolle im Plenum. *Lösung: 2 C, 3 D, 4 A; das hupt, die spricht, die leuchten*		
	PL	2. Zeigen Sie den TN anhand des Tafelbilds, wie man aus Verben Adjektive bilden kann. Die TN sollten erkennen, dass das Partizip Präsens aus dem Verb im Infinitiv und „-d" gebildet und wie ein Adjektiv benutzt wird und daher die gleichen Endungen bekommt wie Adjektive nach dem bestimmten bzw. unbestimmten Artikel. Die Adjektivdeklination kennen die TN bereits aus *Schritte international Neu 4* / Lektion 9 und 10. Erinnern Sie die TN daran, dass sich die Endungen der Adjektive und somit auch die des Partizip Präsens nach dem Genus, Numerus und Kasus des nachfolgenden Nomens richten.		

der leckere Tee · · · · · · ein leckerer Tee

der wohltuen(d)e Tee · · · · · · ein wohltuen(d)er Tee

Verb + d + Endung · · · · · · Verb + d + Endung

Verweisen Sie die TN auch auf die Grammatikübersicht 4 (Kursbuch, S. 126). Die kleine Schreibaufgabe lösen die TN als Hausaufgabe oder im Kurs, wenn sie mit Übung 12 im Arbeitsbuch schneller fertig sind als die anderen. *Musterlösung: der duftende Kaffee, die aufgehende Sonne, ein fitmachendes Frühstück, der klingelnde Wecker*

EA/PA Grammatik entdecken ⬌		Arbeitsbuch 12: im Kurs: Klären Sie mit den TN das Genus von „Junge", „Radio", „Uhr" und „Ringe". Die TN lesen dann den Text in a und markieren die Endungen in den entsprechenden Farben. Anschließend ergänzen sie die Endungen in der Tabelle in b. Geübtere TN lösen die Aufgabe in Stillarbeit, ungeübtere TN arbeiten zu zweit. Abschlusskontrolle im Plenum. Den TN soll durch die Übung bewusst werden, dass die Deklination des Partizip Präsens der Adjektivdeklination nach dem bestimmten bzw. unbestimmten Artikel entspricht.		
C2		**Aktivität im Kurs: Werbung für ein Produkt machen**		
a	EA/PA ⬌	1. Fragen Sie die TN, wie sie die Produkte nennen würden. Die TN sehen sich das Beispiel an und formulieren mithilfe der vorgegebenen Partizipien passende Bezeichnungen zu den übrigen Bildern. Geübtere TN lösen die Aufgabe in Stillarbeit, ungeübtere TN arbeiten zu zweit. Abschlusskontrolle im Plenum. *Lösung: 2 der sprechende Roboter, 3 das schrumpfende Auto, 4 der korrigierende Stift*		
b	GA	2. Sehen Sie sich gemeinsam das Beispiel an. Fordern Sie die TN dann auf, eines der anderen Produkte aus a zu wählen und sich zu überlegen, was es kann. Wer möchte, kann sich auch selbst ein neues Produkt ausdenken. Der Fantasie sind dabei keine Grenzen gesetzt. Die TN finden sich in Kleingruppen von vier TN zusammen und formulieren Beschreibungen wie im Beispiel vorgegeben. Dabei soll jeder mitnotieren. Gehen Sie herum und helfen Sie bei Schwierigkeiten. *Variante:* Wenn Sie nicht so viel Zeit auf b verwenden wollen oder sich Ihre TN mit der Beschreibung der Produkte bzw. der Erfindung eigener Fantasieprodukte schwertun, können Sie auch die Kopiervorlage einsetzen. Zerschneiden Sie die Kopiervorlage und verteilen Sie die Produkte an die Kleingruppen, sodass jeder in der Gruppe ein anderes Produkt erhält.	Folie/IWB, KV L10/C2	
c	EA	3. Die TN lesen die Redemittel und markieren, welche sie zur Präsentation ihres Produkts benutzen wollen. Verweisen Sie an dieser Stelle auch auf die Redemittelübersichten „Ein Produkt präsentieren: Das Beste kommt noch!" und „Erstaunen ausdrücken: Wahnsinn!" (Kursbuch, S. 127).		
	GA	4. Die TN finden sich in neuen Gruppen zusammen, sodass jede Gruppe aus TN verschiedener Gruppen besteht. Wenn die Kleingruppen die zerschnittene Kopiervorlage erhalten haben, bleiben sie in der Gruppe zusammen.		
	GA	5. Die TN stellen sich anhand ihrer Notizen gegenseitig ihre Produkte vor. Dabei verwenden sie möglichst die vorgegebenen Redemittel.		
d	PL	6. Fragen Sie die TN, welches Produkt ihnen am besten gefällt und warum. Die TN lesen das Beispiel und begründen ihre Wahl entsprechend. *Musterlösung: Also mir gefällt der sprechende Roboter am besten. Ich bin morgens immer sehr müde und wache schwer auf. Wenn er mich freundlich mit einer dampfenden Tasse Kaffee begrüßen würde, würde mir das sehr helfen.*		
	EA/PA	7. *fakultativ:* Wenn Sie das Thema „Werbung" vertiefen wollen, können Sie an dieser Stelle mit dem Gedicht „Willkommen bei Sternemarkt!" und dem landeskundlichen Text „Revolution und Geschäft" aus der Rubrik „Zwischendurch mal …" (Kursbuch, S. 128/129) arbeiten.	ZDM	
	EA/HA	Arbeitsbuch 13–15		

EA/PA	Arbeitsbuch 16: im Kurs: a Die TN hören das Gespräch und lesen im Buch mit. Fordern Sie die TN auf, darauf zu achten, welches Wort betont ist, und dieses zu unterstreichen. b Anschließend hören die TN das Gespräch noch einmal und markieren wie im Beispiel vorgegeben, ob sich die Stimme der Sprecher am Satzende hebt oder senkt. Die TN sollten feststellen, dass bei aufgeregtem ärgerlichem Sprechen die Stimme häufig lauter wird und nach oben geht. Allerdings ist der Unterschied zu dieser und der neutralen Sprechweise sehr fein. Die TN lesen das Gespräch dann mit ihrer Partnerin / ihrem Partner laut und achten dabei auf die Betonung.	AB-CD 2/15	

D CROWDSOURCING

Lernziel: Die TN können eine Radioreportage zum Thema verstehen und Crowdsourcing ausprobieren.

	Form	Ablauf	Material	Zeit
D1		**Hörverstehen: Details verstehen**		
a	EA	1. Die TN lesen die Fragen und möglichen Antworten. Dann hören sie den Anfang der Reportage und kreuzen an. Abschlusskontrolle im Plenum. *Lösung: 1 bei der Entwicklung eines neuen Produktes, 2 ein Paket mit dem neuen Nuss-Snack*	CD 5/13	
b	EA/PA ⟷	2. Die TN lesen die Aufgabenstellung und die Aussagen 1–7. Dann hören sie die Reportage komplett und korrigieren wie im Beispiel vorgegeben. Geübtere TN lösen die Aufgabe in Stillarbeit, ungeübte TN arbeiten zu zweit. Abschlusskontrolle im Plenum. Gehen Sie dabei auch auf Wortschatzfragen ein. *Lösung: 2 ~~Firmen~~ Nuss-Liebhaber, 3 ~~telefonisch~~ online, 4 ~~drei~~ zehn, 5 ~~Die Mitarbeiter des Unternehmens~~ Die Fans, 6 ~~Nachteilen~~ Vorteilen, 7 ~~werden in der Regel gut bezahlt~~ bekommen meistens kein Geld*	CD 5/14	
	PL	3. *fakultativ:* Wenn sich Ihre TN für Dialektausdrücke interessieren, können Sie den Produktnamen „Nussi-Bussi" und den Hinweis darauf, dass es sich bei einem „Bussi" um einen bayerischen Ausdruck für „Kuss" handelt, zum Anlass nehmen, andere dialektale Ausdrücke zu sammeln, die die TN bereits kennen.		
D2		**Sprechen: Die eigene Meinung äußern**		
	PL	1. Fragen Sie die TN, was sie von Crowdsourcing halten, ob sie schon einmal bei einer solchen Aktion mitgemacht haben oder mitmachen würden. Die TN lesen das Beispiel und erzählen bzw. äußern ihre Meinung. Nutzen Sie die Gelegenheit, dabei verschiedene Redemittel zur Meinungsäußerung zu wiederholen, die die TN bereits aus *Schritte international Neu 3* / Lektion 6 kennen.		
D3		**Aktivität im Kurs: Ein Produkt erfinden und präsentieren**		
a	GA	1. Die TN arbeiten in Kleingruppen von drei bis vier TN zusammen. Die TN einigen sich in der Gruppe auf die Zutaten ihrer Schokoladenkreation und finden gemeinsam einen Produktnamen und einen Mini-Werbeslogan analog zum Beispiel.		

b	PL	2. Die Gruppen präsentieren ihre Schokoladenkreationen und stimmen ab, welche Schokolade produziert werden soll. Als Auswahlkriterien können Sie z. B. die Produktnamen bewerten lassen. *Variante:* Wenn Ihre TN gern mit digitalen Medien arbeiten, können sie sich einen kleinen Werbespot überlegen und mit dem Smartphone aufnehmen. Ein Bewertungskriterium könnte dann Originalität sein.	Smartphone	
	EA/HA	Arbeitsbuch 17		
	EA/HA Prüfung	**Arbeitsbuch 18:** im Kurs: Mit dieser Übung können Sie Ihre TN auf das *Zertifikat Deutsch*, Hören, Teil 3 vorbereiten, in dem die TN ebenfalls fünf Radioansagen hören und richtig oder falsch markieren müssen. Weisen Sie die TN auch auf den Lerntipp hin. Es ist wichtig, dass die TN in der Prüfung die Aufgabenstellung genau lesen und den Anweisungen folgen, um keinen Punktverlust zu riskieren.	AB-CD 2/16–20	

E DIE SPRECHENDE ZAHNBÜRSTE – EINE KOLUMNE

Lernziel: Die TN können einen Lesetext zum Thema verstehen.

	Form	Ablauf	Material	Zeit
E1		**Leseverstehen: Eine Kolumne verstehen**		
	PL	1. Die Bücher sind geschlossen. Wiederholen Sie noch einmal die Bedeutung des Wortes „Kolumne."		
	PA/GA	2. *fakultativ:* Verteilen Sie die Kopiervorlage. Die TN betrachten die Zeichnungen in Übung 1. Sie stellen mit ihrer Partnerin / ihrem Partner Vermutungen an, worum es in der Geschichte gehen könnte und überlegen sich eine sinnvolle Reihenfolge. Die TN finden sich in Kleingruppen von vier TN zusammen und erzählen paarweise ihre Geschichten. Dadurch werden wichtige Wörter bereits vorentlastet und das Verstehen der Kolumne erleichtert. Gehen Sie herum und helfen Sie bei Schwierigkeiten.	KV L10/E1	
	EA/PA ⟵⟶	3. Die TN öffnen die Bücher und lesen die Kolumne. Wenn Sie zuvor mit der Kopiervorlage gearbeitet haben, vergleichen die TN zunächst ihre Bilderreihenfolge mit der Kolumne. Anschließend beantworten die TN die Fragen zum Text. Geübtere TN bearbeiten die Aufgabe in Stillarbeit, ungeübte TN arbeiten zu zweit. Abschlusskontrolle im Plenum. Gehen Sie abschließend auf Wortschatzfragen ein. *Lösung: a Paola ist die Mutter. Luis ist der Sohn. Der Ich-Erzähler ist der Vater. b Paola hat die Zahnbürste gekauft, weil Luis seine Zähne nicht gut geputzt hat. c Die Zahnbürste ist nachts vom Waschbecken gefallen und sagte immer: „Weitermachen!" Der Erzähler hat zuerst versucht, die Zahnbürste auszuschalten. d Er hat ein Messer geholt, weil er die Batterie aus dem Gerät nehmen wollte und, weil alle Schraubenzieher zu groß für die kleine Schraube waren. e Er hat die Zahnbürste dann aus dem Fenster geworfen, weil die Zahnbürste nicht aufhörte, Lärm zu machen. f Ein Betrunkener kam den Bürgersteig entlang, hörte die sprechende Zahnbürste und dachte, dass in der Baugrube eine Person wäre.*	KV L10/E1	
	PA/PL	4. *fakultativ:* Die TN lesen die drei Situationskarten in Übung 2 der Kopiervorlage und wählen mit ihrer Partnerin / ihrem Partner eine Situation aus oder überlegen sich eine weitere Situation und spielen das Gespräch. Wer möchte, kann sein Rollenspiel anschließend im Plenum präsentieren. *Variante:* TN, die nicht so gern vor der Klasse stehen, nehmen das Gespräch mit ihrem Smartphone auf und spielen das Video dann im Plenum vor.	KV L10/E1, Smartphone	

	TiPP	Die TN haben oft sehr unterschiedliche Vorlieben, was kreative Ausdrucksformen angeht: Manche singen gern, andere können hervorragend zeichnen, wieder andere spielen gern Theater. Finden Sie heraus, was bei den einzelnen TN besonders gut ankommt bzw. wie sie sich gern kreativ beschäftigen. Dieses Wissen ermöglicht Ihnen, den Kurs auf die TN zuzuschneiden. Ein Beispiel: Nicht alle TN lieben Rollenspiele. Wenn jemand dafür sehr gern zeichnet, könnte er die Fortsetzung der Geschichte z. B. als Comic zeichnen und schreiben. Wer musisch begabt ist, entwirft einen Zahnbürsten-Rap. Der Refrain ist „Weitermachen".		
	EA/HA	Arbeitsbuch 19		
	EA/PA Schreib-training	Arbeitsbuch 20: im Kurs: a Die TN sehen sich die Bilder an und ordnen sie den Stichworten zu. Abschlusskontrolle im Plenum. Gehen Sie bei Bedarf auf Wort-schatzfragen ein. Anschließend bearbeiten die TN Übung b. Verweisen Sie auf den Lerntipp und fordern Sie die TN auf, die E-Mail zusammen mit ihrer Partnerin / ihrem Partner zu schreiben.		
	GA	*fakultativ:* Wenn Sie noch Zeit haben, können Sie hier die Wiederholung zu Lektion 10 anschließen.	KV L10/Wieder-holung	
Lektions-tests		Einen Test zu Lektion 10 finden Sie hier im LHB auf den Seiten 174–175. Verweisen Sie die TN auch auf den Selbsttest im Arbeitsbuch auf Seite 118.	KV L10/Test	

AUDIOTRAINING

	Form	Ablauf	Material	Zeit
Audiotraining 1: Ein schwieriger Mensch.				
	EA/HA	Die TN hören eine Frage und antworten mit „weder … noch", z.B. „Ich jogge und schwimme gern. Kommst du mal mit?". Die TN antworten: „Nein, ich mag weder joggen noch schwimmen." Dabei kommt es auch auf die Satzmelodie an. Nach der Sprechpause hören die TN den korrekten Satz.	CD 5/15	
Audiotraining 2: Mein Lieblingsort.				
	EA/HA	Die TN hören eine Frage und ein Stichwort, mit dem sie einen Relativsatz mit „da, wo" formulieren sollen, z. B. „Was ist dein Lieblingsort? – sich wohlfühlen". Die TN formulieren: „Mein Lieblingsort ist da, wo ich mich wohlfühle." Dabei kommt es auch auf die Satzmelodie an. Nach der Sprechpause hören die TN den korrekten Satz.	CD 5/16	
Audiotraining 3: Eine sprechende Puppe!				
	EA/HA	Die TN hören eine Aussage, auf die sie mit dem Partizip Präsens als Adjektiv ant-worten sollen. Sie hören z. B. „Die Puppe spricht ja!". Die TN antworten: „Ja, das ist eine sprechende Puppe." Dabei kommt es auch auf die Satzmelodie an. Nach der Sprechpause hören die TN den korrekten Satz.	CD 5/17	

ZWISCHENDURCH MAL …

Form		Ablauf	Material	Zeit
Gedicht		**Willkommen bei Sternemarkt! (passt z. B. zu C2)**		
1	PL	1. Die Bücher bleiben noch geschlossen. Zeigen Sie das Foto auf der Folie / am IWB und fragen Sie, was der „Sternemarkt" sein könnte und was man dort machen kann. Die TN stellen Vermutungen an.	Folie/IWB	
	EA/PA ⟷	2. Fragen Sie: „Was soll man bei ‚Sternemarkt' kaufen?" Die TN hören das Gedicht und machen sich Notizen. Geübtere TN lösen die Aufgabe in Stillarbeit, ungeübtere TN arbeiten zu zweit.	CD 5/18	
	PL	3. Fragen Sie weiter, warum man diese Dinge kaufen soll. Die TN hören das Gedicht noch einmal und lesen im Buch mit. Abschlusskontrolle im Plenum wie im Buch vorgegeben. *Lösung: Man soll einen Rock kaufen. Dann sieht man jugendlich und hübsch aus. Man soll eine schicke Hose in Übergröße kaufen. Die macht einen schlanken Bauch. Man soll ein neues Trainingsgerät kaufen. Das macht schlank und glücklich. Man soll bunten Schmuck kaufen. Der macht selbstbewusst. Man soll eine freche und sehr attraktive Kette kaufen. Die lässt einen positiv denken.*	CD 5/18	
2	GA	1. Lesen Sie die These „Wirtschaft und Werbung leben davon, dass die Menschen unzufrieden sind." vor. Fragen Sie die TN, was sie davon halten und ob sie konkrete Beispiele dafür nennen können. Die TN finden sich in Kleingruppen von drei bis vier TN zusammen und tauschen sich darüber aus. Dabei orientieren sie sich an den Beispielen im Buch.		
Hören		**Hallo? Hier spricht die Automatik AG (passt z. B. zu A4)**		
1	PL	1. Die TN sehen sich die Bilder an und stellen Vermutungen an, um welche zwei Situationen es geht.		
	EA	2. Die TN hören das Gespräch und vergleichen mit ihren Vermutungen.	CD 5/19	
	EA/PA ⟷	3. Die TN lesen die Aussagen und kreuzen aus dem Gedächtnis an, was richtig ist. Geübtere TN lösen die Aufgabe in Stillarbeit, ungeübtere TN arbeiten zu zweit. Die TN hören das Gespräch noch einmal und vergleichen mit ihren Lösungen. Abschlusskontrolle im Plenum. *Lösung: richtig: a, b, d, g*	CD 5/19	
2	EA	1. Die TN lesen die Aufgabenstellung und die Beispiele. Dann denken sie sich selbst ein Beispiel aus und machen sich Notizen. Gehen Sie herum und helfen Sie bei Schwierigkeiten.		
	GA	2. Die TN finden sich in Kleingruppen von drei bis vier TN zusammen und präsentieren sich gegenseitig, was ihre Geräte über sie sagen würden.		
Landes-kunde		**Revolution und Geschäft (passt z. B. zu C2)**		
1	PL	1. Die Bücher sind geschlossen. Zeigen Sie das Farbfoto mit der Litfaßsäule auf der Folie / am IWB und fragen Sie die TN, was das ist und welchem Zweck es dient. Die TN stellen Vermutungen an. Schreiben Sie neuen Wortschatz ggf. an die Tafel.	Folie/IWB	
	EA/PL	2. Die TN lesen den Text und vergleichen mit ihren Vermutungen. Stellen Sie die Frage noch einmal, um sicherzugehen, dass alle verstanden haben, was eine Litfaßsäule ist. Gehen Sie ggf. auf Wortschatzfragen ein. *Lösung: Auf einer Litfaßsäule werden Werbeplakate aufgeklebt.*		

	Form	Ablauf	Material	Zeit
2	PA	1. *fakultativ:* Kopieren Sie die Kopiervorlage so oft, dass die TN paarweise einen Kartensatz erhalten. Schneiden Sie die Karten aus. Die TN bringen die Karten dann aus dem Gedächtnis in eine chronologische Reihenfolge. Die Bücher sind dabei geschlossen.	KV L10/ZDM	
	PA	2. Die TN lesen den Text noch einmal detailliert und kontrollieren ggf. die Reihenfolge ihrer Satzkarten. Anschließend erzählen sich die TN gegenseitig anhand der vorgegebenen Stichpunkte oder, wenn Sie die Kopiervorlage eingesetzt haben, anhand der Satzkarten, die Geschichte der Litfaßsäule.	KV L10/ZDM	
	PL	3. *fakultativ:* Diskutieren Sie mit den TN die Vor- und Nachteile der Zentralisierung von Werbung auf Litfaßsäulen ab 1855. Fragen Sie in dem Zusammenhang auch, inwiefern die Menschen heutzutage, mehr als 150 Jahre nach der Einführung der Litfaßsäulen, durch Werbung im öffentlichen Raum beeinflusst werden und was die TN davon halten. Fordern Sie die TN auf zu erzählen, wofür in ihrem Land in der Öffentlichkeit geworben werden darf und wofür nicht und was sie davon halten.		
3	EA/HA	1. Die TN fotografieren mit dem Smartphone eine Litfaßsäule oder andere Werbung im öffentlichen Raum und bringen sie in den Kurs mit. Sie erzählen, wo sie die Werbung gesehen haben und warum sie sie mögen. Alternativ können die TN auch Werbung fotografieren, die sie nicht gut finden und dies bei ihrer Präsentation begründen.	Smartphone	

FOKUS BERUF: RECHTE UND PFLICHTEN AM ARBEITSPLATZ

Die TN können eine Betriebsvereinbarung verstehen und sich nach ihren Rechten erkundigen.

	Form	Ablauf	Material	Zeit
		Da dieser Fokus möglicherweise nur für einen Teil der TN von Interesse ist, können die Übungen auch als Hausaufgabe gegeben werden.		
1		**Leseverstehen: Wesentliche Inhalte verstehen**		
	PL	1. Die TN überfliegen die Betriebsvereinbarung. Fragen Sie, was eine Betriebsvereinbarung sein könnte. Die TN stellen Vermutungen an. Machen Sie dann deutlich, dass damit ein Vertrag zwischen dem Arbeitgeber und dem Betriebsrat gemeint ist, in dem nicht nur Rechte und Pflichten des Arbeitgebers und der Arbeitnehmer geregelt werden, sondern auch verbindliche Normen für alle Mitarbeiter eines Betriebs formuliert werden.		
	EA/PA ⟷	2. Die TN lesen die Betriebsvereinbarung und notieren zu jedem der Punkte jeweils drei Informationen. Geübtere TN lösen die Aufgabe in Stillarbeit, ungeübtere TN arbeiten zu zweit. Abschlusskontrolle im Plenum. *Lösung: Arbeitszeit: Montag bis Freitag, 7.00–22.00 Uhr, acht Stunden pro Tag; Pausen: 45 Minuten Pause/Tag, spätestens nach sechs Stunden, Mindestdauer 15 Minuten; Überstunden: bis zu zwei Überstunden pro Tag, werden nicht bezahlt, mehr freie Tage*		
2		**Rollenspiel: Sich nach Rechten und Pflichten erkundigen**		
a	PA	1. Die TN lesen mit ihrer Partnerin / ihrem Partner die Situationskarten und wählen eine Situation aus. Sie formulieren Fragen und Antworten für beide beteiligten Personen.		

| b | PA | 2. Die TN lesen die Redemittel und spielen mithilfe ihrer Notizen das Gespräch zwischen Arbeitnehmer und Betriebsrat. Wer früher fertig ist, bearbeitet auch die zweite Situation. Wer möchte, kann sein Gespräch im Plenum präsentieren.
Musterlösung Situation 1:
Herr Meier: Ich mache jeden Tag Überstunden. Ist das erlaubt?
Frau Herpich: Sie müssen bis zu zwei Überstunden pro Tag machen, wenn der Arbeitgeber Sie dazu auffordert.
Herr Meier: Bekomme ich für die Überstunden mehr Geld?
Frau Herpich: Nein, Überstunden werden nicht bezahlt. Aber Sie bekommen für Ihre Überstunden mehr freie Tage. | | |
| | HA | 3. *Hinweis:* Wenn Sie den Fokus Beruf als Hausaufgabe machen lassen, schreiben die TN mindestens eins der Gespräche zwischen Arbeitnehmer und Betriebsrat auf und geben es Ihnen zur Korrektur ab. | | |

MITEINANDER

Folge 11: Alles „bestens", oder?

Einstieg in das Thema „Umgang mit seinen Mitmenschen"

	Form	Ablauf	Material	Zeit
1		**Vor dem Hören / Beim ersten Hören: Vermutungen äußern**		
	PL	1. Die Bücher sind geschlossen. Zeigen Sie das erste Foto auf Folie/IWB. Die TN spekulieren darüber, wo sich Ella befindet und was man dort normalerweise macht. Führen Sie dabei den Begriff „Kürbisstation" ein. Anschließend hören die TN Ellas Erklärung, was eine „Kürbisstation" ist und vergleichen mit ihren Vermutungen. Kennen die TN etwas Ähnliches aus ihrem Land?	Folie/IWB, CD 5/20	
	PL	2. Fragen Sie die TN, über welches Thema Ella schreiben möchte. Schreiben Sie „Vertrauen" an die Tafel. Sprechen Sie mit den TN über Vertrauen. In welchen Situationen haben die TN es im Alltag? Wann fällt es ihnen schwer, Vertrauen zu haben? Halten Sie ggf. Stichworte an der Tafel fest.		
2		**Beim ersten Hören: Die Geschichte verstehen**		
	PA	1. Die TN sehen sich die Fotos an und überlegen kurz, wie Ellas Geschichte weitergeht.		
	PA	2. Die TN hören die Foto-Hörgeschichte und beantworten danach die Fragen im Buch. Geübtere TN beantworten die Fragen schriftlich. Ungeübtere TN beantworten die Fragen mündlich. Abschlusskontrolle im Plenum. *Lösung: Foto 1: Ella ist bei einer Kürbisstation. Sie macht dort Fotos, weil sie eine Reportage über Vertrauen machen möchte. Foto 2: Der Mann nimmt einen großen Kürbis, legt ihn in sein Auto und will davonfahren, ohne zu bezahlen. Foto 3: Ella spricht den Mann darauf an, dass er den Kürbis nicht bezahlt hat. Foto 4: Er sagt, dass es ein Versehen war. Er habe vergessen zu zahlen, weil er spät dran ist.*	CD 5/20–23	
3		**Nach dem Hören: Das Verhalten des Mannes bewerten**		
	WPA	1. Die TN gehen durch den Kursraum und sprechen mit verschiedenen Partnerinnen/Partnern über das Verhalten des Mannes.		
	EA/PA	2. *fakultativ:* Verteilen Sie die Kopiervorlage an die TN. Die TN ordnen zunächst den Redensarten die Erklärungen zu. Danach lesen sie die Foto-Hörgeschichte und ordnen den markierten Stellen die Redensarten zu. Abschlusskontrolle im Plenum.	KV L11/FHG	
	EA/PA/PL	3. *fakultativ:* Geübte TN erzählen die Geschichte schriftlich nach und benutzen dabei die Redensarten. Sammeln Sie die Texte ein und korrigieren Sie sie. In Kursen mit überwiegend ungeübteren TN lassen Sie sich die Geschichte satzweise von den TN diktieren und halten sie an der Tafel fest.	KV L11/FHG	
4		**Erweiterungsaufgabe: „Ellas Kolumne": Über Vertrauen nachdenken**		
	EA/PA	1. Die TN lesen „Ellas Kolumne" und kreuzen ihre Lösungen an. Abschlusskontrolle im Plenum. *Lösung: richtig: a, b, c*		
	PL	2. Diskutieren Sie mit den TN über Ellas Meinung, dass diese kleinen Diebstähle das Vertrauen kaputt machen. Was meinen die TN dazu? Stimmt das? Warum (nicht)? Fragen Sie die TN nach eigenen Erfahrungen zu diesem Thema. Die TN erzählen.		

5	Anwendungsaufgabe: Über die Redewendung „Alles hat seinen Preis" sprechen		
PL	1. Sprechen Sie mit den TN darüber, was die Redewendung „Alles hat seinen Preis" bedeutet (Es gibt nichts umsonst, alles hat Folgen.).		
EA	2. *fakultativ:* Verteilen Sie zum Abschluss kleine Zettel, auf denen „Vertrauen heißt für mich ..." steht. Die TN ergänzen den Satz für sich persönlich und hängen ihn im Kursraum auf.	kleine Zettel	
Ellas Film	Ella interviewt den Bauern, dem die Kürbisstation gehört. Er erzählt von seinen Erfahrungen mit Kunden. Sie können den Film zum Beispiel zum Abschluss nach B2 einsetzen.	„Ellas Film" Lektion 11	

A SIE WERDEN JETZT SOFORT HIER WEGGEHEN!

Futur I

Lernziel: Die TN können Vermutungen, Pläne und Versprechen ausdrücken.

	Form	Ablauf	Material	Zeit
A1		**Präsentation des Futur I**		
	EA/PA	1. Die TN hören das Mini-Gespräch und ergänzen die Lücken. Abschlusskontrolle im Plenum. *Lösung: weggehen, wird ... geben*	CD 5/24	
	PL	2. Notieren Sie die Beispielsätze an der Tafel. Fragen Sie die TN, was der Mann hier sagen möchte. Was ist seine Absicht? Erläutern Sie, dass es sich bei dem ersten Beispiel um eine Aufforderung handelt, beim zweiten Beispiel um eine Vorhersage/Vermutung. Markieren Sie die Verben und erklären Sie den TN, dass es sich hier um das Futur I handelt. Sie werden jetzt sofort hier weggehen. Dann wird es im nächsten Sommer hier keine billigen Kürbisse mehr geben.		
	EA/HA Grammatik entdecken	Arbeitsbuch 1: Die TN machen sich noch einmal die Stellung der Verben beim Futur I klar.		
A2		**Erweiterung/Systematisierung des Futur I**		
a	EA/PA	1. Die TN sehen sich die Fotos an und ordnen die Aussagen zu. Danach hören die TN die Gespräche und vergleichen. Abschlusskontrolle im Plenum. *Lösung: 2 C, 3 E, 4 A, 5 D*	CD 5/25–29	
b	EA/PA	2. Die TN lesen und markieren zunächst aus dem Gedächtnis, was richtig ist. Dann hören sie die Gespräche noch einmal und vergleichen. Abschlusskontrolle im Plenum. *Lösung: richtig: 1, 3, 4*	CD 5/25–29	

PL	3. Die TN markieren die neue Form in den Aussagen in a. Notieren Sie die Begriffe „Vorhersage/Vermutung", „Aufforderung", „Versprechen" und „Vorsätze/Pläne" an der Tafel. Fragen Sie die TN, welcher Satz in a eine Vorhersage/Vermutung aus-drückt (Satz 1), welcher eine Aufforderung (Satz 3), ein Versprechen (Satz 2), Vor-sätze/Pläne (Satz 4, 5). Aber diese Zuordnung ist nicht immer so scharf zu treffen, so ist Satz 2 hier gleichzeitig ein Vorsatz/Plan. Wenn nötig, sprechen Sie mit den TN über die inhaltlichen Unterschiede der Begriffe. Manchmal, wie bei Satz 2, können auch mehrere Sprechabsichten zusammenfallen. Fragen Sie die TN, wel-che Möglichkeit es noch gibt, ein Ereignis, das in der Zukunft liegt, auszudrücken. Weisen Sie die TN auf den Grammatik-Kasten hin. In der Regel benutzt man für Ereignisse in der Zukunft das Präsens mit einer Zeitangabe. Das Futur gibt der Aussage modalen Charakter und drückt einen Vorsatz, eine Vermutung, ein Ver-sprechen, eine Aufforderung oder Ähnliches aus. Weisen Sie die TN auch auf die Grammatikübersicht 1 (Kursbuch, S. 138) hin. Die beiden kleinen Aufgaben rechts können die TN direkt im Anschluss im Kurs bearbeiten. Gehen Sie herum und helfen Sie bei Schwierigkeiten.		
GA	4. *fakultativ:* Wenn Sie das Futur I weiter üben möchten, kopieren Sie die Kopiervor-lage. Die TN sitzen jeweils zu viert zusammen. Jede Gruppe erhält einen Spielplan, Spielfiguren und einen Würfel. Die TN spielen nach den Regeln auf dem Spielplan. Regen Sie die TN an, möglichst fantasievolle Vermutungen anzustellen.	KV L11/A2, Würfel, Spiel-figuren	
EA/PA	Arbeitsbuch 2–3		
EA/HA ⟷	Arbeitsbuch 4–5: Wenn Sie die beiden Übungen im Kurs durchführen, lösen alle TN Übung 4. Geübtere TN ergänzen außerdem auch Übung 5. Wenn Sie die Übungen als Hausaufgabe aufgeben, sollten sie von allen bearbeitet werden.		

A3	Aktivität im Kurs: Über gute Vorsätze sprechen			
EA	1. Die TN überlegen sich ein Thema, z. B. Gesundheit oder Freizeit, und notieren sich gute Vorsätze. *fakultativ:* Wenn den TN keine eigenen Themen einfallen, dann können Sie auf die Kopiervorlage im Lehrwerkservice unter www.hueber.de/schritte-international-neu zurückgreifen.	KV L11/A3 im Lehrwerk-service	
WPA ⟷	2. Die TN spielen mithilfe der Redemittel kleine Gespräche über ihre guten Vorsätze. Weisen Sie die TN auch auf die Redemittel „Vorsätze formulieren: So geht das nicht mehr weiter.", „Zustimmung ausdrücken: Das ist ja super!" und „Zweifel ausdrücken: Ich weiß ja nicht ..." hin. Die kleine Übung rechts können die TN als Hausaufgabe bearbeiten. In Kursen mit ungeübten TN spielen Sie mit einem geübteren TN zunächst ein Gespräch im Plenum vor. *Hinweis:* Da solche Gespräche oft auf Partys zu Silvester stattfinden, können Sie während dieser Aktivität auch im Hintergrund Musik laufen lassen, sodass eine Partyatmosphäre entsteht. Zeigen Sie die Redemittel dabei auf Folie/IWB. *Hinweis:* Zum Abschluss können Sie hier den Film „Das geht gar nicht!" aus der Rubrik „Zwischendurch mal ..." (Kursbuch, S. 141) zeigen.	ZDM	
EA/HA	Arbeitsbuch 6		

B ICH WOLLTE SCHNELL LOS, DA ICH VIEL ZU SPÄT BIN.

Konjunktion *da*

Lernziel: Die TN können über gutes Benehmen und Umgangsformen sprechen.

	Form	Ablauf	Material	Zeit
B1		**Präsentation der kausalen Konjunktion *da***		
	EA/PA	1. Die TN lesen die Aufgabe und kreuzen an, welcher Satz die gleiche Bedeutung hat. Abschlusskontrolle im Kurs. *Lösung: Ich wollte einfach nur schnell los, weil ich schon viel zu spät dran bin.*		
	PL	2. Weisen Sie die TN auf den Grammatik-Kasten und auf die Grammatikübersicht 2 (Kursbuch, S. 138) hin und machen Sie deutlich, dass die Konjunktion „da" im Nebensatz dieselbe Funktion wie „weil" haben kann. In der gesprochenen Sprache ist „weil" die verbreitetere Form.		
	PL	3. Suchen Sie mit den TN zusammen weitere Ausreden für den Mann mit „da" und schreiben Sie sie an die Tafel, z. B. „Ich wollte einfach nur schnell los, da der Kürbis auch schnell schlecht wird.", „Ich wollte einfach nur schnell los, da ich die Frau mit der Kamera gesehen habe." ...		
	EA/HA	Arbeitsbuch 7		
	PL/EA/ PA	**Arbeitsbuch 8:** im Kurs: Wiederholen Sie mit den TN alle Wörter, mit denen man einen Grund nennen kann, bevor die TN Übung 8 bearbeiten. Schreiben Sie z. B. das Beispiel aus Übung 7 an die Tafel: „Vor fünf Jahren kam ich nach Deutschland, da ich in Berlin arbeiten wollte." Fragen Sie die TN, wie man diesen Satz formulieren kann, wenn man nicht „da" oder „weil" benutzen möchte. Notieren Sie mithilfe der TN Varianten des Satzes an der Tafel und markieren Sie die Verben wie im Tafelbild. Erst danach bearbeiten die TN Übung 8 im Arbeitsbuch.		

> Vor fünf Jahren kam ich nach Deutschland. <u>Denn</u> ich wollte in Berlin (arbeiten).
> Ich wollte in Berlin arbeiten, <u>daher/deswegen/darum</u> (kam) ich vor fünf Jahren nach Deutschland.
> Ich wollte in Berlin arbeiten, <u>aus diesem Grund</u> (kam) ich vor fünf Jahren nach Deutschland.

	Form	Ablauf	Material	Zeit
B2		**Leseverstehen: Einen Text über gutes Benehmen verstehen und beurteilen**		
a	GA	1. Die Bücher sind geschlossen. Die TN sammeln in Kleingruppen, was sie als höflich bzw. unhöflich empfinden. Gehen Sie herum und helfen Sie mit konkreten Beispielen aus Alltagssituationen, um den TN Anregungen zu geben. Die Gruppen machen sich Notizen. *Variante:* Hier können Sie Frauen- und Männergruppen bilden.		
	PL	2. Die Gruppen berichten kurz im Plenum über die Ergebnisse aus dem Gruppengespräch. Lassen Sie zu, dass weiter über das Thema diskutiert wird, wenn die TN daran Interesse haben.		
	PL	3. Die TN lesen zunächst nur die Überschriften. Fragen Sie nach Situationen, zu denen diese passen könnten.		
	EA/PA	4. Die TN lesen den Text und ordnen die Überschriften zu. Abschlusskontrolle im Plenum. TN, die schneller fertig sind, überlegen, ob ihnen noch weitere Beispiele aus dem Alltag einfallen. *Lösung: A 2, B 5, C 6, E 4, F 3*		

b	EA/PL	5. Die TN ordnen jeder für sich in der Skala ein, wie sie das Verhalten der Personen aus dem Lesetext finden. Besprechen Sie, wenn nötig, die Skala, die auf der linken Seite von 10 für „völlig in Ordnung" bis auf der rechten Seite 0 für „absolut unmöglich" reicht. Dazwischen sind Abstufungen möglich.		
	GA	6. Die TN finden sich zu viert zusammen und diskutieren über das Benehmen. Hilfe finden die TN auch auf der Kommunikationsseite (Kursbuch, S. 138) unter der Rubrik „Etwas beurteilen: Ich finde es (nicht) schlimm, …".		
	PL	7. Die TN berichten im Plenum über die Standpunkte, die in der Vierergruppe ausgetauscht wurden. Sprechen Sie mit den TN über weitere Beispiele für gutes bzw. schlechtes Benehmen. *Hinweis:* TN, die schon einmal in Deutschland, Österreich oder der Schweiz waren, berichten, was sie dort an schlechtem oder gutem Benehmen beobachtet haben. *fakultativ:* An dieser Stelle passt thematisch auch der Lesetext „Herzlich willkommen!" und das Hörverstehen „Der Ton macht die Musik." aus der Rubrik „Zwischendurch mal …" (Kursbuch, S. 140/141).	ZDM	
	GA	8. *fakultativ:* Die TN sitzen in Kleingruppen von fünf bis sechs TN zusammen. Jede Gruppe erhält einen Satz Kärtchen der Kopiervorlage. Die Kärtchen liegen verdeckt auf dem Tisch. Ein TN der Gruppe zieht ein Kärtchen und liest die Benimm-Regel vor. Die TN diskutieren in der Gruppe über diese Regel. Finden sie sie richtig oder falsch? Warum?	KV L11/B2	
	EA/HA Prüfung	**Arbeitsbuch 9:** im Kurs: Diese Übung führt an den Prüfungsteil Hören, Teil 1, der Prüfung *Goethe-Zertifikat B1* heran. Die TN hören die Hörtexte in der Prüfung zweimal.	AB-CD 2/21–24	
	EA/HA	**Arbeitsbuch 10**		
	PL/EA 👄	**Arbeitsbuch 11:** im Kurs: Mit dieser Übung sollte zum einen klar werden, dass die Buchstabenkombination „ch" für verschiedene Laute stehen kann: „ich"-Laut, „ach"-Laut, „k"-Laut und „sch"-Laut. Zum anderen können „ch"-Laute durch verschiedene Buchstaben gekennzeichnet werden wie „g" (z. B. „Sehenswürdigkeiten"). Weisen Sie darauf hin, dass es sich bei Wörtern, in denen die Aussprache der Buchstabenkombination „ch"entweder „k" oder „sch" ist, um Fremdwörter handelt. Sie wurden aus anderen Sprachen übernommen und die Schreibweise und Aussprache muss daher nicht mit genuin deutschen Wörtern übereinstimmen.	AB-CD 2/25–29	

C ACH, SEIEN SIE DOCH BITTE SO NETT!

Lernziel: Die TN können über Regeln und falsches Verhalten im Straßenverkehr sprechen.

	Form	Ablauf	Material	Zeit
C1		**Hörverstehen: Ein Gespräch mit einem Polizisten verstehen**		
a	PA	1. *fakultativ:* Die TN sehen sich die Fotos an. In Partnerarbeit beschreiben sie die Fotos. Geben Sie dazu die W-Fragen an der Tafel vor: Wer? Was? Wo? Wann? Warum? Was denken die TN darüber?		
	PL	2. Fragen Sie die TN, was sie über die Situationen auf den Fotos in Deutschland wissen. Wann ist etwas strafbar? Wie hoch sind die Bußgelder oder andere Strafen (Punkte in Flensburg)?		

	Länderinfo	Im Kraftfahrt-Bundesamt in Flensburg wird das Fahreignungsregister in Deutsch-land geführt. Für verschiedenes Fehlverhalten im Straßenverkehr gibt es eine bestimmte Anzahl von Punkten, möglich sind ein bis drei Punkte. Wer acht Punkte erreicht, muss den Führerschein abgeben. Allerdings verjähren Punkte auch, wenn man sich längere Zeit nichts hat zuschulden kommen lassen.		
	EA/PA	3. Die TN hören das Gespräch und kreuzen an, zu welchem Foto das Gespräch passt. Abschlusskontrolle im Plenum. *Lösung: C*	CD 5/30	
b	EA/PA	4. Die TN lesen die Aussagen. Danach hören sie das Gespräch noch einmal und mar-kieren, was ihrer Meinung nach richtig ist. Abschlusskontrolle im Plenum. *Lösung: 2, 3, 5*	CD 5/30	
c	EA/PA	5. Die TN lesen die Aussagen und kreuzen zunächst aus dem Gedächtnis an, wer was sagt. Dann hören die TN das Gespräch noch einmal und überprüfen bzw. korrigie-ren ihre Lösungen. Abschlusskontrolle im Plenum. *Lösung: Polizist: 3, 5; Fahrer: 1, 2, 4*	CD 5/30	
	PL/EA/ PA	6. Machen Sie den TN die Wendungen aus c, die sie für so eine Diskussion benötigen, bewusst, indem Sie die TN auf die Rubriken „Sich entschuldigen: Ich wollte nur schnell …", „Eine Entschuldigung nicht akzeptieren: Das ist nicht in Ordnung." und „Jemanden überreden: Ach, seien Sie doch bitte so nett." auf der Kommunikati-onsseite (Kursbuch, S. 139) hinweisen. Die TN markieren zunächst in den Rubriken die Wendungen aus Aufgabe c. Dann hören sie das Gespräch noch einmal und markieren, welche Wendungen aus den Rubriken sie noch hören. Abschluss-kontrolle im Plenum. *Lösung: Ich wollte nur schnell …; Es war doch keine Absicht.; Können Sie nicht mal ein Auge zudrücken?; Es wird bestimmt nie wieder vorkommen.*	CD 5/30	
	PL	7. Sammeln Sie mit den TN für den Verkehrsteilnehmer zu den Fotos A und B aus Aufgabe a verschiedene Möglichkeiten, wie er um Verständnis für seine Situation werben kann, und für den Polizisten verschiedene Reaktionsmöglichkeiten. Halten Sie Stichworte an der Tafel fest. Entwickeln Sie mit den TN an der Tafel zwei wei-tere Gespräche zu den Fotos. Hilfe finden die TN unter den entsprechenden Rub-riken auf der Kommunikationsseite (Kursbuch, S. 139). Die kleine Übung rechts können die TN als Hausaufgabe bearbeiten. In Kursen mit geübteren TN entwickeln Sie ein Gespräch zu Foto A aus Aufgabe a an der Tafel. Das zweite Gespräch zu Foto B schreiben die TN in Partnerarbeit. Einige TN tragen ihre Gespräche im Plenum vor.		

C2	**Aktivität im Kurs: Rollenspiel**			
	PL	1. Die TN sollten die Begriffe „innerhalb" und „außerhalb" bereits in ihrer temporalen Funktion kennen („Sie rufen außerhalb der Öffnungszeiten an."). Weisen Sie auf den Info-Kasten hin und erklären Sie den Begriff „Ortschaft". Verdeutlichen Sie „innerhalb" und „außerhalb" in ihrer lokalen Funktion, wenn nötig, anhand eines Tafelbilds: innerhalb außerhalb Sprechen Sie auch darüber, wie schnell man in Deutschland, Österreich und der Schweiz mit dem Auto innerhalb und außerhalb einer Ortschaft fahren darf. *Hinweis: Das können die TN auch als Hausaufgabe im Internet recherchieren.*		

PA	2. Kopieren Sie die Situationen für das Rollenspiel so oft auf Kärtchen, dass jeweils zwei TN ein Kärtchen erhalten. Weitere Situationen finden Sie auf der Kopiervorlage. Teilen Sie den Kurs in zwei Gruppen. Die eine Gruppe setzt sich auf Stühle, das sind die „Verkehrssünder". Die TN der anderen Hälfte ziehen jeweils ein Kärtchen und suchen sich eine Partnerin / einen Partner auf einem Stuhl. Dann spielen sie frei ein Gespräch. Danach wechseln die Paare ihre Rollen und erhalten neue Situationskärtchen. *Hinweis:* Als Hilfestellung können Sie die TN noch einmal auf die Rubriken „Sich entschuldigen: Ich wollte nur schnell …", „Eine Entschuldigung nicht akzeptieren: Das ist nicht in Ordnung." und „Jemanden überreden: Ach, seien Sie doch bitte so nett." auf der Kommunikationsseite (Kursbuch, S. 139) und auf den Redemittelkasten unter der Aufgabe hinweisen oder/und sie auf Folie/IWB zeigen. *Hinweis:* An dieser Stelle passen auch der Lesetext „Herzlich willkommen!" und das Hörverstehen „Der Ton macht die Musik." aus der Rubrik „Zwischendurch mal …" (Kursbuch, S. 140/141).	KV L11/C2, Folie/IWB ZDM	
EA/HA	Arbeitsbuch 12–15	AB-CD 2/30–32	
EA/HA Schreib- training	Arbeitsbuch 16: im Kurs: Die TN befassen sich zunächst mit einem Einspruch gegen einen Bußgeldbescheid. Anhand des Beispiels sollen die TN dann einen eigenen Einspruch anhand von Vorgaben einlegen.		

D IN DER FREMDE

Lernziel: Die TN können Aussagen zum Thema „Fremdheit" verstehen und über Erfahrungen von Fremdheit sprechen.

	Form	Ablauf	Material	Zeit
D1		**Über kurze Sinnsprüche zum Thema „Fremdheit" sprechen**		
	WPA	1. Kopieren Sie jedes der Zitate so oft auf Kärtchen, wie Sie TN haben. Teilen Sie den Kurs in zwei Gruppen. Die TN der einen Gruppe stellen sich in eine Reihe nebeneinander, die anderen TN stellen sich in einer Reihe gegenüber auf, sodass jeder TN einem Partner gegenübersteht. Verteilen Sie die Kärtchen mit dem ersten Zitat an die TN. Die TN, die sich gegenüberstehen, sprechen über das Zitat. Was ist damit gemeint? Sind die TN auch dieser Meinung? Warum? Warum nicht? Nach einer Minute wechseln die Paare, indem die eine Gruppe nach rechts rückt. Der letzte TN schließt an der anderen Seite wieder auf. Mit dem neuen Partner sprechen die TN noch einmal über das Zitat. Verteilen Sie dann die Kärtchen mit dem zweiten Zitat. Die TN sprechen zu zweit etc. Verfahren Sie mit dem dritten Zitat genauso.	Kärtchen	
	PL	2. Kurzes Abschlussgespräch im Plenum. Wenn nötig, sprechen Sie noch einmal über den Sinn einzelner Zitate. Fragen Sie die TN, welches der Zitate ihnen am besten gefällt. Warum? Fragen Sie die TN auch, ob sie noch andere Sinnsprüche über das Thema „Fremdheit" kennen.		
D2		**Hörverstehen: Straßeninterviews verstehen**		
a	EA/PA	1 Die TN hören den Anfang der Radiosendung und kreuzen an, was ihrer Meinung nach das Thema ist. Abschlusskontrolle im Plenum. *Lösung: das Gefühl von Fremdheit*	CD 5/31	

b	EA/PA	2. Die TN lesen die Aussagen und markieren wichtige Schlüsselwörter. Das macht das anschließende Hören leichter. Weisen Sie die TN vor dem Hören darauf hin, dass die Beispielsätze nicht wörtlich in den Interviews vorkommen, sondern dass es sich um Zusammenfassungen der Interviews handelt, damit die TN ihr Hörverhalten darauf einstellen können. Dann hören die TN die Interviews mit kurzen Pausen, um ihre Lösungen zu notieren. Abschlusskontrolle im Plenum. *Lösung: A 4, B 2, C 1, D 3*	CD 5/32–35	
	PL	3. Sprechen Sie mit den TN darüber, ob sie eine (oder mehrere) Aussagen zu ihrer eigenen Situation in Beziehung bringen können. Die TN können auch bewerten, welche der Aussagen ihnen besonders wichtig ist, welche weniger.		
	EA/HA	Arbeitsbuch 17		

D3	**Über das eigene Gefühl von Fremdheit sprechen**		
EA ⟷	1. Geben Sie den TN etwas Zeit, sich über die Frage Gedanken und ein paar Notizen zu machen. Wenn Sie merken, dass die TN sich mit der Frage allein schwertun oder in Ihrem Kurs überwiegend ungeübtere TN sind, geben Sie den TN weitere Fragen an der Tafel vor: „Wo / In welcher Situation haben Sie sich fremd gefühlt?", „Warum haben Sie sich fremd gefühlt?", „Wie haben die Menschen sich verhalten?", „Was haben Sie gemacht?", „Gab es Missverständnisse?", „Was hätten Sie sich gewünscht?" Gehen Sie herum und helfen Sie bei Formulierungen für die anschließende Erzählung.		
PL	2. Die TN erzählen im Plenum über Erfahrungen in der Fremde und wie sie reagiert haben. Haben sie später verstanden, warum der andere so gehandelt hat, und wie würden sie heute auf eine ähnliche Situation reagieren?		
PL	3. *fakultativ:* Die TN interviewen in der Sprachenschule andere TN zum Thema „Fremdheit". Die Gespräche können mit dem Smartphone aufgezeichnet werden, wenn der Interviewte einverstanden ist. Weisen Sie die TN ausdrücklich darauf hin. Auch dürfen die Interviews nicht in soziale Netzwerke oder anderweitig im Netz verbreitet werden. Interessante Interviews können im Plenum vorgespielt und besprochen werden.	Smartphone	

E ANDERE LÄNDER, ANDERE SITTEN

Lernziel: Die TN können Aussagen zu unterschiedlichen Arbeitsalltagen verstehen und den eigenen Arbeitsalltag beschreiben.

	Form	Ablauf	Material	Zeit
E1		**Leseverstehen: Das Thema erfassen**		
a	PL	1. Die Bücher sind geschlossen. Fragen Sie die TN, ob sie irgendwann einmal in Deutschland, Österreich oder der Schweiz arbeiten wollen. Welche Unterschiede erwarten die TN? Halten Sie Stichworte an der Tafel fest.		
	GA	2. Die TN öffnen die Bücher und lesen den ersten Teil des Textes. Sie sehen sich die Personen an und deren Herkunftsländer (A USA, B Indien, C Kolumbien). Die TN spekulieren in Kleingruppen darüber, woran die Personen sich im Arbeitsalltag in Deutschland, Österreich und der Schweiz gewöhnen mussten und machen sich Notizen dazu. Kurzes Abschlussgespräch im Plenum.		

| b | EA/PA | 3. Die TN lesen die Aussagen und vergleichen mit ihren Vermutungen.
Lösung: Sally: musste sich an die vielen Urlaubstage gewöhnen, hatte Probleme mit den Regeln zum duzen/siezen, fand die Ladenöffnungszeiten gewöhnungsbedürftig; Mohd: musste sich daran gewöhnen, pünktlich zu sein, fand die Kleiderordnung ungewohnt; María: musste sich daran gewöhnen, im Voraus zu planen, findet es merkwürdig, dass man selbst etwas organisieren muss, wenn man Geburtstag hat | Folie/IWB | |
| c | PA | 4. Die TN erstellen zu zweit eine Tabelle, in der sie eintragen, was sie über den Arbeitsalltag der drei Personen im jeweiligen Heimatland erfahren. Abschlusskontrolle im Plenum, indem Sie eine Tabelle an der Tafel nach den Angaben der TN füllen. | | |

	Sally:	Mohd:	María:
Kleidung:		leichte Kleidung ohne Anzug und Krawatte	Männer im Anzug, Frauen im Kostüm, elegant, nicht so sportlich
Termine & Pünktlichkeit:		anderes Zeitverständnis und anderer Umgang mit der Zeit, Termine sind flexibler, Pünktlichkeit spielt nicht so eine große Rolle	Termine werden nicht so viel im Voraus geplant
Kommunikation:	Regeln zum Duzen/siezen sind nicht so streng, indirektere und diplomatischere Kommunikation		
Geburtstag:			Kollegen organisieren etwas, wenn man Geburtstag hat
Urlaub:	weniger Urlaubstage		Urlaub wird nicht so weit im Voraus geplant

	PA	5. Die TN sprechen darüber, welche Unterschiede zwischen den Arbeitsalltagen sie interessant finden. *Hinweis:* Der Vergleich mit dem Heimatland wird auch gern in mündlichen Prüfungen herangezogen. Es ist also wichtig, dass die TN sich über (inter)kulturelle Unterschiede bewusst sind und dazu Stellung nehmen können.		
d	PL	6. TN, die schon einmal in einem fremden Land gearbeitet haben, erzählen, welche Erfahrungen sie gemacht haben.		
	EA/HA	Arbeitsbuch 18		
	EA/HA Prüfung	Arbeitsbuch 19: im Kurs: Diese Übung führt an den Prüfungsteil Sprachbausteine, Teil 1 der Prüfung *Zertifikat Deutsch* heran.		

EA/HA Schreib- training	Arbeitsbuch 20: im Kurs: Die TN befassen sich zunächst mit dem Inhalt eines Briefs von einer Freundin / einem Freund. Anhand des Beispiels sollen die TN dann einen eigenen Antwortbrief schreiben. Weisen Sie die TN auch auf den Lerntipp hin, wenn nötig besprechen Sie mit den TN zuerst, wie im Brief in a die Satzanfänge variiert werden. Sammeln Sie die Briefe ein und korrigieren Sie sie.		
TiPP	Sie können auch Gruppen bilden, die jeweils ein oder zwei Briefe vorkorrigieren. Geben Sie dazu für jede Gruppe besondere Schwerpunkte vor, auf die besonders geachtet werden soll, z. B. Groß- und Kleinschreibung, Satzstellung, Satzzeichen.		
E2	**Eine eigene Präsentation zum Thema „Mein Arbeitsalltag" vorbereiten und halten**		
EA	Arbeitsbuch 21: im Kurs: In dieser Übung setzen die TN sich mit den Redemitteln zu einer Präsentation auseinander, die sie für die Aufgabe im folgenden brauchen.		
a EA/PL	1. Die TN machen sich zu den Punkten im Kursbuch Notizen. Geben Sie dazu eine bestimmte Zeit, z. B. zehn Minuten vor. Gehen Sie herum und helfen Sie bei Fragen. *Hinweis:* Um den TN die recht komplexe Aufgabe zu erleichtern, können Sie mit den TN zusammen zunächst im Plenum Stichpunkte zu den Punkten im Buch sammeln zu Ihrem Arbeitsalltag als Lehrerin/Lehrer. Danach können Sie anhand der Stichpunkte eine Präsentation aus dem Stegreif halten.		
b GA	2. In Kleingruppen präsentieren die TN nacheinander ihr Thema. Hilfe finden die TN im Redemittelkasten und in den Rubriken „Etwas präsentieren: Zuerst erzähle ich Ihnen …" und „Von eigenen Erfahrungen berichten: Einmal habe ich …" auf der Kommunikationsseite (S. 139). Die anderen TN stellen Fragen zur Präsentation.		
GA	*fakultativ:* Wenn Sie noch Zeit haben, können Sie hier die Wiederholung zu Lektion 11 anschließen.	KV L11/Wieder- holung	
Lektions- tests	Einen Test zu Lektion 11 finden Sie hier im LHB auf den Seiten 176–177. Verweisen Sie auch auf den Selbsttest im Arbeitsbuch auf Seite 130.	KV L11/Test	

AUDIOTRAINING

Form	Ablauf	Material	Zeit
Audiotraining 1: Ab morgen!			
EA/HA	Die TN hören von einem Sprecher eine Aussage, was jemand ab morgen tut: „Ab morgen jogge ich jeden Abend eine Stunde." Die TN sollen diese Aussage variieren, indem sie den Satz im Futur I mit „werden" wiederholen: „Ab morgen werde ich jeden Abend eine Stunde joggen." Nach der Sprechpause hören die TN den korrekten Satz.	CD 5/36	
Audiotraining 2: Ich muss jetzt los!			
EA/HA	Die TN hören einen Satz: „Ich muss jetzt los." und erhalten für ihre Antwort ein Stichwort: „eine Verabredung haben". Die TN bilden in den Sprechpausen einen Satz mit „da": „Ich muss jetzt los, da ich noch eine Verabredung habe." Nach der Sprechpause hören die TN die korrekte Antwort.	CD 5/37	

		Audiotraining 3: Sie haben vergessen, die Blumen zu bezahlen.		
	EA/HA	Die TN hören eine Aussage: „Sie haben vergessen, die Blumen zu bezahlen." Die TN sollen diese Aussage in einer Echoübung wiederholen und achten auf Aussprache und Betonung. Nach der Sprechpause hören die TN die Aussage noch einmal.	CD 5/38	

ZWISCHENDURCH MAL ...

	Form	Ablauf	Material	Zeit
Lesen		**Herzlich willkommen! (passt z. B. zu B2 oder C2)**		
1	EA/PA/ PL	1. Die TN lesen den ersten Absatz des Textes. Fragen Sie die TN, worum es in dem Text geht. Was ist das Thema? (Nicht nur Worte transportieren die Informationen, sondern auch die Stimme, der Gesichts- und der Körperausdruck.) *fakultativ:* Verteilen Sie die Kopiervorlage. Die TN bearbeiten Übung 1 und 2. Abschlusskontrolle im Plenum. Es ist möglich, dass die TN zu unterschiedlichen Lösungen kommen. Geben Sie in dem Fall Gelegenheit zur Diskussion und bitten Sie um Begründung für die Lösungsvorschläge der TN.	KV L11/ZDM	
	EA/PA/ PL	2. Die TN lesen den ganzen Text und äußern ihre Meinung über die vier Kommunikationswerkzeuge: Welches finden sie persönlich am wichtigsten? Warum? *fakultativ:* Bevor Sie mit den TN über ihre Meinung über die vier Kommunikationswerkzeuge sprechen, lösen die TN die Übungen 3 und 4 der Kopiervorlage. Anschließend Abschlussgespräch im Plenum. Fragen Sie dann die TN nach ihrer Meinung.	KV L11/ZDM	
2	PL	1. Die TN sehen sich die drei Fotos an. Freiwillige TN kommen nach vorn und imitieren Gestik und Mimik der Frau. Dabei sagen sie „Herzlich willkommen!". Bitten Sie die anderen TN, darauf zu achten, wie sich mit der Haltung und dem Gesichtsausdruck – vermutlich – auch die Stimme der vorführenden TN ändert.		
	PL	2. Geben Sie kurz Gelegenheit zu einem Kursgespräch: Wie veränderten sich die Gefühle der TN, die Mimik und Gestik wiederholten? Was empfanden die Zuschauer bei den jeweils gleichen Worten „Herzlich willkommen!"?		
Hören		**Der Ton macht die Musik. (passt z. B. zu B2 oder C2)**		
1	PL	1. Die Bücher sind geschlossen. Schreiben Sie die Überschrift „Der Ton macht die Musik." an die Tafel. Fragen Sie die TN, was der Satz bedeutet. („Der Ton macht die Musik." bedeutet, dass die Stimme eine wichtige Botschaft transportiert. Es kommt nicht nur darauf an, dass man etwas sagt, sondern auch, wie man etwas sagt.) Kennen die TN ähnliche Sprichwörter?		
2	EA/PA/ PL	1. Die TN hören die drei Telefongespräche einmal und notieren, wie der junge Mann auf sie gewirkt hat. Die TN berichten kurz im Plenum.	CD 5/39–41	
	PL	2. Die TN öffnen die Bücher und lesen den Text. Dann hören sie die Telefongespräche noch einmal. Die TN diskutieren darüber, nach welchem Telefonat Frau Heintz sich am meisten auf den Besuch von Herrn Wetzich freut. Warum? *Lösung: Nach dem Telefonat B freut sich Frau Heintz wohl am meisten auf Herrn Wetzich, weil er ruhig, freundlich und professionell spricht. In Telefonat A hört sich Herr Wetzich etwas unsicher an, während er in Telefonat C nicht sehr interessiert wirkt.*		

3	PA	1. Die TN überlegen in Partnerarbeit Beispiele für unfreundliche Aussagen und versuchen, diese mithilfe von Stimme, Mimik und Gestik freundlich zu sagen. Dasselbe versuchen sie dann auch für an sich freundliche Aussagen wie Lob, Bewunderung etc.		
	PL/PA	2. Wer Lust hat, stellt einige Beispiele im Plenum vor. *Variante:* Verteilen Sie die Transkription des Hörtextes aus Aufgabe 2. Die TN lesen das Gespräch in Partnerarbeit in möglichst unterschiedlichen Varianten. Geübte TN erfinden eine eigene Situation, die sich unterschiedlich darstellen lässt, und spielen diese dem Plenum vor.	Transkript	

		Das geht gar nicht! (passt z. B. zu A3)		
1	PL	1. Die Bücher sind geschlossen. Die TN sehen den ersten Teil des Films bis 0:45 ohne Ton. Fragen Sie die TN, worüber Aljoscha und Mona wohl sprechen. Was will Mona tun? Was meint Aljoscha dazu? Was könnte eine Lösung sein?		
a	EA/PA	2. Die TN schlagen die Bücher auf, lesen die Aufgabe a und sehen den ganzen Film mit Ton. Die TN besprechen zu zweit die Fragen. Gehen Sie herum und helfen Sie bei Schwierigkeiten. Abschlusskontrolle im Plenum, falls nötig. *Lösung: Aljoscha kritisiert, dass Mona alte Brötchen wegwerfen möchte. Paulette und Mona finden den Brotsalat sehr lecker. Mona kritisiert, dass Aljoscha beim gemeinsamen Essen immer aufs Handy schaut.*		
b	PL	3. Diskutieren Sie mit den TN, wie sie Aljoschas Idee mit den alten Brötchen finden. Fragen Sie die TN auch, wie sie es finden, dass so viele Lebensmittel weggeworfen werden.		
2	EA	1. Die TN lesen die Aufgabe und die Beispiele. Geben Sie den TN eine Zeit vor, z. B. drei Minuten, um sich Gedanken zum Thema und kurze Notizen zu machen.		
	PL	2. Die TN sitzen, wenn möglich, im Kreis. Werfen Sie einem TN einen Ball oder ein Tuch zu. Dieser TN stellt dann seine Gedanken zum Thema „Wegwerfen" vor. Dann wirft er den Ball / das Tuch an einen weiteren TN usw.	Ball oder Tuch	

FOKUS BERUF: EIN MISSVERSTÄNDNIS KLÄREN

Die TN können in einem Klärungsgespräch mit einer Arbeitskollegin / einem Arbeitskollegen erklären, wie ein Missverständnis zustande kam.

	Form	Ablauf	Material	Zeit
1		**Hörverstehen 1: Das Thema eines Gesprächs verstehen**		
a	PL	1. Informieren Sie die TN über die Situation. Die TN sehen sich das Foto an und äußern Vermutungen, worum es im Gespräch zwischen den Kollegen gehen könnte. Dabei können TN, die in einem Büro arbeiten oder gearbeitet haben, ggf. auf eigene Erfahrungen zurückgreifen und diese einbringen.		
	PL	2. Die TN hören den Anfang des Gesprächs so oft wie nötig und ergänzen die Sätze.	AB-CD 2/33	
b	PA	3. Die TN vergleichen ihre Sätze mit der Partnerin / dem Partner. Abschlusskontrolle im Plenum. *Lösungsvorschlag: 1 Frau Jordan nicht beim Treffen mit Herrn Wildt von der Firma Solarkraft war. 2 sie im Besprechungsraum gewartet hat und niemand da war. / weil sie Herrn Baumer nicht erreichen konnte.*		

2	Hörverstehen 2: Details verstehen		
EA/PA	1. Die TN lesen die Fragen und die Antworten. Dann hören sie das ganze Gespräch und kreuzen ihre Lösungen an. Abschlusskontrolle im Plenum. *Lösung: a falscher Treffpunkt, b Herr Baumer, c die Sekretärin fragen*	AB-CD 2/34	
PL	2. Sprechen Sie mit den TN über das Missverständnis und den Ärger der beiden Kollegen. Fragen Sie auch, wie die Stimmung am Ende des Gesprächs ist und warum (Freundlich, denn es stellte sich heraus, dass alles ein Missverständnis war.).		
3	**Redemittel bei Missverständnissen**		
EA/PA	1. *fakultativ:* Die TN lesen zunächst die Redemittel a bis e. Sie hören das Gespräch noch einmal und markieren, welche Redemittel im Gespräch vorkommen. Abschlusskontrolle im Plenum. *Lösung: b, c, d, e*	AB-CD 2/34	
EA/PA	2. Die TN ordnen zu, welche Sätze die gleiche Bedeutung haben. Abschlusskontrolle im Plenum. *Lösung: b 4, c 2, d 5, e 1*		
PL	3. Fragen Sie die TN, ob sie weitere Redemittel kennen, die sich bei der Klärung von Missverständnissen verwenden lassen. Halten Sie sie an der Tafel fest.		
4	**Aktivität im Kurs: Ein Rollenspiel zu Missverständnissen**		
PA	1. Die TN sehen sich die zwei Zeichnungen an und klären die Situation: Was ist wohl das Missverständnis? Wenn nötig, Abschlussgespräch im Plenum.		
PA	2. Die TN spielen zu zweit ein Gespräch zu einer der Situationen. Ungeübtere TN schreiben ihr Gespräch zunächst und spielen dann.		
PL	3. Wer möchte, spielt sein Gespräch dem Plenum vor.		

SOZIALES ENGAGEMENT

Folge 12: Das weiß der Kuckuck.

Einstieg in das Thema „Soziales Engagement"

	Form	Ablauf	Material	Zeit
1		**Vor dem Hören: Vermutungen anstellen**		
	PL	1. Schreiben Sie „ehrenamtlich arbeiten" an die Tafel und fragen Sie, was das bedeutet. Die TN stellen Vermutungen an. Dann sehen sich die TN die Vorschläge im Buch an und kreuzen an. Abschlusskontrolle im Plenum. *Lösung: Man arbeitet, z. B. in einem sozialen Bereich freiwillig und bekommt kein Geld dafür.*		
	PL	2. Fragen Sie, ob jemand ein Beispiel für ehrenamtliche Tätigkeiten aus dem eigenen Umfeld nennen kann. Eventuell kennen Sie auch selbst ehrenamtliche Initiativen am Kursort, die Sie den TN vorstellen können?		
2		**Vor dem Hören: Wortschatz vorentlasten**		
	EA	1. Die TN lesen die Aufgabenstellung im Buch und ordnen zu. Abschlusskontrolle im Plenum. *Lösung: 1 ein Kuckuck, 2 eine Biene*		
3		**Beim ersten Hören: Wesentliche Inhalte verstehen**		
	PA	1. Die TN sehen sich die Fotos im Buch an und lesen die Fragen. Die TN stellen zusammen mit ihrer Partnerin / ihrem Partner Vermutungen an und machen sich Notizen.		
	PA	2. Die TN hören die Foto-Hörgeschichte wenn nötig zweimal, und vergleichen mit ihren Lösungen. Abschlusskontrolle im Plenum. *Lösung: Foto 1: Tobi telefoniert mit Ella, weil er ein Problem hat. Er sucht jemanden, der ihm an einem Tag in seiner Theatergruppe helfen kann. Seine Kollegin hat sich den Arm gebrochen und kann nicht mehr mitarbeiten. Fotos 2–4: Tobi und Ella sind im Gebäude der Nachbarschaftshilfe e. V. Ella interviewt Tobi zu dem Ferienprogramm der Nachbarschaftshilfe. Tobi leitet die Theatergruppe. Foto 2+3: Ella schreibt einen Beitrag über die Nachbarschaftshilfe für den „Stadt-Kurier".*	Folie/IWB, CD 6/1–4	
4		**Beim zweiten Hören: Details verstehen**		
	EA/PA ⟷	1. Die TN lesen den Text und das Beispiel. Dann hören sie die Foto-Hörgeschichte noch einmal an und korrigieren die Fehler. Geübtere TN lösen die Aufgabe in Stillarbeit, ungeübtere TN arbeiten zu zweit. Abschlusskontrolle im Plenum. *Lösung: Tobias arbeitet ~~fest angestellt~~ ehrenamtlich für die Nachbarschaftshilfe und bietet eine Theatergruppe für Kinder an. Seine Kollegin fällt aus, da sie sich ~~ein Bein~~ den Arm gebrochen hat. Tobias fehlt für ~~übermorgen~~ morgen noch eine zweite Aufsichtsperson. Tobias ist ~~allein~~ mit vielen anderen für das Kinder-Ferienprogramm verantwortlich. Es gibt Bastel-, Tanz- und Musikkurse, ~~Hausaufgabenbetreuung~~ Wanderungen, Schwimmbadbesuche, Kinderfilme und eine Theatergruppe. In der Theatergruppe spielen die Kinder ein Stück, das ~~Tobias~~ sie zusammen mit Tobias geschrieben haben. Es heißt: „~~Ferien~~ Urlaub für die Tiere." Bisher gibt es eine ~~Biene~~ Kuh, einen Hund und einen Kuckuck. Ella und Tobias haben einander geholfen: Tobias musste ~~den Bastelkurs~~ die Theatergruppe nicht ausfallen lassen und Ella kann einen Beitrag schreiben.* *Variante: Sie können auch schrittweise vorgehen: Fordern Sie die TN zunächst auf, beim erneuten Hören im Text zu markieren, wo sich ein Fehler eingeschlichen hat. Spielen Sie die Foto-Hörgeschichte dann noch einmal vor und bitten Sie die TN, die Fehler zu korrigieren. Alternativ können Sie die Kopiervorlage an ungeübtere TN verteilen. Geübtere TN verfahren wie im Buch angegeben.*	CD 6/1–4, KV L12/FHG	

PL	2. Fragen Sie, was der Ausdruck „Das weiß der Kuckuck." bedeutet. Die TN stellen Vermutungen an. Erklären Sie dann, dass die Redensart damit zusammenhängen könnte, dass der Volksglaube dem Kuckuck früher wahrsagerische Fähigkeiten nachgesagt hat. Heutzutage bedeutet die Redensart so viel wie „Das weiß niemand."		

5 Erweiterungsaufgabe: „Ellas Kolumne": Hauptaussagen verstehen

EA/PA ↔	1. Die TN lesen die Fragen und versuchen, sie mithilfe von „Ellas Kolumne": „Nachbarschaftshilfe – Jeder hilft jedem" zu beantworten. Geübtere TN lösen die Aufgabe in Stillarbeit. Ungeübtere arbeiten paarweise zusammen. Abschlusskontrolle im Plenum. *Lösung: Eltern haben im Sommer häufig das Problem, wie sie ihre Kinder in den langen Sommerferien betreuen.; Die Nachbarschaftshilfe ist ein Verein, der für Grundschüler ein Sommerferienprogramm veranstaltet. In der Nachbarschaftshilfe arbeiten ehrenamtliche Helfer.; Man kann die Nachbarschaftshilfe unterstützen, indem man Geld spendet oder selbst Mitglied wird.*		
PL	2. *fakultativ:* Wenn Sie die Arbeit des Vereins aus einer anderen Perspektive beleuchten möchten, können Sie an dieser Stelle „Ellas Film": „Total zufrieden!" einsetzen.		
EA/PA/ PL	3. *fakultativ:* Wenn Sie das Thema „Gegenseitige Hilfe" weiter vertiefen wollen oder gemeinsam mit den TN Ideen zur Lösung von Alltagsproblemen sammeln wollen, können Sie dazu das Projekt „Ich kann viel. – Wir können mehr!" bzw. die Schreibübung „Das Leben ist hart!" aus der Rubrik „Zwischendurch mal …" (Kursbuch S. 152) einsetzen.	ZDM	

6 Anwendungsaufgabe: Über Nachbarschaftshilfe sprechen

GA	1. Die TN finden sich in Kleingruppen von drei bis vier TN zusammen. Sie berichten über Nachbarschaftshilfe im Haus, in ihrem Wohnviertel oder auch in ihrem Heimatland.		
Ellas Film	In „Ellas Film": „Total zufrieden!" sehen die TN ein Interview mit einer Mutter, deren Sohn am Sommerferienprogramm des Vereins „Nachbarschaftshilfe e. V." teilnimmt. Sie erklärt, warum der Kurs für sie und ihren Sohn eine gute Lösung ist und dass sie mit dem Angebot sehr zufrieden ist.	„Ellas Film" Lektion 12	
	Sie können den Film beispielsweise nach der Foto-Hörgeschichte einsetzen, um die Arbeit des Vereins aus der Perspektive einer alleinerziehenden Mutter zu beleuchten und auf diese Weise ein Kursgespräch über Freizeitangebote und Betreuungsmöglichkeiten anzuregen.		
	Fragen Sie zunächst: „Warum ist das Angebot des Vereins für Verena Hayek und ihren Sohn Linus eine gute Lösung?", „Welche Betreuungsmöglichkeit gäbe es in ihrem Fall noch?", „Warum hat sie sich für das Angebot des Nachbarschaftsvereins entschieden?" und: „Von wem hat sie von dem Sommerferienprogramm erfahren?" Die TN sehen „Ellas Film" und beantworten die Fragen. Wenn Sie viele TN mit schulpflichtigen Kindern im Kurs haben und das Thema Ferienbetreuung für die TN daher relevant ist, geben Sie ihnen Gelegenheit, sich darüber auszutauschen, wie sie ihre Kinder in den (Sommer)Ferien betreuen (lassen).		

A ICH BIN MITGLIED, SEIT ICH 16 BIN.
Konjunktionen *seit/seitdem* und *bis*

Lernziel: Die TN können Angebote eines Bahnunternehmens verstehen sowie ein Problem beschreiben und sich beraten lassen.

	Form	Ablauf	Material	Zeit
A1		**Präsentation der Konjunktionen *seit/seitdem* und *bis***		
	EA	1. Die TN lösen die Aufgabe. Da sie „bis" und „seit" bereits als Präpositionen aus *Schritte international Neu 2* / Lektion 8 und Lektion 12 kennen, werden sie damit keine Schwierigkeiten haben. Die Bedeutung der Präpositionen „seit" und „bis" ist nämlich mit den Konjunktionen „seit/seitdem" und „bis" identisch. Die TN hören und vergleichen mit ihren Lösungen. Abschlusskontrolle im Plenum. Weisen Sie dabei auf den Grammatik-Kasten hin und machen Sie deutlich, dass die Konjunktionen „seit/seitdem" und „bis" einen Zeitpunkt bzw. Zeitraum angeben und einen Nebensatz einleiten. Das Verb steht deshalb am Satzende. Verweisen Sie auch auf die Grammatikübersichten 1 und 2 (Kursbuch, S. 150). Die kleine Schreibaufgabe lösen die TN als Hausaufgabe oder zwischendurch und geben sie Ihnen zur Korrektur ab. *Lösung: b bis, c Seit/Seitdem, d bis*	CD 6/5	
	EA/PA Wiederholung ⬌	**Arbeitsbuch 1:** Wenn Sie Ihren TN die Nebensätze mit „als", „nachdem", „bevor", „während" und „wenn" kurz noch einmal in Erinnerung rufen möchten, können Sie dazu diese Übung nutzen. Geübtere TN lösen die Übung in Stillarbeit, ungeübtere TN arbeiten paarweise zusammen.		
	EA/PA Grammatik entdecken ⬌	**Arbeitsbuch 2:** im Kurs: a Die TN verbinden zusammen mit ihrer Partnerin / ihrem Partner die Satzteile. b Die TN ergänzen die Sätze aus a in der Tabelle. Dabei soll ihnen bewusst werden, dass im Nebensatz mit „bis" ein Zeitpunkt bzw. ein bestimmtes Ereignis genannt wird, das den Endpunkt z. B. einer Lebensphase darstellt. In Nebensätzen mit „seit" wird dagegen genannt, wann etwas begonnen hat, das bis heute andauert.		
A2		**Leseverstehen: Wesentliche Inhalte verstehen**		
a	PL	1. Fragen Sie die TN, welche Service-Angebote für Bahnreisende sie kennen oder sich wünschen. Notieren Sie neuen Wortschatz an der Tafel.		
	EA/PA ⬌	2. Die TN überfliegen die Service-Angebote und ordnen die Aussagen den Bildern zu. Geübtere TN lösen die Aufgabe in Stillarbeit, ungeübtere arbeiten zu zweit. Abschlusskontrolle im Plenum. *Lösung: B Gepäckversand, C Bahn und Rad, D Internet, E Fahrgastrechte*		
b	EA/PA ⬌	3. Deuten Sie auf die Situationsbeschreibungen eins bis sechs und fordern Sie die TN auf herauszufinden, für welche Bedürfnisse das Bahnunternehmen ein passendes Angebot bereithält und wofür es kein passendes Angebot gibt. Die TN sehen sich das Beispiel an und lesen die Webseite in a noch einmal genau. Geübtere TN lösen die Aufgabe in Stillarbeit, ungeübtere arbeiten zu zweit. Abschlusskontrolle im Plenum. Gehen Sie bei Bedarf auf Wortschatzfragen ein. *Lösung: 2 ja, Fahrgastrechte, 3 ja, Internet, 4 kein passendes Angebot, 5 kein passendes Angebot, 6 ja, Gepäckversand*		

A3	Hörverstehen: Details verstehen			
a EA/PA	1. Fragen Sie, welche Probleme die Fahrgäste haben und welche Lösungen ihnen angeboten werden. Die TN hören die beiden Gespräche und ergänzen die Tabelle. Geübtere TN lösen die Aufgabe in Stillarbeit, ungeübtere arbeiten zu zweit. Abschlusskontrolle im Plenum. *Lösung: Gespräch 1: Problem: Zugverspätung, deshalb Anschluss verpasst; Lösung: neue Verbindung mit dem Nahverkehr, Entschädigung, Gespräch 2: Problem: Laptop im Zug verloren; Lösung: Anruf bei Zugbegleiter*	CD 6/6–7	
b EA/PA	2. Die TN lesen die Sätze und ergänzen die passende Konjunktion. Geübtere TN lösen die Aufgabe in Stillarbeit, ungeübtere arbeiten zu zweit.		
EA	3. Die TN hören die Gespräche noch einmal und vergleichen ihre Lösungen. Abschlusskontrolle im Plenum. *Lösung: 1 a Bis, b bis, c Seitdem; 2 a Bis, b bis*	CD 6/6–7	
EA/HA	Arbeitsbuch 3		
EA/HA	Arbeitsbuch 4–5: im Kurs: Alle TN bearbeiten Übung 4. Geübtere TN, die schneller fertig sind, bearbeiten auch Übung 5. Die Sätze in 5b schreiben sie auf einen extra Zettel und geben sie Ihnen zur Korrektur ab. Wenn Sie die Übungen als Hausaufgabe aufgeben, bearbeiten alle TN beide Aufgaben und geben Ihnen ihre Sätze zur Korrektur ab.		

A4	Aktivität im Kurs: Rollenspiel			
PL	1. Schreiben Sie vorab die vier Redemittelkategorien „um Hilfe bitten", „nachfragen", „jemanden beruhigen", „eine Lösung anbieten" sowie jedes Redemittel auf Moderationskarten. Legen Sie die Moderationskarten auf einem Tisch aus und hängen Sie die vier Kategorien an eine Pinnwand oder mit Magneten an die Tafel. Die TN sehen sich die Redemittel an und hängen sie jeweils zur passenden Kategorie an die Pinnwand. Die Bücher bleiben dabei geschlossen.	Karten	
PL	2. Die TN vergleichen das Ergebnis mit den Redemittelübersichten „Um Hilfe bitten: Können Sie mir da vielleicht weiterhelfen?", „Nachfragen: Was ist denn genau Ihr Problem?", „Jemanden beruhigen: Ich bin ganz sicher, dass ..." und „Eine Lösung anbieten: Wie wäre es denn, wenn ..." (Kursbuch, S. 151) und sammeln weitere Redemittel. Halten Sie dafür leere Moderationskarten bereit, damit die TN ihre Ideen notieren und ebenfalls aufhängen können. Gehen Sie die Redemittel noch einmal gemeinsam mit den TN durch. Die kleine Schreibaufgabe lösen die TN als Hausaufgabe. Wer möchte, kann sein Gespräch dann am nächsten Tag im Kurs präsentieren. Alle TN geben Ihnen ihre Texte zur Korrektur ab. *Musterlösung (Schreibaufgabe):* ◆ *Guten Tag! Was kann ich für Sie tun?* ● *Ach, ich weiß gar nicht, ob ich bei Ihnen richtig bin.* ◆ *Jetzt erzählen Sie erst mal, was ist denn genau Ihr Problem?* ● *Ich bin vor einer Stunde mit dem Flieger aus Lima gekommen und warte immer noch auf mein Gepäck! Können Sie mir da vielleicht weiterhelfen?* ◆ *Keine Sorge, wir werden Ihr Gepäck sicher finden. Geben Sie mir doch erst mal Ihr Ticket. Damit kann ich nachsehen, wohin Ihr Gepäck geschickt wurde.*	Karten	

PA	3. Die TN lesen die Situationsbeschreibungen, entscheiden sich für eine der Situationen und wählen ein passendes Service-Angebot auf Seite 144 aus. Mithilfe der gemeinsam erarbeiteten Redemittel spielen sie mit ihrer Partnerin / ihrem Partner ein Gespräch. Nach dem ersten Durchgang tauschen die TN die Rollen. Wer früher fertig ist, spielt ein weiteres Gespräch. Gehen Sie herum und helfen Sie bei Schwierigkeiten. *Musterlösung:* ◆ *Ich weiß nicht, ob ich bei Ihnen richtig bin.* ● *Jetzt erzählen Sie erst mal, was Ihr Problem ist* ◆ *Ich bin gerade mit dem Zug aus Bonn angekommen und habe meinen Geigenkasten im Zug vergessen. Die Geige ist sehr wertvoll. Ich weiß nicht, was ich machen soll.* ● *Keine Sorge, wir werden Ihnen helfen. Ich rufe gleich den zuständigen Zugbegleiter an. Ich bin ganz sicher, dass Ihr Geigenkasten abgegeben wurde.* ◆ *Ja, hoffentlich!*		
WPA	4. *fakultativ:* Wenn Sie mit Ihren TN weitere Situationen spielen möchten, können Sie dazu die Kopiervorlage nutzen. Kopieren Sie die Kopiervorlage mehrmals und zerschneiden Sie sie, sodass jeder TN eine Situationskarte erhält. Die TN bewegen sich im Raum und suchen sich eine Partnerin / einen Partner. Sie lesen die Situationsbeschreibungen, einigen sich, wer welche Rolle übernimmt und spielen jedes Gespräch einmal. Dabei nutzen die TN die im Kursraum aufgehängten Redemittel. Dann tauschen die TN die Karten und suchen sich eine neue Partnerin / einen neuen Partner und wechseln dann beim nächsten Rollenspiel die Rolle. Treffen zwei TN mit der gleichen Situationskarte aufeinander, spielen sie das Gespräch mit vertauschten Rollen zweimal. Gehen Sie herum und helfen Sie bei Schwierigkeiten.	KV L12/A4	
TiPP	Wenn Sie mit den TN Rollenspiele machen, können Sie nicht jedes Paar kontrollieren. Manchmal denken die TN dann: Das wird nicht kontrolliert, also werden meine Fehler nicht korrigiert, ergo rede ich nicht. Machen Sie den TN immer wieder deutlich, dass es bei Rollenspielen darum geht, das freie, spontane Sprechen zu trainieren. Wenn die TN sich zu wenig korrigiert fühlen, lassen Sie einzelne Rollenspiele im Plenum vortragen und bitten Sie alle zuhörenden TN, auf sprachliche Fehler zu achten. Ein anderes Problem, das bei Rollenspielen auftreten kann, ist, dass TN über ein ganz anderes Thema sprechen oder diskutieren. Wenn die TN das auf Deutsch tun, kommt Kommunikation zustande. Lassen Sie die TN in diesem Falle auch einmal gewähren und freuen Sie sich über das gelungene Gespräch, den echten Kommunikationsanlass, den die TN miteinander gefunden haben. Stellen Sie aber klar, dass in diesen Phasen Deutsch gesprochen wird. Wenn Sie die TN trotzdem mehr am Thema halten möchten, geben Sie schnellen TN Zusatzaufgaben: Lassen Sie sie ihr Gespräch als Sketch aufbereiten und vorspielen.		
EA/HA	**Arbeitsbuch 6–7**	AB-CD 2/35	
EA/PA/HA	**Arbeitsbuch 8–9:** im Kurs: Die TN haben auf dem Niveau B1 schon in verschiedenen Übungen (z. B. in *Schritte international Neu 6* / Lektion 9 und 10) feststellen können, dass sich die Sprechmelodie, der Satzakzent und das Sprechtempo je nach Situation verändern. Hier können sie ein Gefühl dafür bekommen, wie sich die Sprechweise verändert, wenn jemand sehr aufgeregt ist bzw. einen anderen beruhigen will. Spielen Sie die Sätze in Übung 8 vor, die TN markieren den Satzakzent. Anschließend lesen die TN ihrer Partnerin / ihrem Partner die Sätze vor. Dieser stoppt mit dem Smartphone die Zeit. Danach tauschen die Partner die Rollen. Wenn Ihre TN gern miteinander wetteifern, gehen Sie herum und fragen Sie die Paare, wer von beiden schneller gesprochen hat. Die Übung sollte vor allem Spaß machen und nicht allzu ernst genommen werden, denn jeder hat sein eigenes Sprechtempo, das auch respektiert werden sollte. In Übung 9 hören die TN die Sätze und markieren dabei den Satzakzent sowie die Pausen. Anschließend sprechen die TN die Sätze abwechselnd betont langsam.	AB-CD 2/36–37, Smartphone	

B AUCH SIE KÖNNEN HELFEN, INDEM SIE GELD SPENDEN.

Konjunktionen *indem* und *ohne dass / ohne zu*

Lernziel: Die TN können Informationen zu Vereinen in deutschsprachigen Ländern verstehen.

	Form	Ablauf	Material	Zeit
B1		**Präsentation der Konjunktionen *indem* und *ohne dass / ohne zu***		
	EA/PA/PL ⟷	1. Die TN lesen die Aufgabenstellung und verbinden die Satzteile. Geübtere TN lösen die Aufgabe in Stillarbeit, ungeübtere TN arbeiten zu zweit. Abschlusskontrolle im Plenum. Weisen Sie auf den linken Grammatik-Kasten hin und machen Sie auf die Verb-Endstellung im Nebensatz aufmerksam. Erklären Sie, dass die Konjunktion „indem" auf die Frage „Wie?" antwortet. Machen Sie dann anhand des rechten Grammatik-Kastens deutlich, dass die Konjunktion „ohne dass" durch „ohne … zu" und Infinitiv ersetzt werden kann, wenn Haupt- und Nebensatz dasselbe Subjekt haben. Das kennen die TN bereits von „damit" und „um … zu" aus *Schritte international Neu 5 / Lektion 6.* Verweisen Sie an dieser Stelle auch auf die Grammatik-übersichten 3 und 4 (Kursbuch, S. 150). Die kleine Schreibaufgabe lösen die TN als Hausaufgabe und geben sie Ihnen zur Korrektur ab. *Lösung: b In der Nachbarschaftshilfe können Sie sogar mitmachen, ohne dass Sie Mitglied sind. c Die Nachbarschaftshilfe hilft den Eltern, indem sie ein Ferien-programm für Kinder anbietet. d Die Kinderbetreuung darf nicht stattfinden, ohne dass eine zweite Aufsichtsperson dabei ist.*		
	EA	2. *fakultativ:* Kopieren Sie die Kopiervorlage und vergrößern Sie nach Möglichkeit den unteren Teil. Schneiden Sie die Satzkarten dann aus und hängen Sie sie an verschiedenen Stellen im Kursraum auf. Verteilen Sie an alle TN den oberen Teil der Kopiervorlage. Die TN gehen herum und suchen die passende Satzergänzung. Geübtere TN ergänzen die Nebensätze frei. Abschlusskontrolle im Plenum.	KV L12/B1	
	EA/HA Wiederholung	Arbeitsbuch 10: Anhand dieser Übung können Sie mit den TN noch einmal Wort-schatz zum Wortfeld „Verein" wiederholen.		
	EA/HA	Arbeitsbuch 11–13		
	EA/PA/HA Grammatik entdecken ⟷	Arbeitsbuch 14: im Kurs: a Die TN lesen die Sätze und markieren wie im Beispiel vorgegeben und kreuzen an. Geübtere TN lösen die Aufgabe in Stillarbeit, unge-übtere TN arbeiten zu zweit. Anschließend bearbeiten die TN Teil b und formulie-ren die Sätze mit gleichem Subjekt um. Abschlusskontrolle im Plenum. Durch diese Übung soll den TN bewusst werden, dass man „ohne … zu" nur dann benutzen kann, wenn das Subjekt im Haupt- und Nebensatz identisch ist.		
	EA/HA	Arbeitsbuch 15		
B2		**Leseverstehen: Informationen zu Vereinen in deutschsprachigen Ländern verstehen**		
a	PL	1. Fragen Sie die TN, was ein Verein ist und welche Bedeutung Vereine in ihrem Land haben. Die TN nennen, was einen Verein auszeichnet und geben ihre Beobachtun-gen zur Rolle von Vereinen in ihrem Land wieder. Notieren Sie neuen Wortschatz an der Tafel mit.		
	EA/PL	2. Die TN überfliegen den Text und nennen Stichpunkte zum Vereinsleben in deutschsprachigen Ländern.		
	PL	3. Fragen Sie die TN, ob sie Vereine in deutschsprachigen Ländern kennen und ob sie Mitglied in einem Verein sind oder waren. Die TN berichten von Vereinen in ihrem Umfeld bzw. von eigenen Vereinsmitgliedschaften.		

	Form	Ablauf		
b	EA/PA ⟷	4. Die TN lesen den Text noch einmal und kreuzen an. Geübtere TN lösen die Aufgabe in Stillarbeit, ungeübtere TN arbeiten zu zweit. Abschlusskontrolle im Plenum. *Lösung: 1 indem, 2 ohne dass, 3 indem*		
c	EA/PA ⟷	5. Die TN lesen die Aufgabenstellung und machen sich Notizen. Geübtere TN lösen die Aufgabe in Stillarbeit, ungeübtere TN arbeiten zu zweit. Abschlusskontrolle im Plenum. *Lösung: Nikolin ist in einen Kletterverein eingetreten und hat dort schnell neue Freunde gefunden. Georg ist bei der Freiwilligen Feuerwehr aktiv. Er betreut die Kinder, solange die Eltern im Einsatz sind. Ihm ist der Kontakt mit Menschen wichtig.*		
	EA/PA Prüfung	Arbeitsbuch 16: im Kurs: Mit dieser Übung können Sie Ihre TN auf das *Zertifikat Deutsch*, Sprechen, Teil 1 vorbereiten, wo sich die Prüfungskandidaten einander vorstellen sollen. Fordern Sie die TN auf, ihre Informationen auszuschmücken wie im Beispiel vorgegeben, um die Vorstellungsrunde interessanter zu gestalten und gleich zu Beginn der mündlichen Prüfung zu zeigen, was sie können. Verweisen Sie auch auf den Lerntipp. Wenn Sie nicht so viel Zeit haben, dass die TN ihren Text im Kurs schreiben können, geben Sie den Text als Hausaufgabe auf und geben Sie den TN dann am nächsten Kurstag Zeit, die persönliche Präsentation mit ihrer Partnerin / ihrem Partner zu üben.		
B3		**Erweiterungsaufgabe: Sich über Vereine austauschen**		
	GA	1. Die TN finden sich in Kleingruppen von drei bis vier TN zusammen und tauschen sich darüber aus, welche Vereine sie kennen und welche Angebote sie interessieren würden. Wer Mitglied in einem Verein ist, kann davon berichten. Gehen Sie herum und helfen Sie bei Schwierigkeiten.		
	GA ⟷	2. *fakultativ:* Gruppen, die früher fertig sind, können sich auch darüber unterhalten, was sie von Vereinen im Allgemeinen halten und dies begründen.		
	EA/PA Prüfung	Arbeitsbuch 17: im Kurs: Mit dieser Übung können Sie Ihre TN auf das *Goethe-Zertifikat B1*, Lesen, Teil 5 vorbereiten, wo die TN Multiple-Choice-Aufgaben lösen sollen. Die TN lesen zuerst die Sätze 1-4, bevor sie den Text lesen und jeweils a, b oder c ankreuzen.		

C PERSÖNLICHES ENGAGEMENT

Präposition *außer* + Dativ

Lernziel: Die TN können über persönliches Engagement sprechen.

	Form	Ablauf	Material	Zeit
C1		**Leseverstehen: Das Thema des Textes erkennen und wesentliche Inhalte verstehen**		
a	PL	1. Fragen Sie die TN, worum es in dem Text gehen könnte. Die TN lesen die Überschrift, betrachten das Foto und stellen Vermutungen an, was sich hinter dem Logo von „Tatendrang München" verbirgt. Sammeln Sie Stichpunkte an der Tafel.		
	PL	2. *fakultativ:* Die TN nennen Wörter und Ausdrücke, die im Text nach ihrer Meinung vorkommen können. So wird nicht nur das Vorwissen im Wortschatzbereich aktiviert, sondern auch das Leseverstehen vorbereitet, indem eine Lese-Erwartung aufgebaut wird.		

	EA/PL	3. Die TN überfliegen den Text. Geben Sie ihnen dafür nur eine Minute Zeit, um zu verhindern, dass sie den Text bereits an dieser Stelle genauer lesen. Abschlusskontrolle im Plenum. Kommen Sie auf die Vermutungen der TN zurück, um zu sehen, inwieweit sie mit ihrer Einschätzung anhand von Überschrift, Foto und Logo richtiglagen. *Lösung: Es geht um ehrenamtliche Tätigkeiten im sozialen Bereich.*		
	TiPP	Machen Sie den TN noch einmal bewusst, dass Überschriften, Zwischenüberschriften, Bilder und auch Informationen über den Autor eines Textes Hilfen für das Leseverständnis sind. Es ist eine gute Lesetechnik, sich zuerst auf diese Informationen zu konzentrieren, weil sie bereits einiges über den Inhalt verraten und so eine Lese-Erwartung aufbauen. Schlagen Sie den TN vor, in nächster Zeit zuerst immer auf die Überschriften und Bilder zu achten und sich zu überlegen, was sie über den Text aussagen.		
b	EA/PA	4. Die TN lesen die Aufgabenstellung und die Fragen. Dann lesen sie den Artikel und unterstreichen Passagen, die Antwort auf die Fragen geben. Geben Sie auch Gelegenheit zu Wortschatzfragen. Geübtere TN lösen die Aufgabe in Stillarbeit, ungeübtere TN arbeiten zu zweit. Abschlusskontrolle im Plenum. Die TN beantworten die Fragen und lesen zur Begründung die entsprechende Textstelle vor. *Lösung: 1 31 Millionen Menschen in Deutschland engagieren sich ehrenamtlich in wohltätigen Organisationen. 2 Sie helfen in Fußballvereinen, unterstützen alte Menschen in ihrem Alltag, arbeiten als Babysitter oder unterstützen Geflüchtete. 3 Männer engagieren sich etwas häufiger als Frauen ehrenamtlich, wobei Frauen und junge Leute in der Arbeit mit Geflüchteten besonders aktiv sind. Jugendliche werden aber auch immer aktiver und engagieren sich. 4 Die Agentur „Tatendrang" organisiert Einsatzmöglichkeiten für freiwillige Helfer.*		
	PA/GA	5. *fakultativ:* Die TN erarbeiten mit ihrer Partnerin / ihrem Partner mindestens drei weitere Fragen, um das Textverständnis zu überprüfen. Geben Sie ein Zeitlimit vor. Dann setzen sie sich mit einem anderen Paar zusammen und stellen sich gegenseitig ihre Fragen und beantworten sie. Gehen Sie herum und helfen Sie bei Bedarf.		
c	EA	6. Fragen Sie, was die TN besonders interessant oder überraschend finden. Die TN lesen den Text noch einmal und markieren zwei Aspekte.		
	PA	7. Die TN tauschen sich mit ihrer Partnerin / ihrem Partner aus und begründen ihre Wahl. Die Partnerin / Der Partner kommentiert wie im Beispiel vorgegeben.		
	EA	8. *fakultativ:* Wer früher fertig ist, liest den Text noch einmal und notiert sich Wörter, die ihm wichtig erscheinen und übersetzt sie in die Muttersprache.		
	TiPP	Fordern Sie die TN auf, sich bei neuem Wortschatz immer auch einen Beispielsatz zu notieren, damit die Wörter im Kontext gelernt werden können und sich feste Wendungen gleich richtig einprägen.		
C2	**Aktivität im Kurs: Kurzvortrag**			
	PL	1. Die TN lesen die Aufgabe und das Beispiel im Kursbuch. Weisen Sie auf das Beispiel und den Grammatik-Kasten hin und erklären Sie, dass auf die Präposition „außer" der Dativ folgt. Verweisen Sie auch auf die Grammatikübersicht 5 (Kursbuch, S. 150). Wenn Sie Zeit haben, können Sie an dieser Stelle die kleine Schreibübung im Kurs machen, um den Gebrauch von „außer" zu üben. Andernfalls lösen die TN die Aufgabe als Hausaufgabe und geben sie Ihnen zur Korrektur ab. *fakultativ:* Zur weiteren Festigung von „außer" + Dativ können Sie auch auf die Kopiervorlage im Lehrwerkservice unter www.hueber.de/schritte-international-neu zurückgreifen.	KV L12/C2 im Lehrwerkservice	

	Form	Ablauf	Material	Zeit
	EA	2. Fragen Sie die TN, ob sie sich zurzeit ehrenamtlich engagieren oder dies schon einmal getan haben bzw. was sie gern tun würden. Geben Sie den TN fünf bis zehn Minuten Zeit, sich über ihr bisheriges oder zukünftiges Engagement Gedanken zu machen. Fordern Sie die TN auf, sich dabei wichtige Wörter zu notieren, um anschließend vor einer Gruppe von drei bis vier TN einen Kurzvortrag von zwei bis drei Minuten halten zu können. Gehen Sie herum und helfen Sie bei Wortschatzfragen.		
	GA ⚠	3. Die TN erzählen nacheinander in zwei bis drei Minuten über ihr persönliches Engagement oder darüber, was sie sich vorstellen könnten zu tun. *Hinweis:* Erwarten Sie keinen ausgefeilten Vortrag. Vortragstechniken sind erst auf dem Niveau B2 Lernziel. Die TN sollen hier einfach erzählen und ein Gefühl dafür bekommen, wie es ist, zwei oder drei Minuten allein in der fremden Sprache zu sprechen. Da können sich zwei Minuten schon sehr lang anfühlen. Aber je besser man sich vorbereitet, desto leichter fällt es natürlich.		
	HA	4. Als Hausaufgabe schreiben die TN einen kurzen Text über ihr persönliches Engagement oder ihre sozialen Ziele.		
	EA/PA/ PL	5. *fakultativ:* Wenn Sie das Thema „Persönliches Engagement" weiter vertiefen wollen, können Sie dazu das Projekt „Ich kann viel. – Wir können mehr!" aus der Rubrik „Zwischendurch mal …" (Kursbuch S. 152) einsetzen.	⬜ ZDM	
	EA/HA	Arbeitsbuch 18–19		

D DIESER MENSCH WAR MIR EIN VORBILD.

Lernziel: Die TN können über Vorbilder sprechen.

	Form	Ablauf	Material	Zeit
D1		**Über eine Karikatur sprechen**		
	PL	1. Die Bücher sind geschlossen. Fragen Sie die TN, ob sie Albert Schweitzer kennen. Sammeln Sie an der Tafel, was die TN wissen. Kennen die TN ihn nicht, erzählen Sie kurz das, was im Info-Kasten im Buch steht.		
	PL	2. Die TN öffnen das Buch. Sie sehen sich die Karikatur an und äußern ihre Ideen zur Bedeutung der Karikatur. *Musterlösung: Es ist wichtiger, sich selbst zu engagieren und etwas zu machen, als nur andere dafür zu bewundern.*		
	EA ↔	3. Stellen Sie sicher, dass die TN verstanden haben, was ein Vorbild ist: Schreiben Sie an die Tafel: „Was ist für Sie ein Vorbild?" Geben Sie darunter den Satzanfang „Ein Vorbild ist für mich ein Mensch, der …" vor. Verteilen Sie dann Klebezettel, auf denen die TN den Satz für sich vervollständigen können. Geben Sie den TN einen Moment Zeit, um sich darüber Gedanken machen zu können. Wer möchte, kann auch mehrere Zettel schreiben.	Klebezettel	
	PL	4. Die TN kleben ihre Zettel an die Tafel und stellen sich dann im Halbkreis um die Tafel auf. Sprechen Sie mit den TN über die einzelnen Zettel: Können die TN mit den Definitionen der anderen etwas anfangen? Wo stimmen sie zu? Wo nicht?		

D2	Hörverstehen: Wesentliche Inhalte verstehen		
a	EA	1. Kündigen Sie eine Radiosendung mit dem Titel „Menschen helfen Menschen" an und fordern Sie die TN auf herauszufinden, worum es in der Sendung geht. Die TN hören zunächst nur den Beginn der Radiosendung (bis: „Dann rufen Sie uns an.") und konzentrieren sich auf das Thema der Sendung. Abschlusskontrolle im Plenum. *Lösungsvorschlag: Es geht um Menschen aus der Nachbarschaft, die anderen Menschen helfen.*	CD 6/8	
	EA/PA ⟷	2. Die TN lesen die Aufgabenstellung und die Überschriften. Sie hören die Radiosendung jetzt ganz und ordnen die Überschriften zu. Geübtere TN lösen die Aufgabe in Stillarbeit, ungeübtere TN arbeiten paarweise zusammen. Weisen Sie die TN darauf hin, dass nur zwei der Überschriften passen. Abschlusskontrolle im Plenum. Sprechen Sie mit den TN darüber, warum die anderen Überschriften nicht passen. Sensibilisieren Sie die TN dafür, dass bei diesen kurzen Überschriften jedes Wort „passen" muss. Die TN müssen also genau hinhören. Das ist auch im Hinblick auf Prüfungen wichtig. *Lösung: A1, B4*	CD 6/8–9	
b	EA/PA ⟷	3. Die TN lesen die Aussagen und markieren Schlüsselwörter. Es sollten so wenige wie möglich sein, aber so viele wie nötig. Geübtere TN lösen die Aufgabe in Stillarbeit, ungeübtere TN arbeiten paarweise zusammen. Die TN hören die Sendung noch einmal und kreuzen an. Abschlusskontrolle im Plenum. Besprechen Sie auch hier, warum einzelne Lösungen richtig bzw. falsch sind. *Lösung: Gespräch A: 1 den Rettungsdienst, 2 holt sich die Schülerin telefonisch Rat bei den Sanitätern. 3 die Schülerin so schnell gehandelt hat.; Gespräch B: 4 mindestens einem Jahr, 5 im Haus von Frau Melchinger in einer kleinen Wohnung im Dachgeschoss. 6 klappt gut.*	CD 6/8–9	

D3	Aktivität im Kurs: Über persönliche Vorbilder sprechen		
a	EA	1. Fragen Sie die TN, wer ihr persönliches Vorbild ist. Die TN lesen die Fragen und machen sich Notizen. Geben Sie den TN dafür fünf bis zehn Minuten Zeit.		
b	GA	2. Lesen Sie mit den TN das Beispiel und die Redemittel im Buch. Verweisen Sie auch auf die Redemittelübersicht „Vorbilder beschreiben: Ich wollte immer werden wie ..." (Kursbuch, S. 151). Die TN finden sich in Kleingruppen von drei bis vier TN zusammen und erzählen von ihren persönlichen Vorbildern. Gehen Sie herum und achten Sie darauf, dass die TN die Redemittel benutzen.		
	EA/PA/ GA	3. *fakultativ:* Wenn Sie viele TN mit beruflicher Vorbildung im Kurs haben oder TN, die an einer Ausbildung interessiert sind, können Sie an dieser Stelle das Gespräch auf berufliche Vorbilder oder Ziele lenken und mit dem „Fokus Beruf: Sich auf einer Infoveranstaltung informieren" (Arbeitsbuch, S. 142) weiterarbeiten.		
	EA/HA	Arbeitsbuch 20		

E GEWISSENSFRAGE

Lernziel: Die TN können über Gewissensfragen sprechen und einen Standpunkt vertreten.

	Form	Ablauf	Material	Zeit
E1		**Leseverstehen: Forumsbeitrag**		
	PL	1. Klären Sie mit den TN den Begriff „Gewissensfrage". Erläutern Sie den TN, dass es sich hierbei um eine schwierige und nicht eindeutige Entscheidung handelt. Es gibt mehrere Möglichkeiten, sich zu entscheiden, und für jede gibt es gute Argumente.		
	PL	2. Zeigen Sie das Foto auf Folie oder am IWB und fragen Sie: „Was ist das Problem von Vroni20?" Die TN stellen Vermutungen an. Sammeln Sie Stichworte an der Tafel. Lassen Sie dabei aber noch offen, ob die TN das Problem bereits erkannt haben.	Folie/IWB	
	EA	3. Die TN lesen den Forumsbeitrag von Vroni20. Abschlusskontrolle im Plenum. Gehen Sie dabei auch auf Wortschatzfragen ein. *Musterlösung: Vronis Freundin hat ihr zum Geburtstag einen Pullover gestrickt, der Vroni aber überhaupt nicht gefällt. Nun weiß sie nicht, was sie tun soll.*		
E2		**Meinungen für den eigenen Standpunkt sammeln**		
a	PA	1. Die TN lesen die Meinungen und markieren mit ihrer Partnerin / ihrem Partner, was sie für richtig halten. Gehen Sie herum und helfen Sie bei Schwierigkeiten. Stellen Sie sicher, dass alle TN die Aussagen verstanden haben.		
b	GA	2. Fragen Sie, welche Paare sich dafür entschieden haben, die Wahrheit zu sagen, und welche dafür, den Pullover schönzureden. Bilden Sie Kleingruppen von drei bis vier TN, die die gleiche Meinung vertreten. Die TN lesen das Beispiel im Buch. Sie sammeln weitere Punkte für ihren Standpunkt. Alle TN machen sich Notizen.		
	GA	3. Bilden Sie neue Kleingruppen mit jeweils zwei TN aus der Gruppe der „Schönredner" und zwei TN aus der Gruppe der „Wahrheitssager". Die Gruppen diskutieren über das Problem und versuchen, zu einer Lösung zu kommen. Verweisen Sie hierzu auf die Redemittelübersichten „Etwas kommentieren: Ich denke, ..." in Lektion 9 (Kursbuch, S. 115) und „Eine Lösung anbieten: Wie wäre es denn, wenn ... " (Kursbuch, S. 151). Gehen Sie herum und helfen Sie bei Schwierigkeiten.		
E3		**Aktivität im Kurs: Über Gewissensfragen diskutieren**		
a	PA	1. Die TN lesen die Aufgabenstellung und wählen zusammen mit ihrer Partnerin / ihrem Partner eine der Gewissensfragen aus. Sie überlegen sich Argumente für ihren Standpunkt und schreiben analog zum Beispiel einen kurzen Kommentar.		
b	GA	2. Die TN finden sich mit einem anderen Paar zusammen und tauschen ihre Kommentare aus. Die TN lesen das Beispiel im Buch und kommentieren mithilfe der Redemittel „Etwas kommentieren: Ich denke, ..." (Kursbuch, S. 115) die Stellungnahme der anderen. Wer möchte, kann darüber hinaus wie im Beispiel vorgegeben, selbst zur betreffenden Gewissensfrage Stellung nehmen und Ratschläge geben.		

PA	3. *fakultativ:* Wenn Sie das Thema weiter vertiefen wollen bzw. mit Ihren TN das Kommentieren von Gewissensfragen weiter üben möchten, können Sie dazu die Kopiervorlage einsetzen. Kopieren Sie sie so oft, dass Sie für je zwei TN ein Kärtchen mit einer Gewissensfrage haben. Legen Sie je eine Karte auf einen Tisch. Die TN bilden neue Paare und stellen/setzen sich an einen Tisch. Sie lesen das Problem und diskutieren mit ihrer Partnerin / ihrem Partner das Problem. Auf Ihr Zeichen wechseln die Paare an andere Tische und sprechen über das neue Problem etc. Wenn die TN Spaß daran haben, können Sie mit der Übung so lange fortfahren, bis alle Paare alle Probleme besprochen haben. Ansonsten brechen Sie die Übung nach einigen Stationen ab. *Variante:* Die TN schreiben selbst Situationskarten zu Themen, die sie interessieren, weil sie ihnen z. B. schon einmal Gewissensnöte bereitet haben. Sie legen die Karten auf den Tischen aus, dann weiter wie oben beschrieben.	KV L12/E3	
EA/PA/PL	4. *fakultativ:* Wenn Sie noch Zeit haben, können Sie an dieser Stelle die Schreibübung „Das Leben ist hart!" sowie den Hörtext „Reden wir darüber ..." aus der Rubrik „Zwischendurch mal ..." (Kursbuch S. 152/153) einsetzen.	◯ZDM◯	
EA/PA/HA Schreibtraining ⟷	Arbeitsbuch 21: im Kurs: a Die TN sehen sich das Bild an und lesen die Aufgabenstellung. Dann hören sie den Anfang einer Radiosendung und kreuzen an. b Die TN lesen die Aussagen. Dann hören sie das Gespräch ganz und korrigieren. Geübtere TN lösen die Übung in Stillarbeit, ungeübtere arbeiten paarweise zusammen. c Die TN lesen die beiden Forumsbeiträge und ordnen zu. Geübtere TN lösen die Übung in Stillarbeit, ungeübtere arbeiten paarweise zusammen. d Die TN schreiben selbst einen Forumsbeitrag zu Rafiks Problem. Dabei können sie sich an den Beiträgen in c orientieren. Die TN geben Ihnen ihren Forumsbeitrag zur Korrektur ab oder schicken ihn Ihnen per E-Mail.	AB-CD 2/38–39	
GA	*fakultativ:* Wenn Sie noch Zeit haben, können Sie hier die Wiederholung zu Lektion 12 anschließen.	KV L12/Wiederholung	
Lektionstests	Einen Test zu Lektion 12 finden Sie hier im LHB auf den Seiten 178–179. Verweisen Sie auch auf den Selbsttest im Arbeitsbuch auf Seite 141.	KV L12/Test	

AUDIOTRAINING

Form	Ablauf	Material	Zeit
Audiotraining 1: Helfen Sie unserem Verein!			
EA/HA	Die TN hören eine Aufforderung und Stichworte, mit denen sie einen „indem-Satz" bilden sollen, z. B. „Helfen Sie unserem Verein. – Geld spenden." Die TN formulieren: „Helfen Sie unserem Verein, indem Sie Geld spenden." Dabei kommt es auch auf die Satzmelodie an. Nach der Sprechpause hören die TN den korrekten Satz.	CD 6/10	
Audiotraining 2: Alle außer meiner Schwester.			
EA/HA	Die TN hören eine Frage und Stichworte, mit denen sie einen Satz mit „außer" formulieren sollen, z. B. „Kommen alle zur Familienfeier? – meine Schwester". Die TN formulieren: „Ja, alle außer meiner Schwester." Dabei kommt es auch auf die Satzmelodie an. Nach der Sprechpause hören die TN den korrekten Satz.	CD 6/11	

Audiotraining 3: Das geht nicht!

EA/HA	Die TN hören eine Aussage und Stichworte, mit denen sie einen Satz mit „ohne ... zu" bilden sollen. Sie hören z. B. „Du kannst keine Zeitung im Geschäft lesen. – kaufen". Die TN formulieren: „Du kannst keine Zeitung im Geschäft lesen, ohne sie zu kaufen." Dabei kommt es auch auf die Satzmelodie an. Nach der Sprechpause hören die TN den korrekten Satz.	CD 6/12	

ZWISCHENDURCH MAL ...

	Form	Ablauf	Material	Zeit
Projekt		**Ich kann viel. – Wir können mehr! (passt z. B. zu FHG 5 oder C2)**		
1a	PL	1. Die TN lesen den Text und die Beispiele. Gehen Sie auf Wortschatzfragen ein und ergänzen Sie die Listen auf Zuruf um einige weitere Beispiele.		
	EA	2. Verteilen Sie an jeden TN einen blauen und einen grünen Zettel oder anders eindeutig markierte Zettel für die Kategorien „Dabei kann ich helfen" und „Dabei brauche ich Hilfe". Die TN beschriften die Zettel analog zum Beispiel und notieren, wobei sie helfen können und wobei sie Hilfe brauchen. Achten Sie darauf, dass die TN mit ihrem Namen „unterschreiben".	blaue und grüne Zettel	
b	PL	3. Die TN hängen die Zettel im Kursraum verteilt auf. Anschließend gehen alle durch den Raum und lesen, wobei die anderen Hilfe leisten könnten oder Hilfe brauchen. Dabei machen sie sich Notizen, wem sie wobei helfen könnten.	Papier, Stifte	
	PL	4. Die TN lesen das Beispiel und bieten sich im Plenum wie im Buch vorgegeben gegenseitig Hilfe an. Dabei stützen sie sich auf ihre Notizen, wem sie wobei helfen können. Auf diese Weise wird die feste Wendung „Ich bin gut in ..." eingeübt und automatisiert.		
Schreiben		**Das Leben ist hart! (passt z. B. zu FHG 5 oder E3)**		
1	PA	1. Die TN lesen den Text und wählen ein Problem oder finden selbst ein Alltags-Problem und notieren zusammen mit ihrer Partnerin / ihrem Partner einige Lösungsvorschläge wie im Beispiel vorgegeben.		
2	PL	1. Die TN lesen ihr Problem und ihre Vorschläge vor. Die anderen hören zu und kommentieren, welche Ideen sie gut finden.		
	PL	2. *fakultativ:* Wenn Ihre TN Spaß daran haben, können Sie auch abschließend die originellste Idee wählen lassen. Dazu notieren Sie auf Zuruf an der Tafel, welche Idee die TN zur Wahl vorschlagen. Anschließend stimmen die TN ab. Für die originellste Idee gibt es einen kleinen Preis (Süßigkeiten, Stifte oder Ähnliches).	Süßigkeiten, Stifte o. Ä.	
Hören		**Reden wir darüber ... (passt z. B. zu E3)**		
1	PA	1. Die TN sehen sich die Bilder an und ordnen mit ihrer Partnerin / ihrem Partner anhand der Nachrichten die Personennamen zu. Dann hören sie die Gespräche und vergleichen ihre Lösungen. Abschlusskontrolle im Plenum. *Lösung: B Jonas, C Sebastian (Basti), D Cécile, E Anne, F Hermine, G Kirsten*	CD 6/13–16	
2	EA/PA ⟷	1. Die TN lesen die Aussagen a bis d und kreuzen aus dem Gedächtnis an, was richtig ist. Geübtere TN lösen die Aufgabe in Stillarbeit, ungeübtere TN arbeiten zu zweit. Dann hören sie die Gespräche noch einmal und vergleichen ihre Lösungen. Abschlusskontrolle im Plenum. *Lösung: a oft zu spät, b Neffe, c sie, d Anne mit einer Nachricht*	CD 6/13–16	

	PA	2. *fakultativ:* Verteilen Sie die Kopiervorlage und fordern Sie die TN auf, sich zu überlegen, was Herr von Weißenhorn sagen könnte. Die TN ergänzen mit ihrer Partnerin / ihrem Partner das Gespräch. Wer möchte, kann das Gespräch im Kurs vorlesen oder vorspielen.	KV L12/ZDM, CD 6/13	
3	PA	1. Die TN lesen die Aufgabenstellung und tauschen sich mit ihrer Partnerin / ihrem Partner aus, was sie den Personen raten würden. Erinnern Sie die TN noch einmal daran, dass man Ratschläge mit dem Konjunktiv II ausdrücken kann, den die TN bereits aus *Schritte international 3 Neu / Lektion 4* und *Schritte international Neu 4 / Lektion 8* kennen. Gehen Sie herum und helfen Sie bei Schwierigkeiten. *Musterlösung: Ich würde Fred raten, dass er sein monatliches Einkommen besser im Auge behält und beginnt, sparsamer zu leben. Jonas sollte dagegen seinem Neffen Fred kein Geld mehr leihen. Sonst lernt Fred nie, besser mit seinem Geld umzugehen. Anne sollte wegen Basti nicht mehr traurig sein. Basti ist kein besonders treuer Freund. Deswegen würde ich auch Kirsten raten, sich nicht mit Basti zu treffen.*		

FOKUS BERUF: SICH AUF EINER INFOVERANSTALTUNG INFORMIEREN

Die TN können einen Infovortrag verstehen und sich nach Details erkundigen.

	Form	Ablauf	Material	Zeit
		Da dieser Fokus möglicherweise nur für einen Teil der TN von Interesse ist, können die Übungen auch als Hausaufgabe gegeben werden.		
1		**Hörverstehen 1: Einen Vortrag hören**		
a	PL	1. Fragen Sie die TN zur Vorbereitung, wo und wie man sich über berufliche Möglichkeiten, Umschulungen und Ausbildungen informieren kann. Die TN können ggf. aus eigener Erfahrung einige Möglichkeiten nennen. Weisen Sie ggf. auf die Agentur für Arbeit oder auf Ausbildungsmessen hin, wenn Ihre TN vorhaben, in Deutschland eine Arbeit oder einen Ausbildungsplatz zu suchen		
	EA	2. Die TN lesen die Aufgabenstellung sowie die Veranstaltungshinweise und kreuzen an, zu welcher Informationsveranstaltung Diego geht. Abschlusskontrolle im Plenum. Fordern Sie die TN auf, ihre Wahl zu begründen und gehen Sie bei Bedarf auf Wortschatzfragen ein. *Lösung: 1*		
b	PL	3. Fragen Sie die TN, was ein Physiotherapeut eigentlich macht. Die TN nennen, was sie bereits über das Berufsbild eines Physiotherapeuten wissen. Notieren Sie ggf. neue Wörter an der Tafel.		
	EA	4. Erklären Sie, dass es auf Infoveranstaltungen des Berufsinformationszentrums (BIZ) häufig Vorträge zu verschiedenen Berufen und Bereichen des Berufslebens (Bewerbung, Ausbildungsmöglichkeiten etc.) gibt. Die TN lesen die Aufgabe und kreuzen an, was ihrer Meinung oder ihres Wissens nach richtig ist. Dann hören sie den Info-vortrag und vergleichen ihre Lösungen. Abschlusskontrolle im Plenum. *Lösung: Er hilft Menschen, die sich nicht mehr gut bewegen können. Er arbeitet normalerweise im Krankenhaus.*	AB-CD 2/40	
2		**Hörverstehen 2: Ein Beratungsgespräch verstehen**		
a	EA/PA ⟷	1. Die TN lesen die Aufgabenstellung. Dann lesen sie die Fragen und ordnen die passenden Rubriken zu. Geübtere TN lösen die Übung in Stillarbeit, ungeübtere TN arbeiten zu zweit. Gehen Sie herum und helfen Sie bei Bedarf. Abschlusskontrolle im Plenum. *Lösung: 2 Ausbildungsdauer, 3 Ausbildungsinhalte, 4 Spezialisierung, 5 Finanzielle Aspekte, 6 Verdienst/Einkommen, 7 Zugangsvoraussetzungen, 8 Lernorte*		

b	PL	2. Fragen Sie, welche der Fragen Diego an die Beraterin stellt. Die TN stellen Vermutungen an. Verraten Sie die Lösung noch nicht. Hier soll nur eine Erwartungshaltung aufgebaut und das Hörverstehen vorentlastet werden.		
	EA	3. Die TN hören das Gespräch mit der Berufsberaterin so oft wie nötig und kreuzen in a an, welche Fragen im Gespräch vorkommen. Abschlusskontrolle im Plenum. *Lösung: 2, 3, 5, 6, 7*	AB-CD 2/41	
c	GA	4. Die TN finden sich in Kleingruppen von drei bis vier TN zusammen, zu jeder der fünf Fragen eine Gruppe. Sie hören das Gespräch noch einmal und notieren stichwortartig die Antworten zu ihrer Frage. Abschlusskontrolle im Plenum. *Lösung: 2 normalerweise drei Jahre, mit Vorbildung 1,5 Jahre; 3 theoretischer Teil: z. B. Massagetheorie, Anatomie des Menschen, Orthopädie; fachpraktischer Teil: Theorie anwenden und Kenntnisse vertiefen; 5 etwas Geld, evtl. Zuschuss beantragen; 6 erst die nächsten Schritte planen, dann über das Finanzielle sprechen; 7 beglaubigtes Schulzeugnis (mit Übersetzung), Berufsurkunde, Nachweis über Berufserfahrung (mit Übersetzung), ärztliches Attest*	AB-CD 2/41	
Länderinfo		Informieren Sie die TN darüber, dass es in Deutschland für Umschulungen und Weiterbildungen finanzielle Hilfen und Zuschüsse gibt. Genauere Informationen dazu erhalten die TN bei der Agentur für Arbeit.		

3	**Rollenspiel: Infoveranstaltung**		
PA	1. Die TN sprechen mit ihrer Partnerin / ihrem Partner über ihren Beruf und informieren über die Ausbildung, die dafür nötig ist, sowie die Aufgaben und Tätigkeiten. Die Fragen und Antworten aus 2a helfen ihnen dabei.		
HA	2. *Hinweis:* Wenn Sie „Fokus Beruf" als Hausaufgabe machen lassen, beschreiben die TN ihren Beruf und ihren Ausbildungsweg schriftlich und geben Ihnen ihren Text zur Korrektur ab. Auf diese Weise können sie sich individuell auf ein Beratungsgespräch vorbereiten, indem sie immer auch ihren eigenen Werdegang und das entsprechende Berufsbild beschreiben müssen.		

AUS POLITIK UND GESCHICHTE

Folge 13: Nicht aufgeben! Weitermachen!

Einstieg in das Thema „Politisches und soziales Engagement"

	Form	Ablauf	Material	Zeit
1		**Beim ersten Hören: Die Kerninformation verstehen**		
	PL	1. Die Bücher sind geschlossen. Fragen Sie die TN, wie die Bürger Einfluss auf die Politik und die Gesellschaft nehmen können. Fragen Sie die TN nach eigenen Erfahrungen. Sprechen Sie mit den TN auch über die Motivation der Menschen, sich zu engagieren. Warum machen die Menschen das? Halten Sie Stichworte an der Tafel fest.		
	PL	2. Zeigen Sie den TN das erste Foto der Foto-Hörgeschichte auf Folie/IWB. Die TN spekulieren darüber, wofür Herr Wirth sich wohl engagiert.	Folie/IWB	
	EA/PA	3. Die TN öffnen die Bücher, sehen sich die Fotos an und lesen die Aufgabe. Die TN hören die Foto-Hörgeschichte und ordnen die Stichpunkte. Dann vergleichen sie zunächst mit der Partnerin / dem Partner. Abschlusskontrolle im Plenum. *Lösung: 2 die Kindheit und die Flucht aus Schlesien, 3 Herrn Wirths Familie, 4 den Lernhilfeverein, 5 Tipps für junge Migranten*	CD 6/17–20	
2		**Beim zweiten Hören 1: Informationen über Herrn Wirth verstehen**		
	EA/PA	1. Die TN sehen sich den Info-Igel über Herrn Wirth an und ergänzen zunächst Informationen aus dem Gedächtnis. Dann hören die TN die Foto-Hörgeschichte zu Foto 1 und 2 noch einmal und ergänzen weitere Informationen. Anschließend sprechen sie mit der Partnerin / dem Partner über Herrn Wirth. Abschlusskontrolle im Plenum. *Lösungsvorschlag: Alter: 81; Beruf: Lehrer; Familie: einen älteren Bruder und eine ältere Schwester; der Vater als Soldat im Krieg gestorben; Herkunft: 1945 mit der Mutter und den Geschwistern aus Schlesien nach Westdeutschland geflohen*	CD 6/17–18	
	PL	2. *fakultativ:* Fragen Sie die TN, über welchen Krieg Herr Wirth hier spricht. Fragen Sie die TN, was sie über den Zweiten Weltkrieg wissen. Geben Sie den TN, wenn nötig, eine kurze Information dazu.		
	EA/PA ⟷	3. *fakultativ:* Wenn Sie den Wortschatz zum Thema „Migration" noch weiter vertiefen wollen, verteilen Sie die Kopiervorlage an die TN. Die TN lesen den Text über Herrn Wirth und ergänzen die Wörter aus dem Schüttelkasten. In Kursen mit überwiegend ungeübten TN kürzen Sie den Text in der Mitte und tilgen im Schüttelkasten die Lösungswörter entsprechend. Die TN bearbeiten dann nur den ersten Teil des Textes. Abschlusskontrolle im Plenum. *fakultativ:* Zur Kontrolle können die TN alternativ den ersten Teil der Foto-Hörgeschichte zu Foto 1 und 2 auch noch einmal hören und die Wörter kontrollieren.	KV L13/FHG	
	PL	4. *fakultativ:* Sprechen Sie mit den TN darüber, welche Hilfe sie sich in einem fremden Land wünschen würden.		
3		**Beim zweiten Hören 2: Die vier Tipps von Herrn Wirth verstehen**		
	EA/PA	1. Die TN lesen die Aufgabe und markieren leicht die Tipps, die sie noch im Gedächtnis haben. Dann hören die TN die Foto-Hörgeschichte zu den Fotos 3 und 4 noch einmal und kreuzen die Tipps an. Abschlusskontrolle im Plenum. *Lösung: Lernt dazu und bildet euch weiter! Lernt Deutsch! Keine Angst vor Fehlern! Bewegt euch nicht nur in der digitalen Welt!*	CD 6/19–20	
	PL	2. Diskutieren Sie mit den TN darüber, warum diese Tipps für Herrn Wirth besonders wichtig sind.		

4		**Nach dem Hören: Die Tipps von Herrn Wirth bewerten**		
	GA/PL ⟷	1. In Kursen mit überwiegend lerngewohnten TN sprechen die TN in Kleingruppen über die Tipps von Herrn Wirth und überlegen sich weitere Tipps, die sie jungen Leuten geben würden. Die Gruppen notieren ihre Tipps. Anschließend stellen die Gruppen ihre Tipps im Plenum vor und notieren sie an der Tafel. In Kursen mit überwiegend lernungewohnten TN sprechen Sie im Plenum über die Tipps von Herrn Wirth. Fragen Sie die TN auch nach weiteren Tipps für junge Leute und notieren Sie sie an der Tafel.		
	PL	2. *fakultativ:* Schreiben Sie die Tipps von Herrn Wirth zu den Tipps der TN an die Tafel. Verteilen Sie nun an jeden TN vier Klebepunkte. Die TN kleben ihre Punkte zu den Tipps, die sie am wichtigsten finden. Kurzes Abschlussgespräch zum Kursranking.	Klebepunkte	
	PL	3. Sprechen Sie mit den TN darüber, was „Nicht aufgeben! Weitermachen!" für Herrn Wirth bedeutet. Was denken die TN darüber?		
5		**Erweiterungsaufgabe: Eine E-Mail und Nachrichten verstehen**		
	EA/PA	1. Die TN lesen Ellas E-Mail und die Nachrichten einmal und decken die Texte dann ab. Sie beantworten die Fragen schriftlich, ohne noch einmal in die Texte zu schauen. Abschlusskontrolle im Plenum. *Lösung: Herr Wirth wird zu einem „Fest der Vielfalt" eingeladen. Er kommt mit dem Zug an und Ella holt ihn ab.*		
	Ellas Film	Ella filmt Amira, die Freundin ihres Cousins. Amira erzählt von ihrer Oma, die 1977 von Beirut geflohen ist. Vor A3 können Sie den Film auch als Beispiel zur Vorstellung einer Person nutzen.	„Ellas Film" Lektion 13	

A DAS WURDE VON … MENSCHEN ERKÄMPFT.

Passiv Perfekt und Passiv Präteritum

Lernziel: Die TN können über Biografien sprechen.

	Form	Ablauf	Material	Zeit
A1		**Leseverstehen: Eine Reportage über eine Person verstehen**		
a	EA/PA	1. Die TN lesen die Reportage über Herrn Wirth und markieren im Text, an welche Informationen aus der Foto-Hörgeschichte sie sich erinnern. Anschließend vergleichen die TN mit ihrer Partnerin / ihrem Partner und tauschen sich darüber aus.		
b	EA/PA/ PL	2. Die TN hören die Foto-Hörgeschichte noch einmal und vergleichen. Sprechen Sie anschließend mit den TN über die neuen Informationen aus dem Text. Klären Sie dabei, wenn nötig, unbekannten Wortschatz.	CD 6/17–20	
	PL/EA/PA Wiederholung ⟷	Arbeitsbuch 1: Wiederholen Sie mit den TN anhand des Beispielsatzes aus a kurz das Passiv Präsens, das die TN bereits aus *Schritte international Neu 4* / Lektion 10 kennen. Die anderen Sätze bearbeiten die TN dann in Stillarbeit. Ungeübte TN arbeiten zu zweit. Schnellere TN überlegen sich weitere Fragen.		
A2		**Präsentation des Passiv Perfekt und des Passiv Präteritum**		
	EA/PA	1. Die TN lesen die Reportage noch einmal, ordnen zu und ergänzen die Tabelle. Abschlusskontrolle im Plenum. *Lösung: a zerstört, b getötet, c empfangen, d gegründet, e gestellt, f gewählt; Tabelle (von oben nach unten): gegründet worden, gewählt*		

PL	2. Schreiben Sie das erste Beispiel der Tabelle an die Tafel. Markieren Sie die Verben. Das Passiv Präsens ist den TN schon aus *Schritte international Neu 4 / Lektion 10* und *Schritte international Neu 5 / Lektion 3* bekannt. Notieren Sie unter dem Beispielsatz im Perfekt die zweite Möglichkeit, das Passiv der Vergangenheit darzustellen, näm-lich mit dem Präteritum: „1975 wurde der Lernhilfeverein gegründet." Markieren Sie auch hier die Verben. Erklären Sie den TN, dass beide Sätze die gleiche Bedeutung haben. Weisen Sie die TN auch auf die Grammatik-übersicht 1 und 2 (Kursbuch, S. 162) hin. Die kleine Übung rechts können die TN im Kurs bearbeiten. *Lösung (Schreibaufgabe): 1 Der Hund ist gefüttert worden. 2 Die Hose wurde in den Schrank gehängt. Die Hose ist in den Schrank gehängt worden. 3 Die Blume wurde nicht gegossen. Die Blume ist gegossen worden. 4 Das Geschirr wurde nicht gespült. Das Geschirr ist gespült worden.*		
GA ⬌	3. *fakultativ:* Verteilen Sie an jede Gruppe einen Satz Karten der Kopiervorlage. Die TN mischen die Karten und ziehen dann abwechselnd eine Karte und vervollständigen den Satz im Passiv Präteritum oder Passiv Perfekt. Schnellere TN schreiben weitere Beispiele wie auf den Karten und bereiten so weitere Beispiele für die anderen TN vor.	KV L13/A2	
EA/HA Grammatik entdecken ⬌	Arbeitsbuch 2: Die TN machen sich noch einmal die Verben beim Passiv Präteritum und Passiv Perfekt bewusst. Geübtere TN lösen die Übung in Stillarbeit. Ungeübtere TN arbeiten zu zweit.		
EA/HA	Arbeitsbuch 3		
EA/HA ⬌	Arbeitsbuch 4–5: Wenn Sie die beiden Übungen im Kurs durchführen, lösen alle TN Übung 4. Geübtere TN bearbeiten außerdem auch Übung 5. Wenn Sie die Übungen als Hausaufgabe aufgeben, sollten sie von allen bearbeitet werden.		

A3	**Aktivität im Kurs: Über die Biografie einer Person erzählen**			
a	GA	1. Die TN arbeiten zu dritt. Die TN wählen eine der Personen aus dem Kursbuch oder eine bekannte Person aus ihrem Land.		
b	GA	2. Die TN recherchieren im Internet, was für eine Biografie ihre Person hat und suchen gezielt nach Informationen zu den vorgegebenen Themen im Kursbuch. Die TN notieren sich Stichpunkte.		
c	GA	3. Die TN erarbeiten eine kleine Präsentation zu ihrer Person, indem sie Folien oder Plakate mit den wichtigsten Informationen erstellen und sich auf Extra-Zetteln notieren, was sie zu den einzelnen Punkten genau sagen möchten.	Folien oder Plakate, Karten	
d	PL/PA	4. Besprechen Sie mit den TN die Redemittel im Redemittelkasten. Weisen Sie sie auch auf die Rubriken „Etwas präsentieren – Einleitung: Unser heutiges Thema ist …", „Etwas präsentieren – Überleitung: Der nächste Punkt …" und „Etwas präsentieren – Schluss: Habt ihr noch Fragen?" auf der Kommunikationsseite (Kursbuch, S. 163) hin. Besprechen Sie mit den TN auch den kleinen Tipp rechts. Die kleine Übung rechts können die TN als Hausaufgabe bearbeiten.	Folien oder Plakate, Karten	

TiPP	Wenn Sie die Redemittel einmal anders mit den TN erarbeiten möchten, dann schreiben Sie jedes Redemittel auf eine Karte und hängen Sie sie im Kursraum verteilt auf. Schreiben Sie die Karten nicht zu groß, sie sollten von den TN nicht vom Platz aus gelesen werden können. Die TN erhalten zu zweit von Ihnen eine vorbereitete Kopie mit einer Tabelle mit drei Spalten: „Etwas präsentieren – Einleitung: Unser heutiges Thema ist ", „Etwas präsentieren – Überleitung: Der nächste Punkt …" und „Etwas präsentieren – Schluss: Habt ihr noch Fragen?". Ein TN steht jeweils auf und geht zu einer Karte im Kursraum. Der TN muss das Redemittel auswendig lernen, um es dann seiner Partnerin / seinem Partner aufzusagen. Beide entscheiden, in welche Spalte es passt. Dann diktiert der TN das Redemittel seiner Partnerin / seinem Partner noch einmal, der es dann in die Spalte schreibt. Dann geht der andere TN zu einer Karte usw. Abschlusskontrolle im Plenum.

PL	5. Die Gruppen stellen ihre Personen im Kurs vor und verwenden dabei möglichst viele der Redemittel. *Hinweis:* Hier passt thematisch der Text zur Landeskunde „Der anatolische Schwabe" aus der Rubrik „Zwischendurch mal ..." (Kursbuch, S. 164).	ZDM	
EA/HA	Arbeitsbuch 6		
EA/HA Prüfung	Arbeitsbuch 7: im Kurs: Diese Übung führt an den Prüfungsteil Lesen, Teil 2, der Prüfung *Zertifikat Deutsch* heran. Besprechen Sie mit den TN den Lerntipp, bevor die TN die Übung lösen.		

B DAS WAR EINS DER GRÖSSTEN PROBLEME.

Adjektivdeklination mit Komparativ und Superlativ

Lernziel: Die TN können etwas bewerten, vergleichen und ihre Meinung dazu sagen. Sie können Verbesserungsvorschläge machen.

Form	Ablauf	Material	Zeit
EA/HA Wiederholung	Arbeitsbuch 8: im Kurs: Die TN wiederholen die Komparation wichtiger Adjektive, die sie bereits aus *Schritte international 4* / Lektion 9 kennen.		
B1	**Präsentation der Adjektivdeklination mit dem Komparativ und dem Superlativ**		
PL	1. *fakultativ:* Die TN stellen sich im Kreis auf. Werfen Sie einem TN ein Tuch oder einen weichen Ball zu und sagen Sie einen Satz wie „Ein Hund ist groß". Der TN muss auf diesen Satz reagieren, indem er einen Satz mit dem Komparativ sagt, z. B. „Ein Pferd ist größer.", und den Ball oder das Tuch einem anderen TN zuwirft. Der TN antwortet mit dem Superlativ, z. B. „Der Elefant ist am größten." Der nächste TN, dem der Ball oder das Tuch zugeworfen wird, beginnt mit einem neuen Satz. Mit dieser Übung soll den TN in spielerischer Form die Bildung von Komparativ und Superlativ in Erinnerung gerufen werden.	Tuch oder Ball	
EA/HA	2. Die TN lesen die Aufgabe und ordnen die Adjektive aus dem Schüttelkasten zu. Dann hören die TN die Aussagen und vergleichen. Abschlusskontrolle im Plenum. *Lösung: a älteren, b größte, c begabtesten*	CD 6/21	
PL	3. Zeigen Sie anhand des Grammatik-Kastens, dass man auch den Komparativ und den Superlativ als Attribut benutzen kann. Dann erhält der Komparativ einfach noch zusätzlich die Adjektivendung, der Superlativ bekommt statt „-en" die jeweilige Adjektivendung. Weisen Sie die TN auch auf die Grammatikübersicht 3 (Kursbuch, S. 162) hin. Die kleine Übung rechts bearbeiten die TN direkt im Anschluss oder als Hausaufgabe. *Musterlösung (Schreibaufgabe): Dieser Rotwein ist der leckerste, den ich je getrunken habe. Ihr Vortrag ist der interessanteste, den ich je gehört habe. Das neue Buch von Heiko Mieler ist das schlechteste, das ich je gelesen habe.*		

| | GA | 4. *fakultativ:* Wenn Sie die Adjektivdeklination mit Komparativ und Superlativ weiter üben möchten, verteilen Sie an je drei TN einen Satz Karten der Kopiervorlage und für jeden TN einen Würfel. Die TN mischen die Karten und legen sie verdeckt in die Mitte. Die TN würfeln, haben zwei oder alle drei TN dieselbe Augenzahl, würfeln diese TN noch einmal, bis alle eine andere Augenzahl haben. Der TN mit der kleinsten Zahl zieht eine Karte. Das Bild auf der Karte gibt im weitesten Sinne das Thema vor: Die Karte mit der Handtasche kann Taschen zum Thema haben oder auch Einkaufen. Der erste TN bildet einen Satz zu diesem Thema mit einem Adjektiv, z. B. „Meine Freundin hat immer eine schwere Handtasche." Der TN mit der zweithöchsten Zahl sagt den Satz mit dem Komparativ: „Meine Freundin hat eine schwerere Handtasche." Der dritte TN benutzt den Superlativ: „Meine Freundin hat bestimmt die schwerste Handtasche." Dann würfeln die TN erneut und der mit der niedrigsten Zahl zieht eine Karte. Bereiten Sie für ungeübte TN eine Liste mit zu den Bildern passenden Beispielsätzen vor, sodass die TN sich bei Bedarf einen aussuchen können und entsprechend der Würfel Komparativ- und Superlativform bilden können. | KV L13/B1, Würfel | |
| EA/HA Grammatik entdecken | | Arbeitsbuch 9: im Kurs: Die TN machen sich noch einmal die Adjektivdeklination bei Komparativ und Superlativ klar. | | |

B2	Hörverstehen: Meinungsäußerungen bei einer Umfrage verstehen			
a	EA/PA	1. Die TN hören drei Äußerungen zum Thema „Wenn Sie in Deutschland etwas ändern könnten ..." und machen sich Notizen zu dem, was die Personen jeweils ändern möchten. Dann vergleichen sie mit der Partnerin / dem Partner. Abschlusskontrolle im Plenum. *Lösung: 1 Ganztagsschule, 2 bezahlbareren Wohnraum für alle, 3 Tempolimit, strengere Gesetze und höhere Strafen*	CD 6/22–24	
b	EA	2. Die TN tragen die fehlenden Adjektive in der richtigen Form ein und vergleichen ihre Lösungen, indem sie die Umfrage noch einmal hören. Abschlusskontrolle im Plenum. *Lösung: 1 schnellere, größeren; 2 bezahlbareren, größeren, ärmere; 3 strengere, schärfere, höhere*	CD 6/22–24	
EA/HA Grammatik entdecken		Arbeitsbuch 10: Die TN vergegenwärtigen sich noch einmal die Adjektivendungen beim Komparativ und beim Superlativ und vergleichen mit den bereits bekannten Adjektivendungen.		
EA/HA		Arbeitsbuch 11		
EA/HA		Arbeitsbuch 12–13: Wenn Sie die beiden Übungen im Kurs durchführen, lösen alle TN Übung 12. Geübtere TN bearbeiten außerdem auch Übung 13. Wenn Sie die Übungen als Hausaufgabe aufgeben, sollten sie von allen bearbeitet werden.		

B3	Aktivität im Kurs: Etwas vergleichen			
	PL	1. Die TN wählen ein Thema aus B2 oder suchen sich ein eigenes: Fragen Sie die TN, was sie ändern würden, wenn sie Kanzlerin/Kanzler von Deutschland oder Präsident in ihrem Land wären. Machen Sie eine Liste an der Tafel.		
	EA/PA	2. Die TN suchen sich daraus ein Thema aus, sammeln Argumente dafür und dagegen und notieren sich Stichwörter dazu. Ungeübtere TN arbeiten zu zweit.		

	Form	Ablauf	Material	Zeit
	GA ⟷	3. Anschließend stellen die TN in Kleingruppen ihre Meinung vor. Weisen Sie die TN auch auf den Redemittelkasten hin. Geübtere TN notieren ihre Themen auf kleinen Zetteln, pro Zettel ein Thema. Die geübten TN sitzen zu viert zusammen und ziehen einen Zettel. Sie sprechen über das Thema und vergleichen die Situation mit ihrem Land und anderen Ländern. Hilfe finden die TN im Redemittelkasten oder auf der Kommunikationsseite unter den Rubriken „Etwas bewerten: Ganz meine Meinung." und „Etwas vergleichen: Im Gegensatz zu ..." (Kursbuch, S. 163). *Hinweis:* An dieser Stelle passt der „Fokus Beruf: Maßnahmen vergleichen" (Arbeitsbuch, S. 155).		
	EA/HA	4. *fakultativ:* Als Hausaufgabe schreiben die TN einen Text, in dem sie zu einem Thema ihrer Wahl die Situation ihres Landes mit Deutschland vergleichen. Dabei sollten die TN mindestens vier Wendungen aus dem Redemittelkasten benutzen. Sammeln Sie die Texte in der nächsten Kursstunde ein und korrigieren Sie sie.		
	EA/HA	Arbeitsbuch 14–15		

C POLITISCH AKTIV

Lernziel: Die TN können Zeitungsmeldungen verstehen und zusammenfassen.

	Form	Ablauf	Material	Zeit
C1		**Einstieg in das Thema „Politisch aktiv sein"**		
	PL	1. Die Bücher sind geschlossen. Sammeln Sie mit den TN Möglichkeiten, wie man politisch aktiv sein kann (Bürgerinitiative, Wahlen, Mitglied in einer Partei werden etc.). Zeigen Sie dann das Foto auf Folie/IWB. Die TN äußern Vermutungen, was die Leute auf dem Foto machen. Falls das Wort „Demonstration" nicht fällt, führen Sie es ein. Klären Sie, wenn nötig, die Bedeutung. Fragen Sie dann die TN, ob sie schon einmal bei einer Demonstration waren. Wenn ja, bei was für einer?	Folie/IWB	
C2		**Leseverstehen: Zeitungsmeldungen verstehen**		
a	PL/PA	1. Die TN sehen sich das erste Foto an. Notieren Sie zunächst „Wer? Was? Wo? Wofür? Wogegen?" an der Tafel. Die TN sammeln mit ihrer Partnerin / ihrem Partner Antworten auf diese Fragen, ohne in die Texte zu sehen. Sie können das Foto auch bei geschlossenen Büchern auf Folie/IWB zeigen. Die TN sollen ein kurzes Szenario entwerfen, es geht nicht um eine richtige Lösung. Verfahren Sie mit den anderen Fotos ebenso. Schließen Sie, wenn nötig, ein kurzes Abschlussgespräch im Plenum an.	ggf. Folie/IWB	
	EA/PA	2. Die TN überfliegen die Zeitungsmeldungen und ordnen sie den Fotos zu. Abschlusskontrolle im Plenum. *Lösung: A 2, B 1, C 3*		
b	EA/PA	3. Die TN lesen die Zeitungstexte noch einmal und ergänzen die Informationen in der Tabelle. Die TN vergleichen zu zweit. Abschlusskontrolle im Plenum. *Lösung: Text 1: Wer protestiert?: rund 40 000 Menschen, Wogegen/Wofür: gegen Rassismus, für ein offenes Europa, Wo?: in Berlin, München, Leipzig, Hamburg und in anderen Städten; Text 2: Wer protestiert?: etwa 50 Milchbauern, Wogegen/Wofür: für einen fairen Milchpreis, Wo?: vor dem Landwirtschaftsministerium; Text 3: Wer protestiert?: rund 50 Kinder und Jugendliche, Wogegen/Wofür: gegen die Schließung ihres Schwimmbades, Wo?: bei der Hauptversammlung des Sportvereins*		
	PL	4. Die TN sprechen über die Forderungen der Leute: Ist das auch in ihrem Land ein Thema? Würden sie auch dafür bzw. dagegen kämpfen? Warum (nicht)?		

C3	Aktivität im Kurs: Einen Kurzbericht präsentieren		
EA/PA/HA	1. Die TN suchen in deutschsprachigen Zeitungen oder im Internet nach interessan-ten Zeitungsmeldungen. Zu einem Thema, das sie besonders interessiert, notieren sie Stichwörter. Die Fragen im Kursbuch helfen den TN dabei, die wichtigen Infor-mationen zu filtern. Ungeübtere TN arbeiten zu zweit. Diese Aufgabe können die TN auch als Hausaufgabe machen. Schnellere TN schreiben zusätzlich einen Kurzbericht über eine Demonstration oder einen Streik, die/den sie schon einmal gesehen haben oder von der/dem sie gehört haben.		
PL	2. Am nächsten Kurstag berichten die TN im Plenum darüber. Geben Sie den TN die Möglichkeit zu Nachfragen, Ergänzungen, Kritik und Diskussionen. *Hinweis:* Hierzu passt thematisch das Spiel „Demokratie macht Arbeit ... und Spaß!" aus der Rubrik „Zwischendurch mal ..." (Kursbuch, S. 165).	ZDM	
EA/HA Prüfung	Arbeitsbuch 16: Diese Übung entspricht dem Prüfungsteil Hören, Teil 1 der Prü-fung *Zertifikat Deutsch*. Erklären Sie den TN, dass sie jede Meinung nur einmal hören. Vor dem Hören haben die TN 30 Sekunden Zeit, die Meinungen zu lesen. Die TN dürfen in der Prüfung auch markieren und unterstreichen.	AB-CD 2/42–46	
EA/HA Schreib-training	Arbeitsbuch 17: im Kurs: Die TN lesen zunächst den Text und markieren die Infor-mationen zu den Fragen im Buch. Dann decken die TN den Text ab und versuchen, die Tabelle in b in eigenen Worten zu ergänzen. Dann schreiben die TN mithilfe der Informationen aus der Tabelle eine Zusammenfassung. Weisen Sie die TN auch auf den Lerntipp hin. Kommen Sie auch später immer einmal auf die W-Fragen zurück, wenn die TN etwas zusammenfassen sollen. Sammeln Sie die Texte ein und korrigieren Sie sie. Achten Sie dabei auch auf die Beantwortung der W-Fragen.		

D AUS DER DEUTSCHEN GESCHICHTE

Lernziel: Die TN können die deutsche Geschichte nach 1945 verstehen und die Geschichte eines Landes präsentieren.

	Form	Ablauf	Material	Zeit
D1		Über die deutsche Geschichte sprechen		
a	PL	1. Die Bücher sind geschlossen. Fragen Sie die TN, was sie über die Geschichte Deutschlands wissen. Erstellen Sie mit den Aussagen der TN einen Wortigel an der Tafel. Soweit möglich, notieren Sie auch, wann das jeweilige Ereignis stattgefunden hat.		
	PA	2. Die TN öffnen ihre Bücher und sehen sich die Fotos an. Die TN vergleichen die Fotos mit den Notizen an der Tafel und überlegen, welche weiteren Ereignisse auf den Bildern gezeigt werden.		
b	EA/PA	3. Die TN ordnen den Bildern die Bildunterschriften zu. Abschlusskontrolle im Plenum. *Lösung: 2 A, 3 D, 4 B, 5 F, 6 C*		
	PL	4 Sprechen Sie mit den TN über die dargestellten Ereignisse. Fragen Sie die TN, was sie sonst noch darüber wissen und/oder geben Sie ggf. kurze Erklärungen dazu.		

D2	Hörverstehen: Einen Vortrag über deutsche Geschichte verstehen			
a	EA/PA	1. Die TN lesen zunächst die Themen des Vortrags im Buch. Klären Sie, wenn nötig, unbekannten Wortschatz. Dann hören die TN den Vortrag und ordnen die Themen, über die gesprochen wird. Abschlusskontrolle im Plenum. *Lösung: 2 Besatzungszonen, 3 Gründung von BRD und DDR, 4 Mauerbau, 5 Flucht über die Grenze zwischen West- und Ostdeutschland, 6 Öffnung der Grenze, 7 das Bundeskanzleramt*	CD 6/25	
b	EA/PA	2. Die TN lesen die Aussagen. Dann hören sie den Vortrag abschnittsweise noch einmal. Zu jedem Abschnitt markieren sie, welche Aussage richtig ist. Spielen Sie ggf. jeden Abschnitt mehrmals vor. Die TN vergleichen mit ihrer Partnerin / ihrem Partner. Abschlusskontrolle im Plenum. *Lösung: Abschnitt 1: a, Abschnitt 2: b, Abschnitt 3: a, Abschnitt 4: a*	CD 6/26–29	
	EA/HA	Arbeitsbuch 18		

D3	Anwendungsaufgabe zur Geschichte Deutschlands			
a	EA/PA	1. Die TN sehen sich die Fotos an und ordnen zu. Abschlusskontrolle im Plenum. *Lösung: a 2, b 1, c 4, d 3*		
	PL	2. Spielen Sie den TN nach Möglichkeit die deutsche Nationalhymne vor. Erläutern Sie in groben Zügen den Text der Nationalhymne. Sprechen Sie mit den TN über die Nationalhymne ihres Landes. Was wird thematisiert?	Nationalhymne	
b	PA	3. Die TN sehen sich die Fotos und die Fakten in D1 bis D3 noch einmal an und sprechen mit der Partnerin / dem Partner darüber, was zu den Daten im Buch passt. Wann war das und was passierte genau? *Variante:* Die Bücher sind geschlossen. Die TN erhalten zu zweit einen Satz der weißen Karten der Kopiervorlage. Zu zweit legen die TN die Karten in die richtige Reihenfolge. Dabei liegt das älteste Ereignis oben. Dann erhalten die TN die grauen Karten und legen die Jahreszahlen zu den Ereignissen.	KV L13/D3, Folie/IWB	
c	PL	4. Abschlusskontrolle im Plenum. Wenn Sie mit der Kopiervorlage gearbeitet haben, zeigen Sie die Karten auf Folie/IWB und bringen sie mit den TN gemeinsam in die richtige Reihenfolge. Dabei erzählen einzelne TN, was sie über die Ereignisse wissen.	KV L13/D3, Folie/IWB	
	EA/HA	Arbeitsbuch 19		

D4	Aktivität im Kurs: Über die Geschichte eines Landes sprechen			
a	GA ⟷	1. Die TN finden sich in Gruppen zusammen. Die Gruppenmitglieder einigen sich auf ein Land, über das sie sprechen wollen. Die TN wählen eine oder mehrere Fragen aus dem Kursbuch aus. Ungeübte TN bearbeiten weniger Fragen als geübte TN. Die TN erhalten die Möglichkeit, zu Hause (im Internet) Daten zu den Leitfragen nachzusehen oder Fotos für ihre Präsentation zu suchen. *Hinweis:* Haben Sie viele TN, die sich auf dasselbe Land geeinigt haben, dann sollten die Gruppen sich mit jeweils verschiedenen Fragen beschäftigen.		
b	GA	2. In der darauffolgenden Unterrichtsstunde erstellen die TN in den Gruppen oder allein ein Plakat mit Zeichnungen und/oder Fotos, das sie als Anschauungsmaterial für ihre Präsentation nutzen möchten. Gehen Sie herum und helfen Sie bei Bedarf.	Plakate	
	GA	3. Geben Sie den TN Gelegenheit, sich die Redemittel im Kursbuch anzusehen und ihren Vortrag in der Gruppe zunächst zu üben. Gehen Sie herum und helfen Sie bei Schwierigkeiten. Weisen Sie sie auch auf die Rubriken „Etwas präsentieren – Einleitung: Unser heutiges Thema ist …", „Etwas präsentieren – Überleitung: Der nächste Punkt …" und „Etwas präsentieren – Schluss: Habt ihr noch Fragen?" auf der Kommunikationsseite (Kursbuch, S. 163) hin. Besprechen Sie, wenn nötig, noch einmal den kleinen Tipp rechts.		

	Form	Ablauf	Material	
	PL	4. Die TN hängen ihr Plakat auf und berichten dem Plenum über ihr Land.	Plakate	
	EA Prüfung	Arbeitsbuch 20: Diese Übung entspricht dem Prüfungsteil Sprechen, Teil 2 und 3 der Prüfung *Goethe-Zertifikat B1*. In der Prüfung bekommt die TN zwei Themen zur Auswahl. Sie haben etwa fünf Minuten Zeit zur Vorbereitung und dürfen sich Notizen machen. Die Präsentation sollte etwa drei Minuten lang sein. Danach bekommt die Partnerin / der Partner Zeit, eine Rückmeldung zu geben, auf die/der Präsentierende reagieren soll. Weisen Sie die TN dazu auch auf den Lerntipp hin.		
	GA	*fakultativ:* Wenn Sie noch Zeit haben, können Sie hier die Wiederholung zu Lektion 13 anschließen.	KVL13/Wiederholung	
Lektionstests		Einen Test zu Lektion 13 finden Sie hier im LHB auf den Seiten 180–181. Verweisen Sie auch auf den Selbsttest im Arbeitsbuch auf Seite 153.	KV L13/Test	

AUDIOTRAINING

	Form	Ablauf	Material	Zeit
Audiotraining 1: Eine größere Stadt.				
	EA/HA	Die TN hören einen Satz: „Leipzig ist eine große Stadt." und erhalten für ihre Antwort ein Stichwort („Berlin"). Die TN bilden in den Sprechpausen einen Satz mit dem Komparativ von „groß": „Ja, aber Berlin ist eine größere Stadt". Nach der Sprechpause hören die TN die korrekte Antwort.	CD 6/30	
Audiotraining 2: Was ist los in meiner Stadt?				
	EA/HA	Die TN hören von einem Sprecher eine Aussage: „In meiner Stadt wurde ein neues Museum eröffnet." Die TN sollen diese Aussage variieren, indem sie den Satz im Passiv Perfekt wiederholen: „In meiner Stadt ist ein neues Museum eröffnet worden." Nach der Sprechpause hören die TN den korrekten Satz.	CD 6/31	
Audiotraining 3: Davon halte ich nicht viel!				
	EA/HA	Die TN hören eine Aussage: „Bist du für oder gegen offene Geschäfte am Sonntag?" Die TN sollen diese Aussage in einer Echoübung wiederholen und auf Aussprache und Betonung achten. Nach der Sprechpause hören die TN die Aussage noch einmal.	CD 6/32	

ZWISCHENDURCH MAL ...

	Form	Ablauf	Material	Zeit
	Landeskunde	**Der anatolische Schwabe (passt z. B. zu A3)**		
1	PL	1. Die Bücher sind geschlossen. Fragen Sie die TN, was sie sich unter einem „anatolischen Schwaben" vorstellen. Ggf. recherchieren die TN mit dem Smartphone, wo Anatolien und Schwaben liegen.		
	PL	2. Die TN schlagen die Bücher auf und sehen sich das Foto an. Fragen Sie, wer bereits von Cem Özdemir gehört hat und was die TN über ihn wissen.		

	EA/PA	3. Geben Sie den TN fünf Minuten Zeit, um die Kurzbiografie von Cem Özdemir zu lesen. Dann schließen die TN die Bücher und notieren in ihrem Heft, was sie noch über Cem Özdemir wissen. Geben Sie dazu den Wortigel aus dem Kursbuch an der Tafel vor.		
	PL	4. Die TN tragen zusammen, was sie wissen, und ergänzen den Wortigel an der Tafel.		
	EA/PA	5. *fakultativ:* Die TN lesen die Kurzbiografie noch einmal und lösen Übung 1 der Kopiervorlage. Abschlusskontrolle im Plenum.	KV L13/ZDM	
2	EA/PA	1. *fakultativ:* Die TN lesen das Interview und bearbeiten Übung 2 der Kopiervorlage. Abschlusskontrolle im Plenum.	KV L13/ZDM	
	EA	2. Die TN lesen die Aufgabenstellung und – sofern nötig – noch einmal das Interview. Dabei unterstreichen sie Passagen, in denen etwas steht, was sich Cem Özdemir für die Migranten wünscht.		
	PA	3. Die TN sprechen mit ihrer Partnerin / ihrem Partner über die Wünsche von Cem Özdemir. Die TN sollten dabei möglichst mit eigenen Worten formulieren. Helfen Sie bei Bedarf. Abschlussgespräch im Plenum.		
	PL	4. Fragen Sie die TN nach ihren eigenen Erfahrungen. Bleiben Sie dabei eng am Interview und fragen Sie gezielt, als was sich die TN sehen. Haben Verwandte der TN eventuell bereits einen deutschen Pass? Wie leicht oder schwierig ist es nach Meinung der TN, einen deutschen Pass zu bekommen?		
	GA	5. Die TN sammeln in Kleingruppen von vier bis fünf TN, was sie als „Deutschsein" betrachten. Achten Sie darauf, dass die TN nicht bei gängigen Stereotypen stehen bleiben, sondern auch in Betracht ziehen, was Deutschsein für sie persönlich bedeuten könnte.		
3 ⟷	EA/PA	1. Die TN sammeln exemplarisch ein paar Fragen an den Politiker und Migranten Özdemir. Sie schreiben in Stillarbeit oder als Hausaufgabe einen Brief an ihn. Ungeübte TN arbeiten zu zweit.		
	EA/PA	2. Die TN reichen ihren Brief an die Nachbarin / den Nachbarn rechts weiter, lesen den neuen Brief, schreiben ggf. einen Kommentar dazu (z. B.: Gute Frage! Die Antwort würde ich auch gern wissen. / Genau! Das habe ich auch gefragt.). Dann geben sie den Brief wieder weiter. Machen Sie das ungefähr drei- bis maximal fünfmal. Sammeln Sie die Briefe ggf. zur Korrektur ein.		
Spiel		**Demokratie macht Arbeit ... und Spaß! (passt z. B. zu C3)**		
1	PL	1. Die TN lesen den Text. Arbeiten Sie mit den TN die Hauptpunkte heraus, die für eine Demokratie wichtig sind (gleiche Rechte für alle, Mehrheitsrecht, Schutz der Minderheit, regelmäßige Wahlen). Fragen Sie die TN dann, welche Parteien sie in D-A-CH kennen und welche Partei(en) die Mehrheit im Land haben.		
	GA	2. Jede Gruppe erhält ein Plakat und Filzstifte. Die TN überlegen sich einen Namen für ihre Partei, ein Symbol oder/und eine Farbe und gestalten nach den Beispielen im Kursbuch ein Plakat für ihre Partei. Dann schreiben die TN ein Parteiprogramm für ihre Partei. Welche Partei stellt jeweils die Kanzlerin / den Kanzler?	Plakate, Filzstifte	
2	PL	1. Die Gruppen stellen dem Plenum ihre Partei vor.		
3	PL	1. Sprechen Sie mit den TN über die Bedeutung von „geheimen und freien Wahlen".		

Form	Ablauf	Material	
PL	2. Bereiten Sie „Wahlzettel" mit den Parteinamen vor. Jeder TN erhält einen Wahlzettel und wählt die Parteien, die er am besten findet. Allerdings ist zu beachten, dass jeder TN drei Stimmen hat. Wer die meisten Stimmen bekommen hat, ist Sieger.	Wahlzettel	
PL/EA	3. *fakultativ:* Feiern Sie eine kleine Wahlparty. Bestimmen Sie einen Journalisten (in großen Kursen auch mehrere Journalisten von verschiedenen Zeitungen), der die ersten Interviews nach der Wahl macht, selbstverständlich mit dem Sieger, aber auch mit den Verlierern. Vielleicht haben einige TN auch Lust, einen kleinen Bericht über die Wahl zu schreiben. Die Berichte können vorgelesen oder im Kursraum ausgehängt werden.		

FOKUS BERUF: MASSNAHMEN VERGLEICHEN

Die TN können verschiedene Maßnahmen zu einem Thema miteinander vergleichen und darüber sprechen.

	Form	Ablauf	Material	Zeit
		Da dieser Fokus möglicherweise nur für einen Teil der TN von Interesse ist, können die Übungen auch als Hausaufgabe gegeben werden.		
1		**Leseverstehen: Texte über teambildende Maßnahmen am Arbeitsplatz verstehen**		
a	EA/PA	1. Die TN lesen die drei Texte und entscheiden, wer für teambildende Maßnahmen ist und wer dagegen. Anschließend vergleichen die TN mit ihrer Partnerin / ihrem Partner. Abschlusskontrolle im Plenum. *Lösung: A +, B –, C +/–*		
b	EA/PA	2. Die lesen die Texte noch einmal und notieren, mit welchen Maßnahmen die Firmenchefs die Zusammenarbeit ihrer Mitarbeiter verbessern wollen. Abschlusskontrolle im Plenum. *Lösung: A Sportprogramm (Yoga, Rückengymnastik, gemeinsam joggen oder walken), B guter Koch und Kantine, C Geschenk für teamförderndes Verhalten*		
	PL	3. Sprechen Sie mit den TN darüber, welche Maßnahmen sie sich noch vorstellen können, um die Teamfähigkeit am Arbeitsplatz zu verbessern. Fragen Sie die TN auch nach eigenen Erfahrungen.		
2		**Kursgespräch: Verbesserungsvorschläge machen**		
	EA	1. Die TN überlegen sich kurz, was sie in ihrer Firma verbessern möchten und machen sich ggf. Notizen.		
	PL	2. Die TN berichten im Plenum und begründen ihre Vorschläge.		

ALTE UND NEUE HEIMAT

Folge 14: Heimat ist, wo du Freunde hast.

Einstieg in das Thema „Alte und neue Heimat"

	Form	Ablauf	Material	Zeit
1		**Vor dem Hören / Beim ersten Hören: Vermutungen anstellen und Wortschatz vorentlasten**		
	PL	1. Deuten Sie auf die Fotos und fragen Sie die TN, wo die Personen sein könnten und was sie feiern. Die TN sehen sich die Fotos an und stellen Vermutungen an. Vom „Fest der Vielfalt" haben die TN bereits in Ellas E-Mail an Herrn Wirth in *Schritte international Neu 6 / Lektion 13* gehört. Schreiben Sie „Fest der Vielfalt" an die Tafel und notieren Sie relevanten Wortschatz bzw. ergänzen Sie auf Zuruf die Assoziationen der TN. *Hinweis:* Gehen Sie an dieser Stelle noch nicht darauf ein, was sich hinter dem Namen des Festes wirklich verbirgt. Das wird dann in Aufgabe 4 noch einmal aufgegriffen.	Folie/IWB	
	PA	2. Fragen Sie weiter, welche der Personen die TN bereits kennen und was sie über sie wissen. Die meisten der abgebildeten Personen sind den TN in *Schritte international Neu* bereits begegnet. Die TN sprechen mit ihrer Partnerin / ihrem Partner und machen sich Notizen zu den einzelnen Personen. Die Sprechblasen erleichtern ihnen den Einstieg. *Hinweis:* Wenn Ihr Kurs aus „alten" und „neuen" TN besteht, also aus TN, die unterschiedlich lange mit *Schritte international Neu* gelernt haben, sorgen Sie dafür, dass alte und neue TN möglichst als gemischte Paare zusammenarbeiten und es so eine echte Informationslücke gibt, die einer der Partner füllen kann. Auf diese Weise wird die Kommunikation noch authentischer.		
	PA	3. Die TN hören die Foto-Hörgeschichte und vergleichen mit ihren Notizen.	CD 6/33–36	
2		**Beim zweiten Hören: Details verstehen**		
	PA	1. Die TN hören die Foto-Hörgeschichte noch einmal. Dabei achten sie besonders darauf, was sie über die Personen Neues erfahren, und machen sich Notizen. Abschlusskontrolle im Plenum. *Lösung: Mischa: hatte die erste Idee zu dem Fest; August Wirth: findet das Fest prima; Hubert Berner: kennt August Wirth; Tobias: seine Freundin ist Libanesin; Lara: ist mit Tim verheiratet und hat ein Baby; Leon: hat noch nie so gute Baklava gegessen* *Hinweis:* Gehen Sie an dieser Stelle noch nicht auf den Titel der Foto-Hörgeschichte ein. Darum geht es später in Schritt B.	CD 6/33–36	
	PL	2. *fakultativ:* Fragen Sie, wer Tobias' Freundin sein könnte. Die TN stellen aufgrund der Infos in der Foto-Hörgeschichte Vermutungen an. *Lösung: Amira, die die TN bereits aus „Ellas Film" in Schritte international Neu 6 / Lektion 13 kennen.* Wenn Sie möchten, können Sie an dieser Stelle noch einmal den Film zeigen.	„Ellas Film" Lektion 13	
	PL	3. *fakultativ:* In Foto 4 sagt Ella: „Wir schaffen das!" Fragen Sie, was Ella damit meint und von wem diese Aussage ursprünglich stammt. Vielleicht weiß jemand, dass diese Aussage von Bundeskanzlerin Angela Merkel stammt. Erklären Sie, dass Angela Merkel dies 2015 bezogen auf die Flüchtlingspolitik bzw. konkret auf die Aufnahme von Flüchtlingen in Deutschland bezogen hat und dieser Satz in den Folgejahren immer wieder kritisch diskutiert wurde.		

3	Nach dem Hören: Über Details sprechen		
PL	1. Fragen Sie, aus welchen Ländern bzw. welcher Region die mitgebrachten Speziali-täten stammen. Spielen Sie, wenn nötig, die Foto-Hörgeschichte noch einmal vor. Abschlusskontrolle im Plenum. *Lösung: Baklava: aus dem Libanon, Piroggen: aus Polen, Krabbensalat: aus Hamburg*	CD 6/33–36	

4	Nach dem Hören: Vermutungen vergleichen		
PL	1. Erinnern Sie die TN noch einmal an die Eingangsfrage, was hier gefeiert wird, und greifen Sie auf das Assoziogramm / die Tafelanschrift zurück. Die TN vergleichen und korrigieren ihre Vermutungen anhand der Informationen aus der Foto-Hörgeschichte.		

5	Erweiterungsaufgabe: „Ellas Kolumne": „Ein Fest der Vielfalt"		
EA/PA ⟷	1. Die TN lesen zuerst die Aufgabenstellung und dann „Ellas Kolumne". Geübtere TN lösen die Aufgabe in Stillarbeit, ungeübtere TN arbeiten paarweise zusammen. TN, die schneller fertig sind, formulieren weitere Fragen zum Text, die anschlie-ßend im Plenum gestellt werden können. Abschlusskontrolle im Plenum. *Lösung: Hubert und Mischa haben das „Fest der Vielfalt" veranstaltet, damit Menschen sich einfach mal treffen und kennenlernen. Zuerst haben sie befürchtet, dass vielleicht nicht genug Leute mitmachen würden. Wer wollte, hat Essen nach Rezepten aus seiner Heimat mitgebracht. Das Fest wird wiederholt, weil es ein vol-ler Erfolg war.*		

6	Anwendungsaufgabe: Die eigene Meinung äußern		
GA	1. Die TN finden sich in Gruppen von drei bis vier TN zusammen und tauschen sich darüber aus, wie sie die Idee, ein „Fest der Vielfalt" zu organisieren, finden. *Hinweis: Dieses Thema wird dann in Schritt A noch einmal aufgegriffen.*		
🎬 Ellas Film	In „Ellas Film": „Eine schwere Entscheidung" erfahren die TN von einem Jobangebot für Ella, das sie vor eine schwere Entscheidung stellt: Die Journalistin Jessica Langer, die die TN bereits aus *Schritte international neu 6* / Lektion 8 kennen, bietet Ella eine Stelle beim „Abendspiegel" in Berlin an. Sie muss sich aber noch am selben Tag entscheiden, ob sie Samis Redaktion beim „Stadt-Kurier" verlassen will. Am Ende des Films werden die TN gefragt, wie sich Ella ihrer Meinung nach entscheiden sollte.	„Ellas Film" Lektion 14	
	Sie können den Film beispielsweise als Einstieg in Schritt D einsetzen. Fordern Sie die TN zunächst auf, sich die Foto-Hörgeschichte aus *Schritte international Neu 6* / Lektion 8 noch einmal in Erinnerung zu rufen. Bei Bedarf können sich die TN die Fotos oder auch die Foto-Hörgeschichte noch einmal ansehen. Fragen Sie, wovon Ella immer geträumt hat und wie die TN sich jetzt an Ellas Stelle entscheiden wür-den: Soll sie das Jobangebot annehmen oder nicht? Sie können den Kurs z. B. in Kleingruppen von vier TN einteilen. Jeweils zwei TN sammeln Argumente dafür, die anderen zwei sammeln Argumente dagegen. Anschließend diskutieren sie in der Gruppe und einigen sich. Stimmen Sie abschließend im Kurs darüber ab, wie Ella auf das Jobangebot reagieren sollte und lassen Sie die TN dies begründen.		

A LECKERE VIELFALT!

Wiederholung der Wortbildung von Nomen

Lernziel: Die TN können über regionale Spezialitäten sprechen sowie ein Fest planen.

	Form	Ablauf	Material	Zeit
A1		**Aktivierung von Vorwissen: Über Spezialitäten aus den deutschsprachigen Ländern sprechen**		
	PA	1. Fragen Sie die TN, welches Essen für sie typisch für Deutschland, Österreich oder die Schweiz ist. Die TN tauschen sich mit ihrer Partnerin / ihrem Partner aus und machen sich Notizen. Die Bücher bleiben dabei noch geschlossen.		
	PL	2. Schreiben Sie „Essen in den deutschsprachigen Ländern" an die Tafel und ergänzen Sie das Assoziogramm auf Zuruf. Fordern Sie die TN auf, ihre Speise ggf. zu beschreiben, wenn sie nicht allen bekannt ist.		
A2		**Hörverstehen: Wesentliche Inhalte und Details verstehen**		
a	PL	1. Die TN sehen sich die Fotos an und lesen die Spezialitätennamen. Fragen Sie, wer eine der Spezialitäten kennt und beschreiben kann oder weiß, wo diese herkommt. Ggf. können die TN auf der Landkarte den Ort oder die Region zeigen.	Folie/IWB	
	EA/PA	2. Die TN lesen die Aufgabenstellung und sehen sich das Beispiel an. Dann hören sie die Hörtexte und verbinden die übrigen Personen, Orte und Spezialitäten. Spielen Sie die Tracks, wenn nötig, zweimal vor. Geübtere TN lösen die Aufgabe in Stillarbeit, ungeübtere TN arbeiten zu zweit. Abschlusskontrolle im Plenum. Fordern Sie die TN auf, ihre Lösung nach folgendem Muster zu präsentieren: „Nummer 1 kommt aus Husum. Von dort kommen die Nordseekrabben." Dabei zeigen die TN an der Folie / am IWB den Ort auf der Landkarte. *Lösung: 2 Frankfurt E (Grüne Soße); 3 München A (Weißwurst); 4 Aarau B (Rüeblitorte); 5 Weimar F (Rostbratwurst); 6 Krems D (Marillenknödel)*	Folie/IWB, CD 6/37–42	
b	EA/PA	3. Die TN lesen die Aufgabenstellung und die Aussagen. Dabei kreuzen sie aus dem Gedächtnis an, was richtig ist. Die TN hören die Hörtexte ein zweites Mal und vergleichen ihre Lösungen. Sie streichen durch, was falsch ist und korrigieren die Aussagen. Spielen Sie die Tracks bei Bedarf zweimal vor. Geübtere TN lösen die Aufgabe in Stillarbeit, ungeübtere TN arbeiten zu zweit. Abschlusskontrolle im Plenum. *Lösung: richtig: 1, 4, 6; 2 ~~Sommer~~ Frühling, 4 ~~scharfen~~ süßen, 5 ~~nur in speziellen Restaurants~~ fast überall in kleinen Imbissbuden*	CD 6/37–42	
A3		**Wortschatzarbeit: Wortbildung Nomen**		
	PL	1. Sehen Sie sich mit den TN die Beispiele im Buch an und fordern Sie die TN auf, die Wortbildung der zusammengesetzten bzw. abgeleiteten Nomen anhand der Beispiele im Buch zu erklären und zu benennen, wonach sich der Artikel jeweils richtet. Die TN kennen die Wortbildung bereits aus *Schritte international Neu 4* / Lektion 10 und Lektion 14 bzw. *Schritte international Neu 1* / Lektion 4.	Folie/IWB	
	EA/PA	2. Die TN ordnen die übrigen zusammengesetzten Nomen zu und zerlegen sie in ihre Bestandteile wie in den Beispielen vorgegeben. Geübtere TN lösen die Aufgabe in Stillarbeit, ungeübtere TN arbeiten zu zweit. Gehen Sie herum und helfen Sie bei Schwierigkeiten. Abschlusskontrolle im Plenum. Verweisen Sie an dieser Stelle auch auf die Grammatikübersicht 1 (Kursbuch, S. 174). Die kleine Schreibaufgabe lösen die TN als Hausaufgabe und geben sie Ihnen zur Korrektur ab.		

		Wer mit der Aufgabe früher fertig ist, überlegt, welche Speisen aus Deutschland, Österreich oder der Schweiz er noch kennt und macht sich Notizen. Er kann dann seiner Partnerin / seinem Partner erzählen, ob ihm diese Speisen schmecken und wann er sie zum ersten Mal gegessen hat. *Musterlösung (Schreibaufgabe): das Wasser + die Flasche = die Wasserflasche, schreiben + der Tisch = der Schreibtisch, die Blume + der Topf = der Blumentopf, bestätigen = die Bestätigung, das Auto + die Bahn = die Autobahn, schwarz + das Brot = das Schwarzbrot* *Lösung: Typ „Volksfest": das Volk + s + das Fest = das Volksfest, der Oktober + das Fest = das Oktoberfest, der Mittag + s + die Pause = die Mittagspause, der Fisch + das Brötchen = das Fischbrötchen, die Krabben + der Salat = der Krabbensalat, die Kräuter + die Soße = die Kräutersoße, der Apfel + der Wein = der Apfelwein* *Typ „Weißwurst": weiß + die Wurst = die Weißwurst, weiß + das Bier = das Weißbier* *Typ „Bratwurst": braten + die Wurst = die Bratwurst, rühren + das Ei = das Rührei* *Typ „Erinnerung": erinnern → die Erinnerung, ernähren → die Ernährung, zubereiten → die Zubereitung*		
	EA/HA	Arbeitsbuch 1		
	EA/GA/HA 👄	Arbeitsbuch 2–3: im Kurs: Die TN hören in Übung 2 zunächst die einzelnen Silben und dann das ganze Wort und sprechen nach. Dabei achten sie besonders auf die Betonung. Bei zusammengesetzten Nomen liegt der Hauptakzent immer auf dem Bestimmungswort, der Nebenakzent auf dem Grundwort. Dann hören die TN Sätze mit zusammengesetzten Nomen und sprechen diese nach. In Übung 3 versuchen die TN, aus den vorgegebenen Wörtern so viele zusammengesetzte Nomen wie möglich zu bilden. Wenn Ihre TN gern miteinander wetteifern, können Sie sie in Kleingruppen gegeneinander antreten lassen. Geben Sie ein Zeitlimit, z.B. drei Minuten, vor, in dem die TN so viele zusammengesetzte Nomen wie möglich finden sollen. Dann sprechen sie ihre Wörter zunächst langsam, dann schnell – immer mit Fokus auf der richtigen Betonung.	AB-CD 2/47–49	

A4 Freies Sprechen: Über regionale Spezialitäten sprechen

	GA	1. Die TN lesen die Aufgabenstellung und die Beispiele in den Sprechblasen. Dann sprechen sie in Kleingruppen von drei bis vier TN über regionale Spezialitäten, die sie besonders gern essen. Verweisen Sie an dieser Stelle auf die Redemittelübersicht „Über regionale Spezialitäten sprechen: Ich liebe ..." (Kursbuch, S. 175). Gehen Sie herum und helfen Sie bei Schwierigkeiten. Die kleine Schreibaufgabe lösen die TN als Hausaufgabe und geben sie Ihnen zur Korrektur ab.		
	EA/PA/HA Schreibtraining ◀▶	Arbeitsbuch 4: im Kurs: Die TN ordnen zunächst die Redemittel wie im Beispiel vorgegeben den Fragen zu. Geübtere TN lösen die Aufgabe in Stillarbeit, ungeübtere TN arbeiten zu zweit. Abschlusskontrolle im Plenum. Anschließend lesen die TN die Aufgabenstellung 4b sowie den Lerntipp. Sie notieren Fragen, die sie in ihrem Text beantworten wollen, bringen diese in eine sinnvolle Reihenfolge und notieren die passenden Redemittel dazu aus 4a. Erst nach dieser Vorbereitung schreiben die TN über die gewählte Spezialität. Wer möchte, kann sich dabei am Beispiel im Buch orientieren. Wer schneller fertig ist, sucht im Internet nach einem passenden Foto. Lassen Sie die TN dann ihre Texte im Kurs vorlesen, ggf. ein Foto davon zeigen und die Region, aus der die Spezialität kommt, auf der Landkarte zeigen. Auf diese Weise erfahren die TN nicht nur etwas über die Spezialitäten der anderen, sondern die mehrfache Wiederholung der Redemittel im Kontext trägt auch dazu bei, dass sich diese besser einprägen. *Variante:* Wenn Sie nicht so viel Zeit haben, dass alle ihre Texte im Plenum vorlesen können, können die TN diese auch in Kleingruppen präsentieren und anschließend im Kursraum aufhängen, sodass sich die anderen anhand der „Wandzeitung" auch über die Spezialitäten der anderen TN informieren können. Sammeln Sie die Texte dann am Ende des Kurstages zur Korrektur ein.	Landkarte oder Weltkarte	

A5		Aktivität im Kurs: Ein Fest gemeinsam planen		
a	GA	1. Kommen Sie noch einmal auf das „Fest der Vielfalt" in der Foto-Hörgeschichte zurück und schlagen Sie vor, mit dem Kurs ebenfalls ein Fest zu veranstalten. Die TN finden sich in Kleingruppen von vier TN zusammen. Sie lesen die Aufgaben- stellung sowie die Redemittel in der Sprechblase und in der Redemittelübersicht „Ein Fest planen: Ich bringe ... mit." (Kursbuch, S. 175). Dann tauschen sie sich in der Gruppe über die Fragen aus und einigen sich. Die kleine Schreibaufgabe lösen die TN als Hausaufgabe und geben sie Ihnen zur Korrektur ab. *Musterlösung (Schreibaufgabe): Ich kümmere mich um die Einladungen. – Ich bringe einen Nudelsalat mit. Und du? – Ich kann einen Käsekuchen machen.*		
b	GA	2. Die TN sehen sich das Fest-Plakat im Buch an und erstellen analog eins für ihr eigenes Fest. Der Fantasie sind dabei keine Grenzen gesetzt. Geben Sie aber ein Zeitlimit vor, damit alle Plakate gleichzeitig im Kursraum aufgehängt werden kön- nen. Bitten Sie die TN, die Plakate im Kursraum verteilt aufzuhängen.	Plakate, dicke Stifte	
	EA	3. Die TN gehen von Plakat zu Plakat und lesen, was auf den einzelnen Festen gebo- ten wird. Fordern Sie die TN dann auf, sich individuell für eines der Feste zu ent- scheiden und sich zum jeweiligen Plakat zu stellen. Anschließend begründen sie ihre Wahl analog zum Beispiel im Buch.		
Projekt		4. *fakultativ:* Wenn Sie genügend Zeit haben und Ihre TN gern etwas zusammen unternehmen, können Sie mit Ihrem Kurs ein Fest feiern. Dazu bringt jeder TN sein Lieblingsessen oder eine regionale Spezialität mit. Bevor die Speisen im Kurs gemeinsam gegessen werden, stellt jeder sein Essen kurz vor. Zur Vorbereitung der Präsentation können Sie die Kopiervorlage verteilen, um den TN einige Wendungen zur Präsentation ihres Lieblingsessens an die Hand zu geben und gleichzeitig ihren Wortschatz zu erweitern. Einige der Redemittel haben die TN bereits in den Hörtexten zu A2 gehört. Die TN präsentieren ihre Speisen anschließend im Kurs. Dann kann zusammen gegessen und gefeiert werden! *Hinweis:* Geben Sie den TN ausreichend Zeit, ihre Präsentation sowie das Essen zu Hause vorzubereiten. Hier können auch TN, die sprachlich nicht so stark sind, punkten und sich den anderen noch einmal von einer anderen, kreativen Seite zeigen. Das trägt nicht nur zum besseren gegenseitigen Kennenlernen bei, sondern kann auch das Selbstvertrauen der TN stärken und sich wiederum positiv auf das Lernen auswirken. *Variante:* Wenn Ihre TN gern kochen, können sie auch wahlweise die Rezepte und Fotos für regionale Spezialitäten oder für ihre Lieblingsgerichte miteinander auf einem Blog teilen oder gemeinsam ein virtuelles Kochbuch erstellen. Auf diese Weise haben die TN später nicht nur eine schöne Erinnerung an den Kurs, sondern erhalten auch die Möglichkeit, die Speisen der anderen zu Hause nachzukochen. Wer nicht so gern schreibt, kann ein kleines Video von der Herstellung seiner Spe- zialität oder seines Lieblingsessens machen und mit den anderen z. B. auf YouTube teilen.	KV L14/A5	
	EA/PA/ GA	5. *fakultativ:* Wenn Sie das Thema Landeskunde erweitern wollen, können Sie an dieser Stelle den Film „Bilder aus den deutschsprachigen Ländern" aus der Rubrik „Zwischendurch mal ..." (Kursbuch, S. 176/177) einsetzen.	ZDM	
	EA/PL	6. *fakultativ:* Wenn Sie mit Ihren TN das Schreiben üben möchten, fordern Sie die TN auf, über ein Fest in ihrem Land oder einem Land ihrer Wahl zu schreiben und insbesondere darauf einzugehen, was an diesem Fest typischerweise gegessen wird. Die TN geben Ihnen ihre Texte dann am nächsten Kurstag zur Korrektur ab. Wenn Zeit dazu ist, können die TN aber auch im Plenum mündlich davon berichten.		

B HEIMAT

Wiederholung der Verben mit Präpositionen und Wiederholung der Präpositionaladverbien

Lernziel: Die TN können eine Reportage zum Thema verstehen und über Heimat sprechen.

	Form	Ablauf	Material	Zeit
B1		**Eine Definition für „Heimat" finden**		
	GA	1. Die TN lesen in Kleingruppen die Wörter im Schüttelkasten und die Sprechblase. Verteilen Sie an jede Gruppe ein Plakat und fordern Sie die TN auf, ein Assoziogramm zum Begriff „Heimat" zu erstellen. Fragen Sie die TN zunächst, woran sie bei „Heimat" denken oder woran sie sich erinnern. Ermutigen Sie sie, dabei auch sinnliche Eindrücke, wie Erinnerungsbilder, Gerüche, Geräusche oder Geschmäcker mit einzubeziehen: Wie riecht ihre Heimat? Welche Farbe hat ihre Heimat für sie? Wie schmeckt sie?	Plakate, Farbstifte oder Wachsmalkreiden	
	PL/ GA	2. Gehen Sie zusammen mit den TN die Redemittelübersicht „Sagen, was man mit einem Begriff verbindet: Ich denke an …" (Kursbuch, S. 175) durch. Anschließend sprechen die TN in der Gruppe über ihre Assoziationen zu „Heimat" und verwenden dabei die Redemittel aus der Übersicht. Die kleine Schreibaufgabe zum Thema „Glück" lösen die TN als Hausaufgabe und geben sie Ihnen zur Korrektur ab. Wer möchte, kann seine eigene Definition von Glück ergänzen. *Musterlösung (Schreibaufgabe): Mit dem Begriff „Glück" verbindet sie die Liebe zu ihrem Mann. Sie denkt an ihr kleines Baby und träumt von einem schönen Urlaub und einem großen Auto.*		
	PL	3. Die Gruppen stellen ihre Plakate im Plenum vor. Hängen Sie die Plakate abschließend im Kursraum auf, sodass die TN auch in der Pause noch einmal darauf zurückkommen und sich mit anderen TN darüber unterhalten können.	Plakate	
B2		**Leseverstehen: Eine Reportage verstehen**		
a	EA/PA ⟷	1. Die TN lesen die Reportage und markieren, welche Begriffe aus B1 vorkommen bzw. was „Heimat" für Amira und Burak bedeutet. Geübtere TN lösen die Aufgabe in Stillarbeit, ungeübtere TN arbeiten paarweise zusammen. Abschlusskontrolle im Plenum. *Lösung: Land, Familie, Wurzeln, Musik, Fest, Essen, Gerüche, Kultur, Gefühl, zu Hause, Sprache;* *Für Amira ist Heimat ein bestimmtes Lebensgefühl. Die Feste bei ihren Verwandten im Libanon mit dem leckeren Essen und der Musik gehören genauso dazu wie ihre Geburtsstadt Berlin mit ihren Freunden, der deutschen Sprache und der Ausbildung. Es ist schwer für sie zu beschreiben. Heimat ist für sie da, wo sie sich wohlfühlt, wo sie verstanden wird.* *Burak kann nicht so einfach sagen, was für ihn Heimat bedeutet. Er ist in Deutschland aufgewachsen und hat guten Kontakt zu Freunden und Nachbarn. Die Sommerferien hat er aber immer bei seinen Großeltern in der Türkei verbracht, dort hat er eine sehr große Familie. Deutschland ist seine erste und die Türkei seine zweite Heimat.*		

b	PA	2. Die TN lesen die Fragen und beantworten sie zusammen mit ihrer Partnerin / ihrem Partner, nachdem sie den Text noch einmal gelesen haben. Abschluss-kontrolle im Plenum. Verweisen Sie abschließend auf den Titel der Foto-Hör-geschichte „Heimat ist, wo du Freunde hast." und fragen Sie die TN, was sie von dieser Aussage halten. *Lösung: 1 Amira erinnert sich vor allem an die vielen Feste sehr gut. 2 Libanesen freuen sich immer über Besuch. 3 Amira denkt gern an die Gerüche in der Küche. 4 Heimat ist für Amira dort, wo sie sich wohlfühlt und wo sie verstanden wird. 5 Deutschland und speziell Bayern gehören zu Buraks Gefühl von Heimat. 6 Als kleiner Junge hat Burak von einer Karriere als Profi-Fußballer bei Bayern München geträumt. 7 Seine Sommerferien hat Burak früher bei seinen Großeltern in der Türkei verbracht.*		
c	PL	3. Greifen Sie Amiras Antwort auf und schreiben Sie Folgendes an die Tafel: + Wor an erinnerst du dich? – Vor allem an die vielen Feste erinnere ich mich sehr gut. + Erinnerst du dich an die vielen Feste im Libanon? – Ja, dar an erinnere ich mich sehr gut. Erinnern Sie die TN anhand des Tafelbildes daran, dass einige Verben im Deut-schen fest mit einer Präposition verbunden sind. Diese haben sie in *Schritte inter-national Neu 3* / Lektion 5 bereits kennengelernt und in *Schritte international Neu 5* / Lektion 7 noch einmal wiederholt. Auch kennen die TN bereits die entspre-chenden Fragewörter, die aus „wo + (r) + Präposition" gebildet werden sowie die Präpositionaladverbien, die aus „da + (r) + Präposition" gebildet werden.		
	EA/PA ⟷	4. In der Tabelle sind weitere Verben mit festen Präpositionen aufgelistet. Fordern Sie die TN auf, die Tabelle zu ergänzen. Geübtere TN lösen die Aufgabe in Still-arbeit, ungeübtere TN arbeiten zu zweit. Wer früher fertig ist, ergänzt die Tabelle um weitere Verben mit festen Präpositionen und um den zugehörigen Kasus, also Dativ oder Akkusativ. Abschlusskontrolle im Plenum. Verweisen Sie in diesem Zusammenhang auch auf die Grammatikübersichten 2 und 3 (Kursbuch, S. 174). Die kleine Schreibaufgabe lösen die TN als Hausaufgabe und geben sie Ihnen zur Korrektur ab. Wer möchte, kann seine Antworten auch im Kurs präsentieren. Auf diese Weise lernen sich die TN besser kennen, was zu einem positiven Lernklima beitragen kann. *Lösung: denken an – daran – woran ...?, verbinden mit – damit – womit ...?, sich freuen über – darüber – worüber ...?, gehören zu – dazu – wozu ...?, träumen von – davon – wovon ...? Musterlösung (Schreibaufgabe): Ich interessiere mich für Literatur und Kino. Ich beschäftige mich am liebsten mit Politik und Geschichte. Ich weiß viel über die Kontinente Asien und Australien.*		
	EA/HA	Arbeitsbuch 5		
	EA/HA Wiederholung	Arbeitsbuch 6–7: Mit diesen Übungen können Sie die Verben mit Präpositionen sowie die zugehörigen Fragewörter und Präpositionaladverbien noch einmal wiederholen.		
	EA/PA Wiederholung ⟷	Arbeitsbuch 8–9: im Kurs: Die TN bearbeiten Übung 8. Geübtere TN lösen die Übung in Stillarbeit, ungeübtere TN arbeiten zu zweit. Wer fertig ist, wählt in Übung 9 vier der angegebenen Verben und formuliert eine Frage für seine Partnerin / seinen Partner. Schnellere TN schreiben zu allen acht Verben eine Frage. Anschließend stellen sich die TN gegenseitig ihre Fragen und antworten.		
	EA/HA	Arbeitsbuch 10–11	AB-CD 2/50–52	
	EA/HA	Arbeitsbuch 12		

B3	Schreibprojekt: Über den persönlichen Heimatbegriff schreiben		
a	EA/HA	1. Die TN lesen die Aufgabenstellung. Geben Sie Gelegenheit zu Rückfragen. Die TN beschreiben mit eigenen Worten, was Heimat für sie persönlich bedeutet. Dabei können sie auf das Assoziogramm aus B1 zurückgreifen. Verweisen Sie auch noch einmal auf die Redemittel „Sagen, was man mit einem Begriff verbindet: Ich denke an ..." (Kursbuch, S. 175). Gehen Sie herum und helfen Sie bei Schwierigkeiten. Wer früher fertig ist, findet passende Bilder zur Illustration seines Heimatbegriffs. *Variante:* Wenn Sie im Kurs nicht so viel Zeit haben, können Sie die Aufgabe auch als Hausaufgabe aufgeben.		
b	GA	2. Die TN wählen ein Redaktionsteam, das alle Texte der TN zusammenfasst und eine Kursreportage daraus macht. Dabei können sie sich an der Reportage in B2 orientieren und z. B. ein Foto von jedem TN ergänzen. *Variante:* Richten Sie einen Kursblog ein, wo jeder TN seinen Beitrag selbst posten kann. Sie können den Blog öffentlich machen oder aber auch als privaten Blog nur für die Kursteilnehmer zugänglich machen. Besprechen Sie das vorab mit den TN.		
	EA/HA	Arbeitsbuch 13–14		

C BLICK AUF EUROPA

Lernziel: Die TN können über Europa und die Europäische Union sprechen.

	Form	Ablauf	Material	Zeit
C1	Partner-Interview: Europäische Länder			
	PA	1. Die TN finden sich paarweise zusammen und befragen sich gegenseitig wie im Buch angegeben. Dehnen Sie die Aktivität nicht zu lange aus, es geht nur um eine Einstimmung der TN auf das Thema Europa.		
	PL	2. Die TN berichten, was sie über ihre Partnerin / ihren Partner erfahren haben. *Variante:* Um bei großen Gruppen die Aufmerksamkeit der Zuhörer aufrechtzuerhalten, erstellen Sie eine Kursstatistik. Teilen Sie die TN dazu in drei Gruppen ein. Gruppe A notiert, in welchen Ländern die TN bereits waren, Gruppe B, in welchen Ländern sie Verwandte und Freunde haben, und Gruppe C, welche Länder die TN gern noch kennenlernen möchten. Jede Gruppe führt eine Strichliste mit den genannten Ländern: Welches Land wurde am meisten bereist, wo leben die meisten Verwandten oder Freunde der TN und welches ist das beliebteste Reiseziel?		
C2	Eine Mindmap zum Thema Europa			
	PL	1. Verdeutlichen Sie am Beispiel im Buch, wie eine Mindmap funktioniert: Die TN sammeln ausgehend von einem Begriff Begriffe, die sie immer weiter differenzieren, bis ein richtiges Gedankennetz rund um den Ausgangsbegriff entsteht. Ergänzen Sie exemplarisch einige der Oberpunkte auf Zuruf der TN.		
	GA	2. Die TN finden sich in Gruppen von drei bis vier TN zusammen und erstellen eine Mindmap zu Europa. Machen Sie die TN, wenn nötig, darauf aufmerksam, dass es nicht um möglichst viel Wissen geht, sondern um das, was sie persönlich mit Europa verbinden. Geben Sie ein Zeitlimit vor, beispielsweise 10 Minuten.		

PL	3. Anschließend versprachlichen die TN ihre Mindmap, d. h. sie erzählen anhand der Stichpunkte, was Europa für sie bedeutet und nehmen die Präsentation ihrer Mindmap mit ihrem Smartphone auf. Achten Sie darauf, dass alle TN zu Wort kommen. Anschließend werden die Mindmaps und Videos im Plenum präsentiert. Die anderen Gruppen hören zu und fragen nach, wenn etwas unklar ist. *Variante:* Die Gruppen hängen ihr Mindmaps im Kursraum auf. Die TN gehen umher und betrachten die Mindmaps der anderen Gruppen. Sollte ihnen ein Aspekt, der auf der eigenen Mindmap fehlt, wichtig erscheinen, können sie ihn auf ihrer Mindmap ergänzen oder bei unklaren Begriffen nachfragen.	Smartphone	

	Die Mindmap ist auch eine gute Lernstrategie für das Lernen und Wiederholen von Vokabeln. Die Wörter eines Wortfelds werden zueinander in Beziehung gebracht und können so leichter memoriert werden. Versuchen Sie die Technik mit den TN einmal anhand eines für sie relevanten Wortfelds. Weisen Sie die TN darauf hin, dass sie sich ihre Mindmaps aufbewahren sollten, denn mit zunehmenden Kenntnissen können diese erweitert und noch weiter differenziert werden. So sehen die TN auch ihren Lernfortschritt. Oder Sie erstellen mit dem Kurs eine Art Kurswortschatz, indem die TN in Gruppen zu verschiedenen Wortfeldern jeweils eine Mindmap erstellen. Bieten Sie ihnen in den folgenden Stunden kurze Wortschatzarbeitssequenzen mit diesem gesammelten Wortschatz an, z. B. zu einem Themenkreis das Lieblings- oder Hasswort notieren und an die Wand hängen. Oder die TN geben an, welches Wort sie besonders leicht oder schwierig zu lernen finden und warum.	

C3 Landeskunde: Fakten über die Europäische Union

a	EA/PA	1. Fragen Sie, ob die Personen die Europäische Union (EU) eher positiv oder negativ sehen. Die TN hören die Umfrage und symbolisieren die Einstellung der Personen mit einem Smiley. Geübtere TN lösen die Aufgabe in Stillarbeit, ungeübtere TN arbeiten paarweise zusammen. Abschlusskontrolle im Plenum. *Lösung: 2 ☹, 3 ☺, 4 ☺, 5 ☹*	CD 6/43–47	
b	EA/PA	2. Fragen Sie, worüber die Personen sprechen. Die TN lesen die Stichpunkte. Gehen Sie bei Bedarf auf Wortschatzfragen ein. Dann hören die TN die Umfrage noch einmal, wenn nötig auch mehrfach, und kreuzen an. Geübtere TN lösen die Aufgabe in Stillarbeit, ungeübtere TN arbeiten paarweise zusammen. Abschlusskontrolle im Plenum. *Lösung: Lisa: Grenzkontrollen, eine gemeinsame Währung; Julian: Kosten, Sprachen; Elena: Reisefreiheit, Studium, eine gemeinsame Währung; Kim: Gemeinsamkeiten bei Europäern; Manuel: Frieden und Demokratie, Solidarität*	CD 6/43–47	
	PL	3. Die TN vergleichen in einem kurzen Gespräch die Antworten der jungen Deutschen mit ihrer eigenen Meinung zu Europa.		
	EA/HA	Arbeitsbuch 15		

C4 Aktivität im Kurs: Länder raten

	GA	1. Die TN finden sich in Kleingruppen von drei bis vier TN zusammen und sammeln Informationen zu einem europäischen Land, das die anderen erraten sollen. Geben Sie den TN dafür ca. 10 Minuten Zeit. Verweisen Sie an dieser Stelle auf die Redemittelübersicht „Ein Land beschreiben: Das Land grenzt an ..." (Kursbuch, S. 175).		
	PL	2. Die Gruppen stellen ihr Land vor, ohne den Namen des Landes zu nennen. Die anderen raten. Die Gruppe, die ein Land erraten hat, ist als Nächstes dran.		

	Form	Ablauf	Material	Zeit
	GA	3. *fakultativ:* Alternativ oder zusätzlich können Sie mit den TN das in vielen Ländern bekannte Fernsehquiz „Wer wird Millionär?" spielen. Schneiden Sie dazu die Quizkarten der Kopiervorlage aus. Die TN finden sich in Kleingruppen von fünf TN zusammen, einer ist der Moderator, die anderen die Kandidaten. Jeder Moderator erhält einen Satz Quizkarten. Jeder Moderator stellt seinen Kandidaten die Einstiegsfrage. Wer am schnellsten antwortet, wird Kandidat. Der Moderator beginnt, der Reihe nach die Fragen 1–10 zu stellen. Jede Frage ist einen „Geldbetrag" wert. Der Kandidat antwortet. Wenn er nicht weiterweiß, hat er für das gesamte Spiel drei Joker zur Verfügung: Er darf das Publikum (= die übrigen drei Kandidaten) befragen, jemanden „anrufen" (= Sie) oder den 50/50-Joker wählen (= der Moderator streicht zwei Falschantworten weg, sodass der Kandidat nur noch zwischen zwei Alternativen wählen muss). Sie/Er kann auch jederzeit aussteigen, wenn er nicht mehr weiterweiß und keine Joker mehr hat. Dann bekommt er „das Geld", das er bis dahin erspielt hat, vergibt aber die Chance, „Millionär" zu werden.	KV L14/C4	
	EA/PA/ HA	4. *fakultativ:* Wenn Sie das Thema „(Un)Zufriedenheit" auf den beruflichen Kontext beziehen und Ihren TN entsprechende Redemittel an die Hand geben möchten, können Sie dazu „Fokus Beruf: (Un)Zufriedenheit äußern" (Arbeitsbuch, S. 164) einsetzen.		
	EA/HA	Arbeitsbuch 16		

D BLICK ZURÜCK – BLICK NACH VORN

Lernziel: Die TN können über den eigenen Deutschlernweg und über ihre Zukunftspläne sprechen.

	Form	Ablauf	Material	Zeit
D1		**Rückblick und Ausblick: Ein persönliches Motto**		
	PA	1. *fakultativ:* Deuten Sie auf Ella und fragen Sie: „Ella hat Sie nun durch zwei Bände von *Schritte international Neu* begleitet. Was wissen Sie alles über Ella?" Die TN tauschen sich mit ihrer Partnerin / ihrem Partner darüber aus, was sie über Ella wissen, und machen sich Notizen. Sammeln Sie dann mündlich im Plenum.		
	PL	2. *fakultativ:* Schreiben Sie folgende Fragen an die Tafel: „Welches Angebot bekommt Ella?", „Von wem?", „Warum fällt ihr die Entscheidung so schwer?" Die TN sehen „Ellas Film": „Eine schwere Entscheidung" und beantworten die Fragen. Fragen Sie dann weiter, wie sich die TN an Ellas Stelle entscheiden würden und warum.	„Ellas Film" Lektion 14	
	PL	3. Leiten Sie dann von „Ellas Film" und ihrem möglichen Aufbruch zu etwas Neuem über zum Abschluss des Bandes *Schritte international Neu 6* und somit auch der Niveaustufe B1. Deuten Sie auf Ellas Foto und fragen Sie, wem Ella auf dem Foto die Daumen drückt und was „jemandem die Daumen drücken" eigentlich bedeutet. Die TN lesen den Text und beantworten die Fragen.		
	GA	4. Fragen Sie die TN nach ihrem persönlichen Motto zum Sprachenlernen. Die TN lesen die verschiedenen Mottos im Buch. Geben Sie Gelegenheit zu Verständnisfragen, bevor jeder TN für sich das Motto auswählt, das seine Einstellung zum Sprachenlernen am besten beschreibt. Anschließend tauschen sie sich in Kleingruppen von drei bis vier TN darüber aus, was ihr persönliches Motto konkret für ihr Sprachenlernen bedeutet, also wie sie es in die Tat umsetzen. Sie können ihr Gespräch mit dem Satz in der Sprechblase beginnen.		

D2	Rückblick: Über Situationen und Erlebnisse beim Sprachenlernen sprechen		
GA	1. Fordern Sie die TN auf, sich daran zu erinnern, wie es war, als sie mit dem Deutsch-lernen begonnen haben. Fragen Sie nach lustigen oder peinlichen Situationen, aber auch nach Erfolgserlebnissen. Die TN lesen die Sprechblase und tauschen sich in Kleingruppen von drei bis vier TN darüber aus.		

D3	Ausblick: Über Pläne zum Weiterlernen sprechen		
PL	1. Fragen Sie die TN, ob sie sich schon Gedanken gemacht haben, wie es nach dem Kurs weitergehen soll. Fragen Sie konkret nach den *B1-Prüfungen*, aber auch danach, ob sich die TN bereits über weiterführende Kurse informiert haben.		
PL	2. *fakultativ*: Bringen Sie ggf. Informationen zu den nächsten Kursen an Ihrer Institution mit und bieten Sie den TN an, sie individuell zu beraten.		
EA/HA Prüfung	Arbeitsbuch 17: im Kurs: Mit dieser Übung können Sie Ihre TN auf die Prüfungen *Goethe-Zertifikat B1* und *Zertifikat Deutsch*, Lesen, Teil 3 vorbereiten. Hier sollen die TN Situationsbeschreibungen lesen und diesen die jeweils passende Anzeige zuordnen. Weisen Sie die TN darauf hin, dass es bei der Prüfung *Goethe-Zertifikat B1* sieben Situationen und zehn Anzeigen sind.		

D4	Aktivität im Kurs: Kursabschluss: Sich voneinander verabschieden		
PL	1. Schreiben Sie Zettel mit den Namen aller TN. Jeder TN zieht einen Zettel, geht zu dem betreffenden TN, gibt ihm die Hand und sagt etwas Nettes zum Abschied.	Zettel	
	Variante: Jeder TN bekommt ein Blatt auf seinen Rücken geklebt. Dann gehen alle TN durch den Raum und schreiben sich gegenseitig etwas Nettes auf den Rücken. Wer möchte, kann mit seinem Namen unterschreiben.		
	Hinweis: Nehmen Sie sich ausreichend Zeit für diese letzte gemeinsame Aktivität, um den Kurs in einer guten Atmosphäre abzuschließen. Eine positive Atmosphäre und nette Worte der anderen TN können für die Motivation zum Weiterlernen, aber auch für die TN persönlich von großer Bedeutung sein.		
GA	*fakultativ:* Wenn Sie noch Zeit haben, können Sie hier die Wiederholungstationen zu *Schritte international Neu 6* anschließen.	KV L14/Wieder-holung	
Lektions-tests	Weisen Sie die TN auf den Selbsttest im Arbeitsbuch auf Seite 163 hin.		

AUDIOTRAINING

	Form	Ablauf	Material	Zeit
Audiotraining 1: Wie bitte?				
	EA/HA	Die TN hören eine Aussage und sollen mit „Wie bitte?" und dem passenden Frage-wort nachfragen, z. B. „Ich freue mich auf meinen Urlaub." Die TN formulieren: „Wie bitte? Worauf freust du dich?" Dabei kommt es auch auf die Satzmelodie an. Nach der Sprechpause hören die TN den korrekten Satz.	CD 6/48	

Audiotraining 2: Wofür interessieren Sie sich?

EA/HA	Die TN hören eine Frage mit einem Verb mit Präposition und ein Stichwort, mit dem sie eine passende Antwort formulieren sollen, z. B. „Wofür interessieren Sie sich? – Fotografie". Die TN formulieren: „Ich interessiere mich für Fotografie." Dabei kommt es auch auf die Satzmelodie an. Nach der Sprechpause hören die TN den korrekten Satz. Im zweiten Teil der Übung sollen die TN auf dieselben Fragen noch einmal frei antworten.	CD 6/49	

Audiotraining 3: Wir machen eine Party!

EA/HA	Die TN hören eine Aussage, die sie möglichst genauso wiederholen sollen. Sie hören z. B. „Kommt, wir machen eine Party!". Die TN wiederholen: „Kommt, wir machen eine Party!" Dabei kommt es vor allem auf die Satzmelodie an. Nach der Sprechpause hören die TN den Satz noch einmal.	CD 6/50	

ZWISCHENDURCH MAL ...

	Form	Ablauf	Material	Zeit
🎞		**Bilder aus den deutschsprachigen Ländern (passt z. B. zu A5)**		
1		**Beim ersten Sehen: Bilder wählen**		
a	EA/PA	1. *fakultativ:* Fragen Sie die TN, was sie mit den deutschsprachigen Ländern verbinden. Verteilen Sie an jeden TN eine Kopiervorlage. Fragen Sie die TN nach ihrem Bild von Deutschland, Österreich und der Schweiz und fordern Sie sie auf, ihre persönliche Karte der deutschsprachigen Länder zu gestalten. Sie können beispielsweise Orte, Personen, Ereignisse eintragen, die sie persönlich mit Deutschland, Österreich oder der Schweiz verbinden, aber sie können auch Gerüche, Geräusche, Gefühle und Stimmungen notieren oder grafisch darstellen. Der Fantasie sind quasi keine Grenzen gesetzt. Geben Sie ein Zeitlimit von ca. 15 Minuten vor. Anschließend tauschen sich die TN mit ihrer Partnerin / ihrem Partner über ihre Assoziationen aus.	KV L14/ZDM	
	EA	2. Die TN lesen den Text „Typisch für die deutschsprachigen Länder?" (Kursbuch, S. 177) und sehen dann den Film. Die TN merken sich drei Bilder, die für sie typisch für Deutschland, Österreich oder die Schweiz sind.		
	GA	3. Die TN lesen den Beispielsatz in der Sprechblase und tauschen sich in Kleingruppen von vier bis fünf TN über die gewählten Bilder aus. Sie beschreiben, was darauf zu sehen war und warum diese ihrer Meinung nach für die deutschsprachigen Länder repräsentativ sind.		
b	GA	4. Die TN vergleichen die Bilder, die in der Gruppe gewählt wurden: Haben einige die gleichen Bilder gewählt oder Bilder mit ähnlichen Themen? Fordern Sie die TN auf, ein Fazit zu ziehen, wie man das Bild von Deutschland, Österreich und der Schweiz der Gruppe mit wenigen Worten beschreiben kann.		

2		Nach dem Sehen: Bilder ergänzen		
	EA	1. Die TN ergänzen im Buch in den beiden leeren Feldern, was sie noch mit Deutschland, Österreich und der Schweiz verbinden. Sie können schreiben, zeichnen oder auch im Internet passende Fotos finden.	Smartphone/ Tablet	
	PA	2. Die TN lesen den Beispielsatz in der Sprechblase und tauschen sich mit ihrer Partnerin / ihrem Partner über ihre eigenen Bilder aus. Dabei gehen sie darauf ein, was man darauf sieht und warum sie das mit dem jeweiligen Land verbinden.		

3		Schreibaufgabe: Ein Kurs-Album erstellen		
	PA	1. Fordern Sie die TN auf, mit ihrer Partnerin / ihrem Partner eine Seite über ein deutschsprachiges Land zu schreiben. Dabei können sie unter anderem auf die Bilder eingehen, die sie sich aus dem Film gemerkt haben, aber auch auf die, die sie selbst ergänzt haben. Wer möchte, kann auch passende Bilder dazu malen oder passende Fotos dazu finden.	Smartphone/ Tablet	
	EA	2. *fakultativ:* Fordern Sie die TN auf, jeweils einen kurzen Einleitungstext zu ihrer Person zu schreiben und diesen ihrem Text voranzustellen. Wer möchte, kann auch ein Foto hinzufügen.		
	GA	3. Die TN wählen ein Redaktionsteam, das alle Texte der TN sammelt und zu einem Kurs-Album zusammenstellt. Sie können das Album entweder an alle TN digital verschicken oder ausdrucken, sodass alle eine schöne Erinnerung an den bald endenden Kurs mit nach Hause nehmen können. *Variante:* Alternativ können die TN auch einen Blog schreiben.		

FOKUS BERUF: (UN)ZUFRIEDENHEIT ÄUSSERN

Die TN können Zufriedenheit und Unzufriedenheit im beruflichen Kontext äußern.

	Form	Ablauf	Material	Zeit
		Da dieser Fokus möglicherweise nur für einen Teil der TN von Interesse ist, können die Übungen auch als Hausaufgabe gegeben werden.		

1		Vorwissen aktivieren: Über Zufriedenheit am Arbeitsplatz sprechen		
	PA ⟺	1. Fragen Sie, wann Chefs mit ihren Mitarbeitern zufrieden sind und umgekehrt. Die TN lesen das Beispiel in der Sprechblase und formulieren anhand der Stichpunkte weitere Aussagen. Wer früher fertig ist, kann weitere Beispiele ergänzen.		

2		Hörverstehen: Wesentliche Inhalte und Details verstehen		
a	EA	1. Die TN lesen die Aufgabenstellung. Dann hören sie das Gespräch und kreuzen an. Abschlusskontrolle im Plenum. *Lösung: 1 ☺, 2 ☹*	AB-CD 2/53	

b EA/PA ⟷	2. Fragen Sie: „Was ist falsch? Wie muss es richtig heißen?" Die TN lesen die Sätze. Dann hören sie das Gespräch noch einmal und korrigieren die Aussagen wie im Beispiel vorgegeben. Geübtere TN lösen die Aufgabe in Stillarbeit, ungeübtere TN arbeiten zu zweit. Abschlusskontrolle im Plenum. Notieren Sie auf Zuruf die Korrekturen an der Folie / am IWB. *Hinweis:* Stoppen Sie bei Bedarf den Track zwischendurch, sodass die TN die Korrekturen notieren können. *Lösung: 2* ~~lange mit den Kunden zu unterhalten~~ *intensiv um die Kunden zu kümmern,* *3* ~~im Urlaub~~ *krankgeschrieben, 4* ~~Die Auszubildende~~ *Die Praktikantin,* *5* ~~noch bessere Arbeit leisten könnte~~ *ausgezeichnete Arbeit leistet*	AB-CD 2/53, Folie/IWB	

3	**Wortschatzarbeit**		
EA/PA ⟷	1. Fragen Sie, mit welchen Wendungen man Zufriedenheit bzw. Unzufriedenheit ausdrücken kann. Die TN lesen die Redemittel und kategorisieren sie in „zufrieden" (+) und „unzufrieden" (–). Geübtere TN lösen die Aufgabe in Stillarbeit, ungeübtere TN arbeiten zu zweit. Abschlusskontrolle im Plenum. Gehen Sie dabei bei Bedarf auf Wortschatzfragen ein. *Lösung (von links oben nach rechts unten): +, –, –, +, +, +, -*		

4	**Rollenspiel**		
PA	1. Die TN lesen die Situationskarten und das Beispiel. Sie einigen sich auf eine Situation und machen sich Notizen, was sie sagen möchten. Dabei greifen sie auf die Redemittel in 3 zurück. Anschließend spielen sie das Gespräch. Paare, die früher fertig sind, können ein weiteres Gespräch spielen. Gehen Sie herum und helfen Sie bei Schwierigkeiten.		
HA	2. *Hinweis:* Wenn Sie „Fokus Beruf" als Hausaufgabe machen lassen, schreiben die TN die drei Gespräche auf und geben sie Ihnen zur Korrektur ab.		

Foto 1

- Wie lange dauert das denn noch?

- Viele Leute glauben, dass es toll und aufregend ist, „Journalistin" zu sein. Das stimmt auch.

- Manchmal ist es aber auch so was von langweilig! Zum Beispiel, wenn man auf einen Politiker wartet, den man interviewen soll.

- Je länger man wartet, desto schlechter wird die Stimmung.

- Das gibt's doch nicht! Wo bleibt denn der so lange?

Foto 2

▲ Na? Ihnen ist wohl auch langweilig, was?

● Oh ja! Sehr langweilig ...

▲ Tja, der wichtige Herr Müller lässt sich mal wieder Zeit.

● Ähm, hab' ich Sie nicht schon mal gesehen? Sie kommen mir so bekannt vor.

▲ Ich bin Jessica Langer.

● Wow, ja! Jessica Langer vom „Abendspiegel"!

▲ Und wer sind Sie?

● Ich heiße Ella Wegmann und ich arbeite für den „Stadt-Kurier".

▲ Dann kennen Sie ja sicher den Sami Kirsch?

● Natürlich, das ist mein Chef.

▲ Sami gehört zu den Kollegen, von denen ich nur Gutes sagen kann.

● Ja, das stimmt. Aber mein größtes Vorbild sind Sie! ... Irgendwann möchte ich auch so schreiben können wie Sie.

Schritte international Neu 6, Lehrerhandbuch, 978-3-19-611086-9, © 2019 Hueber Verlag

Foto 3

- ● Das dauert ... und dauert ...

- ▲ Meine Erfahrung ist: Je wichtiger die Leute sind, desto länger muss man auf sie warten.

- ● Ja, genau! Das Gefühl habe ich auch.

- ▲ Ich weiß schon, was wir von diesem Menschen gleich hören werden: „Kein Problem ist unlösbar, falls man seine Hausaufgaben ordentlich gemacht hat." Oder: „Je mehr man weiß, desto weniger muss man glauben."

- ● Oh! Vorsicht! Da kommt er endlich!

- ▲ Ach was, der hört doch nie auf andere Leute. Also: Kein Problem!

- ■ Eins müssen Sie sich merken: Kein Problem ist unlösbar, falls man seine Hausaufgaben ordentlich gemacht hat.

Foto 4

- ■ Auf Wiedersehen, die Damen! Ich denke, ich habe Ihnen weiterhelfen können, nicht?

- ▲ Ja. Auf Wiedersehen, Herr Müller.

- ● Wiedersehen und vielen Dank für das Interview.

- ■ Immer gern. Sie wissen ja: Je mehr man weiß, desto weniger muss man glauben.

- ▲ Na? Was habe ich gesagt? Ein Mann, über den man Bescheid weiß, wenn man einmal mit ihm gesprochen hat.

- ● H-hm. Sie hatten völlig recht.

- ▲ Nichts als Bla-bla-bla ... Übrigens, von mir aus können wir uns gern duzen. Sag doch einfach Jessie zu mir.

- ● Oh ja, sehr gern! Ich heiße Ella.

- ▲ Und wenn du nachher in deine Redaktion kommst, Ella, dann grüßt du bitte den lieben Kollegen Sami von mir, ja?

- ● Ja, das mach ich sehr gern, Jessie. Da wird er sich freuen

Schritte international Neu 6, Lehrerhandbuch, 978-3-19-611066-9, © 2019 Hueber Verlag

Partner A

Sie schaffen es nicht, das Abendprogramm für die Konferenzgäste nächste Woche zu organisieren.

Sie bitten eine Kollegin / einen Kollegen um Hilfe. Es muss jemand heute Konzertkarten kaufen, ein Restaurant in der Nähe der Konzerthalle suchen und einen Tisch für 12 Personen reservieren.

Partner B

Sie müssen heute die Hotelreservierung für die Konferenz ändern, denn einige Konferenzteilnehmer haben plötzlich abgesagt, andere reisen mit Partner an. Falls das Hotel keine passenden Zimmer mehr frei hat, müssen Sie eventuell ein anderes Hotel finden.

Eine Kollegin / ein Kollege bittet Sie um Hilfe. Lehnen Sie die Aufgabe ab, nennen Sie den Grund und bieten Sie Alternativen an.

Partner A

Sie schaffen es nicht, für den Ausflug mit den Kollegen am Freitag das Mittagessen zu organisieren.

Sie bitten eine Kollegin / einen Kollegen um Hilfe. Es muss jemand im Restaurant „Piccolo Piccolini" einen Tisch reservieren, die Kollegen nach ihren Essgewohnheiten und Allergien fragen und ein passendes Menü für alle auswählen.

Partner B

Sie müssen heute noch viele E-Mails der Konferenzgäste für nächste Woche beantworten. Das eilt. Da Sie ein paar Tage krank waren, warten die Gäste nun schon seit ein paar Tagen auf Antwort.

Eine Kollegin / ein Kollege bittet Sie um Hilfe. Lehnen Sie die Aufgabe ab, nennen Sie den Grund und bieten Sie Alternativen an.

Partner A

Sie schaffen es nicht, die Konferenzgäste aus Indien, China und Usbekistan persönlich am Flughafen abzuholen.

Sie bitten eine Kollegin / einen Kollegen um Hilfe. Es muss jemand zum Flughafen fahren, die Gäste begrüßen und zum Hotel bringen oder beim Hotel anrufen und für alle einen Bus organisieren oder ein Taxi bestellen.

Partner B

Sie müssen heute Ihre Dienstreise vorbereiten. Sie werden nämlich ab übermorgen an einer dreitägigen Fortbildung in London teilnehmen.

Eine Kollegin / ein Kollege bittet Sie um Hilfe. Lehnen Sie die Aufgabe ab, nennen Sie den Grund und bieten Sie Alternativen an.

Schritte international Neu 6, Lehrerhandbuch, 978-3-19-611086-9, © 2019 Hueber Verlag

Würfelspiel: „Wer ist das?"

START / ZIEL	Paola? (Kollegin – mit ihr arbeite ich eng zusammen)	Paul und Stefan? (Kollegen – mit ihnen arbeite ich sehr gern zusammen)	Xiang? (Kollege – von ihm habe ich viel über Computer gelernt)	Paola? (Kollegin – von ihr weiß ich viel über ihre Familie)
Paola? (Kollegin – zu ihr habe ich großes Vertrauen)		*Paola? Das ist die Kollegin, mit der …*		Paul und Stefan? (Kollegen – über sie habe ich nie etwas Schlechtes gehört)
Xiang? (Kollege – mit ihm gehe ich nach der Arbeit manchmal ins Fitness-Studio)				Xiang? (Kollege – auf ihn muss man nie warten. Er ist immer pünktlich.)
Paola? (Kollegin – auf sie freue ich mich jeden Morgen)		mit + Dativ von + Dativ zu + Dativ		Paola? (Kollegin – über sie kann ich nur Gutes sagen)
Paul und Stefan? (Kollegen – für sie ist München die schönste Stadt der Welt)		auf + Akkusativ über + Akkusativ		Xiang? (Kollege – für ihn war Deutschland sein Traum)
Paola? (Kollegin – mit ihr gehe ich nach der Arbeit zum Chor)		durch + Akkusativ für + Akkusativ		Paul und Stefan? (Kollegen – mit ihnen macht die Zusammenarbeit richtig Spaß)
Paul und Stefan? (Kollegen – mit ihnen war ich auf einer Konferenz in Jakarta)				Paola? (Kollegin – mit ihr spreche ich manchmal über Privates)
Xiang? (Kollege – von ihm habe viel über China erfahren)	Paul und Stefan? (Kollegen – von ihnen habe ich viel über Teamarbeit gelernt)	Paola? (Kollegin – von ihr bekomme ich immer eine Geburtstagstorte)	Paul und Stefan? (Kollegen – über sie muss ich dir unbedingt mehr erzählen)	Xiang? (Kollege – durch ihn habe ich Wang kennengelernt)

Schritte international Neu 6, Lehrerhandbuch, 978-3-19-611086-9, © 2019 Hueber Verlag

A	A
Sie sind den ersten Tag in Ihrer neuen Firma. Am Kopierer treffen Sie einen älteren Arbeitskollegen, den Sie noch nicht kennen.	Sie treffen am Kopierer einen neuen Arbeitskollegen. Er ist jünger als Sie.
B	**B**
Sie sind auf einem Schulfest und treffen die Mutter eines guten Freundes Ihres Sohnes.	Sie sind auf einem Schulfest und treffen die Mutter eines guten Freundes Ihres Sohnes.
C	**C**
Jemand duzt Sie auf der Straße, als er nach der Uhrzeit fragt. Sie kennen die Person aber nicht.	Sie fragen auf der Straße jemanden nach der Uhrzeit, der genauso alt ist wie Sie und duzen ihn.
D	**D**
Sie sprechen jemanden auf der Straße mit „Du" an, weil Sie glauben, dass es eine Freundin ist. Als sie sich umdreht, ist es eine Fremde.	Jemand, den Sie nicht kennen, spricht Sie auf der Straße versehentlich mit „Du" an.
E	**E**
Sie finden Ihren Nachbarn sympathisch und bieten ihm das „Du" an.	Ihr Nachbar bietet Ihnen das „Du" an.
F	**F**
Ein zehnjähriges Nachbarskind sagt „Du" zu Ihnen. Sie möchten das nicht.	Sie sind ein zehnjähriges Kind und duzen alle Erwachsenen, die Ihre Eltern auch duzen.

Schritte international Neu 6, Lehrerhandbuch, 978-3-19-611086-9, © 2019 Hueber Verlag

Wer sagt was? Ordnen Sie das passende Tierkreiszeichen zu.

1   Am wohlsten fühle ich mich zu Hause. ....

2   Ein leckeres Essen und ein Glas Rotwein, das ist der perfekte Abend für mich. ....

3   Arbeit hat noch keinem geschadet! ....

4   Ich bin der Beste! ....

5   Ich möchte in die Welt hinausgehen und Neues entdecken. ....

6   Streit ist schrecklich! .... *Waage* ....

7   Am meisten lernt man, wenn man mit Menschen spricht. ....

8   Ich helfe gern. ....

9   Vor neuen Aufgaben habe ich keine Angst – im Gegenteil. ....

10 Nur tiefe Gefühle sind echte Gefühle. ....

11 Ich fühle, also bin ich. Ich liebe, also lebe ich. ....

12 Man muss tolerant gegenüber anderen sein. ....

Schritte international Neu 6, Lehrerhandbuch, 978-3-19-611086-9, © 2019 Hueber Verlag

Lösung: 1 Am wohlsten fühle ich mich zu Hause. – Krebs, 2 Ein leckeres Essen und ein Glas Rotwein, das ist der perfekte Abend für mich. – Stier, 3 Arbeit hat noch keinem geschadet! – Steinbock, 4 Ich bin der Beste! – Löwe, 5 Ich möchte in die Welt hinausgehen und Neues entdecken. – Schütze, 6 Streit ist schrecklich! – Waage, 7 Am meisten lernt man, wenn man mit Menschen spricht. – Zwilling, 8 Ich helfe gern. – Jungfrau, 9 Vor neuen Aufgaben habe ich keine Angst – im Gegenteil. – Widder; 10 Nur tiefe Gefühle sind echte Gefühle. – Skorpion, 11 Ich fühle, also bin ich. Ich liebe, also lebe ich. – Fische, 12 Man muss tolerant gegenüber anderen sein. – Wassermann

Schreiben Sie zu zehn Wörtern aus der Liste im Kursbuch Seite 106, Aufgabe 1 einen Beispielsatz. Lassen Sie das Wort weg und malen Sie in dem Kreuzworträtsel die Felder, die für das Lösungswort nicht gebraucht werden, schwarz aus.

0	■	■								■	■	■	■	■
1														
2														
3														
4														
5														
6														
7														
8														
9														
10														

Beispiel:
0 Auf meinem ... sind 39 Ordner.

1 ....
2 ....
3 ....
4 ....
5 ....
6 ....
7 ....
8 ....
9 ....
10 ....

Schritte international Neu 6, Lehrerhandbuch, 978-3-19-611086-9, © 2019 Hueber Verlag

✂

Woran denkst du,
während du …
(schöne Musik hören)?

Wie hast du dich gefühlt,
während du …
(den letzten Test schreiben)?

Was machst du,
während du …
(mit dem Bus zum Kurs fahren)?

Was machst du oft,
während …
(kochen)?

Was hast du als Erstes gemacht,
nachdem du …
(aufstehen)?

Was hast du gemacht,
nachdem du …
(die Schule beenden)?

Was hast du heute gemacht,
nachdem du …
(frühstücken)?

Wo hast du gelebt,
bevor du …
(in diese Stadt kommen)?

Woran denkst du,
während du …
(bügeln oder andere
Hausarbeiten machen)?

Was habt ihr als Nächstes gemacht,
nachdem du … (eine Freundin vom
Flughafen abholen)?

Was machst du normalerweise,
bevor du …
(Hausaufgaben machen)?

Was machst du,
während du … (eine lange Strecke
mit dem Zug/Auto fahren)?

Was musst du heute noch alles
machen, *bevor* du …
(zu Bett gehen)?

Welche Gefühle oder Gedanken hattest
du, *bevor* du … (das erste Mal zu einem
Vorstellungsgespräch gehen)?

Schritte international Neu 6, Lehrerhandbuch, 978-3-19-611086-9, © 2019 Hueber Verlag

Oh, alles klar, ich habe sehr, sehr viele Patienten. 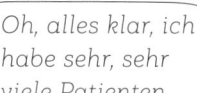 	Ach, die Rechnung habe ich doch längst bezahlt, Liebling. 	Na klar habe ich den Kuchen selbst gebacken. 	Also, ich lasse meine Fenster immer putzen. 
Nein, nein, mit meinem Auto ist alles in Ordnung, wirklich. 	Der Schrank? Also, der war richtig teuer. 	Nein, ich gehe nur in klassische Konzerte. 	Tja, ich mache drei Wochen Hotelurlaub mit Swimmingpool und Golf und so. 
Also in der Prüfung habe ich alles gewusst. 	Nein, wir haben das Hotel sofort gefunden. Das war gar kein Problem. 	Nein, Mama, ich telefoniere wirklich sehr gern mit dir. 	Also unser Sohn ist gerade in der Musikschule, er lernt Klavier. 
Puh, heute habe ich richtig viel gearbeitet. 	Also ich wohne in einem kleinen Haus am Stadtrand. 	Och, ich bin Arzt und habe eine eigene Praxis. 	Nein, die Kinder meiner Nachbarn sind wirklich nett. 
Hallo, Sina, schön, dass du anrufst. Mir geht es wirklich gut, alles bestens. 	Ich kaufe meine Bahntickets immer allein im Internet. 	Mein Mann hilft wirklich viel im Haushalt. 	Natürlich habe ich gestern nicht ferngesehen und bin sehr früh ins Bett gegangen, Papa. 

Schritte international Neu 6, Lehrerhandbuch, 978-3-19-611086-9, © 2019 Hueber Verlag

1 **Was ist die richtige Bedeutung? Kreuzen Sie an.**

a ○ ein Gerät mit Supermultifunktion
   ○ ein Gerät mit vielen Funktionen und Anwendungsmöglichkeiten
   ○ ein Gerät, das super funktioniert

b ○ ein Spitzenqualitätsprodukt
   ○ ein Produkt von total schlechter Qualität
   ○ ein Produkt von sehr guter Qualität

2 **In welcher Stimmung sind die Personen? Ergänzen Sie.**

wütend   verzweifelt   leicht genervt   stolz

a Juhu, geschafft! Der Drucker funktioniert wieder.

   ....

b Ich kann nicht mehr. Ich weiß einfach nicht, was ich noch tun soll!

   ....

c Das darf doch nicht wahr sein, jetzt funktioniert das immer noch nicht.

   ....

d Ich bin echt sauer! Der Verkäufer kann was erleben!

   ....

3 **Welche Aussagen bedeuten das Gleiche? Ordnen Sie zu.**

a Es hat keinen Sinn.   Es ist noch nicht sicher, wer hier gewinnt.
b Ich habe nix kapiert.   Ich bin ein geduldiger Mensch.
c Ich bin nicht der Typ, der die Geduld verliert.   Es hilft nicht.
d Wir werden sehen, wer als Letzter lacht!   Ich habe nichts verstanden.

Schritte international Neu 6, Lehrerhandbuch, 978-3-19-611086-9, © 2019 Hueber Verlag

Lösung: 1 a ein Gerät mit vielen Funktionen und Anwendungsmöglichkeiten; b ein Produkt von sehr guter Qualität; 2 a stolz; b verzweifelt; c leicht genervt; d wütend; 3 a Es hilft nicht. b Ich habe nichts verstanden. c Ich bin ein geduldiger Mensch. d Es ist noch nicht sicher, wer hier gewinnt.

Kundin/Kunde:	Verkäuferin/Verkäufer im Handyladen:
Sie haben ein Handy gekauft, aber sind nicht zufrieden. Die Bedienung ist nicht so einfach, wie in der Werbung beschrieben, und die Fotoqualität schlecht. Sie haben weder Rechnung noch Verpackung aufgehoben.	Vorschlag: Umtausch Die Kundin / der Kunde kann sich ein anderes Handy zum gleichen Preis aussuchen.
Hotelgast:	**Hotelangestellte/Hotelangestellter:**
Sie haben ein Zimmer mit Dusche gebucht. In Ihrem Zimmer gibt es aber kein Bade-zimmer. Sie müssen sich die Dusche mit anderen Hotelgästen auf der Etage teilen. Sie wollen kein Geld zurück, sondern ein Zimmer mit Dusche oder Ihre Buchung stor-nieren und in ein anderes Hotel umziehen.	Vorschlag: einen Teil des Geldes zurück. Alle Zimmer mit Dusche sind belegt. Eine Stornierung ist kostenlos möglich.
Kundin/Kunde:	**Verkäuferin/Verkäufer im Elektrogeschäft:**
Sie haben einen Herd gekauft, aber sind nicht zufrieden. Der Backofen ist nicht so effektiv, wie in der Werbung beschrieben. Alles braucht länger als bei Ihrem alten Ofen. Sie wollen kein neues Gerät, sondern das Geld zurück.	Vorschlag: Umtausch Es gibt kein Geld zurück.
Kundin/Kunde:	**Verkäuferin/Verkäufer im Möbelgeschäft:**
Sie haben für das Kinderzimmer eine neue Kommode gekauft. Beim Zusammenbauen stellen Sie fest, dass zwei Schubladengriffe sowie einige Schrauben fehlen. Die Anlei-tung ist nicht besonders hilfreich, weil sie für ein anderes Modell ist. Vorschlag: Umtausch	Vorschlag: Ersatzteile Ein Umtausch ist nicht möglich. Sie bieten aber an, die passende Anleitung aus dem Internet herunterzuladen und auszudrucken.

Schritte international Neu 6, Lehrerhandbuch, 978-3-19-611086-9, © 2019 Hueber Verlag

✂

1 ist immer sauber	**2** da sitzt _____ immer
3 alles muss ich heute lernen	**4** muss die Lehrerin / der Lehrer oft wischen
5 ist während des Unterrichts geschlossen	**6** geht nie genau
7 mit ihr üben wir das Hörverstehen	**8** dort hängen unsere Plakate
9 ich leihe ihn mir fast jede Stunde von dir	**10** mit ihr/ihm fahre ich immer nach Hause
11 an diesem Ort haben wir jeden Tag Unterricht	**12** etwas kenne ich nicht
13 ich vergesse ihn oft	**14** damit kann man auch von unterwegs telefonieren

Schritte international Neu 6, Lehrerhandbuch, 978-3-19-611086-9, © 2019 Hueber Verlag

selbstständig arbeitender Computer

- schreibt selbstständig Briefe
- übersetzt automatisch Texte in andere Sprachen
- macht Hausaufgaben für alle Schulfächer
- ...

mitwachsende intelligente Kleidung

- wird nicht zu klein
- passt jedem Kind
- kann sowohl im Sommer als auch im Winter getragen werden
- ...

fliegender Koffer

- muss nicht getragen werden
- bleibt automatisch bei seinem Besitzer
- kann nur durch Fingerdruck des Besitzers geöffnet werden
- ...

selbstständig aufräumender Staubsauger

- saugt und räumt auf
- wirft den Müll weg und kann ihn sogar trennen
- sorgt für gute Luft in den Räumen
- ...

Schritte international Neu 6, Lehrerhandbuch, 978-3-19-611086-9, © 2019 Hueber Verlag

1 Was meinen Sie? Sehen Sie die Bilder an und bringen Sie sie in eine sinnvolle Reihenfolge. Worum geht es in der Geschichte?

2 Der Tag danach. Wählen Sie mit Ihrer Partnerin / Ihrem Partner eine Situation aus und spielen Sie das Gespräch. Sie können die Fakten aus der Geschichte verwenden. Sie können sich aber auch eine ganz andere Geschichte ausdenken.

Luis sucht seine Zahnbürste und fragt seinen Vater, wo sie ist.

Paola sieht das Pflaster und will wissen, was passiert ist.

Der wieder nüchterne „Betrunkene" steht vor der Tür und will wissen, was passiert ist.

Lösung: 1 (von links nach rechts) 1, 4, 6, 5, 2, 8, 3, 7

Schritte international Neu 6, Lehrerhandbuch, 978-3-19-611086-9, © 2019 Hueber Verlag

Bringen Sie die Stichpunkte in die richtige Reihenfolge. Lesen Sie dann und vergleichen Sie.

○ fürs Ankleben der Plakate bezahlen müssen

○ viele Plakate und Zettel an Wände geklebt

○ ab 1855 zu Herrn Litfaß gehen müssen

○ Herr Litfaß viel Geld verdienen

○ 1848 Revolutionsversuch in Deutschland

○ der Polizei nicht gefallen

○ 1865 schon 150 Litfaßsäulen in Berlin

○ Idee von Herrn Litfaß: Türmchen aufstellen

○ Polizei: Informationen auf Plakaten kontrollieren

○ Bedingung: nur noch dort Plakate ankleben dürfen

Lösung: 1: 1848 Revolutionsversuch in Deutschland, 2: viele Plakate und Zettel an Wände geklebt, 3: der Polizei nicht gefallen, 4: Idee von Herrn Litfaß: Türmchen aufstellen, 5: Bedingung: nur noch dort Plakate ankleben dürfen, 6: ab 1855 zu Herrn Litfaß gehen müssen, 7: fürs Ankleben der Plakate bezahlen müssen, 8: 1865 schon 150 Litfaßsäulen in Berlin, 9: Herr Litfaß viel Geld verdienen, 10: Polizei Informationen auf Plakaten kontrollieren

Schritte international Neu 6, Lehrerhandbuch, 978-3-19-611086-9, © 2019 Hueber Verlag

1 Was bedeuten die Redensarten? Verbinden Sie.

a Alles in Butter!

b Vertrauen ist gut, Kontrolle ist besser.

c Das kommt mir/jemandem spanisch vor.

d Mein Name ist Hase.

e Jemandem blind vertrauen

f Kalte Füße bekommen

g In den sauren Apfel beißen müssen

h Hand aufs Herz!

1 Da stimmt etwas nicht.

2 Man bekommt Angst.

3 Jemandem absolut vertrauen.

4 Sei bitte wirklich ehrlich.

5 Man sollte nur auf das vertrauen, was man selbst geprüft hat.

6 Tun müssen, was man eigentlich nicht möchte.

7 Alles ist in bester Ordnung.

8 Ich weiß davon nichts.

2 Welche Redensart passt am besten zu den markierten Sätzen? Ordnen Sie zu.

Foto 1

Ella: Ich will für den „Stadt-Kurier" einen kleinen Text über das Thema „Vertrauen" schreiben. Ich finde, so eine Station, wo man Kürbisse einfach mitnehmen kann, ist ein prima Beispiel für Vertrauen. Hier kommen den ganzen Tag Leute her und holen sich Kürbisse. Und der Eigentümer ist meistens nicht hier. Er muss also darauf vertrauen, dass die Leute ehrlich sind und die Kürbisse an dieser Kasse bezahlen ⓔ und ... Oh! Moment mal! Das muss ich filmen! ◯

Foto 2

Ella: Der Typ da hat einen großen Kürbis genommen und jetzt geht er damit zu seinem Wagen. Vielleicht täusche ich mich auch, aber ich glaube wirklich, der wird den Kürbis nicht bezahlen. ◯ Jetzt ist er am Auto, vielleicht legt er den Kürbis ja bloß rein und zahlt dann noch schnell. Nein, jetzt steigt er ein. Der will doch tatsächlich losfahren, ohne zu zahlen! Also, das kommt ja überhaupt nicht infrage. Der wird hier keinen Kürbis stehlen!

Foto 3

Ella: Finden Sie nicht, dass Sie etwas vergessen haben?

Mann: Vergessen? Was denn? ◯

Ella: Na, denken Sie doch mal nach!

Mann: Ich verstehe nicht, was Sie ...

Ella: Zuerst bezahlt man, was man genommen hat, und dann darf man fahren.

Mann: Na, sagen Sie mal! Wie kommen Sie denn darauf, dass ich nicht bezahlt habe?

Ella: Ach wissen Sie, ich habe gerade zufällig die Kürbisstation hier gefilmt. Und auf meinem Filmchen kann man deutlich sehen, dass Sie einen Kürbis geholt haben. Bezahlt haben Sie aber nicht. Soll ich es Ihnen zeigen?

Mann: Was? Also, das ist doch ...

Ella: Ihre Autonummer ist übrigens auch im Bild.

Mann: Ach herrjeh! Stimmt! Sie haben ja vollkommen recht! ◯ Ich habe es tatsächlich vergessen!

Foto 4

Mann: Glauben Sie mir, es war keine Absicht ... ◯

Ella: Aber sicher doch!

Mann: Wissen Sie, ich habe leider vergessen zu zahlen. ◯ Ich wollte einfach nur schnell los, da ich viel zu spät dran bin. Sie dürfen das bitte nicht falsch verstehen.

Ella: Ich habe es schon richtig verstanden. Na sehen Sie, jetzt ist die Welt ja wieder in Ordnung! ◯

Schritte international Neu 6, Lehrerhandbuch, 978-3-19-611086-9, © 2019 Hueber Verlag

Lösung: 1 a 7, b 5, c 1, d 8, e 3, f 2, g 6, h 4 ; 2 (von oben nach unten) b, c, d, f, h, g, a

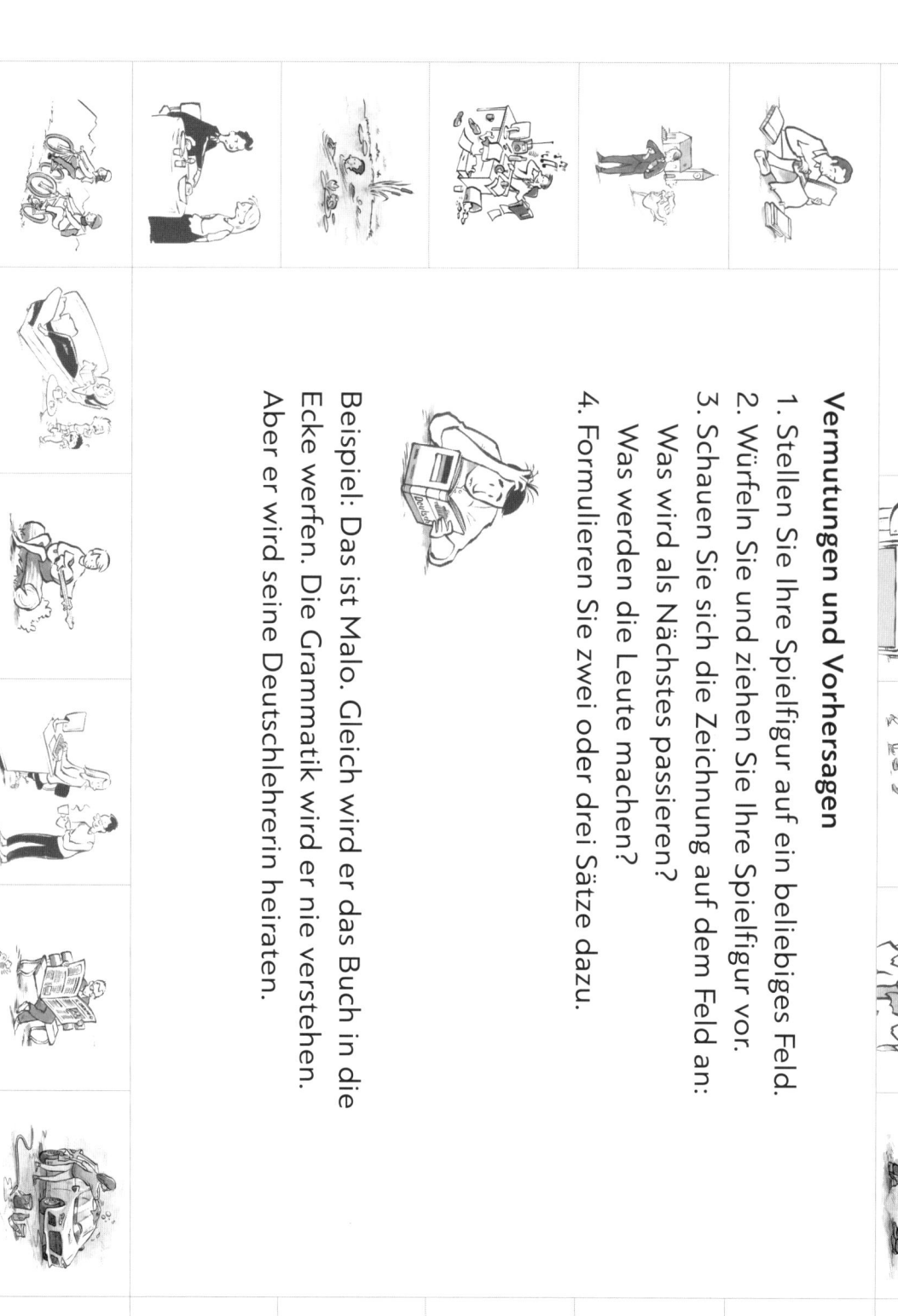

Vermutungen und Vorhersagen

1. Stellen Sie Ihre Spielfigur auf ein beliebiges Feld.
2. Würfeln Sie und ziehen Sie Ihre Spielfigur vor.
3. Schauen Sie sich die Zeichnung auf dem Feld an:
   Was wird als Nächstes passieren?
   Was werden die Leute machen?
4. Formulieren Sie zwei oder drei Sätze dazu.

Beispiel: Das ist Malo. Gleich wird er das Buch in die Ecke werfen. Die Grammatik wird er nie verstehen. Aber er wird seine Deutschlehrerin heiraten.

Schritte International Neu 6, Lehrerhandbuch, 978-3-19-611086-9, © 2019 Hueber Verlag

✂

Es ist ein Zeichen von Höflichkeit, wenn man nachfolgenden Personen die Tür aufhält, egal ob Mann oder Frau.	Der Ältere bietet dem Jüngeren das Du an.	Das Hören von lauter Musik mit dem MP3-Player im Bus oder Zug ist unhöflich.
Man spricht nicht mit vollem Mund.	„Der Esel nennt sich immer zuerst." Man sagt nicht: ich und meine Frau / mein Mann, sondern: meine Frau / mein Mann und ich.	Wer in der Öffentlichkeit ein Bonbon oder einen Kaugummi isst, sollte seinen Freunden/Bekannten auch etwas anbieten.
Auf der Straße: Kinder sollten Erwachsene zuerst grüßen.	In der Straßenbahn oder im Bus steht man für ältere Menschen auf und bietet ihnen den Sitzplatz an.	Wenn ein Mann einen Raum / ein Haus betritt, nimmt er den Hut oder die Mütze ab.
Es ist unhöflich, nichts zu essen und nichts zu trinken, wenn man irgendwo zu Besuch ist und etwas angeboten wird.	Es ist höflich, im Supermarkt an der Kasse den Kunden vorzulassen, der nur ein oder zwei Teile hat, wenn man selbst einen vollen Wagen hat.	In Gegenwart von Nichtrauchern zündet man nicht einfach die Zigarette an, sondern bittet um Erlaubnis.

✂

Sie haben mit dem Fahrrad bei Rot die Straße überquert. Strafe: 60,– Euro Bußgeld	Sie sind auf der Landstraße außerhalb einer Ortschaft 35 km/h zu schnell gefahren. Strafe: 120,– Euro
Sie sind mit abgefahrenen Reifen mit dem Auto gefahren. Strafe: 60,– Euro	Sie sind mit dem Fahrrad in der Fußgängerzone gefahren. Strafe: 25,– Euro
Sie haben einen Fußgängerüberweg überfahren, ohne zu stoppen, obwohl dort Personen standen. Strafe: 80,– Euro	Sie wollten Ihre Tochter von der Schule abholen und haben Ihr Auto nur kurz in der Feuerwehrzufahrt geparkt. Strafe: 65,– Euro

Schritte international Neu 6, Lehrerhandbuch, 978-3-19-611086-9, © 2019 Hueber Verlag

1 Was passt zu wem? Ordnen Sie zu.

Das ist ja wohl die Höhe!   Ach, bitte. Seien Sie doch so nett und ...   He! Was machen Sie denn da?

laut   bittend   wütend   wütend   freundlich   empört/entsetzt

A

B

C

Worte:			
Stimme:			
Mimik:			

2 Welche Gestik könnte zu den Personen aus Übung 1 passen? Spielen Sie pantomimisch vor.

3 Was ist richtig? Lesen Sie und kreuzen Sie an.

a ○ Wenn wir die andere Person sehen können, genügen Worte.

b ○ Worte allein drücken wenig aus.

c ○ Am Telefon entscheidet die Stimme über Sympathie und Antipathie.

d ○ Man muss genau darauf achten, was man sagt.

e ○ Wenn man jemanden nicht sieht, kann man an der Stimme hören, ob er lächelt.

4 Was bedeutet, „Farbe" in ein Gespräch bringen? Lesen Sie noch einmal und kreuzen Sie an.

a ○ Ich ziehe mich bunt an, damit der Gesprächspartner viele Farben sehen kann.

b ○ Ich benutze eine bestimmte Betonung und meinen Körper und mein Gesicht,
um meine Worte interessant zu machen und ihren Sinn zu unterstützen.

c ○ Ich benutze meinen Körper, meine Stimme und mein Gesicht, um meinen
Gesprächspartner nicht zu langweilen.

Schritte international Neu 6, Lehrerhandbuch, 978-3-19-611086-9, © 2019 Hueber Verlag

Lösung: 1 (Vorschlag): A Ach, bitte. Seien Sie doch so nett und ...; bittend; freundlich; B Das ist ja wohl die Höhe!; wütend; wütend; C He! Was machen Sie denn da?; laut; empört/entsetzt; 3 b, c, e; 4 b

6 ◀) 1–4 **Hören Sie die Foto-Hörgeschichte noch einmal und ergänzen Sie.**

Tobias arbeitet _____ für die Nachbarschaftshilfe und bietet eine Theater-
gruppe für Kinder an. Seine Kollegin fällt aus, da sie sich *den Arm* gebrochen hat. Tobias
fehlt für _____ noch eine zweite Aufsichtsperson. Tobias ist
_____ für das Kinder-Ferienprogramm verantwortlich. Es gibt Bastel-,
Tanz- und Musikkurse, _____, Schwimmbadbesuche, Kinderfilme und eine
Theatergruppe.
In der Theatergruppe spielen die Kinder ein Stück, das _____ zusammen mit
Tobias geschrieben haben. Es heißt: „_____ für die Tiere".
Bisher gibt es eine _____, einen Hund und einen Kuckuck. Ella und Tobias
haben einander geholfen: Tobias musste _____ nicht ausfallen lassen und Ella kann
einen Beitrag schreiben.

_____

Lösung: ehrenamtlich, morgen, mit vielen anderen, Wanderungen, sie, Urlaub, Kuh, den Kurs

Schritte international Neu 6, Lehrerhandbuch, 978-3-19-611086-9, © 2019 Hueber Verlag

Am Bahnhof:
Sie bemerken nach dem Aussteigen, dass Sie Ihr Handy im Zug vergessen haben. Dieser ist aber schon weitergefahren. Sie brauchen es dringend.

Im Zug:
Sie haben ein gebrochenes Bein und haben ein Ticket ohne Sitzplatzreservierung gebucht. Sie möchten während der Fahrt gern sitzen, aber können keinen freien Platz finden.

Im Zug:
Ihr Zug ist ausgefallen. Im nächsten Zug gilt Ihre Sitzplatzreservierung nicht. Sie müssen aber unbedingt während der Fahrt am Laptop arbeiten und möchten deshalb einen Sitzplatz in der Ruhezone.

Am Bahnhof:
Ihr Zug hatte so viel Verspätung, dass Sie den letzten Anschlusszug versäumt haben. Sie müssen deshalb in einem Hotel übernachten.

Am Bahnhof:
Ihr Zug hatte Verspätung. Nun gibt es keine öffentlichen Verkehrsmittel mehr, um zu Ihrer Wohnung zu fahren, die 15 km außerhalb der Stadt liegt. Sie müssen ein Taxi nehmen.

Am Bahnhof:
Sie sitzen im Rollstuhl und müssen während der Reise zweimal umsteigen. Sie brauchen Hilfe.

Im Zug:
Sie haben ein Ticket mit Ermäßigung gebucht, aber Ihre Bahncard zu Hause vergessen.

Am Bahnhof:
Sie haben Ihren Koffer vor einigen Tagen mit der Bahn vorausgeschickt. Dieser ist aber an Ihrem Reiseziel noch nicht angekommen.

Im Zug:
Sie haben für die Mitnahme Ihres Fahrrads bezahlt, aber der Zug hat heute ausnahmsweise kein Fahrradabteil. Sie können aber nicht auf den nächsten Zug warten, weil sie sonst Ihren Anschlusszug verpassen.

Im Zug:
Sie wollen während der Fahrt arbeiten und müssen dringend E-Mails schreiben. Die WLAN-Verbindung funktioniert aber nicht zuverlässig.

Schritte international Neu 6, Lehrerhandbuch, 978-3-19-611086-9, © 2019 Hueber Verlag

Gehen Sie im Kursraum herum und ergänzen Sie die Sätze.

1 Man kann viel über eine andere Kultur lernen, ...
2 Man bleibt länger fit, ...
3 Man lernt schneller Deutsch, ...
4 Man kann aufhören zu rauchen, ...
5 Man erfährt viel Neues, ...
6 Man kann noch mehr üben, ...
7 Man kann ein neues Gerät schneller bedienen, ...
8 Man kann den Partner fürs Leben finden, ...
9 Man kann Kinder dazu bringen, sich die Zähne zu putzen, ...
10 Man kann etwas für die Umwelt tun, ...

Hinweis: Bitte vergrößern Sie die Kärtchen und hängen Sie sie zerschnitten im Kursraum auf.

... indem man regelmäßig eine Zeitung liest oder Nachrichten hört.	... indem man einen Nichtraucherkurs macht.
... indem man mit den Menschen aus dieser Kultur spricht.	... indem man über das Internet einen Partner sucht.
... indem man ihnen eine sprechende Zahnbürste schenkt.	... indem man Altpapier und Altglas sammelt.
... indem man die Übungen auf der integrierten CD macht.	... indem man die Bedienungs- anleitung vorher liest.
... indem man regelmäßig Sport treibt.	... indem man jeden Tag mindestens eine halbe Stunde Deutsch spricht.

Schritte international Neu 6, Lehrerhandbuch, 978-3-19-611086-9, © 2019 Hueber Verlag

✂

Ihr Chef duzt Sie einfach. Sie möchten das aber nicht. Was tun Sie?	Ihre Schwester hat sich vor Monaten 1000 Euro von Ihnen geliehen. Sie möchten das Geld zurückhaben, aber Ihre Schwester sagt nichts mehr davon. Erinnern Sie sie daran?
Die neue Freundin Ihres Bruders gefällt Ihnen nicht. Sie finden sie egoistisch und glauben, dass sie Ihren Bruder gar nicht liebt. Sagen Sie es Ihrem Bruder?	Sie haben beobachtet, wie Ihr Nachbar mit seinem Auto gegen ein anderes gefahren und danach weggefahren ist. Das Auto hat jetzt ein kaputtes Rücklicht. Was sagen Sie Ihrem Nachbarn?
Wenn ein guter Freund Sie einlädt, gibt es immer zu wenig und sehr billiges Essen. Das ärgert Sie, weil der Freund genug Geld hat. Sprechen Sie mit ihm?	Sie nehmen eine Kollegin immer mit Ihrem Auto mit zur Arbeit. Die Benzinpreise sind sehr hoch. Eigentlich hätten Sie es gern, wenn die Kollegin sich an den Kosten beteiligen würde. Was tun Sie?
Ihr Kollege surft während der Arbeitszeit stundenlang im Internet, statt zu arbeiten. Sie müssen aber bald gemeinsam eine Arbeit fertig machen und abgeben. Sie können den Termin sicher nicht einhalten, wenn Ihr Kollege weiterhin so wenig arbeitet. Was tun Sie?	Auf Ihrem Heimweg geht ein Jugendlicher vor Ihnen, der einfach eine leere Kekspackung auf den Boden wirft. Sie ärgern sich sehr darüber. Was tun Sie? Bitten Sie ihn, sie wieder aufzuheben? Oder ignorieren Sie sein Verhalten?

Schritte international Neu 6, Lehrerhandbuch, 978-3-19-611086-9, © 2019 Hueber Verlag

6 ◀)) 13 **Hören Sie noch einmal Gespräch 1. Was könnte Herr von Weißenhorn sagen? Arbeiten Sie mit einer Partnerin / einem Partner. Schreiben Sie das Gespräch und lesen Sie es im Kurs vor.**

von Weißenhorn: _____ .

Fred: Bitte, Herr von Weißenhorn, … können wir das nicht regeln, ohne dass Sie gleich mit dem Rechtsanwalt drohen?

von Weißenhorn: _____ .

Fred: Ich will die Miete ja zahlen … Natürlich … Habe ich denn nicht immer gezahlt, seit ich hier wohne?

von Weißenhorn: _____ .

Fred: Was?

von Weißenhorn: _____ .

Fred: Immer zu spät? … Ich habe vielleicht ein paar Mal nicht ganz pünktlich gezahlt, aber gezahlt habe ich …

von Weißenhorn: _____ .

Fred: Wann? … Na, morgen … Morgen Mittag bekommen Sie Ihr Geld …

von Weißenhorn: _____ .

Fred: Ja, ja … ich versprech's Ihnen … Natürlich, Herr von Weißenhorn …

von Weißenhorn: _____ .

Fred: Ja …

von Weißenhorn: _____ .

Fred: Ja …

von Weißenhorn: _____ .

Fred: Ja, … bis morgen dann.

Schritte international Neu 6, Lehrerhandbuch, 978-3-19-611086-9, © 2019 Hueber Verlag

Lesen Sie den Text über Herrn Wirth und ergänzen Sie.

Krieg   flohen   Schulbildung   Migrantenfamilien   geschafft   Helfer   Jüngste   studieren
Spenden   zusammengehalten   ausländischen   Migrant

Herr Wirth ist 1945 als kleiner Junge selbst _____ (a) gewesen. Er war ein
Flüchtlingskind. Seine älteren Geschwister und er _____ (b) nach dem verlorenen
Krieg mit ihrer Mutter von Schlesien nach Westdeutschland. Denn Schlesien hatte
damals zu Deutschland gehört. Nach dem _____ (c) wurde der größte Teil dann
von Polen beansprucht.

Herr Wirth war erst neun, als er fliehen musste. Er war der _____ (d), sein Bruder
war elf und seine Schwester vierzehn. Aber seine Mutter war eine starke Frau und sie
haben alle vier immer _____ (e) und gemeinsam gekämpft und sie
haben es _____ (f). Am Ende durfte Herr Wirth sogar
_____ (g) und wurde Lehrer.

In den Sechzigerjahren kamen viele Migranten aus Südeuropa nach Westdeutschland.
Viele hatten nur wenig _____ (h). Ihre Kinder hatten deshalb keine
guten Bildungschancen, weil die Eltern ihnen beim Lernen nicht helfen konnten.

1975 gründete Herr Wirth dann einen Lernhilfeverein für Kinder aus
_____ (i). Er hat diese Familien besucht und die Eltern überzeugt,
dass Bildung für ihre Kinder das Wichtigste ist. Er hat _____ (j)
gesucht und gefunden, also Leute, die den Kindern beim Lernen geholfen haben, die
mit ihnen Hausaufgaben gemacht haben, die mit ihnen Deutsch gelernt haben.

Später hat er auch mit Handwerkern und Unternehmern gesprochen und dafür
gesorgt, dass auch Schulabgänger aus Migrantenfamilien gute Lehrstellen finden. Er
hat _____ (k) gesammelt, damit die begabtesten jungen Migranten
studieren konnten. Das alles hat er neben seiner Arbeit gemacht und es war nicht
immer einfach. Trotzdem hat es ihm auch viel Spaß gemacht. Übrigens: Die zweite
Bürgermeisterin in seiner Stadt kommt aus einer Migrantenfamilie. Sie ist die Tochter
von einem seiner ersten _____ (l) Schüler.

Schritte international Neu 6, Lehrerhandbuch, 978-3-19 611086-9, © 2019 Hueber Verlag

Lösung: a Migrant, b flohen, c Krieg, d Jüngste, e zusammengehalten, f geschafft, g studieren, h Schulbildung,
i Migrantenfamilien, j Helfer, k Spenden, l ausländischen

1788 bis 1791 ... das Brandenburger Tor ... (erbauen).

1928 ... das Penicillin ... (entdecken).

1973 ... zum ersten Mal mit einem Mobiltelefon ... (telefonieren).

2003 ... zum ersten Mal mit *Schritte* Deutsch ... (unterrichten).

1991 ... der erste ICE von der Deutschen Bundesbahn in Dienst ... (stellen).

1967 ... in Westdeutschland zum ersten Mal eine Sendung in Farbe ... (zeigen).

1954 ... von der deutschen Nationalmannschaft zum ersten Mal die Fußballweltmeisterschaft ... (gewinnen).

1999 ... das erste Handy mit Kamera auf dem Markt ... (präsentieren).

1929 ... in Deutschland das erste Papiertaschentuch ... (verkaufen).

Anfang des 16. Jahrhunderts ... zum ersten Mal die Welt mit einem Segelschiff ... (umfahren).

Am 19. Oktober 1978 ... in Deutschland der letzte VW-Käfer ... (bauen).

1963 ... in den deutschen Kinos der erste James-Bond-Film ... (zeigen).

Abb.: 1. Reihe von links: © Thinkstock/iStock/elxeneize; © Thinkstock/iStock/Zerbor; © fotolia/angrylittledwarf; 2. Reihe von links: iStock/railelectropower; © Thinkstock/iStock/Bet_Noire;
© Thinkstock/iStock/DundStock; © Dieter Hahn – stock.adobe.com; 3. Reihe von links: © Thinkstock/iStock/Nerthuz; © MEV/Kostolnik Rudolf; © Thinkstock/iStockphoto

Schritte international Neu 6, Lehrerhandbuch, 978-3-19-611086-9 © 2019 Hueber Verlag

Schritte international Neu 6, Lehrerhandbuch, 978-3-19-611086-9, © 2019 Hueber Verlag

✂

Der millionste Gastarbeiter wurde in Deutschland begrüßt. Ihm wurde ein Motorrad geschenkt.	Der Zweite Weltkrieg war zu Ende.
Zum ersten Mal wurde der deutsche Nationalfeiertag gefeiert.	Die Bundesrepublik Deutschland und die DDR wurden gegründet.
Berlin wurde Hauptstadt.	Die Mauer wurde geöffnet.
Einführung des allgemeinen Wahlrechts für Frauen in Deutschland.	Das neue Bundeskanzleramt in Berlin wurde eröffnet.
Beginn der Serienproduktion des VW-Käfers.	Die deutsche Nationalhymne wurde auf Helgoland gedichtet.
Die Mauer wurde in Berlin gebaut.	Deutschland wurde in vier Zonen aufgeteilt (eine amerikanische, eine britische, eine russische und eine französische).

Schritte international Neu 6, Lehrerhandbuch, 978-3-19-611086-9 © 2019 Hueber Verlag

✂

26.08.1841	1961
1919	10.09.1964
8. Mai 1945	9.11.1989
1945	3.10.1990
Dezember 1945	1990
1949	2001

Lösung: Die deutsche Nationalhymne wurde auf Helgoland gedichtet (1841). Einführung des allgemeinen Wahlrechts für Frauen in Deutschland (1919). Der Zweite Weltkrieg war zu Ende (8. Mai 1945). Deutschland wurde in vier Zonen aufgeteilt (eine amerikanische, eine britische, eine russische und eine französische) (1945). Beginn der Serienproduktion des VW-Käfers (Dezember 1945). Die Bundesrepublik Deutschland und die DDR wurden gegründet (1949). Die Mauer wurde in Berlin gebaut (1961). Der millionste Gastarbeiter wurde in Deutschland begrüßt. Ihm wurde ein Motorrad geschenkt (10.09.1964). Die Mauer wurde geöffnet (9.11.1989). Zum ersten Mal wurde der deutsche Nationalfeiertag gefeiert (3.10.1990). Berlin wurde Hauptstadt (1990). Das neue Bundeskanzleramt in Berlin wurde eröffnet (2001).

Schritte international Neu 6, Lehrerhandbuch, 978-3-19-611086-9, © 2019 Hueber Verlag

1 Lesen Sie die Kurzbiografie noch einmal und kreuzen Sie an: richtig oder falsch?

		richtig	falsch
a	Cem Özdemir kommt aus der Türkei.	○	○
b	Seine Eltern haben sich erst in Deutschland kennengelernt.	○	○
c	Cem Özdemir hat keinen Schulabschluss.	○	○
d	Nach seinem Studium macht er noch eine Ausbildung.	○	○
e	Er arbeitet auch einige Jahre in der Europäischen Union.	○	○
f	Ende 2008 wird er Chef der Grünen.	○	○
g	Er ist der erste Ausländer in der Partei.	○	○

2 Was bedeuten die Sätze? Verbinden Sie.

a Hier kenne ich mich aus.

b Ich habe eine Bindestrich-Identität.

c Es war meine Absage und gleichzeitig die Ansage.

d Ich bekenne mich zu dir.

1 Ich bin sowohl das eine als auch das andere.

2 Ich erkläre offiziell, dass ich zu dir gehöre.

3 Das ist mir bekannt.

4 Ich habe das eine abgelehnt und etwas anderes klar gemacht.

Lösung: 1 richtig: b, e, f, falsch: a, c, d, g; 2 a 3, b 1, c 4, d 2

Schritte international Neu 6, Lehrerhandbuch, 978-3-19-611086-9 © 2019 Hueber Verlag

Mein Lieblingsessen

1 Lesen Sie die Wendungen und bilden Sie je einen Satz zu Ihrem Lieblingsessen.

Mein Lieblingsessen ist …	
Bei uns gab es das immer, wenn …	
Man kann … kaufen oder …	
Das ist/sind …	
… besteht aus …	
Man braucht dafür …	
Dazu trinke ich am liebsten …	
Dazu esse ich am liebsten …	
Mich erinnert das an …	
Ich mag es, weil …	
Ich verbinde … mit …	
Wenn ich … rieche/esse/trinke, denke ich an …	

2 Beschreiben Sie Ihr Lieblingsessen. Verwenden Sie dabei die Wendungen aus 1.

Schritte international Neu 6, Lehrerhandbuch, 978-3-19-611086-9, © 2019 Hueber Verlag

Europa-Quiz

Hinweis: Die richtigen Lösungen kann der Moderator an der kursiven Hervorhebung erkennen.
Der Stand der Lösungen ist der 1. November 2018.

Einstiegsfrage

Ordnen Sie diese deutschsprachigen Länder nach ihrer Größe (von klein nach groß): Deutschland, Schweiz, Liechtenstein, Österreich

Lösung: Liechtenstein – Schweiz – Österreich – Deutschland

1

50 Euro

Welches Land gehört nicht zu Europa?

A Italien   C Polen

B Kroatien   D *Ägypten*

2

100 Euro

Was wünschten sich die Menschen nach dem Zweiten Weltkrieg?

A Euro   C Union

B *Frieden*   D Gewalt

3

500 Euro

Wie viele Länder sind Mitglied in der EU?

A *28*   C 25

B 27   D 15

4

1.000 Euro

In wie vielen EU-Ländern ist der Euro das offizielle Zahlungsmittel?

A In allen.   B *In 19 Ländern.*   C In allen Ländern, die dem Schengener Abkommen zugestimmt haben.
D In den Ländern, die seit 1995 dabei sind.

5

5.000 Euro

Aus welcher Stadt kommen die EU-Gesetze?

A London   C *Brüssel*

B Berlin   D Paris

6

10.000 Euro

Wann hat Großbritannien beschlossen, die EU zu verlassen?

A 2014   C *2016*

B 2015   D 2017

7

50.000 Euro

Welches Land gehört nicht zur EU?

A Malta   C *Albanien*

B Griechenland   D Estland

8

100.000 Euro

Seit wann gehört Österreich der EU an?

A Seit 1992   C Seit 1999

B *Seit 1995*   D Seit 2004

9

500.000 Euro

Wie viele EU-Länder sind von Anfang an dabei?

A 3   C *6*

B 5   D 8

10

1.000.000 Euro

Wie viele Menschen leben ungefähr in der EU?

A ca. 50 Millionen   C ca. 100 Millionen

B *ca. 500 Millionen*   D ca. 1 Milliarde

Schritte international Neu 6, Lehrerhandbuch, 978-3-19-611086-9, © 2019 Hueber Verlag

Schritte international Neu 6, Lehrerhandbuch, 978-3-19-611086-9, © 2019 Hueber Verlag

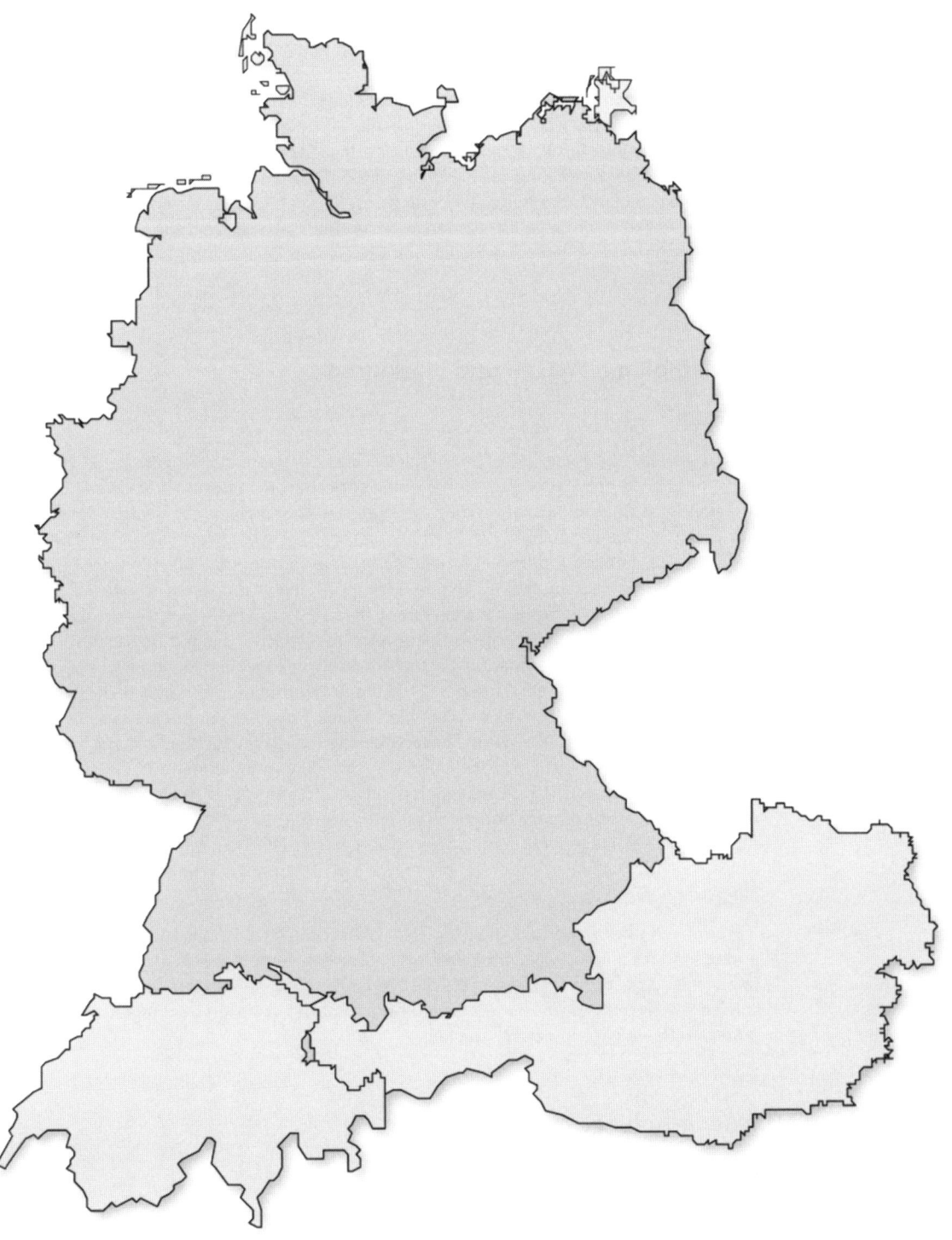

Lektion 8, Wiederholung: Karten sammeln

Form	Ablauf	Material	Zeit
GA	Bereiten Sie die Karten vor: Schneiden Sie die Karten aus, knicken Sie die Antwortseiten (grau) nach hinten, sodass auf der einen Seite der Karten die Frage und auf der anderen die Antwort steht. Die TN finden sich in Kleingruppen von drei bis vier TN zusammen. Jede Gruppe erhält einen Kartensatz. Die Karten werden mit der Aufgabenstellung nach oben auf einen Stapel gelegt. Ein TN beginnt und liest seiner Partnerin / seinem Partner zur Linken die Aufgabenstellung vor. Sie/Er löst die Aufgabe mündlich. Die Rückseite hilft bei der Kontrolle. Wer die Aufgabe richtig gelöst hat, darf die Karte behalten. Konnte die Aufgabe nicht richtig gelöst werden, wandert die Karte wieder unter den Stapel und kann später noch einmal gezogen werden. Wer am Ende die meisten Karten hat, hat gewonnen.	KV L8/Wiederholung	

Lektion 9, Wiederholung: Wissen und markieren

Form	Ablauf	Material	Zeit
PL/GA	Die TN arbeiten paarweise. Achten Sie darauf, dass die Paare aus möglichst gleich starken TN bestehen. Jeder Partner hat einen andersfarbigen Buntstift. Kopieren Sie für jedes Paar ein Antwortblatt. Die Paare legen das Antwortblatt gut sichtbar vor sich hin. Lesen Sie den ersten Satz vor: „Eins: Du tust so, … wir wenig Zeit hätten." Machen Sie die Lücke deutlich, indem Sie „hmhm" summen und/oder malen Sie mit der Hand ein Fragezeichen in die Luft. Die TN markieren ihre Antwort möglichst schnell auf dem Antwortblatt, indem sie in jeweils ihrer Farbe eine große „1" über das richtige Wort schreiben. Damit die TN die Aufgabe verstehen, machen Sie mit der ersten Frage ein Beispiel. Wenn beide die gleiche Antwort markieren wollen, darf immer nur der schnellere TN seine Zahl schreiben. Sind die Antworten unterschiedlich, dürfen beide markieren. Dann kann es passieren, dass eine Antwort später nochmals markiert wird. Da dann die Zahlen und Farben unterschiedlich sind, ist das zulässig. Lesen Sie dann die zweite Frage vor: „Zwei: Also, ich … dir, dir ein neues Handy zu kaufen. Das alte ist total kaputt." Die TN markieren mit „2" etc. Die TN legen die Buntstifte weg und markieren bei der Kontrolle in einer dritten Farbe. Zur Kontrolle werden noch einmal alle Fragen mit den Antworten vorgelesen. Die TN markieren, ob ihre Antwort richtig oder falsch war. Wer die meisten richtigen Antworten markiert hat, hat gewonnen.	KV L9/Wiederholung, Buntstifte	
⟷	In Kursen mit überwiegend ungeübten TN arbeiten die TN der Paare nicht gegeneinander, sondern miteinander, markieren also zusammen eine Antwort. In Kursen mit überwiegend geübten TN können Sie die TN auch in Gruppen spielen lassen. Dann spielen jeweils fünf TN zusammen. Einer übernimmt das Vorlesen der Fragen, während zwei Paare gegeneinander spielen.		

Lektion 10, Wiederholung: Würfelschnecke

Form	Ablauf	Material	Zeit
GA	Kopieren Sie das Spielbrett und laminieren Sie es, wenn möglich. Jede Kleingruppe von drei bis vier TN erhält ein Spielbrett, Spielfiguren und einen Würfel. Alle stellen ihre Spielfigur auf das Startfeld. Der älteste TN beginnt. Er würfelt und rückt seine Figur entsprechend viele Felder vor. Wenn er die Aufgabe lösen kann, darf er auf dem Feld stehen bleiben. Kann er das nicht, muss er mit seiner Figur zwei Felder zurück. Gewonnen hat, wer zuerst genau ins Ziel würfelt oder, wenn Sie nicht so viel Zeit haben, das Spiel über mehrere Runden zu spielen, wer zuerst über das Ziel hinauswürfelt.	KV L10/Wiederholung, Spielfiguren, Würfel	

Lektion 11, Wiederholung: Würfelspiel „Bis alles weg ist!"

Form	Ablauf	Material	Zeit
GA	Die TN sitzen in Vierergruppen zusammen. Jede Gruppe erhält einen Satz Karten und legt diese verdeckt in einem großen Kreis auf den Tisch. Jede Gruppe erhält zusätzlich eine Spielfigur und einen Würfel. Die Spielfigur wird auf eine beliebige Karte gestellt. Die erste Spielerin / Der erste Spieler würfelt und zieht die Spielfigur im Uhrzeigersinn entsprechend vor. Die Karte, auf der die Figur landet, deckt sie/er auf und löst die Aufgabe. Ist die Lösung richtig, darf sie/er die Karte behalten. Ist die Lösung falsch, wird die Karte wieder verdeckt an ihren Platz gelegt. Dann würfelt die nächste Spielerin / der nächste Spieler etc. Gespielt wird, bis alle Karten weg sind.	KV L11/Wiederholung, Spielfiguren, Würfel	
← →	In Kursen mit überwiegend geübten TN können Sie die Gruppen auch gegeneinander spielen lassen. Gewonnen hat die Gruppe, die zuerst alle Kärtchen weggespielt hat. Gehen Sie dabei herum und achten Sie darauf, dass die TN nicht schummeln, sondern fair spielen und ausführlich antworten.		

Lektion 12, Wiederholung: „Kopf oder Zahl"

Form	Ablauf	Material	Zeit
PA	Kopieren Sie das Spielbrett und laminieren Sie es, wenn möglich. Jedes Paar erhält ein Spielbrett, Spielfiguren und eine Münze. Die TN stellen ihre Spielfigur auf das Startfeld und entscheiden, wer Spieler A und wer Spieler B ist. Spieler A beginnt und wirft die Münze. Zeigt die Münze mit der Zahl nach oben, rückt er seine Spielfigur ein Feld vor, zeigt das Bild nach oben, rückt er zwei Felder vor. Er versucht, die Aufgabe auf dem betreffenden Feld zu lösen. Ist die Lösung richtig, darf er auf dem Feld stehen bleiben, andernfalls muss er wieder auf das vorherige Feld zurück. Dann ist Spieler B an der Reihe, wirft die Münze etc. Kommt ein Spieler erneut auf ein Feld, dessen Aufgabe er vorher nicht lösen konnte, darf sein Mitspieler jetzt helfen. Wer zuerst im Ziel ist, hat gewonnen.	KV L12/Wiederholung, Spielfiguren, Münzen	

Lektion 13, Wiederholung: Rallye zu zweit

Form	Ablauf	Material	Zeit
PA	Die TN spielen zu zweit. Stellen Sie die Paare nach Möglichkeit so zusammen, dass die Partnerinnen/Partner etwa gleich geübte TN sind. Jedes Paar erhält ein Antwortblatt, auf dem zunächst beide Namen notiert werden. Schneiden Sie die Karten aus und kleben Sie sie an unterschiedliche Orte im Kursraum, z. B. hinter die Tafel, auf die Lehne eines Stuhls, hinter den Vorhang etc. Verteilen Sie die Karten möglichst gut über den Kursraum. Am besten bereiten Sie das vor, bevor die TN im Raum sind, sodass die TN nach den Karten Ausschau halten müssen. Während des Spiels dürfen nur die Partnerinnen/Partner leise miteinander flüstern. Die Paare gehen herum, lesen die Karten und tragen ihre Lösungen auf dem Antwortblatt ein. Lassen Sie ein anderes Paar jeweils kontrollieren und die richtigen Antworten markieren, wenn Sie die Karten besprechen. Dazu können Sie sie auf Folie/IWB zeigen.	KV L13/Wiederholung, Folie/IWB	

Lektion 14, Wiederholungsstationen

Form	Ablauf	Material	Zeit
PA	Zum Abschluss von *Schritte international Neu 6* können Sie anhand von Wiederholungsstationen ausgewählte Grammatikthemen noch einmal wiederholen. Bereiten Sie die Wiederholungsübungen als Lernstationen vor, indem Sie die Kopiervorlage mehrfach kopieren und zerschneiden. Knicken Sie jeweils die Lösung nach hinten um. Legen Sie an jede Station so viele Kopien derselben Übung, dass jedes Paar eine Kopie bearbeiten kann. Geben Sie den TN vor Beginn des Stationenlernens ausreichend Zeit, die Stationen in Ruhe abzugehen und sich darüber zu informieren, welche Wiederholungsmöglichkeiten sie haben, und sich zu notieren, welche Stationen sie unbedingt bearbeiten wollen. Die TN entscheiden selbst, welche und wie viele Stationen sie bearbeiten möchten bzw. in welcher Reihenfolge sie vorgehen wollen. Geben Sie ein Zeitlimit für das Stationenlernen an, sodass die TN ihre Zeit entsprechend einteilen können. Die TN beginnen mit ihrer Partnerin / ihrem Partner an einer Station ihrer Wahl und arbeiten in ihrem eigenen Tempo. Wenn sie fertig sind, kontrollieren sie sich selbst mithilfe der umgeklappten Lösung.	KV L14/Wiederholung	

✂

✂

✂

Ist das der Kollege, über _____ du gestern gesprochen hast?	Ist das der Kollege, über *den* du gestern gesprochen hast?	_____ (oft) du mit anderen Deutsch sprichst, _____ (leicht) fällt es dir mit der Zeit.	*Je öfter* du mit anderen Deutsch sprichst, *desto leichter* fällt es dir mit der Zeit.	Hast du schon unseren neuen _____ (Praktikant) kennengelernt? Sehr sympathisch, finde ich!	Hast du schon unseren neuen *Praktikanten* kennengelernt? Sehr sympathisch, finde ich!
Vielen Dank für deinen Brief, über _____ ich mich sehr gefreut habe.	Vielen Dank für deinen Brief, über *den* ich mich sehr gefreut habe.	_____ du mal Probleme mit dem Computer hast, ruf mich einfach an!	*Falls/Wenn* du mal Probleme mit dem Computer hast, ruf mich einfach an!	Links auf dem Foto siehst du meine Eltern, von _____ ich dir schon einmal erzählt habe.	Links auf dem Foto siehst du meine Eltern, von *denen* ich dir schon einmal erzählt habe.
Tom? Das ist ein verrückter Bekannter, mit _____ ich einen Monat durch Japan gereist bin.	Tom? Das ist ein verrückter Bekannter, mit *dem* ich einen Monat durch Japan gereist bin.	Rita hat sich in einen _____ (Kollege) aus ihrer Firma verliebt! Wusstest du das schon?	Rita hat sich in einen *Kollegen* aus ihrer Firma verliebt! Wusstest du das schon?	_____ (oft) du in den Computerkurs gehst, _____ (selbstständig) kannst du später mit den Programmen arbeiten.	*Je öfter* du in den Computerkurs gehst, *desto selbstständiger* kannst du später mit den Programmen arbeiten.
Ist das die Frau, von _____ du mir schon öfter erzählt hast?	Ist das die Frau, von *der* du mir schon öfter erzählt hast?	Peet? Das ist der Kollege, von _____ ich jeden Tag Rosen bekommen habe.	Peet? Das ist der Kollege, von *dem* ich jeden Tag Rosen bekommen habe.	Deine Blumen, über _____ ich mich sehr gefreut habe, stehen jetzt auf meinem Schreibtisch.	Deine Blumen, über *die* ich mich sehr gefreut habe, stehen jetzt auf meinem Schreibtisch.
Wir fahren morgen in die Berge. _____ du Zeit hast, komm doch einfach mit!	Wir fahren morgen in die Berge. *Falls/Wenn* du Zeit hast, komm doch einfach mit!	Auf dem Foto hier siehst du meine Freunde, von _____ ich dir schon oft erzählt habe.	Auf dem Foto hier siehst du meine Freunde, von *denen* ich dir schon oft erzählt habe.	Seit Wochen habe ich schon Probleme mit meinem _____ (Nachbar)!	Seit Wochen habe ich schon Probleme mit meinem *Nachbarn!*
Unsere Freunde, auf _____ ich mich schon sehr gefreut hatte, konnten leider nicht kommen.	Unsere Freunde, auf *die* ich mich schon sehr gefreut hatte, konnten leider nicht kommen.	Nurten? Das ist meine alte Freundin aus Istanbul, an _____ ich oft denke.	Nurten? Das ist meine alte Freundin aus Istanbul, an *die* ich oft denke.	Ich sehe mir morgen den neuen Film von Fatih Akin im Kino an. _____ Lust hast, komm doch einfach mit!	Ich sehe mir morgen den neuen Film von Fatih Akin im Kino an. *Falls/Wenn* du Lust hast, komm doch einfach mit!

Schritte international Neu 6, Lehrerhandbuch, 978-3-19-611086-9, © 2019 Hueber Verlag

Fragenblatt

Frage	richtige Antwort
1 Du tust, … wir ewig Zeit hätten.	*als ob*
2 Also, ich … dir, dir ein neues Handy zu kaufen. Das alte ist total kaputt.	*rate*
3 Das ist ein großes Problem. Ich weiß irgend… nicht mehr weiter.	*wie*
4 Kannst du mir helfen? Ich kann dieses Programm nicht …	*installieren*
5 Hast du meinen Akku gesehen? Er muss hier irgend… sein.	*wo*
6 … würde ich dir ja zustimmen, aber ich glaube nicht, dass ein Gespräch viel hilft.	*Grundsätzlich*
7 … wir das Wiederholungsspiel spielen, denke ich nur an die Pause.	*Während*
8 Gestern sind in unseren Büros … Rechner ausgetauscht worden.	*sämtliche*
9 Oh, die Festplatte hört sich an, als ob sie gleich kaputt gehen …	*würde*
10 Was hast du gemacht, … du hier in der Firma angefangen hast?	*bevor*
11 Meine Freundin tut so, als ob ich ihr noch nie Blumen geschenkt …	*hätte*
12 Ehrlich gesagt hat man den …, dass du deinem Mann gar nicht helfen möchtest.	*Eindruck*
13 Nein, du darfst nie auf dieses Symbol …, dann löscht der Computer alles.	*klicken*
14 Es sieht so aus, als ob hier eine Tür …	*wäre*
15 Wir haben …, dieses Jahr nicht in den Urlaub zu fahren.	*beschlossen*
16 Immer tut er so, als ob wir kein Geld hätten. Aber in … haben wir viel gespart.	*Wirklichkeit*
17 Ich glaube, du hast die Dateien gelöscht, … du sie kopiert hattest.	*nachdem*
18 Darum kann ich mich … Ich muss sowieso zum Baumarkt.	*kümmern*
19 Die … Medien haben unsere Welt schon verändert, meinst du nicht auch?	*digitalen*

Schritte international Neu 6, Lehrerhandbuch, 978-3-19-611086-9, © 2019 Hueber Verlag

Antwortblatt

würde

als ob

grundsätzlich

wie

sämtliche

installieren

digitalen

wo

rate

Standpunkt

nachdem

kümmern

Wirklichkeit

Eindruck

hätte

klicken

beschlossen

wäre

wieso

bevor

während

Schritte international Neu 6, Lehrerhandbuch, 978-3-19-611086-9, © 2019 Hueber Verlag

Würfelschnecke

Start ▶

Stellen Sie dieses Produkt vor.

Sie arbeiten in einem Hotel. Ein Gast beschwert sich, weil aus der Dusche nur kaltes Wasser kommt. Was sagen Sie?

Ergänzen Sie: „Deine Brieftasche liegt da, _____ sie immer liegt."

Sie haben im Restaurant einen Salat mit Käse bestellt, aber bekommen einen Salat mit Hühnchen. Beschweren Sie sich.

Erzählen Sie von einer Werbung, über die Sie sich ärgern, und begründen Sie, warum.

Erklären Sie: Was versteht man unter einem „Missgeschick"? Geben Sie ein Beispiel.

Ergänzen Sie: „Mir gefällt es da am besten, _____ das ganze Jahr die Sonne scheint."

Wie nennt man eine Mehrheit, die schweigt? → Eine _____ Mehrheit.

Erklären Sie: Was versteht man unter „abstimmen"? Geben Sie ein Beispiel.

Ergänzen Sie: „Salzburg ist die Stadt, _____ Mozart geboren ist."

Erklären Sie: Was versteht man unter einem „Umtausch"? Geben Sie ein Beispiel.

Ergänzen Sie: „Ich sehe viele Filme, sowohl zu Hause _____ ."

Was sagt der Kunde? Sprechen Sie.

Was sagt die Kundin? Sprechen Sie.

Ergänzen Sie: „Ich esse gern alles, _____ gegrillt ist."

Ziel

Wie nennt man einen Fotoapparat, der funktioniert? → Einen _____ Fotoapparat.

Erzählen Sie von einer Werbung, die Ihnen besonders gut gefällt.

In der Cafeteria bekommen Sie einen kalten Kaffee. Beschweren Sie sich.

Was sagt die Kundin? Sprechen Sie.

Ergänzen Sie: „Ich esse alles gern, _____ frisch zubereitet ist."

Erklären Sie: Was versteht man unter einer „Schlange" an der Kasse? Geben Sie ein Beispiel.

Ergänzen Sie: „Ich trinke keinen Alkohol, weder Bier _____ ."

Erklären Sie: Was versteht man unter „schiefgehen"? Geben Sie ein Beispiel.

Ergänzen Sie: „Ich kaufe nichts, _____ nicht ökologisch ist."

Ergänzen Sie: „Ich esse kein Fleisch, weder Hühnchen _____ ."

Ergänzen Sie: „Ich fühle mich überall wohl, _____ ich nette Menschen treffe."

Stellen Sie dieses Produkt vor.

Stellen Sie dieses Produkt vor.

Erklären Sie: Was versteht man unter einem „Beleg"? Geben Sie ein Beispiel.

Ergänzen Sie: „Ich reise gern, sowohl allein _____ ."

Ergänzen Sie: „Ich esse alles gern, _____ du kochst."

Ergänzen Sie: „Ich mag keinen Mannschaftssport, weder Handball _____ ."

Was sagt der Kunde? Sprechen Sie.

Schritte international Neu 6, Lehrerhandbuch, 978-3-19-611086-9, © 2019 Hueber Verlag

Sie arbeiten in einem Hotel. Ein Gast beschwert sich, weil aus der Dusche nur kaltes Wasser kommt. Wie reagieren Sie?	Nennen Sie ein Beispiel für höfliches Verhalten.	Erklären Sie: Was bedeutet „jemanden beleidigen"? Machen Sie auch ein Beispiel.
Was wissen Sie über die Verkehrsregeln in Deutschland? Erzählen Sie.	Nennen Sie eine Verhaltensregel, die Ihnen besonders wichtig ist.	Was sind Ihre Vorsätze für das nächste Jahr? Was werden Sie tun oder nicht mehr tun?
Sie sind die Frau mit dem Brot. Was sagen Sie?	Was ist im Arbeitsalltag in Deutschland anders als in Ihrem Land? Erzählen Sie.	Ist Ihnen gutes Benehmen wichtig? Warum (nicht)?
Sie sind die Frau mit der Brille. Was sagen Sie?	Wie ist das in Ihrer Heimat? Jemand isst im Bus ein Zwiebelbrötchen. Der Geruch ist sehr unangenehm.	Sie sitzen im Bus. Der Kontrolleur kommt, aber Sie haben Ihr Ticket vergessen. Entschuldigen Sie sich und erklären Sie die Situation.
Ihre Partnerin / Ihr Partner ist traurig, weil Sie so wenig Zeit für sie/ihn haben. Was versprechen Sie ihr/ihm?	Haben Sie sich schon einmal fremd gefühlt? Erzählen Sie.	Erzählen Sie über Ihren eigenen Arbeitsalltag.

Schritte international Neu 6, Lehrerhandbuch, 978-3-19-611086-9, © 2019 Hueber Verlag

Wie wird das Wetter morgen?	Was ist in Ihrem Heimatland im Arbeitsalltag besonders wichtig?	Erklären Sie: Was bedeutet „etwas stehlen"? Nennen Sie auch zwei Beispiele.
Sie sehen, wie jemand im Supermarkt eine Tafel Schokolade klaut. Wie finden Sie das? Was tun Sie?	Was bedeutet „Alles hat seinen Preis!"? Erklären Sie.	Wie kann man das auch sagen: Morgen gehe ich ins Schwimmbad.
Was werden Sie in drei Jahren machen? Erzählen Sie.	Gibt es etwas, was Sie am Verhalten der Menschen in Ihrem Land stört? Warum?	Sagen Sie es anders: Ich habe dir keine Blumen mitgebracht, weil ich sonst zu spät gekommen wäre.
Ein Freund sagt Ihnen, dass er sich endlich für einen Tanzkurs angemeldet hat. Wie reagieren Sie?	Steht man in Ihrem Heimatland auf, wenn ein älterer Mensch in den Bus steigt und bietet ihm den Sitzplatz an? Erzählen Sie.	Was bedeutet „jemanden missverstehen"? Erklären Sie.
Was sind Ihre Pläne für das nächste Jahr? Erzählen Sie.	Sagen Sie es anders: Ich habe das Auto drei Straßen weiter geparkt, da hier alles voll war.	Erklären Sie: Was heißt „sich sportlich kleiden"?

Schritte international Neu 6, Lehrerhandbuch, 978-3-19-611086-9, © 2019 Hueber Verlag

A	Ziel	B	Ziel
A10 Sie haben Ihren Anschlusszug .... und müssen jetzt im Hotel übernachten.		**B10** Mein Zug hatte Verspätung. Deshalb hätte ich .... den Anschlusszug verpasst.	
A9 .... der Zug kommt, haben wir noch zwei Stunden Zeit. Wollen wir einen Kaffee trinken gehen?		**B9** Manuel hat sein Sandwich gegessen, ... ein Wort .... sagen. Er spricht nie während des Essens.	
A8 Heute üben wir Grammatik, ... wir ein Wiederholungsspiel machen.		**B8** Wer arbeitet, ohne Geld dafür zu verlangen, der arbeitet	
A7 Wasser zu sparen, ist ein wichtiger Beitrag zum .... Deshalb lassen wir das Wasser beim Spülen nicht laufen.		**B7** Marion hat eine eigene Firma. Sie macht alles selbst, ... der Werbung. Die übernimmt eine Werbeagentur.	
A6 .... Hanna bei Jan wohnt, hat er immer genug im Kühlschrank.		**B6** Altenheime und Pflegeheime sind soziale ...., für die wir Steuern zahlen. Sie sind für alle da.	
A5 Die Kollegen beteiligen sich meistens nicht an der Diskussion. .... dem Manager sagt oft niemand etwas.		**B5** Könnt ihr nicht warten, ... wir ausgestiegen sind?	
A4 Ein Vorbild ist ein Mensch, der		**B4** .... Lukas ein neues Auto hat, wäscht er es jeden Sonntag und hat für nichts anderes mehr Zeit.	
A3 Wenn Sie Hilfe brauchen, können Sie sich .... an unser Servicepersonal wenden. Unsere Mitarbeiter sind immer für Sie da.		**B3** Im Winter ist es kalt. Man kann aber auch von „sozialer ...." in einer Gesellschaft sprechen.	
A2 Martin isst .... ein Stück Kuchen. Seine Frau soll es nicht sehen.		**B2** Wenn Sie Ihr Gepäck nicht selbst tragen möchten, können Sie es .... und entspannt reisen.	
A1 Du solltest Verträge nie unterschreiben, ... du sie komplett gelesen hast.		**B1** Lernen Sie perfekt Deutsch, ... Sie nachts einfach das Kursbuch unter das Kopfkissen legen.	
A ↑ **Start** ↑		**B** ↑ **Start** ↑	

Schritte international Neu 6, Lehrerhandbuch, 978-3-19-611086-9, © 2019 Hueber Verlag
A4 © Thees Carstens, Hamburg

1	2	3	4
Ergänzen Sie in der richtigen Form. Die Zugspitze ist der ... (hoch) Berg in Deutschland.	Wie heißt das Wort? Das finde ich gut. Ein Tempolimit in Wohn-straßen kann ich nur be ___ w ___ ten.	Ergänzen Sie in der richtigen Form. Für den Verein sind wieder viele Spenden ... (sammeln).	Wie heißt das Wort? Heute möchten wir euch I ___ ___ t _o _ en über Albert Einstein geben.
5	6	7	8
Ergänzen Sie. Am 8. Mai ... war der Zweite Weltkrieg zu Ende.	Ergänzen Sie. Vor 1989 gab es zwei deutsche Staaten, die BRD und die ...	Wie heißt das Wort? Habt ihr zu diesem P ___ ___ noch Fragen?	Ergänzen Sie in der richtigen Form. Damals ... Flüchtlinge leider nicht herzlich empfangen.
9	10	11	12
Ergänzen Sie in der richtigen Form. Gestern ... wieder über Temposünder auf Deutschlands Straßen berichtet worden.	Was wurde am 9. November 1989 geöffnet?	Ergänzen Sie in der richtigen Form. Ich finde, eine ... (schön) Insel als Helgoland gibt es nicht.	Ergänzen Sie in der richtigen Form. Der Sinn des Lebens? Das ist die ... (groß) Frage der Menschheit, denke ich.
13	14	15	16
Wie heißt das Wort richtig? In diesem Z ___ mm ___ h ___ g finde ich auch wichtig, dass man an die kultu-relle Herkunft denkt.	Ergänzen Sie in der richtigen Form. Das Sumsum ist ein-fach super! Ich habe noch nie ein ... (gut) Handy gehabt.	Ergänzen Sie in der richtigen Form. Dann wurde ein Lernhilfeverein ... (gründen).	Was beginnt mit den Worten „Einigkeit und Recht und Freiheit für das deutsche Vaterland!"? Die deutsche ...

Schritte international Neu 6, Lehrerhandbuch, 978-3-19-611086-9, © 2019 Hueber Verlag

Antwortblatt

Namen: ....

1	
2	
3	
4	
5	
6	
7	
8	
9	
10	
11	
12	
13	
14	
15	
16	

Schritte international Neu 6, Lehrerhandbuch, 978-3-19-611086-9, © 2019 Hueber Verlag

1 Ergänzen Sie in der richtigen Form.

teuer   jung   lustig   ~~klein~~   langweilig   gut   neu   viel   ~~billig~~   langweilig

a Weißt du schon, dass Carla umgezogen ist? Sie hat sich nach der Trennung von ihrem Mann
  eine _kleinere_ und _billigere_ Wohnung gesucht.

b Und hast du das gehört? Maria ist jetzt mit einem 20 Jahre _____ Mann zusammen.
  Unglaublich – oder? Und das in ihrem Alter!

c Na ja, vielleicht besser als dieser Ralf. Der ist vielleicht langweilig. Mit dem kann man nur
  die _____ Gespräche führen. Ich kenne keinen _____ Mann als ihn!

d Und Ingrid hat sich schon wieder ein Designerkleid gekauft. Immer nur die _____
  Klamotten! Dass sie so viel Geld hat!

e Kennst du eigentlich Marlon? Mit dem kann man immer so wunderbar lachen. Ich finde
  einfach, dass er der _____ Typ in der Clique ist!

f Und Jan hat mir erzählt, dass er jetzt einen viel _____ Job hat als vorher und noch
  dazu _____ Geld verdient als an seiner letzten Stelle. Na ja, ob das wohl stimmt?

g Und Katrin. Sie weiß immer den _____ Tratsch! Unglaublich. Hat sie nichts Besseres
  zu tun, als nur über andere Leute zu reden?

Lösung Station 1: b jüngeren, c langweiligsten, langweiligeren, d teuersten, e lustigste, f besseren, mehr, g neuesten

✂ -

2 Ergänzen Sie in der richtigen Form.

a Gestern habe ich mich geärgert über …

  1 den verspätet_en_ Bus.
  2 meinen tropfend____ Wasserhahn.
  3 schreiend____ Kinder.
  4 ein falsch geparkt____ Auto.
  5 eine nicht bezahlt____ Rechnung.
  6 meinen verloren____ Geldbeutel.

b Heute freue ich mich über …

blühen   planen   singen   aufräumen   ~~lachen~~   decken   erledigen   aufgehen

  1 _lachende_ Kinder.   5 eine _____ Wohnung.
  2 die _____ Sonne.   6 den _____ Vogel an meinem Fenster.
  3 die _____ Blumen.   7 die _____ Arbeit.
  4 einen schön _____ Tisch.   8 den schon lange _____ Urlaub.

Lösung Station 2: a 2 tropfenden, 3 schreiende, 4 geparktes, 5 bezahlte, 6 verlorenen, b 2 aufgehende, 3 blühenden, 4 gedeckten,
5 aufgeräumte, 6 singenden, 7 erledigte, 8 geplanten

Schritte international Neu 6, Lehrerhandbuch, 978-3-19-611086-9, © 2019 Hueber Verlag

3 Ergänzen Sie die Endungen, wo nötig.

a ▪ Guten Tag, hier Rotraud Krautloher.

   ● Wie bitte, de _n_ Nachnam _en_ habe ich leider nicht verstanden.

b ▪ Hast du schon unser_____ neu_____ Kollege_____ gesehen? Sieht der nicht unsympathisch aus?

   ● Na ja, jetzt lerne ihn doch erst mal kennen.

c ▪ Und wie war's im Zoo?

   ● Wir haben Pinguine_____ gesehen und die Affe_____ waren so lustig. Und am besten fand ich die kleine Giraffe_____ .

d ▪ Ich war gestern bei mein_____ Nachbar_____ Paul zum Essen eingeladen. Ist das nicht nett?

   ● Du Glückliche. Ich habe ständig Streit mit meinen Nachbar_____ .

e Meine Dame_____ und Herr_____ . Ich begrüße Sie herzlich zu unserem jährlichen Silvestertreffen. Und möchte wie immer Frau_____ Dr. Peterson und Herr_____ Weller als unsere Vorsitzenden ganz herzlich begrüßen.

f Selbstverständlich versuchen wir immer, unseren Kunde_____ so schnell wie möglich zu helfen.

g ▪ Wie geht's denn deinem Bekannt_____? Wie heißt er noch mal? Der, mit dem du letzte Woche im Kino warst?

   ● Du meinst Paul? Das ist ein guter Freund_____ . Keine Ahnung. Ich habe seitdem nichts mehr von ihm gehört.

Lösung Station 3: b unseren neuen Kollegen, c Pinguine, Affen, Giraffe, d meinem Nachbarn, Nachbarn, e Damen, Herren, Frau, Herrn, f Kunden, g Bekannten, Freund

✂ -

4 Was ist was? Ergänzen Sie.

| bei dem | ~~wo~~ | die | in dem | an dem | in der | was |

a Mein Lieblingsplatz ist der Platz, _wo_ ich mich am liebsten aufhalte.

b Eine Brieftaube ist eine Taube, _____ Briefe transportiert.

c Eine Schatzkiste ist eine Kiste, _____ ein Schatz liegt.

d Ein Liebesbrief ist ein Brief, _____ steht, wie sehr ich jemanden mag.

e Ein Glückstag ist ein Tag, _____ mir alles gelingt.

f Ein Glücksbringer ist etwas, _____ mir Glück bringt.

g Ein Pechvogel ist jemand, _____ alles schiefgeht.

Lösung Station 4: b die, c in der, d in dem, e an dem, f was, g bei dem

Schritte international Neu 6, Lehrerhandbuch, 978-3-19-611086-9, © 2019 Hueber Verlag

5 Ergänzen Sie.

Ich wünsche mir …

a eine Stelle, _die_ mir Spaß macht.

b eine Arbeit, _in der_ ich mich selten langweile.

c einen Chef, _____ ich mich nur manchmal ärgere.

d einen Kollegen, _____ ich abends auch weggehen kann.

e Kollegen, _____ immer hilfsbereit sind und _____ ich auch mal lachen kann.

f eine Kollegin, _____ ich vertrauen kann.

g ein Büro, _____ gemütlich ist.

h überall, _____ ich hinsehe, viele Pflanzen.

i eine Couch, _____ ich manchmal schlafen kann.

j einen Schreibtisch, _____ immer aufgeräumt ist.

k einen Computer, _____ meine Fehler korrigiert.

l eine Kantine, _____ es leckeres Essen gibt.

m Das ist alles, _____ ich brauche!

n Dann gibt es nichts, _____ ich vermisse.

Lösung Station 5: c über den, d mit dem, e die, mit denen, f der, g das, h wo, i auf der, j der, k der, l in der / wo, m was, n was

✄ -

6 Schreiben Sie Sätze.

			aber in Wirklichkeit …
a	es scheint:	Drucker – drucken	nichts auf dem Papier stehen
b	es hört sich so an:	Staubsauger – saugen	alles noch dreckig sein
c	es sieht so aus:	Peter – sich gut eingelebt	seine Familie vermissen
d	der Lehrer hat geklungen:	er – ziemlich wütend sein	nur wenig Zeit haben
e	er tut so:	er – wichtigen Termin haben	Kaffee trinken gehen

a _Es scheint, als ob der Drucker drucken würde. Aber in Wirklichkeit steht nichts auf dem Papier._

b _____

_____

c _____

_____

d _____

_____

e _____

_____

Lösung Station 6: b Es hört sich so an, als ob der Staubsauger saugen würde. Aber in Wirklichkeit ist alles noch dreckig.
c Es sieht so aus, als ob sich Peter gut eingelebt hätte. Aber in Wirklichkeit vermisst er seine Familie. d Der Lehrer hat geklungen,
als ob er ziemlich wütend wäre. Aber in Wirklichkeit hatte er nur wenig Zeit. e Er tut so, als ob er einen wichtigen Termin hätte.
Aber in Wirklichkeit geht er einen Kaffee trinken.

Schritte international Neu 6, Lehrerhandbuch, 978-3-19-611086-9, © 2019 Hueber Verlag

7 Was ist richtig? Markieren Sie.

a Ich ärgere mich oft (über) / an / für das schlechte Programm.

b Können wir uns nun endlich über / für / zu eine Sendung entscheiden?

c Ich interessiere mich am meisten für / an / auf Dokumentarfilme.

d Ich habe mich halb totgelacht von / über / bei diese Komödie.

e Wir freuen uns jeden Tag über / zu / auf unsere Lieblingssendung.

f Meine kleine Schwester ist ganz verliebt mit / in / für den Schauspieler aus der „Sendung mit der Maus".

g Erinnerst du dich noch an / für / auf die Serie mit Brad Pitt?

Lösung Station 7: b für, c für, d über, e auf, f in, g an

---

8 Ergänzen Sie.

a Heute Abend schaue ich wieder meine Lieblingsserie. Ich freue mich schon *darauf*.

b Du, ich habe leider keine Zeit. Ich bin mit Paul zum Kino verabredet. Ich treffe mich _____ um 20 Uhr.

c Der Krimi war so spannend. Ich konnte kaum schlafen. Und als ich endlich eingeschlafen war, habe ich die ganze Nacht _____ geträumt.

d Die Kandidaten bei dem Quiz haben gar nichts gewusst. Ich musste so _____ lachen.

e Ich kann den Film einfach nicht vergessen. Ich muss die ganze Zeit _____ denken.

f Erinnerst du dich noch an den Sänger? Ich könnte mich heute noch _____ aufregen, weil er so schlecht war.

Lösung Station 8: b mit ihm, c davon, d über sie, e daran, f über ihn

---

9 Ergänzen Sie *während* oder *nachdem*.

a *Nachdem* wir uns auf einen Text geeinigt haben, kannst du die Flugblätter schreiben.

b Wir lassen die Flugblätter drucken, _____ du sie geschrieben hast.

c _____ du im Kopierladen bist, überlegen wir, wer sie wo verteilt.

d _____ wir alle Flugblätter unter uns aufgeteilt haben, gehen wir los.

e Wir müssen versuchen, mit den Leuten ins Gespräch zu kommen, _____ wir die Flugblätter verteilen.

Lösung Station 9: b nachdem, c Während, d Nachdem, e während

Schritte international Neu 6, Lehrerhandbuch, 978-3-19-611086-9, © 2019 Hueber Verlag

10 Was ist richtig? Markieren Sie.

a (Nachdem) / Als / Während   er aufgestanden ist, macht er erst mal eine halbe Stunde Gymnastik.

b Bis / Seit / Bevor   sie aus dem Haus geht, schaut sie nach, ob der Herd ausgeschaltet ist.

c Während / Bevor / Immer wenn   sie nach Hause kommt, wäscht sie sich als Erstes die Hände.

d Als / Jedes Mal wenn / Nachdem   seine Freundin mit dem Zug wegfährt, wartet er am Gleis, bis / bevor / nachdem   der Zug abgefahren ist.

e Bis / Bevor / Seit   ich sie kenne, arbeitet sie in der Firma und fährt jeden Morgen mit dem Bus.

f Nur einmal musste sie mit dem Auto fahren, während / als / seit   die Fahrer der öffentlichen Verkehrsmittel gestreikt hatten.

Lösung Station 10: b Bevor, c Immer wenn, d Jedes Mal wenn, bis, e Seit, f als

11 Was passt? Ordnen Sie zu.

a Ich setze mich für den Naturschutz ein,

1 indem ⓒ **a** ich den Schutz der Natur sehr wichtig finde.
2 da ⓐ **b** für meine Kinder eine bessere Welt zu erhalten.
3 um ⓑ **c** ich regelmäßig Geld spende.

b Sie werden Mitglied in einem Tierschutzverein,

1 denn ◯ **a** Sie möchten diese Arbeit unterstützen.
2 obwohl ◯ **b** Sie dieses Formular ausfüllen.
3 indem ◯ **c** Sie selber kein Haustier haben.

c Ich möchte in einen Sportverein eintreten,

1 deshalb ◯ **a** etwas Sinnvolles zu tun.
2 um ◯ **b** habe ich im Vereinsbüro angerufen.
3 falls ◯ **c** es nicht zu teuer ist.

d Es ist wichtig, schon Kinder für den Umweltschutz zu begeistern

1 , indem ◯ **a** ihnen ein gutes Vorbild zu sein.
2 und ◯ **b** sie sich daran gewöhnen.
3 , damit ◯ **c** man z. B. Projekttage in den Schulen anbietet.

Lösung Station 11: b 1 a, 2 c, 3 b; c 1 b, 2 a, 3 c; d 1 c, 2 a, 3 b

Schritte international Neu 6, Lehrerhandbuch, 978-3-19-611086-9, © 2019 Hueber Verlag

12 Schreiben Sie.

a Sagst du Susanne schöne Grüße von mir? (überhaupt – sie – treffen)
  Ja gern, falls ich sie überhaupt treffe.

b Bringst du mir bitte Zucker mit? (einkaufen – heute – gehen – noch)
  Ja gern, _____ .

c Kannst du mir am Sonntag beim Umzug helfen? (nicht arbeiten müssen)
  Ja gern, _____ .

d Machst du ein Fest? (bestehen – die Prüfung – haben)
  Ja gern, aber nur, _____ .

e Besuchst du uns? (mir Antons Auto – leihen können)
  Ja gern, _____ .

_____

Lösung Station 12: b falls ich heute noch einkaufen gehe. c falls ich nicht arbeiten muss. d falls ich die Prüfung bestanden habe.
e falls ich mir Antons Auto leihen kann.

✂ -

13 *Außer* oder *nur*? Sehen Sie die Tabelle an und ergänzen Sie dann die Sätze.

Sie/Er …	Vater	Mutter	Sohn	Tochter	Oma	Opa
ist ordentlich.	X	X	X		X	X
fährt gern Motorrad.						X
liebt Katzen.	X	X		X		X
isst gern Spiegeleier mit Marmelade.	X					
vergisst immer den Hausschlüssel.		X				

a *Außer der Tochter* sind alle ordentlich.
  Alle sind ordentlich. *Nur die Tochter* ist unordentlich.

b _____ fährt niemand gern Motorrad.
  _____ fährt gern Motorrad.

c _____ und _____ lieben alle Katzen.
  Alle lieben Katzen. _____ und _____ nicht.

d _____ isst niemand gern Spiegeleier mit Marmelade.
  _____ isst gern Spiegeleier mit Marmelade.

e _____ vergisst niemand den Hausschlüssel.
  _____ vergisst immer den Hausschlüssel.

_____

Lösung Station 13: b Außer dem Opa – Nur der Opa, c Außer dem Sohn und der Oma – Nur der Sohn und die Oma,
d Außer dem Vater – Nur der Vater, e Außer der Mutter – Nur die Mutter

Schritte international Neu 6, Lehrerhandbuch, 978-3-19-611086-9, © 2019 Hueber Verlag

1 Was passt? Ordnen Sie zu.

~~Arbeitsatmosphäre~~   warnen   Freundschaften   Studie   Zusammenarbeit   krankmelden   beeinflusst

Laut einer aktuellen Untersuchung wirken sich _____ am Arbeitsplatz positiv

auf die _Arbeitsatmosphäre_ aus. Die _____ zeigt, dass ein gutes Betriebsklima

die Arbeitsleistung positiv _____ und die Mitarbeiter sich auch seltener

_____. Allerdings sollte man eine gute _____ nicht mit zu

enger Freundschaft verwechseln. Deshalb _____ die Experten vor Tabuthemen, wie

z. B. Beziehungsproblemen.

Punkte _____ / 6

2 Was ist richtig? Kreuzen Sie an.

	falls	weil	als	dass	
Beispiel: Letzte Woche war ich nicht in der Arbeit,		X			ich krank war.
a Ich wollte Ihnen noch sagen,					ich nächste Woche Urlaub nehme.
b Beim Zeitunglesen benutze ich ein Wörterbuch,					ich ein wichtiges Wort nicht verstehe.
c Ich gehe jeden Abend vor Mitternacht schlafen,					ich morgens um 6 Uhr aufstehen muss.
d Ich hatte ein eigenes Büro,					ich noch bei Simsons gearbeitet habe.

Punkte _____ / 4

3 Erinnerungen an meinen Deutschkurs. Ergänzen Sie in der richtigen Form.

Beispiel: Das ist Roberto, _mit dem_ ich immer gelernt habe.
a Es sind die Spiele im Kurs, _____ ich mich am liebsten erinnere.
b Der Lehrer, _____ ich dir so viel erzählt habe, unterrichtet heute nicht mehr. Er ist längst Rentner.
c Taro und Yukiko waren die Mitschüler, _____ ich ein bisschen Japanisch gelernt habe.
d Der Bus, _____ ich meistens gefahren bin, hält da vorn vor dem Supermarkt.
e Na ja, wenn du mich so fragst: Es war die Prüfung, _____ ich am meisten Angst hatte.

Punkte _____ / 5

4 Über die Liebe. Ergänzen Sie die Sätze.

Beispiel: Je verliebter man am Anfang ist, desto _schwieriger ist das Ende._
a Je schneller man zusammen in eine Wohnung zieht, desto _____
b Je schöner die Frau ist, desto _____
c Je reicher der Mann ist, desto _____
d Je mehr Vertrauen man zum anderen haben kann, desto _____
e Je mehr Kinder ein Paar bekommt, desto _____

Punkte _____ / 5

Schritte international Neu 6, Lehrerhandbuch, 978-3-19-611086-9, © 2019 Hueber Verlag

WORTSCHATZ

GRAMMATIK

KOMMUNIKATION

5 Was passt? Ordnen Sie zu.

1 Aufträge/Aufgaben ablehnen   3 auf Alternativvorschläge reagieren   5 das *Du* annehmen
2 Alternativen vorschlagen   4 das *Du* anbieten

a Wir sagen hier alle *Du* zueinander.	**g** Ja, stimmt. Das wäre möglich. Ich spreche gleich mal mit …
b Wenn wir … tauschen, könnte ich Ihnen vielleicht helfen.	**h** Ja, gern! Ich heiße …
c Das geht leider nicht, weil … ~~3~~	**i** Tut mir leid, aber ich habe gerade sehr viel zu tun.
d Vielleicht könnte … meine Aufgaben übernehmen, dann könnte ich …	**j** Da kann ich dir leider nicht helfen, weil …
e Da kann ich Ihnen leider nicht helfen, weil …	**k** Alles klar! Ich heiße …
f Wenn es Ihnen recht ist, dann können wir uns gern duzen.	

Punkte ____ /10

LESEN

6 Lesen Sie den Brief. Was ist richtig? Kreuzen Sie an.

Betreff: Kündigung des Arbeitsverhältnisses – Arbeitsvertrag vom 01.09.2014

Sehr geehrte Frau Lehmkuhl,

hiermit kündige ich fristgerecht zum 01.08.2018.
Die Arbeit als Buchhalterin in Ihrem Unternehmen hat mir immer viel Spaß gemacht und hat mein Interesse für ein Studium der Betriebswirtschaft geweckt. Ich möchte mich daher beruflich neu orientieren und noch einmal studieren.
Da ich mich um einen Studienplatz bewerben möchte, bitte ich Sie, mir möglichst bald mein Arbeitszeugnis zukommen zu lassen.
Ich bedanke mich ganz herzlich für die gute Zusammenarbeit.

Mit freundlichen Grüßen
Dorte Jensen

richtig

a Frau Jensen möchte die Firma zum 1.08. verlassen. ○
b Frau Jensen ist mit der Arbeit nicht zufrieden. ○
c Frau Jensen hat Betriebswirtschaft studiert. ○
d Frau Jensen möchte sich als Buchhalterin bewerben. ○
e Frau Jensen möchte ihr Arbeitszeugnis so schnell wie möglich bekommen. ○

Punkte ____ /5

SCHREIBEN

7 In einem Blog über Freundschaft haben Sie folgendes Zitat gelesen: „Reich sind nur die, die wahre Freunde haben." (Thomas Fuller, 1608–1661). Was denken Sie darüber? Was bedeutet echte Freundschaft für Sie? Schreiben Sie mindestens fünf Sätze auf ein separates Blatt.

Punkte ____ /5
Gesamt ____ /40

Schritte international Neu 6, Lehrerhandbuch, 978-3-19-611086-9, © 2019 Hueber Verlag

W O R T S C H A T Z

1 Was passt nicht? Streichen Sie.

Beispiel: auf   dem Rechner – ~~der Datei~~ – dem Smartphone   ein neues Programm installieren
a die Festplatte   löschen – anschließen – erstellen
b süchtige – digitale – sämtliche   Medien
c ein Passwort   ändern – installieren – erstellen
d einen Virus   aufregen – herunterladen – löschen

Punkte _____ / 4

2 Was passt? Ordnen Sie zu.

Standpunkt   ~~diskutieren~~   ernsthafte   herrlich   aufregt   süchtig   Eindruck

■ Puh, schon wieder eine Diskussion im Fernsehen.
● Aha, worüber *diskutieren* sie denn heute Abend?
■ Ich glaube, über die Frage, ob Computer _____ machen können.
● Wie langweilig! Aber guck mal, der Moderator sieht so aus, als ob er sich _____
   Sorgen darüber machen würde.
■ Stimmt. Sieh mal, links die Frau – wie die sich _____.
● Stimmt, den _____ habe ich auch. Warum tut sie das eigentlich?
■ Ich glaube, sie findet den _____ von dem Mann neben ihr total unmöglich.
● Aha! Weißt du, eigentlich sind solche Diskussionssendungen doch _____,
   man lernt viel über andere Menschen.

Punkte _____ / 6

G R A M M A T I K

3 Was ist richtig? Kreuzen Sie an.

Beispiel: Manfred kochen, gleichzeitig seine Frau auf der Arbeit sein
○ Nachdem   ☒ Während   ○ Bevor Manfreds Frau auf der Arbeit ist, kocht er für sie das Essen.
a fernsehen, aber zuerst Geschirr abwaschen
   Manfred sieht mit seiner Frau zusammen fern,   ○ nachdem   ○ während   ○ bevor
   er das Geschirr abgewaschen hat.
b seine Frau sich umziehen, gleichzeitig Manfred Wein aus dem Keller holen
   ○ Nachdem   ○ Während   ○ Bevor seine Frau sich umzieht, holt er einen guten Wein
   aus dem Keller.
c Hausarbeit machen, aber zuerst Zeitung lesen
   ○ Nachdem   ○ Während   ○ Bevor Manfred morgens die Hausarbeit macht, liest er
   erst einmal in Ruhe die Zeitung.
d einschlafen, aber davor sich ins Bett legen
   Manfred ist gestern sofort eingeschlafen,   ○ nachdem   ○ während   ○ bevor er sich
   ins Bett gelegt hatte.
e den Wecker stellen, dann ins Bett gehen
   Manfreds Frau stellt den Wecker auf sechs Uhr,   ○ nachdem   ○ während   ○ bevor
   sie ins Bett geht.

Punkte _____ / 5

Schritte international Neu 6, Lehrerhandbuch, 978-3-19-611086-7, © 2019 Hueber Verlag

4 In der Autowerkstatt. Schreiben Sie.

Beispiel: der Chef so tun – viel arbeiten

Der Chef tut so, als ob er viel arbeiten würde. Dabei tut er fast nichts.

a der Motor sich anhören – kaputtgehen

_____ In Wirklichkeit

funktioniert er noch ganz prima.

b das Auto so aussehen – alt sein

_____ Aber es ist erst

ein Jahr alt.

c so scheinen – der Chef viel Geld haben

_____ In Wirklichkeit

ist er nicht sehr reich.

Punkte _____ / 6

KOMMUNIKATION

5 Was passt? Ordnen Sie zu.

Würdest du das tun?   Das kommt für mich nicht infrage.   ~~Das übernehme ich.~~   wie wäre es, wenn du

Ich weiß nicht. Ich kann nicht so gut   Aber ich würde   könntest du nicht   kann ich mich kümmern.

Das mache ich gern.

● Sahra, _____ einen Kuchen backen würdest?

■ _____ backen.

▼ _____*Das übernehme ich.*_____ Ich habe ein tolles Rezept von meinem Großvater.

● Prima, Pit. Sahra, _____ die Getränke einkaufen?

■ _____ Das ist mir viel zu schwer.

● Du hast recht. Daran habe ich gar nicht gedacht. Darum _____

■ _____ gern die Tische dekorieren.

● Ja, gut. Pit, kannst du die Getränke dann auch kalt stellen? _____

▼ Ja, klar. _____

● Super. Dann haben wir alles!

Punkte _____ / 8

SCHREIBEN

6 Schreiben Sie einen Kommentar zu dem Forumsbeitrag.

> Hallo zusammen! Ich heiße John und habe ein Problem. Zum Geburtstag habe ich meiner Frau ein neues Smartphone geschenkt, das sie sich schon lange gewünscht hatte. Aber jetzt hat sie es ständig in den Händen und guckt drauf. Sie macht Spiele, schreibt ständig SMS oder guckt sich irgendwelche Filmchen an. Ich weiß wirklich nicht mehr, wie ich mit der Situation umgehen soll. Hat jemand einen Rat für mich?

Punkte _____ / 11

Gesamt _____ / 40

Schritte international Neu 6, Lehrerhandbuch, 978-3-19-611086-9, © 2019 Hueber Verlag

Test zu Lektion 10

Name _____

1 Was passt? Ordnen Sie zu.

~~Fotoapparat~~   Vorige   entschlossen   Lieferung   weder ... noch   benötige

> **E-Mail senden**
>
> Sehr geehrte Damen und Herren,
> vor einiger Zeit habe ich bei Ihnen einen *Fotoapparat* bestellt. Ich warte nun schon seit vier Wochen auf die
> Kamera. Das ist wirklich sehr ärgerlich, denn ich fahre in zwei Wochen in den Urlaub und _____ sie
> dringend. _____ Woche habe ich Ihnen schon einmal geschrieben, aber ich habe bis heute leider
> nichts von Ihnen gehört. Bezahlt habe ich bereits online.
> Bitte geben Sie mir kurz Bescheid, ob ich mit der _____ noch rechnen kann oder ob Sie mir das
> Geld auf mein Konto zurück überweisen.
> Wenn ich innerhalb einer Woche _____ das Gerät _____ das Geld erhalte, bin ich fest
> _____, die Sache meinem Anwalt zu übergeben.
> Mit freundlichen Grüßen, Martin Gruber

Punkte _____ / 5

2 Ergänzen Sie *wo* oder *was*.

Beispiel: Gestern war ein furchtbarer Tag. Es fing schon mit der Busfahrt an. Zuerst bin ich
nicht da ausgestiegen, *wo* ich aussteigen wollte.

a Dann habe ich meinen Einkaufszettel verloren. Da stand alles, _____ ich einkaufen wollte, drauf.

b Ich habe überall dort, _____ ich gewesen bin, noch einmal gesucht. Aber er war nicht zu finden.

c Und ich konnte mich an nichts, _____ ich kaufen wollte, erinnern.

d Dann bin ich einfach zurückgefahren an den Ort, _____ ich wohne.

e Ich sage dir, es gibt Tage, da geht wirklich alles, _____ schiefgehen kann, schief.

f Das ist etwas, _____ mir gar nicht gefällt.

Punkte _____ / 6

3 Ergänzen Sie *weder ... noch* oder *sowohl ... als auch*.

Beispiel: Gestern gab es im Supermarkt keine Getränke mehr, *weder* Limonade *noch*
Mineralwasser.

a Beim Auspacken des Pakets musste ich feststellen, dass die Hose _____ die richtige Größe
_____ die richtige Farbe hatte.

b Sie haben heute Tomaten und Kartoffeln im Sonderangebot. Aber ich kann _____ das eine
_____ das andere finden.

c Ich bin wirklich verärgert, Herr Kummer. _____ die Wände _____ die Fenster sind
nicht sauber und ordentlich gestrichen.

d Das Buch, das Sie mir neulich empfohlen haben, war _____ zu dick _____ viel zu
langweilig. Ich muss sagen, das hat mich schon enttäuscht.

Punkte _____ / 4

Schritte international Neu 6, Lehrerhandbuch, 978-3-19-611086-9, © 2019 Hueber Verlag

4 Sehen Sie sich die Bilder an und ergänzen Sie in der richtigen Form.

~~warten~~   starten   tanzen   funktionieren   spielen   streiten

Beispiel: An der Bushaltestelle steht ein _wartendes_ Mädchen.

a Guck mal da oben, ein

_____ Flugzeug!

d Die Erwachsenen
sprechen über die

_____ Kinder.

b Der Mann ärgert sich über
den nicht _____
Automaten.

c Das _____ Paar
ist sich nicht einig, wer den
Hausputz machen soll.

e Zum Geburtstag habe
ich eine Spieldose mit
einer _____
Ballerina bekommen.

Punkte _____ / 5

5 Was passt? Ordnen Sie zu.

1 enttäuscht sein   3 ein Problem genauer beschreiben
2 sich beschweren   4 mit Verständnis auf den Kunden reagieren

a Ich musste nun leider feststellen, dass …		g Es war abgemacht, dass …	
b Das hat mich schon etwas enttäuscht.	1	h Selbstverständlich, das ist überhaupt kein Problem.	
c Es war vereinbart, dass …		i Ich kann verstehen, dass Sie verärgert sind.	
d Das geht doch nicht.		j Das tut mir leid. Da sehe ich leider nur eine Möglichkeit: …	
e Dazu möchte ich aber noch anmerken, dass …		k Das kann man doch nicht machen.	
f Ich bin sehr verärgert.			

Punkte _____ / 10

6 Zigarettenwerbung ist in Deutschland im Fernsehen verboten, aber auf Plakaten erlaubt.
Was halten Sie davon? Begründen Sie. Schreiben Sie mindestens zehn Sätze.

Punkte _____ / 10
Gesamt _____ / 40

Schritte international Neu 6, Lehrerhandbuch, 978-3-19-611086-9, © 2019 Hueber Verlag

1 Was passt? Ergänzen Sie in der richtigen Form.

weggehen absolut offenbar ~~stehlen~~ bemühen zuschauen bestrafen behindern

◼ Gestern bin ich mit der Straßenbahn in die Stadt gefahren. Da habe ich gesehen, wie jemand einer Frau den Geldbeutel aus der Handtasche *gestohlen* hat.

● Das finde ich _____ unmöglich. Ich denke, so einer muss _____ werden.

◼ Ja, schon, aber ich stand weit weg und die Leute haben mich _____. Ich habe mich wirklich _____, bis zu dem Dieb zu kommen.

● Wie? Und dann?

◼ Na ja, der Dieb ist einfach _____. Vielleicht ist er ausgestiegen, ich weiß es nicht.

● Du hast _____ und nichts weiter gemacht?

◼ Ich habe es doch versucht!

● Na ja, aber _____ ohne Erfolg!

Punkte _____ /7

2 Ergänzen Sie die Wörter.

Gestern bin ich mit dem ICE nach Berlin gefahren. Im S p e i s e w a g e n wollte ich etwas essen. Denn der Zug brauchte länger, weil es auf der Strecke eine ___ esch ___ nd ___ g ___ ts- be ___ ä ___ kung gab. Der Zug fuhr nur sehr, sehr langsam. Leider hatte der Kellner bereits Feierabend. Er wollte auch keine ___ us ___ me machen und hat sich sogar ___ wei ___ t, mir einfach ein trockenes Brötchen zu verkaufen. Das geht gar nicht, oder?

Punkte _____ /4

3 Was sagen/denken die Leute? Schreiben Sie Sätze mit *werden*.

Beispiel:  *Morgen wird die Sonne scheinen.*

a  _____

b  _____

c  _____

Punkte _____ /6

Schritte international Neu 6, Lehrerhandbuch, 978-3-19-611086-9, © 2019 Hueber Verlag

4 Ergänzen Sie die Sätze mit *da*.

Beispiel: Ich werde heute Abend mit dem Taxi zur Party fahren, *da ich Alkohol trinken will.*
(ich – trinken wollen – Alkohol)

a Petra muss ein Bußgeld bezahlen, _____ (sie – falsch – geparkt haben)

b Zum Glück hat mich gestern kein Polizist gesehen, _____
(ich - die Straße bei Rot überquert haben)

Punkte _____ / 2

5 Was passt? Ordnen Sie zu.

Sie doch bitte so nett.   ich wollte doch nur   es war doch keine Absicht.
~~Ach bitte, so schlimm war das doch gar nicht.~~   Sie nicht mal ein Auge zudrücken?
Sie haben ja vollkommen recht.   schlimm war das doch gar nicht.   kommt überhaupt nicht infrage.

● Stopp! Wissen Sie, warum ich Sie angehalten habe?

■ Äh, nein! Warum denn?

● Sie fahren ohne Licht und Sie haben mit dem Handy telefoniert.

■ *Ach bitte, so schlimm war das doch gar nicht.*

● Das meinen Sie. Ihren Führerschein bitte.

■ Aber hören Sie, _____

● Mit dem Handy telefonieren und ...

■ Okay, okay, _____

● Natürlich habe ich recht.

■ Ja, _____ schnell meinen Onkel anrufen und ihn fragen,
ob er das Licht reparieren kann. Ach bitte, so _____

● Hm, fahren ohne Licht ist sehr gefährlich.

■ Ja, ich weiß. Aber meine Oma ist krank und ich bin nur schnell zur Apotheke gefahren. Können
_____

● Das _____

■ Bitte! Ach, seien _____ Meine arme kranke Oma wird Ihnen
sehr dankbar sein. Sehen Sie, hier ist auch das Medikament.

● Also gut. Aber das darf in Zukunft nicht wieder vorkommen!

Punkte _____ / 7

**6 Eine deutsche Freundin / Ein deutscher Freund hat in Ihrem Land eine Arbeit für sechs Monate.
Sie/Er weiß nicht viel über den Arbeitsalltag in Ihrem Land und fragt Sie, ob Sie ihr/ihm einige
Tipps geben können. Schreiben Sie eine E-Mail zu folgenden Punkten auf ein separates Blatt.**

– Kleidung   – Urlaub
– Termine und Pünktlichkeit   – ein Thema Ihrer Wahl

Überlegen Sie sich eine passende Einleitung und einen passenden Schluss.
Vergessen Sie nicht Datum und Anrede.

Punkte _____ / 14
Gesamt _____ / 40

Schritte international Neu 6, Lehrerhandbuch, 978-3-19-611086-9, © 2019 Hueber Verlag

1 Was passt? Ordnen Sie zu.

Altenheim ~~Gesellschaft~~ beinahe Organisation einsetzt Feuerwehr Einrichtung
Kälte betreue Integration dreimal

Hallo Leute!
Immer wieder hört man, dass in unserer *Gesellschaft* (a) ein Klima der sozialen _____ (b)
herrscht. Das sehe ich anders! Mein Nachbar zum Beispiel engagiert sich seit Jahren ehrenamtlich für
die _____ (c) von Migranten. Mein Kollege ist schon seit Jahren bei der freiwilligen
_____ (d) und hat _____ (e) jedes Wochenende „Dienst", wenn andere
ihre Freizeit genießen. Meine Schwester hilft _____ pro Woche (f) in einer sozialen
_____ (g) mit, die sich für Menschen _____ (h), die kein Dach mehr über
dem Kopf haben und auf der Straße leben. Meine Nachbarin unterstützt eine _____ (i),
die Clowns ins örtliche _____ (j) schickt und die alten Menschen zum Lachen bringt. Und
ich _____ (k) samstags Kinder von Migrantinnen, die zu der Zeit einen Deutschkurs
besuchen. Das sind nur einige Beispiele aus meinem Bekanntenkreis. Ich finde daher, es gibt keinen
Grund, über zu wenig soziales Engagement zu klagen. Oder wie seht ihr das? Ich bin gespannt auf eure
Meinung!

Punkte _____ /10

2 Ergänzen Sie *bis* oder *seit*.

Beispiel: Gestern habe ich geschlafen, *bis* der Wecker geklingelt hat.

a _____ ich verheiratet bin, war ich nicht mehr in der Disco.
b Kannst du nicht warten, _____ alle am Tisch sitzen?
c Thomas fährt nur noch mit dem Auto, _____ er einen Führerschein hat.
d _____ ich in Deutschland lebe, weiß ich erst, wie schön das Wetter bei uns eigentlich ist.
e Du musst hier wohnen, _____ du eine bessere Wohnung gefunden hast.

Punkte _____ / 5

3 Ergänzen Sie die Sätze mit *indem*, *ohne dass* oder *ohne … zu*.

Beispiel: Das Rote Kreuz hilft vielen Menschen, *indem es für Kleidung, Nahrung und Medikamente sorgt.* (für Kleidung, Nahrung und Medikamente sorgen)

a Herta engagiert sich beim Roten Kreuz, … (sie gespendete Kleidung prüfen, sortieren und in Kisten verpacken)

b Wir alle helfen ehrenamtlich beim Roten Kreuz, das heißt, … (Geld bekommen)

c Das Rote Kreuz hilft Menschen, … (diese Mitglied sein müssen)

d Man kann sich für Notfälle ausbilden lassen, … (man einen Erste-Hilfe-Kurs beim Roten Kreuz besuchen)

Schritte international Neu 6, Lehrerhandbuch, 978-3-19-611086-9, © 2019 Hueber Verlag

e Wer beim Roten Kreuz Blut spenden will, sollte nicht kommen, ... (vorher etwas gegessen und getrunken haben)

f Nein, Max, ich kann dich nicht beim Jugendrotkreuz als Mitglied aufnehmen, ... (du deine Eltern um Erlaubnis fragen)

Punkte ____ /6

4 Schreiben Sie Sätze mit *als, bis, nachdem* und *seit*.

Beispiel: Ich habe beim Mieterverein angerufen. Danach habe ich mich besser gefühlt.
Nachdem ich beim Mieterverein angerufen hatte, habe ich mich besser gefühlt.

a Ich engagierte mich schon beim Roten Kreuz. Da ging ich noch zur Schule.

b Manuel bekam Hilfe vom Mieterverein. Zuerst musste er Mitglied werden.

c Karin engagiert sich für Straßenhunde. Sie hat keine Zeit mehr für ihre Freunde.

d Das Programm der Nachbarschaftshilfe geht die Ferien über. Dann fängt die Schule wieder an.

Punkte ____ /4

5 Was passt? Ordnen Sie zu.

ist denn genau Ihr Problem | mir da vielleicht weiterhelfen? | Ich habe da ein Problem
Wie wäre es denn | gerade in einer blöden Situation | bin ganz sicher, dass

◼ Guten Abend. Was kann ich für Sie tun?
● Guten Abend. *Ich habe da ein Problem*. Ich bin leider _____.
◼ Was _____?
● Ich habe meinen Anschlusszug versäumt, weil mein Zug fast drei Stunden Verspätung hatte. Der nächste Zug fährt erst morgen früh um 6.30 Uhr wieder. Ich habe aber kein Geld für ein Hotel.
◼ Ich _____ wir da eine Lösung finden. Für solche Fälle gibt es nämlich eine klare Entschädigungsregelung. Bei mehr als zwei Stunden Verspätung übernimmt das Bahnunternehmen die Hotelkosten.
● Oh, das ist ja wunderbar! Dann würde ich gern im Hotel übernachten. Gibt es denn ein Hotel in der Nähe des Bahnhofs? Können Sie _____?
◼ Natürlich. _____ mit einem Zimmer im Hotel Kibiz? Das liegt nur 500 Meter von hier entfernt in der Bochumer Allee.

Punkte ____ /5

6 Wer ist Ihr persönliches Vorbild? Schreiben Sie mindestens zehn Sätze auf ein separates Blatt.

Punkte ____ /10
Gesamt ____ /40

Name _____

1 Ergänzen Sie die Wörter.

a ◆ Wie heißt der B *ü r g e r m e i s t* er von Berlin?

  ● Keine Ahnung, ich bin p _____ t _____ nicht interessiert.

b ◆ Warst du denn schon einmal auf einer D ___ m _____ tion?

  ● Klar, ich habe gegen den Missstand in der Landwirtschaft pr _____ t.

Punkte ____ / 3

2 Was passt nicht? Streichen Sie.

Beispiel: Essen nach einem Rezept   kochen – zubereiten – ~~leisten~~

a Menschen aus anderen Ländern   fördern – blühen – empfangen

b für eine bessere Welt   leisten – protestieren – kämpfen

c sich eine größere Wohnung   leisten – kaufen – weiterbilden

Punkte ____ / 3

3 Ergänzen Sie in der richtigen Form.

E-Mail senden

Lieber Jonathan,

Köln ist die *tollste* (toll) Stadt überhaupt. Der Dom ist unglaublich! Ich habe noch nie eine

_____ (groß) Kirche gesehen. In Köln darf auch kein _____ (hoch) Haus gebaut

werden. Der Kölner Dom war 1880 das _____ (hoch) Gebäude der Welt. Und drinnen,

die _____ (schön) Fenster. Das _____ (neu) Fenster ist erst von 2007.

Köln ist auch die _____ (voll) Stadt, die ich kenne. Man sieht nur Touristen!

Liebe Grüße, Deine Samia

Punkte ____ / 6

4 Schreiben Sie jeweils zwei Sätze wie im Beispiel.

Beispiel: Im Büro – die Blumen – gestern nicht gießen

Im Büro sind die Blumen gestern nicht gegossen worden.

Im Büro wurden die Blumen gestern nicht gegossen.

a Früher – auf den Straßen – protestieren

_____

b 1990 – der 3. Oktober – zum ersten Mal – feiern

_____

c In Berlin – 1961 – eine Mauer – bauen

_____

_____

Punkte ____ / 9

Schritte international Neu 6, Lehrerhandbuch, 978-3-19-611086-9, © 2019 Hueber Verlag

KOMMUNIKATION

5 Bringen Sie die Sätze für eine Präsentation in eine sinnvolle Reihenfolge.

○ Vielen Dank für eure Aufmerksamkeit.

○ Habt ihr dazu noch Fragen? Wenn nicht, dann kommen wir zum nächsten Punkt: ...

○ Zum Abschluss beschäftigen wir uns mit seinen Theorien.

① Wir erzählen euch heute etwas über Sigmund Freud.

○ Zuerst möchten wir über seine Kindheit sprechen.

○ Wir hoffen, unsere Präsentation hat euch gefallen.

Punkte _____ /5

6 Was passt? Ordnen Sie zu.

| Ich finde es besser so | In diesem Zusammenhang finde ich auch wichtig, dass |
| Das kann ich nur ablehnen. | ~~Ich bin gegen den Führerschein mit 15, weil~~ | Ich bin für |
| Das ist bei uns nicht so streng wie |

■ Führerschein ab 15? Was halten Sie davon?

◆ *Ich bin gegen den Führerschein mit 15, weil* das noch Kinder sind.

● _____ Kinder mit 15 nicht das Geld dafür haben.

❖ _____ den Führerschein mit 15. Ich werde nämlich nächste Woche 15.

✚ _____, wie es jetzt ist. Ich glaube, mit 15 ist man einfach noch zu jung.

▼ _____ Dann sind die Straßen noch voller, weil noch mehr Leute mit dem Auto fahren. Nein, Führerschein mit 18, das ist schon in Ordnung.

▲ _____ in Deutschland. Wenn man auf dem Land wohnt, interessiert es niemanden, ob du mit 15 oder 20 Auto fährst.

Punkte _____ /5

SCHREIBEN

7 Lesen Sie den Text und schreiben Sie eine kurze Zusammenfassung auf ein separates Blatt.

Auch in diesem Jahr protestieren wieder Tausende von Schülern in Baden-Württemberg gegen zu schwere Abiturprüfungen. Die Schüler meinen, dass sie schwierigere Aufgaben bekommen haben als die Schüler in den Jahren vorher. Sie kritisieren besonders die Englischprüfung, in der sie ein Gedicht bekommen haben, aber auch Mathematik und Deutsch waren nicht leicht. Unter dem Titel „Abitur unfair" sammelten die wütenden Schüler 30 000 Unterschriften. Unterschrieben haben Schüler, Eltern und auch einige Lehrer. Die Schüler überreichten die Protestunterschriften der zuständigen Ministerin am Samstag in Stuttgart, nachdem sie in einer langen Demonstration bei starkem Regen durch die Fußgängerzone zur Schulbehörde gezogen waren. Allerdings sagte die Ministerin schon, dass sie keinen Grund für den Protest sieht. „Die Prüfungen sind genauso wie immer. Das haben Umfragen unter Lehrern auch bestätigt", sagte sie der Zeitung *Unser Land.* „Unfair, unfair", riefen die Schüler vor der Behörde.

Punkte _____ /9

Gesamt _____ /40

Schritte international Neu 6, Lehrerhandbuch, 978-3-19-611086-9, © 2019 Hueber Verlag

Lektion 8   Unter Kollegen

Folge 8: Der wichtige Herr Müller

Bild 1

Ella: Oh, Mann! Wie lange dauert das denn noch? Idee für einen Beitrag in meiner Kolumne „Ellas Tag": Viele Leute glauben, dass es toll und aufregend ist, „Journalistin" zu sein. Das stimmt auch. Es kann schon spannend sein und auch großen Spaß machen. Manchmal ist es aber auch so was von langweilig! Zum Beispiel, wenn man auf einen Politiker wartet, den man interviewen soll. Je länger man wartet, desto schlechter wird die Stimmung. Das gibt's doch nicht! Wo bleibt denn der so lange?

Bild 2

Jessica Langer: Na? Ihnen ist wohl auch langweilig, was?
Ella: Oh ja! Sehr langweilig ...
Jessica Langer: Tja, der wichtige Herr Müller lässt sich mal wieder Zeit. Das ist nicht das erste Mal.
Ella: Ähm, hab' ich Sie nicht schon mal gesehen? Sie kommen mir so bekannt vor.
Jessica Langer: Ich bin Jessica Langer.
Ella: Wow, ja! Jessica Langer vom „Abendspiegel"! Warum hab' ich Sie nicht sofort erkannt?
Jessica Langer: Vielleicht wegen der Brille. Normalerweise trage ich Kontaktlinsen.
Ella: Ja, richtig! Hey, es ist so toll, dass ich Sie endlich mal kennenlerne!
Jessica Langer: Und wer sind Sie?
Ella: Ich heiße Ella Wegmann und ich arbeite für den „Stadt-Kurier".
Jessica Langer: Vom „Stadt-Kurier" sind Sie? Dann kennen Sie ja sicher den Sami Kirsch?
Ella: Natürlich, das ist mein Chef.
Jessica Langer: Sami gehört zu den Kollegen, von denen ich nur Gutes sagen kann. Er ist ein toller Journalist ... und ein echtes Vorbild!
Ella: Ja, das stimmt. Aber mein größtes Vorbild sind Sie!
Jessica Langer: Ich?
Ella: Ich lese alle Ihre Artikel!
Jessica Langer: Aha ...
Ella: Hach! Irgendwann möchte ich auch so schreiben können wie Sie.

Bild 3

Ella: Manno! Das dauert und dauert ...
Jessica Langer: Meine Erfahrung ist: Je wichtiger die Leute sind, desto länger muss man auf sie warten.
Ella: Ja, genau! Das Gefühl habe ich auch.
Jessica Langer: Und unser Herr Müller, der gehört ja – wie wir wissen – zu den allerwichtigsten Leuten überhaupt. Ich weiß schon, was wir von diesem Menschen gleich hören werden.
Ella: Was denn?
Jessica Langer: Na, das, was er immer sagt: „Kein Problem ist unlösbar, falls man seine Hausaufgaben ordentlich gemacht hat." Oder auch ein typischer Müller-Satz: „Je mehr man weiß, desto weniger muss man glauben."

Soll heißen: ER muss so gut wie gar nichts glauben, weil er ja schon alles weiß.
Ella: Oh! Vorsicht! Da kommt er endlich!
Jessica Langer: Ach was, der hört doch nie auf andere Leute. Also: Kein Problem!
Herr Müller: Ein Problem, meine Damen? Eins müssen Sie sich merken: Kein Problem ist unlösbar, falls man seine Hausaufgaben ordentlich gemacht hat.

Bild 4

Herr Müller: Na, dann: Auf Wiedersehen, die Damen! Ich denke, ich habe Ihnen weiterhelfen können, nicht?
Jessica Langer: Ja. Auf Wiedersehen, Herr Müller.
Ella: Wiedersehen und vielen Dank für das Interview.
Herr Müller: Immer gern. Sie wissen ja: Je mehr man weiß, desto weniger muss man glauben.
Jessica Langer: Na? Was habe ich gesagt? Ein Mann, über den man Bescheid weiß, wenn man einmal mit ihm gesprochen hat.
Ella: H-hm. Sie hatten völlig recht.
Jessica Langer: Nichts als Bla-bla-bla ... Übrigens, von mir aus können wir uns gern duzen. Sag doch einfach Jessie zu mir.
Ella: Oh ja, sehr gern! Ich heiße Ella.
Jessica Langer: Und wenn du nachher in deine Redaktion kommst, Ella, dann grüßt du bitte den lieben Kollegen Sami von mir, ja?
Ella: Ja, das mach ich sehr gern, Jessie. Da wird er sich freuen.
Jessica Langer: Sag mal, Ella: Hast du auch so Hunger?

Schritt B, B1 a

1 Je länger man wartet, desto schlechter wird die Stimmung.
2 Je wichtiger die Leute sind, desto länger muss man auf sie warten.
3 Je mehr man weiß, desto weniger muss man glauben.

Schritt D, D1 b und c und D2
Gespräch 1

Frau Richter: Ja?
Herr Ramsauer: Frau Richter?
Frau Richter: Ja?
Herr Ramsauer: Also, wie ich Ihnen schon angekündigt habe: Das ist Frau Stein, Ihre neue Kollegin.
Frau Richter: Ah! Grüße Sie, Frau Stein!
Herr Ramsauer: Frau Stein, das ist unsere langjährige Mitarbeiterin, Frau Richter.
Frau Stein: Guten Tag, Frau Richter.
Herr Ramsauer: So, tja, meine Damen, ich muss gleich weiter. Sie haben wahrscheinlich 'ne Menge Fragen, Frau Stein. Aber Sie sind ja nun in den besten Händen. Frau Richter kann Ihnen hier alles genau erklären, nicht wahr?
Frau Richter: Sicher, Herr Ramsauer.
Herr Ramsauer: Wunderbar! Nun, dann also bis später.
Frau Richter und Frau Stein: Ja, bis später.
Frau Richter: Also noch mal: Hallo und ganz herzlich willkommen!

Frau Stein: Das ist aber nett, Frau Richter! Vielen Dank! Ich freue mich sehr, Sie kennenzulernen.
Frau Richter: Setzen Sie sich doch! Übrigens, von mir aus können wir uns gern duzen. Ich heiße Renate.
Frau Stein: Schön! Hallo, Renate! Ich bin Marion.

Gespräch 2
Martin Kirschner: Entschuldigung?
Christoph Gärtner: Ja?
Martin Kirschner: Der Elternabend vom Kindergarten, der ... der ist doch hier, oder?
Christoph Gärtner: Ja, ja, der ist hier.
Martin Kirschner: Ich frage nur, weil hier keiner ist. Ich meine, außer uns.
Christoph Gärtner: Tja, wir sind wohl beide ein bisschen früh dran. Mein Name ist Christoph Gärtner. Ich bin der Vater von Julian.
Martin Kirschner: Ich bin Martin Kirschner. Mein Sohn ist der Max.
Christoph Gärtner: Ach ja, richtig, wir haben uns schon mal auf dem Spielplatz gesehen.
Martin Kirschner: Ja, stimmt! Ach, wollen wir uns nicht lieber duzen?
Christoph Gärtner: Ja, gern! Ich heiße Christoph.
Martin Kirschner: Und ich bin Martin.

Gespräch 3
Herr Winkler: Lars, darf ich dir unsere neue Küchenhilfe vorstellen? Das ist Amadou Bah.
Lars Kramer: Hallo und herzlich willkommen.
Herr Winkler: Und das ist unser Koch Lars Kramer.
Amadou Bah: Guten Tag, Herr Kramer.
Herr Winkler: Okay, dann lasse ich Sie jetzt allein. Lars wird Ihnen alles zeigen und erklären.
Lars Kramer: Wir sagen hier alle Du zueinander. Wenn es Ihnen recht ist, dann können wir uns gern duzen.
Amadou Bah: Alles klar. Ich heiße Amadou.
Lars Kramer: Und ich bin Lars. Ich koche hier tagsüber und bin für den Einkauf und den Mittagstisch zuständig. Dann wollen wir mal. Bis zum Mittag gibt es noch einiges zu tun.

Lektion 8, Audiotraining 1
Aussagen vom Chef. Bilden Sie Sätze mit *falls*. Hören Sie zuerst ein Beispiel:
S2: Sie schaffen Ihre Arbeit nicht. Sie informieren mich.
S1: Falls Sie Ihre Arbeit nicht schaffen, informieren Sie mich.

Und jetzt Sie:
S2: Sie schaffen Ihre Arbeit nicht. Sie informieren mich.
S1: Falls Sie Ihre Arbeit nicht schaffen, informieren Sie mich.
S2: Sie haben Probleme mit Kollegen. Sie sprechen darüber.
S1: Falls Sie Probleme mit Kollegen haben, sprechen Sie darüber
S2: Sie werden krank. Sie sagen sofort Bescheid.
S1: Falls Sie krank werden, sagen Sie sofort Bescheid.
S2: Sie haben mittags Hunger. Sie können in die Kantine gehen.

S1: Falls Sie mittags Hunger haben, können Sie in die Kantine gehen.
S2: Sie haben Probleme mit dem Computer. Sie rufen die IT-Abteilung an.
S1: Falls Sie Probleme mit dem Computer haben, rufen Sie die IT-Abteilung an.
S2: Sie wollen Urlaub machen. Sie füllen rechtzeitig einen Antrag aus.
S1: Falls Sie Urlaub machen wollen, füllen Sie rechtzeitig einen Antrag aus.

Lektion 8, Audiotraining 2
Wer ist das? Bilden Sie Sätze. Hören Sie zuerst ein Beispiel:
S2: Wer ist das? Kollege – erzählen
S1: Das ist der Kollege, von dem ich erzählt habe.

Und jetzt Sie:
S2: Wer ist das? Kollege – erzählen
S1: Das ist der Kollege, von dem ich erzählt habe.
S2: Wer ist das? Freund – sich gestern ärgern
S1: Das ist der Freund, über den ich mich gestern geärgert habe.
S2: Wer ist das? Nachbar – oft lachen müssen
S1: Das ist der Nachbar, über den ich oft lachen muss.
S2: Wer ist das? Lehrerin – nur Gutes sagen können
S1: Das ist die Lehrerin, über die ich nur Gutes sagen kann.
S2: Wer ist das? Freunde – oft denken
S1: Das sind die Freunde, an die ich oft denke.
S2: Wer ist das? Mann – immer Blumen bekommen
S1: Das ist der Mann, von dem ich immer Blumen bekomme.

Lektion 8, Audiotraining 3
Das *Du* anbieten. Wiederholen Sie. Hören Sie zuerst ein Beispiel:
S2: Ich fände es nett, wenn wir Du sagen.
S1: Ich fände es nett, wenn wir Du sagen.

Und jetzt Sie:
S2: Ich fände es nett, wenn wir Du sagen.
S1: Ich fände es nett, wenn wir Du sagen.
S2: Ja, gern! Ich heiße Kim.
S1: Ja, gern! Ich heiße Kim.
S2: Übrigens: Von mir aus können wir uns gern duzen.
S1: Übrigens: Von mir aus können wir uns gern duzen.
S2: Das ist nett! Mein Vorname ist Kai. Und deiner?
S1: Das ist nett! Mein Vorname ist Kai. Und deiner?
S2: Wenn es Ihnen recht ist, dann können wir uns gern duzen.
S1: Wenn es Ihnen recht ist, dann können wir uns gern duzen.
S2: Alles klar! Ich bin Alex!
S1: Alles klar! Ich bin Alex!
S2: Ach, wollen wir uns nicht lieber duzen?
S1: Ach, wollen wir uns nicht lieber duzen?
S2: Wir sagen hier alle „Du" zueinander.
S1: Wir sagen hier alle „Du" zueinander.

Zwischendurch mal Gedicht
Freundschaft
vgl. Seite KB 104

Lektion 9 Virtuelle Welt

Folge 9: Alex Müller ist weg!

Bild 1
Sami: Nein! Das darf nicht wahr sein!
Ella: Hey! Was ist denn los, Sami?
Sami: Mein Ordner ist weg. Heute Morgen war er noch da ... und jetzt ist er weg.
Ella: Bist du sicher? Ach komm! Irgendwo wird er schon sein.
Sami: Nein, ich habe überall nachgesehen. Er ist weg!
Ella: Hast du keine Sicherungskopie?
Sami: Mach' ich immer! Und jetzt habe ich's einmal vergessen!
Ella: Oh Mann! Das ist ja echt blöd!
Sami: Blöd!? Eine Katastrophe ist das! In dem Ordner stecken zwei Wochen Arbeit!
Ella: Oje! Das Gefühl kenne ich gut. Auch bei mir ist manchmal 'ne Datei weg. Aber normalerweise finde ich die wieder. Was war denn da alles drin, in diesem Ordner?
Sami: Es waren mehrere Dateien: Ein wichtiger Text, eine Audiodatei mit einem langen Interview, eine Menge Fotos, alles weg! Irgendwer muss das gelöscht haben!
Ella: Ach was! Wer sollte das denn löschen?
Sami: Oder ich hab'n Virus auf dem Computer
Ella: Nee-nee-nee, das glaub' ich nicht.
Sami: Hach! Jetzt muss ich ALLES noch mal machen!

Bild 2
Ella: Wie heißt denn der Ordner?
Sami: „Alex Müller".
Ella: Hä? Ist das 'n Witz?
Sami: Nein. Der Mann, über den ich gerade schreibe, heißt Alex Müller. Deshalb heißt auch der Ordner so.
Ella: Ach so.
Sami: Was machst du denn jetzt? Du suchst doch nicht etwa nach dem Ordnernamen?
Ella: Doch.
Sami: Ach, das habe ich schon längst gemacht! Da hat er gar nichts gefunden.
Ella: Kein Ergebnis. Hmm ... Hast du den Ordner aus Versehen umbenannt?
Sami: Umbenannt? Und dann auch noch woanders gespeichert? Hör mal, du tust ja so, als ob ich gar keine Ahnung hätte.
Ella: Erinnerst du dich noch an irgendein Detail aus deiner Textdatei?
Sami: Ja, klar erinnere ich mich. Wieso?
Ella: Es gibt ein Programm, mit dem kann man nach Wörtern oder Sätzen in Textdateien suchen.
Sami: Aah! Und wo bekommt man so was? Ist das teuer?

Ella: Mhm. Das gibt's kostenlos im Internet.
Sami: Echt!?
Ella: Pass auf! Du suchst jetzt weiter, während ich das Programm runterlade.
Sami: Okay, mach' ich!

Bild 3
Ella: „Alex Müller war Polizist, bevor er zum Superstar wurde." Ist das korrekt, Sami?
Sami: Exakt. Das ist der erste Satz in meinem Text.
Ella: Sicher?
Sami: Ich weiß, was ich geschrieben habe.
Ella: Okay! Dann schauen wir mal, was passiert.
Sami: Hoffentlich, ... hoffentlich, ... na komm schon!
Ella: Du, das kann etwas dauern. Der Computer muss ja jetzt alle deine Textdateien durchsuchen.
Sami: Hoffentlich findet er was! Ich will nicht noch mal von vorne anfangen.
Ella: Erzähl doch mal, Sami: Was hast du gemacht, bevor der Ordner weg war?
Sami: Ich hab' Fotos reinkopiert. Wieso?
Ella: Wie hast du das gemacht?
Sami: Genau wie immer: Ich hab' die Kamera an den Computer angeschlossen, hab' die Fotos rüberkopiert ...
Ella: Von der Kamera in den Ordner „Alex Müller" auf deinem Computer?
Sami: Ja! Und dann hab' ich den Ordner mit den Fotos in der Kamera gelöscht.
„Zu Ihrer Suche wurde leider keine passende Datei gefunden."
Ella: Ach nee!
Sami: So ein Mist! Ich geh' jetzt nach Hause! Ich mag nicht mehr!
Ella: Halt, warte! Gibst du mir bitte mal die Kamera, Sami?
Sami: Was?
Ella: Die Kamera ...
Sami: Willst du mich jetzt fotografieren oder was?

Bild 4
Ella: So! Jetzt weiß ich, was passiert ist, Sami.
Sami: Ja? Was ist denn passiert?
Ella: Du wolltest die Fotos von der Kamera auf deinen Computer kopieren, ... und zwar in den Ordner „Alex Müller". Danach wolltest du die Fotos in der Kamera löschen. Stimmt's?
Sami: Ja, das weiß ich! Genauso hab ich's ja auch gemacht.
Ella: Nein. So hast du's nicht gemacht.
Sami: Was? Wie denn dann?
Ella: Genau umgekehrt: Nachdem du den Ordner „Alex Müller" auf die Kamera-Speicherkarte kopiert hattest, hast du ihn auf deinem Computer gelöscht.
Sami: Ha! So ein Quatsch! Warum sollte ich das getan haben?
Ella: Ein Quatsch? Hier, guck doch mal!
Sami: Das ist mein Ordner!
Ella: Ja, auf der Speicherkarte. Siehst du? In der Kamera. Deshalb konnte das Suchprogramm ihn nicht finden.

Sami: Oh Gott! Warum mache ich so was? Werd' ich jetzt verrückt?
Ella: Nein, wirst du nicht!
Sami: Was soll ich bloß tun, Ella?
Ella: Sag einfach: Danke! Und lies nachher meinen Kommentar im „Stadt-Kurier".
Sami: Danke, Ella! Du bist ein Schatz!
Ella: Wusst' ich schon immer ...

Schritt A, A4
Thomas: Also noch mal: Die Party beginnt um 17 Uhr. Wir müssen also ganz still und heimlich das Buffet aufbauen. Gisela darf das nicht merken.
Luisa: Ist das nicht zu früh?
Thomas: Aber Luisa, wir haben doch alle schon für 17 Uhr eingeladen.
Luisa: Wo soll die Party denn eigentlich stattfinden?
Erika: Ach, Luisa! Das haben wir doch schon tausend Mal besprochen: In der Küche.
Luisa: In der Küche? Ist die nicht zu klein?
Thomas: Aber wo sonst? Was meinst du, Erika?
Erika: Wie wäre es in der Kantine?
Thomas: Die ist zu groß, finde ich.
Erika: Also, dann bleiben wir dabei: Die Party findet in der Küche statt. Einverstanden?
Luisa: Also, ich weiß nicht.
Erika: Thomas?
Thomas: Ja, okay.
Erika: Luisa, du bist überstimmt.
Luisa: Also, ich weiß nicht ...
Erika: Nun zum Buffet: Was wollen wir vorbereiten?
Luisa: Was? Wir bereiten etwas vor? Warum wir?
Thomas: Weil WIR das Vorbereitungskomitee sind. Und weil DU dich dazu gemeldet hast. Also Erika, könntest du dich um das Essen kümmern? Würdest du das tun?
Erika: Ja, ich könnte zwei Salate machen, einen Nudelsalat mit Schinken und einen gemischten Salat mit Huhn.
Luisa: Also, ich bin Vegetarierin.
Thomas: Wie wäre es, wenn DU dann noch etwas Vegetarisches machst? Luisa!
Luisa: Also, ich weiß nicht. Eher nicht. Ich kann eigentlich gar nicht kochen. Und ich habe auch wenig Zeit.
Erika: Oh Mann, dann mache ich eben einen Salat ohne Huhn. Aber wir brauchen auf jeden Fall auch Brot.
Thomas: Das übernehme ich.
Erika: Super, Thomas! Brauchen wir nicht auch noch etwas Süßes?
Thomas: Nora könnte doch einen Kuchen machen. Sie backt so gut. Soll ich sie fragen?
Erika: Ja, gern!
Thomas: Und wer besorgt die Getränke? Luisa, würdest du das tun?
Luisa: Da bräuchte ich ja ein Auto!
Erika: Lass mich das machen. Ich besorge Wasser, Saft und Sekt. Einverstanden?
Thomas: Perfekt.
Erika: Nun zum Geschenk ...
Luisa: Oh Mann, ist das alles anstrengend! Wenn ich das vorher gewusst hätte ...

Schritt B, B1
a Du tust ja so, als ob ich keine Ahnung hätte. Aber in Wirklichkeit kenne ich mich ziemlich gut damit aus.
b Du tust so, als ob du die ganze Arbeit noch einmal machen müsstest. Aber in Wirklichkeit finden wir eine Lösung für das Problem.
c Du sagst das so, als ob ich das absichtlich getan hätte. Aber in Wirklichkeit war das ein Versehen.

Schritt B, B3 a
Tamara: Und was machst du so, Michael?
Michael: Oh, das ist 'n langweiliges Thema. Das wird dich sicher gar nicht interessieren, Tamara.
Tamara: Doch, doch, wirklich.
Michael: Ich bin in 'nem großen Unternehmen.
Tamara: Echt? Und als was arbeitest du da?
Michael: Das ist 'ne leitende Stellung. Prozessmanagement und so.
Tamara: Management! Du bist also Manager?
Michael: Ja. Na klar!
Tamara: Wow! Ein richtiger Topmanager in 'nem richtig großen Laden! Da verdienst du sicher ziemlich gut, oder?
Michael: Na ja, okay, es ist nicht so wenig aber auf der anderen Seite hab' ich auch jede Menge Kosten.
Tamara: Oh, das kann ich mir vorstellen! Ein großes Haus wahrscheinlich.
Michael: Zwölf Zimmer.
Tamara: Boah!
Michael: ... mit Pool.
Tamara: Wow! Und sicher 'n dicker Mercedes.
Michael: Mercedes!? Ich fahr Porsche!
Tamara: Ach so! Und dann der ganze Schmuck für deine Frau.
Michael: Nee, also damit hab ich kein Problem.
Tamara: Ach, du bist gar nicht verheiratet?
Michael: N-nn.
Tamara: Ja, aber der Ring?
Michael: Der da? Das ist doch kein Ehering.
Tamara: Nicht? Sieht aber ganz so aus.
Michael: Das ist ein Glücksbringer, verstehst du? Der schützt mich vor falschen Frauen und sagt mir, wer die Richtige ist.
Tamara: So? Und was sagt er jetzt gerade?
Michael: Moment mal. Er sagt noch nichts. Er möchte erst noch 'n bisschen mehr wissen!
Tamara: Hey, bei dir muss man ja richtig aufpassen! Und was machst du so alles in deiner Freizeit?
Michael: Ach, weißt du, wenn ich mal frei hab, dann geh' ich am liebsten Golf spielen.
Tamara: Golf? Aha!
Michael: Ja, du, ich komm' grad aus Florida. Hab grad 'ne Woche Golfurlaub gemacht.
Tamara: Florida! Hach, da wollt' ich schon immer mal hin!

Schritt C, C1
Gespräch 1
Frau: Ah, hör mal, Jutta, das klingt interessant: Ich bin nämlich gerade auf so einer Kochseite und da kann man sich eine App runterladen. Da hast du dann Zugriff auf über

250.000 Rezepte. Ja, und man kann sich Einkaufslisten zusammenstellen. Toll! Probier' ich gleich aus. Also: Klicken Sie hier und laden Sie die App. Ja, was ist denn jetzt los? Warum geht das denn nicht? Nee, hat nicht funktioniert. Noch mal: Klicken Sie hier und laden Sie die App. Und zack, schon wieder: „Die App konnte nicht geladen werden." Ist das nervig! Was? Geduld? Nee, Geduld ist nicht meine Stärke. Ich versuche es noch mal. Klicken Sie hier und laden Sie die App. Warten wir mal ab … Nein, schon wieder diese Meldung! Also echt, jetzt gebe ich es erst mal auf und versuche es später noch mal. Du, was wollen wir heute kochen? Hast du Lust auf …

Gespräch 2

Mann: „Erstens: Schraube A durch die Bohrung der Radkappe 2 stecken und den 6-Kant-Knopf komplett in die Radkappe 2 eindrücken. Zweitens: Die kurze Schraube in die kleine Radkappe und die lange Schraube in die große Radkappe stecken. Drittens: Abdeckkappe 3 in Radkappe 2 drücken." Unglaublich! Diesen Unsinn versteht doch kein Mensch! Nicht einmal der Hersteller selbst, wollen wir wetten? Na ja, zum Glück sind es ja nur die vier Räder hier. Die schaffe ich auch ohne Bedienungsanleitung!

Gespräch 3

Junge: „Öffnen Sie das Waschmittelfach." Das Waschmittelfach? Welches ist denn das Waschmittelfach? Das hier vielleicht? Ach ja, genau! Da kommt's rein, das Waschpulver! Genau! Da schüttet es die Mama auch immer rein! So. Und jetzt geht's los. Start! Moment mal! Kochwäsche? 95 Grad? Wieso denn Kochwäsche? Pullis darf man doch gar nicht kochen! So was Blödes! Was soll ich denn jetzt machen? Wie kann man das denn stoppen? Ah, da! „Erstens: Drücken Sie auf die Taste „Start/Pause", um das Programm zu unterbrechen. Das Lämpchen blinkt." Stimmt! „Zweitens: Wählen Sie ein neues Programm mit Temperatur und – sofern Sie dies wünschen – eine andere Schleuderzahl. Drittens: Drücken Sie erneut die Taste „Start/Pause", um das Programm wieder zu starten." Ah! Feinwäsche! 30 Grad! Puh! Das war knapp.

Gespräch 4

Florian: So, dann wollen wir mal sehen, wie wir das Ding zum Laufen bringen. „1. Schließen Sie den Fernseher an eine Netzsteckdose an und schalten Sie ihn ein." Das habe ich ja schon, also weiter: „2. Wählen Sie die gewünschte Sprache aus." Okay … auswählen, o nee, da muss man sich durch die ganze Liste durchklicken, das ist ja mühsam … So: hier, Deutsch. „3. Wählen Sie Ihr Land aus." Okay, schon wieder so eine Endlos-Liste, also: A … Albanien, B … Belgien, … D Dänemark, hier: Deutschland „4. Wählen Sie den gewünschten Modus zum Abstimmen aus." Äh? Was ist das denn jetzt? Modus zum Abstimmen? Was soll das denn sein? Irgendwo muss doch stehen, was das sein soll. … Ach Nee! Mann, ist das kompliziert!
Frau: Du, Florian, bist du schon fertig? Können wir schon fernsehen?

Florian: Ach nee, das dauert noch ein bisschen. Aber ich hab's gleich! Bis zum Fußballspiel wird es schon klappen.

Schritt E, E1

Sprecherin: Sie hören Forum Leben, heute mit Achim Dinkelsen.
Moderator: Guten Morgen, liebe Hörerinnen und Hörer! Sie kennen das vermutlich: Sie treffen sich mit Ihren Freunden und unterhalten sich über alles Mögliche: Ihren Alltag, über das Leben … Und klar: Alle haben ihre Handys dabei. Die piepen, summen und blinken. Immer wieder unterbricht einer das Gespräch, um nebenher kurz eine Nachricht zu schreiben, etwas in den sozialen Netzwerken zu lesen oder den anderen ein Filmchen zu zeigen, das er gerade bekommen hat. Das ist unsere „digitale Welt", und über die wollen wir heute in Forum Leben sprechen. Als Gäste begrüße ich die Frau, die seit vielen Jahren die digitale Entwicklung beobachtet und die auch wissenschaftliche Untersuchungen zu dem Thema gemacht hat: Frau Dr. Fröhlich, herzlich willkommen!
Dr. Fröhlich: Guten Morgen, vielen Dank für die Einladung!
Moderator: Und Chris Melkonian: Er ist seit einigen Jahren Blogger und mit allen digitalen Techniken vertraut. Schön, dass Sie beide da sind!
Dr. Fröhlich: Gern.
Herr Melkonian: Danke schön!
Moderator: Frau Dr. Fröhlich, kennen Sie diese Situation – die ich eben beschrieben habe – auch aus Ihrem Freundeskreis?
Dr. Fröhlich: Nein, aus meinem Freundeskreis weniger. Wir sind alle berufstätig und eigentlich ganz froh, wenn wir abends digital auf AUS schalten können. Denn die meisten von uns arbeiten den ganzen Tag am Computer. Oder wir sind unterwegs und somit immer auch mobil erreichbar – für die Kollegen, für den Chef … Eigentlich kommunizieren wir den ganzen Tag digital. Aber ich kenne die Situation, die Sie beschrieben haben schon! Aus der Familie: Meine Nichten und Neffen zum Beispiel: Sie lassen auch beim Frühstück ihr Smartphone nicht aus den Augen. Sie sind eigentlich immer in Kontakt mit ihren Freunden, auch wenn wir uns unterhalten. Wenn ich sie dann darauf anspreche, heißt es: „Kein Problem, ich kann beides gleichzeitig!" Was soll ich dann dazu sagen?
Moderator: Und, Herr Melkonian, Sie haben beruflich und privat mit digitalen Medien zu tun. Können Sie beides gleichzeitig? Sich beim Frühstück mit der Tante unterhalten und nebenbei mit den Freunden per Smartphone kommunizieren?
Herr Melkonian: Ja, klar kann ich das, aber ich muss auch ehrlich sein: Ich bin dann schon unkonzentrierter: Entweder im Gespräch oder im Chat. Deshalb versuche ich jetzt, das einfach nicht mehr zu machen. Ich ignoriere das Handy, während ich in der realen Welt Gespräche führe und schreibe nur noch Nachrichten, wenn ich allein bin. Aber ich möchte bei dieser Gelegenheit einmal sagen, dass es beim Thema „digitale Welt" sehr oft nur darum geht, wie das „böse" Smartphone uns immer dümmer macht! Das ist mir

zu einseitig. Mich nervt es, dass immer nur über die negativen Aspekte gesprochen wird. Natürlich gibt es auch Risiken, aber …

Moderator: Ja, zu den Risiken würde ich gern …

Herr Melkonian: Bitte, Herr Dinkelsen, lassen Sie mich das noch kurz zu Ende führen. Das ist mir wirklich wichtig. Aber es gibt doch auch die andere Seite: Das Internet und digitale Geräte haben in den letzten Jahren unglaubliche Entwicklungen möglich gemacht. Zum Beispiel in der Technik und in der Medizin, aber auch im ganz normalen Alltag. Ich finde es genial, wenn ich kostenlos über Internet mit meiner Freundin sprechen kann, die gerade ein Praktikum in Südafrika macht. Und ich kann dabei sogar den Ausblick aus ihrem Fenster sehen. Oder: Ich bin auch froh, wenn ich meine U-Bahn-Fahrkarte mithilfe meines Smartphones kaufen kann, weil ich gerade kein Bargeld bei mir habe.

Dr. Fröhlich: Ja, da gebe ich Ihnen vollkommen recht, Herr Melkonian. Mir geht es ja genauso! Aber: Wir müssen auch über die Risiken sprechen. Besonders wichtig ist meiner Meinung nach die Frage: Wie viel „digitale Welt" ist wirklich gut für Kinder und Jugendliche?

Moderator: Tja und hier gibt es sehr unterschiedliche Meinungen, stimmt's?

Dr. Fröhlich: So ist es! Es gibt Wissenschaftler, die sagen: Bei Kindern müssen sich bestimmte Bereiche im Gehirn noch entwickeln. Das funktioniert am besten mit echten Dingen im echten Leben, nicht an einem Bildschirm. Mit den Informationen aus digitalen Medien können vor allem kleinere Kinder noch nicht gut umgehen.

Herr Melkonian: Hm, aber: Kinder können doch auch sinnvoll mit dem Computer lernen. Es gibt immer mehr Schulen, die Tablets oder Computer einsetzen, auch schon für jüngere Schüler! Und das finde ich toll. Wenn Kinder in der Schule mit einem guten digitalen Lernspiel arbeiten dürfen, das ihnen neue Welten zeigt, dann ist das doch richtig gut, oder?

Dr. Fröhlich: Ja und nein, das klingt natürlich erst einmal sehr gut. Aber dafür brauchen wir ein gutes Konzept. Die Schüler müssen lernen, aktiv und kreativ das Leben in der digitalen Gesellschaft zu gestalten. Dazu brauchen wir sehr gute Lehrer. Und informierte Eltern! Wir dürfen die Kinder und Jugendlichen nicht mit digitalen Medien allein lassen, sie müssen Schritt für Schritt lernen, damit richtig umzugehen!

Herr Melkonian: Ja schon, aber wir brauchen auch Lehrer und Eltern, die nicht meinen, dass digitale Medien und das Internet automatisch dumm, krank oder süchtig machen.

Moderator: Wie soll das denn konkret aussehen? Müssen spezielle pädagogische Konzepte entwickelt werden …

Lektion 9, Audiotraining 1
Party-Vorbereitungen. Bilden Sie Sätze. Hören Sie zuerst ein Beispiel:
S2: Ich backe einen Kuchen. Du machst einen Salat. während
S1: Während ich einen Kuchen backe, machst du einen Salat.

Und jetzt Sie:
S2: Ich backe einen Kuchen. Du machst einen Salat. während
S1: Während ich einen Kuchen backe, machst du einen Salat.
S2: Ich mache Pizza. Ich muss zwei Kilo Tomaten kaufen. bevor
S1: Bevor ich Pizza mache, muss ich zwei Kilo Tomaten kaufen.
S2: Ich kaufe Getränke und du holst die Lebensmittel. während
S1: Während ich Getränke kaufe, holst du die Lebensmittel.
S2: Ich bereite den Pizzateig vor. Ich schneide Zwiebeln und Schinken. nachdem
S1: Nachdem ich den Pizzateig vorbereitet habe, schneide ich Zwiebeln und Schinken.
S2: Ich decke den Tisch. Die ersten Gäste kommen an. während
S1: Während ich den Tisch decke, kommen die ersten Gäste an.
S2: Ich eröffne das Buffet. Ich bedanke mich für die Geschenke. bevor
S1: Bevor ich das Buffet eröffne, bedanke ich mich für die Geschenke.

Lektion 9, Audiotraining 2
Aufgaben verteilen. Wiederholen Sie. Hören Sie zuerst ein Beispiel:
S2: Wie wäre es, wenn du den Salat machst?
S1: Wie wäre es, wenn du den Salat machst?

Und jetzt Sie:
S2: Wie wäre es, wenn du den Salat machst?
S1: Wie wäre es, wenn du den Salat machst?
S2: Das mache ich gern.
S1: Das mache ich gern.
S2: Könntest du den Pizzateig machen?
S1: Könntest du den Pizzateig machen?
S2: Ja, darum kann ich mich kümmern.
S1: Ja, darum kann ich mich kümmern.
S2: Und wie wäre es, wenn du zum Nachtisch noch eine Torte machst?
S1: Und wie wäre es, wenn du zum Nachtisch noch eine Torte machst?
S2: Ich weiß nicht. Ich kann nicht so gut backen.
S1: Ich weiß nicht. Ich kann nicht so gut backen.

Lektion 9, Audiotraining 3
Er tut so, als ob … Antworten Sie. Hören Sie zuerst ein Beispiel:
S2: Peter ist Krankenpfleger, oder? Chefarzt
S1: Ja, aber er tut so, als ob er Chefarzt wäre.

Und jetzt Sie:
S2: Peter ist Krankenpfleger, oder? Chefarzt
S1: Ja, aber er tut so, als ob er Chefarzt wäre.
S2: Paula hat ein Kind, oder? fünf Kinder
S1: Ja, aber sie tut so, als ob sie fünf Kinder hätte.

S2: Lars hat einen Schnupfen, oder?   Grippe

S1: Ja, aber er tut so, als ob er Grippe hätte.

S2: Lisa und Richard machen Camping im Garten, oder? auf eine Insel fliegen

S1: Ja, aber sie tun so, als ob sie auf eine Insel fliegen würden.

S2: Deine Eltern haben eine kleine Gaststätte, oder? Sterne-Restaurant

S1: Ja, aber sie tun so, als ob sie ein Sterne-Restaurant hätten.

S2: Dein Freund fotografiert gern, oder?   professioneller Fotograf

S1: Ja, aber er tut so, als ob er ein professioneller Fotograf wäre.

Zwischendurch mal Lied

Ich bin nicht „irgendwer"

vgl. Seite KB 116

Lektion 10   Werbung und Konsum

Folge 10: Der Gute-Laune-Tee

Bild 1

Ella: Na los! Mach schon, du lahme Ente! Ich hab's eilig, Mann! Hach! Warum fahre ich immer genau dort, wo der Stau am schlimmsten ist? Das gibt's doch nicht! Jetzt wird's schon wieder Rot!

Werbesprecherin: Neu in unserer ESOTERIX-Welt: lecker „Gute Laune"! Na, mies drauf? Fängt der Tag schon wieder ganz schlecht an? Dann ist „Gute Laune" von ESOTERIX genau das, was du jetzt brauchst. Ah!

Ella: Ach, sei doch still!!

Werbesprecherin: Lecker „Gute Laune" von ESOTERIX. ESOTERIX – der wohltuende Tee! Und drin ist nur ... reine Natur!

Ella: Gute Laune? Ha-ha-ha! Ich will keinen Kräutertee. Alles, was ich will, ist 'ne freie Straße. Zehn Stundenkilometer? Hey! Ist das alles, was du kannst? Wozu fährst du überhaupt mit dem Auto, du Langweiler? Da bin ich ja sogar zu Fuß schneller! Hach!

Bild 2

Sami: Hey! Guten Morgen, Ella!

Ella: Hmpf ... Morgen ...

Sami: Na? Schlecht gelaunt?

Ella: Hmpf ...

Sami: Gleich gibt's lecker „Gute-Laune-Tee"!

Ella: Gleich gibt's was?

Sami: Der junge Mann da erklärt's dir.

Herr König: Hallo!

Ella: Wer sind Sie?

Herr König: Ich ...

Ella: Was wollen Sie?

Herr König: Ich ...

Ella: Ich hab' keine Zeit!

Herr König: Äh, ich heiße Philipp König und ich hab's Ihrem Chef schon gesagt: Ich möchte mit Ihnen zusammen einen Tee-Test machen.

Ella: Einen Tee-Test?

Herr König: Die Sache ist so: Es gibt einen neuen Tee von ESOTERIX, der heißt ...

Ella: Lassen Sie mich raten: Der Tee heißt lecker „Gute Laune", und er soll sowohl lecker schmecken als auch gute Laune machen.

Herr König: Exakt. Das Problem ist nur, dass ...

Ella: ... dass er gar nichts macht und furchtbar schmeckt.

Herr König: Nö, er macht schon was ... also bei mir zumindest. Ich hab' nämlich wandernden Hautausschlag davon gekriegt.

Ella: Wandernden Hautausschlag?

Herr König: Rote Punkte.

Ella: Ja, wo denn?

Herr König: Überall, wo Sie sie nicht haben wollen: erst im Gesicht, dann am Hals, dann auf der Brust und am Ende wieder im Gesicht.

Ella: Ach?

Herr König: Und dazu auch noch Ärger mit dem Rechtsanwalt von ESOTERIX.

Ella: Echt? Wie das denn?

Bild 3

Sami: Er hat dieses Foto mit dem Hautausschlag im sozialen Netzwerk gepostet.

Herr König: Na ja, ich dachte eben, alle Leute sollen wissen, dass dieser Tee Allergien auslösen kann.

Sami: Am nächsten Tag war sein Post weg. Man hatte ihn einfach gelöscht. Und eine Woche später kam dann dieser Brief vom Rechtsanwalt.

Ella: „... das Foto und den Text nicht wieder veröffentlichen ... weder im Internet noch sonst irgendwo ... Hmm ... andernfalls ... rechtliche Schritte ... Abmahnung ... Schadensersatz ... ." Also das ist ja wohl das Allerletzte!

Herr König: Ja, nicht wahr? Und da hab' ich gedacht, ich trinke den Tee noch mal.

Ella: Noch mal? Warum denn das?

Herr König: Der springende Punkt ist: Ich mache es hier, bei Ihnen, in der Redaktion. Wenn ich dabei noch mal so einen Hautausschlag kriege, dann ist es total klar, dass das von diesem blöden Tee kommt.

Sami: Das ist doch 'ne gute Idee, oder?

Ella: Findest du?

Sami: Komm, lass uns auch 'ne Tasse trinken, Ella! Das ist lustig.

Ella: Wahnsinnig lustig!

Sami: Ach komm schon! Mach mit! Du könntest ein bisschen gute Laune gut gebrauchen heute!

Ella: Ha. Ha. Ha.

Bild 4

Ella: Hahaha!

Sami: Was gibt's denn da zu lachen, he?

Ella: Hahaha!

Sami: Das ist ja wohl das Allerletzte: Drei Leute trinken Tee und zwei kriegen 'nen Hautausschlag!

Herr König: Ja. Das Zeug gehört sofort verboten.

Sami: Und dann nennen die das auch noch „Gute Laune"!

Ella: Hahaha!

Sami: Wie lange dauert denn so ein Ausschlag?

Herr König: Das wird jetzt noch eine Weile schlimmer.

Sami: Was? Noch schlimmer?

Herr König: Aber keine Sorge: Nach drei Tagen waren die Flecken bei mir fast alle wieder weg.

Sami: Fast alle? Nach drei Tagen! Das darf ja nicht wahr sein!

Ella: Hahaha!

Sami: Ha-ha-ha! Lach doch nicht so blöd!

Ella: Du, das ist lecker „Gute-Laune-Tee"!

Sami: Pah!

Ella: Bei mir hat er geholfen! Hahaha!

Schritt A, A2
Gespräch 1

Sachbearbeiterin: Quick Versand Hamburg, guten Tag! Was kann ich für Sie tun?

Frau Ströbele: Hier ist Ströbele. Ja also, Sie haben mir dieses Kleid zugeschickt und …

Sachbearbeiterin: Entschuldigen Sie, Frau Ströbele, darf ich Sie erst mal um Ihre Kundennummer bitten?

Frau Ströbele: Ach so, ja das ist … warten Sie mal. Hier: Das ist die 4-5-6-3-7-5. Also, wissen Sie, ich muss schon sagen …

Sachbearbeiterin: Einen Moment noch, Frau Ströbele. Aha, jetzt habe ich den Vorgang hier.

Frau Ströbele: Ja, also ich bin wirklich sehr verärgert.

Sachbearbeiterin: Das tut uns leid, Frau Ströbele. Darf ich wissen, womit Sie unzufrieden sind? Hat die Lieferung zu lange gedauert?

Frau Ströbele: Nein, nein. Das ging ganz schnell. Beim Auspacken musste ich dann aber feststellen, dass das Kleid weder die richtige Farbe noch die richtige Größe hat.

Sachbearbeiterin: Oje, das ist ja wirklich sehr ärgerlich! Da muss bei der Auslieferung ausnahmsweise mal was verwechselt worden sein.

Frau Ströbele: Ausnahmsweise? Na ja, das war ja nicht das erste Mal! Das ist nun schon die zweite falsche Lieferung! Das geht doch nicht!

Sachbearbeiterin: Oh, das tut mir wirklich sehr leid, Frau Ströbele! Ich verspreche Ihnen, ich werde mich sofort persönlich darum kümmern. Wir schicken das richtige Kleid noch heute raus. Das war Größe 36 in Blau, richtig?

Frau Ströbele: Genau! Also dann, dann danke ich Ihnen. Tschüs.

Sachbearbeiterin: Auf Wiederhören.

Gespräch 2

Kunde: Entschuldigen Sie!

Verkäufer: Ja, bitte? Womit kann ich Ihnen helfen?

Kunde: Tja, also, ich habe da ein Problem.

Verkäufer: Ja?

Kunde: Dieses Zelt hier habe ich vor zwei Wochen bei Ihnen gekauft. Das wollten wir unserem Sohn für seine Reise nach dem Abitur schenken.

Verkäufer: Aha?

Kunde: Aber, wissen Sie – die jungen Leute haben heutzutage gar keine Lust mehr auf Zelten. Sie schlafen lieber in Hostels oder bei Fremden auf der Couch.

Verkäufer: Aha.

Kunde: Wäre es vielleicht möglich, das Zelt gegen einen Schlafsack umzutauschen?

Verkäufer: Selbstverständlich, das ist überhaupt kein Problem. Sie können einfach mit dem Zelt und Ihrer Rechnung an die Kasse gehen.

Kunde: Tja, das ist ja das Dumme: Wir haben sowohl die Verpackung als auch die Rechnung weggeworfen.

Verkäufer: Oh! Das ist schlecht! Tja, da sehe ich leider keine Möglichkeit. Außer vielleicht, dass Sie unseren Chef fragen. Der müsste oben im ersten Stock sein. Wenn Sie einen Moment warten, hole ich ihn.

Kunde: Das wäre total nett. Vielen Dank!

Verkäufer: Gern.

Gespräch 3

Kundin: Entschuldigen Sie?

Verkäufer: Was kann ich für Sie tun?

Kundin: Ja, sehen Sie, der Akku von meinem Handy muss kaputt sein. Inzwischen muss ich das Handy schon mehrmals am Tag aufladen.

Verkäufer: Aha. Wann haben Sie das Handy denn gekauft?

Kundin: Mhm … Vor gut einem Jahr. Moment. Hier habe ich die Rechnung. Das fällt ja sicherlich noch in die Garantiezeit, oder?

Verkäufer: Nein, das tut mir leid. Auf den Akku gibt der Hersteller leider nur ein halbes Jahr Garantie.

Kundin: Was? Das kann doch nicht sein. Bei meinem letzten Handy hatte ich sowohl auf das Gerät als auch auf den Akku zwei Jahre Garantie.

Verkäufer: Ja, ich kann verstehen, dass Sie verärgert sind. Aber die Hersteller haben da leider unterschiedliche Garantiebedingungen.

Kundin: Aha … Und was bedeutet das jetzt?

Verkäufer: Ich sehe da leider nur eine Möglichkeit: Ich kann das Gerät einschicken und kostenfrei prüfen lassen. Dann wissen wir genau, ob das Gerät oder der Akku defekt ist.

Kundin: Aha.

Verkäufer: Wenn es am Gerät liegt, müssen Sie natürlich weder für die Überprüfung noch für die Reparatur bezahlen. Sollte tatsächlich der Akku kaputt sein, bekommen Sie eine Rechnung für den Austausch des Akkus.

Kundin: Na gut. Das ist ja in jedem Fall preiswerter als ein neues Handy, oder? Dann möchte ich das Handy gern einschicken lassen.

Gespräch 4

Frau Meinhard: Firma Läuser und Faller. Meinhard, guten Tag!

Herr Körner: Guten Tag. Hier ist Körner. Würden Sie mich bitte mit Herrn Lauser verbinden?

Frau Meinhard: Worum geht's denn, Herr Körner?

Herr Körner: Das möchte ich gern mit Herrn Lauser selbst besprechen. Es geht um Handwerksarbeiten, hier bei mir in der Wohnung.
Frau Meinhard: Einen Augenblick. Ich verbinde.
Herr Lauser: Lauser hier. Guten Tag, Herr Körner.
Herr Körner: Hören Sie mal, Herr Lauser, ich komme gerade aus dem Urlaub zurück und ...
Herr Lauser: Herr Körner, ich ...
Herr Körner: Es war abgemacht, dass Sie sowohl das Bad renovieren als auch die Wände streichen.
Herr Lauser: Herr Körner ...
Herr Körner: Sie hatten fest versprochen, dass alles rechtzeitig fertig wird!
Herr Lauser: Hören Sie doch.
Herr Körner: Sie hatten 14 Tage Zeit! Ich bin wirklich sauer!
Herr Lauser: Herr Körner, jetzt beruhigen Sie sich doch bitte. Lassen Sie mich doch auch mal etwas sagen!
Herr Körner: Bitte schön!
Her Lauser: Ich kann verstehen, dass Sie enttäuscht sind, aber es hat einige unvorhergesehene Probleme gegeben. Können wir das nicht in Ruhe bei Ihnen besprechen? Wenn es Ihnen passt, kann ich in einer halben Stunde bei Ihnen sein.
Herr Körner: Na gut, dann kommen Sie mal vorbei.
Herr Lauser: Okay! Bis gleich, Herr Körner.
Herr Körner: Bis gleich, auf Wiederhören.

Schritt B, B2
Gespräch 1
Hanna: Müller?
Oliver: Sag mal, wo bleibst du denn?
Hanna: Tut mir echt leid, Oli! Ich wollte schon längst bei dir sein ...
Oliver: Aber?
Hanna: Ich finde meinen Schlüssel nicht.
Oliver: Was?
Hanna: Lach nicht! Sag mir lieber, wo ich suchen soll.
Oliver: Na, am besten da, wo du ihn immer hinlegst.
Hanna: Da ist er nicht!
Oliver: Na, dann vielleicht in deiner Handtasche?
Hanna: Nö, da hab' ich auch schon nachgeguckt. Aber ... Hey! Moment mal!
Oliver: Hanna? Hanna? Was machst du denn?
Hanna: Ich hab' ihn! Ich hab' ihn!
Oliver: Und? Wo war er?
Hanna: Ich hatte doch gestern die rote Jacke an. Da war er drin, der Schlüssel.
Oliver: Tja, Schatz: Das, was du suchst, findest du immer dort, wo du zuletzt nachschaust.
Hanna: Ja, das ist wohl wahr. Das passiert mir ständig. Dann, bis gleich.
Oliver: Bis gleich.

Gespräch 2
Frau: Los! Komm! Wir stellen uns dort an!
Mann: Nee, nee, hier! Hier! Hier sind weniger Leute!
Frau: Meinst du? Na schön! Ich habe noch Milch mitgenommen. Sag mal, gibt's sonst noch was, was wir brauchen?
Mann: Haben wir Brot?
Frau: Brot? Ja, haben wir.
Mann: Wieso geht das denn hier nicht weiter?
Frau: Wir hätten doch die andere Kasse nehmen sollen.
Mann: Ist das 'ne Anfängerin oder was?
Frau: Pscht! Sei doch still!
Mann: An der anderen Kasse wären wir jetzt dran. Typisch!
Frau: Was denn?
Mann: Dass wir uns ausgerechnet dort anstellen, wo es am langsamsten geht.
Frau: Wieso wir? Ich hätte mich da drüben angestellt.
Mann: Ja ja!

Gespräch 3
Lena: Ja, hallo?
Agata: Lena?
Lena: Hallo Agata.
Agata: Ja, sag mal, wo bist du denn? Ich stehe hier im Regen und warte seit einer halben Stunde auf dich!
Lena: Äh!
Agata: Ist das alles, was dir dazu einfällt?
Lena: Tut mir leid, Agata, aber heute ist echt nicht mein Tag.
Agata: Wieso denn?
Lena: Heute geht alles schief. Es gibt nichts, was ich richtig mache.
Agata: Ach, komm!
Lena: Zuerst fällt mir eine Kontaktlinse in die Toilette.
Agata: Nee!
Lena: Dann verlier' ich in der S-Bahn mein Portemonnaie.
Agata: Ach, du liebe Zeit!
Lena: Und vorhin bei der Führerscheinprüfung, tret' ich vor Aufregung aufs Gas statt auf die Bremse ...
Agata: Nein!
Lena: Und dann lass' ich auch noch meine beste Freundin im Regen stehen.
Agata: Ach, komm, das ist doch alles nicht so schlimm! Es gibt so Tage, an denen geht alles schief, was schiefgehen kann! Lass uns morgen noch mal ...

Gespräch 4
Klara: Oh, schon so spät. Dann müssen wir ja gleich los. Ich muss unbedingt noch was essen.
Anton: Stimmt, ich könnte vor der Vorstellung auch gut noch 'ne Kleinigkeit essen. Wir haben noch Eier im Kühlschrank. Soll ich uns schnell Spiegeleier machen?
Klara: Ja, gute Idee.
Anton: So, die Eier sind gleich fertig.
Klara: Super.
Anton: Oh nein!
Klara: Was ist passiert?
Anton: Beim Würzen ist mir der Deckel vom Pfefferstreuer in die Pfanne gefallen. Schau mal.

Klara: Oje! Na, die Eier kann man leider nicht mehr essen. Warum dauert eigentlich alles, was man noch schnell erledigen möchte, länger als man denkt?

Anton: Keine Ahnung! Das ist etwas, was ich noch nie verstanden habe. Und jetzt?

Klara: Ach komm! Ich mach' uns schnell noch zwei Käsebrote. Die können wir dann auf dem Weg zum Kino essen.

Schritt D, D1 a

Radiomoderator: Crowdsourcing – Wie die Industrie mit der Hilfe der Verbraucher neue Ideen entwickelt! Eine Reportage von Marie-Luise Baumann.

Sprecherin: Hier hören wir Fred! Er hat heute ein Paket bekommen und kann es kaum erwarten, es zu öffnen.

Fred: Aha, hier ist ein Brief: „Lieber Fred Winterstein, Sie haben bei unserer Crowdsourcing-Kampagne zur Kreation eines neuen Nuss-Snacks mitgemacht und geholfen. Mit Ihrer Hilfe haben wir ein neues Produkt entwickelt, das schon jetzt sehr beliebt ist. Zum Dank schicken wir Ihnen heute 30 Tüten Nussi-Bussi, der Nuss-Snack aus der Tüte. Wir hoffen, wir können Ihnen und Ihren Freunden hiermit eine Freude bereiten. Außerdem gehören Sie nun offiziell zu unserer Fan-Community Nussfans@Nuss-Werk. Herzlichen Glückwunsch! Wir laden Sie für einen Tag in unser Nuss-Werk nach Bremerhaven ein. Dort können Sie …"

Schritt D, D1 b

Radiomoderator: Crowdsourcing – Wie die Industrie mit der Hilfe der Verbraucher neue Ideen entwickelt! Eine Reportage von Marie-Luise Baumann.

Sprecherin: Hier hören wir Fred! Er hat heute ein Paket bekommen und kann es kaum erwarten, es zu öffnen.

Fred: Aha, hier ist ein Brief: „Lieber Fred Winterstein, Sie haben bei unserer Crowdsourcing-Kampagne zur Kreation eines neuen Nuss-Snacks mitgemacht und geholfen. Mit Ihrer Hilfe haben wir ein neues Produkt entwickelt, das schon jetzt sehr beliebt ist. Zum Dank schicken wir Ihnen heute 30 Tüten Nussi-Bussi, der Nuss-Snack aus der Tüte. Wir hoffen, wir können Ihnen und Ihren Freunden hiermit eine Freude bereiten. Außerdem gehören Sie nun offiziell zu unserer Fan-Community Nussfans@Nuss-Werk. Herzlichen Glückwunsch! Wir laden Sie für einen Tag in unser Nuss-Werk nach Bremerhaven ein. Dort können Sie …" Das ist ja super!

Sprecherin: Fred liebt Nüsse. In jeder Form, zu jeder Tageszeit, morgens im Müsli, mittags mit Schokolade drum herum, am Abend salzig. Und so hat er auch erfahren, dass die Firma seiner Lieblings-Nussmarke im Internet dazu eingeladen hat, einen neuen Nuss-Snack zu erfinden. Auf der Internetseite der Firma konnte Fred in einem ersten Schritt seine Lieblings-Nussmischung zusammenstellen. Er konnte wählen zwischen unterschiedlichen Nuss-Sorten, süßen oder salzigen Varianten, mit Früchten, Schokolade oder Gewürzen verfeinert und vielem anderen mehr.

Fred: Also, ich habe ja damals eine süße Mischung ausgesucht: Haselnüsse mit Schokolade, dazu kleine getrocknete Himbeeren und Bananenchips.

Sprecherin: So wie Fred wählten noch 2.000 andere Nuss-Liebhaber ihre Lieblingsmischung. Der Nuss-Hersteller prüfte alle Vorschläge. Er stellte dann die Variationen, die am meisten genannt wurden, wieder in verschiedenen sozialen Netzwerken zur Online-Abstimmung bereit. Das waren nur noch 50 Ideen. Diese 50 wurden nun wieder per Abstimmung durch die Fans auf zehn Ideen reduziert und von einer Jury probiert. Das Ergebnis: eine Kreation, die tatsächlich realisiert und produziert werden sollte.

Fred: Leider war das nicht meine Lieblingsmischung. Aber die ist eigentlich auch ganz gut: gemischte Nüsse mit Schokobeeren! Mmmh!

Sprecherin: Am Ende musste nur noch ein Name gefunden werden für die Leckerei. Wieder wurden die Fans gefragt und es wurde schnell ein Ergebnis gefunden: „Nussi-Bussi". Ein Bussi ist übrigens in bayerischen oder österreichischen Gegenden ein Kuss oder ein Küsschen. So hatte die Firma Nuss-Werk in kürzester Zeit ein neues Produkt in ihrem Angebot, das mithilfe der Online-Fans schnell und effektiv entwickelt wurde. Dabei konnte sich der Hersteller ziemlich sicher sein, dass die neue Mischung auch gern gekauft wird. Das Konzept von Nuss-Werk funktionierte. Die neue Nussi-Bussi-Mischung verkauft sich hervorragend. Und das alles ohne komplizierte und teure Marktforschung, Verbrauchertests und teure Werbung. Diese Methode, die Aufgaben eines Unternehmens an eine große Menschenmenge abzugeben, nennt man Crowdsourcing. Dabei nutzt das Unternehmen das Wissen und die Ideen der Mitglieder dieser Crowd (im Englischen: Masse) für sich. Meistens bekommen die Tester kein Geld, aber für sie ist es ein ganz tolles Gefühl, bei der Produktentwicklung dabei zu sein.

Fred: Das finde ich wirklich super, dass die Leute von Nuss-Werk mir so ein großes Paket mit Nussi-Bussi geschickt haben. Aber mir hat die ganze Aktion auch so viel Spaß gemacht und es war spannend, das Projekt im Internet mitzuerleben.

Lektion 10, Audiotraining 1
Ein schwieriger Mensch. Antworten Sie mit *weder … noch*. Hören Sie zuerst ein Beispiel:

S2: Ich jogge und schwimme gern. Kommst du mal mit?
S1: Nein. Ich mag weder joggen noch schwimmen.

Und jetzt Sie:

S2: Ich jogge und schwimme gern. Kommst du mal mit?
S1: Nein. Ich mag weder joggen noch schwimmen.
S2: Wollen wir mal ins Theater gehen? Oder ins Kino?
S1: Nein. Ich mag weder Theater noch Kino.
S2: Wir könnten auch bei mir kochen oder ein Spiel spielen.
S1: Nein. Ich mag weder kochen noch spielen.
S2: Na ja, dann unterhalten wir uns oder sehen fern.
S1: Nein. Ich mag mich weder unterhalten noch fernsehen.
S2: Hast du denn gar keine Hobbys? Oder Freunde?
S1: Nein. Ich habe weder Hobbys noch Freunde.
S2: Dann fühlst du dich bestimmt traurig und allein.
S1: Nein. Ich fühle mich weder traurig noch allein.

Lektion 10, Audiotraining 2
Mein Lieblingsort. Bilden Sie Sätze mit *da, wo.*
Hören Sie zuerst ein Beispiel:
S2: Was ist dein Lieblingsort?   sich wohlfühlen
S1: Mein Lieblingsort ist da, wo ich mich wohlfühle.

Und jetzt Sie:
S2: Was ist dein Lieblingsort?   sich wohlfühlen
S1: Mein Lieblingsort ist da, wo ich mich wohlfühle.
S2: Was ist dein Lieblingsort?   meine Familie
S1: Mein Lieblingsort ist da, wo meine Familie ist.
S2: Was ist dein Lieblingsort?   die Sonne scheinen
S1: Mein Lieblingsort ist da, wo die Sonne scheint.
S2: Was ist dein Lieblingsort?   schlafen können
S1: Mein Lieblingsort ist da, wo ich schlafen kann.
S2: Was ist dein Lieblingsort?   Ruhe haben
S1: Mein Lieblingsort ist da, wo ich Ruhe habe.
S2: Was ist dein Lieblingsort?   gut gehen
S1: Mein Lieblingsort ist da, wo es mir gut geht.

Lektion 10, Audiotraining 3
Eine sprechende Puppe! Antworten Sie.
Hören Sie zuerst ein Beispiel:
S2: Die Puppe spricht ja!
S1: Ja, das ist eine sprechende Puppe.

Und jetzt Sie:
S2: Die Puppe spricht ja!
S1: Ja, das ist eine sprechende Puppe.
S2: Das T-Shirt leuchtet ja.
S1: Ja, das ist ein leuchtendes T-Shirt.
S2: Der Teddy lacht ja!
S1: Ja, das ist ein lachender Teddy.
S2: Das Auto fliegt ja!
S1: Ja, das ist ein fliegendes Auto.
S2: Der Roboter kocht ja!
S1: Ja, das ist ein kochender Roboter.
S2: Dein Handy singt ja!
S1: Ja, das ist ein singendes Handy.

Zwischendurch mal Gedicht
Willkommen bei Sternemarkt!
vgl. Seite KB 128

Zwischendurch mal Hören
Hallo? Hier spricht die AUTOMATIK AG
Herr Meier: Ja, hallo? Meier?
Anrufautomat: Spreche ich mit Herrn Martin Meier?
Herr Meier: Ja, wer ist denn da?
Anrufautomat: Hier spricht Reklamationsrobot X-50-43 von der AUTOMATIK AG.
Herr Meier: Wie bitte?
Anrufautomat: Ich will nicht lange herumreden. Wir haben hier eine Reklamation vorliegen.
Herr Meier: Eine was?
Anrufautomat: Herr Meier, haben Sie sich am Freitag, den 13. August, nachmittags zwischen 14.44 Uhr und 15.12 Uhr

in unserem selbstfahrenden Taxi MF-22-17 in Hamburg befunden?
Herr Meier: Ich bin Taxi gefahren, ja. Aber, keine Ahnung welche Nummer das Ding hatte.
Anrufautomat: Haben Sie dabei geschrien und sind auch noch frech geworden?
Herr Meier: Hey! Jetzt reicht's aber! Kein Wort davon ist wahr!
Anrufautomat: Hier, dies ist eine Original-Tonaufzeichnung aus Taxi MF-22-17:
Herr Meier: Nun fahr doch endlich schneller, du blödes Ding!
Taxiautomat: Tut mir leid. Ich darf hier nur 30 Kilometer pro Stunde fahren.
Herr Meier: Ach was! Du bist 'n vollautomatischer Vollidiot!
Anrufautomat: Was sagen Sie dazu? Das geht doch nicht.
Herr Meier: Ach, das war doch nur ein Witz!
Anrufautomat: Das ist nicht witzig! Das ist beleidigend!
Herr Meier: Ach, es war doch nur ein Automat.
Anrufautomat: Ich bin auch nur ein Automat!
Herr Meier: Tja, äh …
Anrufautomat: Um die Situation zu entspannen, hat unser Taxi dann eine Musik vorgeschlagen und Sie waren damit einverstanden.
Herr Meier: Zuerst schon, ja, aber dann …
Anrufautomat: Dann haben Sie plötzlich herumgeschrien und mit den Händen auf die Stereoanlage geschlagen.
Herr Meier: Habe ich nicht!
Anrufautomat: Soll ich Ihnen die Original-Tonaufzeichnung vorspielen?
Herr Meier: Hmm, nein …
Anrufautomat: Aha! Wir mussten nun leider feststellen, dass Sie dabei einen unserer Autolautsprecher beschädigt haben.
Herr Meier: Oh, ähm, tut mir leid.
Anrufautomat: Die AUTOMATIK AG ist weder mit Ihrem Benehmen im Taxi noch mit dem bisherigen Telefonge-spräch zufrieden.
Herr Meier: Na schön, ich … ich kann verstehen, dass Sie verärgert sind.
Anrufautomat: Ist das alles, was Ihnen dazu einfällt?
Herr Meier: Na ja, ich … ich bitte Sie um Entschuldigung.
Anrufautomat: Okay! Wir nehmen die Entschuldigung an und empfehlen Ihnen einen Antiaggressions-Kurs. Auf Wie-derhören, Herr Meier!
Herr Meier: Du mich auch, du … du Vollautomat!

Lektion 11   Miteinander

Folge 11: Alles „bestens", oder?

Bild 1
Ella: Hallo! Ich bin gerade mit dem Fahrrad zu dieser Kürbis-station gefahren. Ich soll meiner Mutter einen Kürbis mit-bringen. Außerdem mache ich ein paar Fotos. Ich will für den „Stadt-Kurier" einen kleinen Text über das Thema

„Vertrauen" schreiben. Ich finde, so eine Station, wo man Kürbisse einfach mitnehmen kann, ist ein prima Beispiel für Vertrauen. Hier kommen den ganzen Tag Leute her und holen sich Kürbisse. Und der Eigentümer ist meistens nicht hier. Er muss also darauf vertrauen, dass die Leute ehrlich sind und die Kürbisse an dieser Kasse bezahlen und ... Oh! Moment mal! Das muss ich filmen!

Bild 2
Ella: Der Typ da hat einen großen Kürbis genommen und jetzt geht er damit zu seinem Wagen. Vielleicht täusche ich mich auch, aber ich glaube wirklich, der wird den Kürbis nicht bezahlen. Jetzt ist er am Auto, vielleicht legt er den Kürbis ja bloß rein und zahlt dann noch schnell. Nein, jetzt steigt er ein. Der will doch tatsächlich losfahren, ohne zu zahlen! Also, das kommt ja überhaupt nicht infrage. Der wird hier keinen Kürbis stehlen!

Bild 3
Mann: Entschuldigen Sie? Würden Sie bitte etwas zur Seite gehen? Ich hab's eilig. Ich will hier wegfahren.
Ella: Finden Sie nicht, dass Sie etwas vergessen haben?
Mann: Vergessen? Was denn?
Ella: Na, denken Sie doch mal nach!
Mann: Was? Hören Sie: Sie werden jetzt sofort hier weg-gehen, damit ich losfahren kann. In Ordnung?
Ella: Nein, das ist nicht in Ordnung. Wissen Sie, wenn jeder einfach Kürbisse nimmt und nicht bezahlt, dann wird es im nächsten Sommer hier keine billigen Kürbisse mehr geben.
Mann: Ich verstehe nicht, was Sie ...
Ella: Zuerst bezahlt man, was man genommen hat und dann darf man fahren.
Mann: Na, sagen Sie mal! Wie kommen Sie denn darauf, dass ich nicht bezahlt habe?
Ella: Ach wissen Sie, ich habe gerade zufällig die Kürbis-station hier gefilmt. Und auf meinem Filmchen kann man deutlich sehen, dass Sie einen Kürbis geholt haben. Bezahlt haben Sie aber nicht. Soll ich es Ihnen zeigen?
Mann: Was? Also, das ist doch ...
Ella: Ihre Autonummer ist übrigens auch im Bild.
Mann: Ach herrjeh! Stimmt! Sie haben ja vollkommen recht! Ich habe es tatsächlich vergessen!
Ella: Na, sehen Sie mal! Jetzt verstehen wir uns schon besser.

Bild 4
Mann: Glauben Sie mir, es war keine Absicht ...
Ella: Aber sicher doch!
Mann: Es tut mir leid, das ist mir wirklich sehr unangenehm.
Ella: Das glaube ich Ihnen.
Mann: Wissen Sie, ich habe leider vergessen zu zahlen. Ich wollte einfach nur schnell los, da ich viel zu spät dran bin. Sie dürfen das bitte nicht falsch verstehen.
Ella: Ich habe es schon richtig verstanden. Na sehen Sie, jetzt ist die Welt ja wieder in Ordnung!
Mann: Ja ... ähm, ich muss jetzt dringend los!

Ella: Tolles Auto, teure Kleidung, Geld in der Tasche ... und dann so was. Ach, ich weiß auch nicht. Am Ende kann ich nicht mal mehr wütend sein. Nur noch traurig.
Hallo, Mami! ... Ja, bin schon unterwegs. ... Nein, nein, mir geht's gut. ... Alles bestens! ... Ja, ich dich auch!

Schritt A, A1
Mann: Hören Sie: Sie werden jetzt sofort hier weggehen, damit ich losfahren kann. In Ordnung?
Ella: Nein, das ist nicht in Ordnung. Wissen Sie, wenn jeder einfach Kürbisse nimmt und nicht bezahlt, dann wird es im nächsten Sommer hier keine billigen Kürbisse mehr geben.

Schritt A, A2
1
Radiosprecherin: Und hier noch eine Durchsage unserer Verkehrsredaktion: Im Kanton Uri bleibt die Situation auf der Gotthardtautobahn und den Autostraßen auch in den nächsten Tagen unverändert. Wegen der guten Schnee-verhältnisse in allen Alpenregionen werden auch am ersten März-Wochenende viele Wintersportler unterwegs sein. Deswegen müssen Autofahrer mit langen Staus rechnen. Achtung! Auch im benachbarten Ausland wird es in den Skigebieten voraussichtlich große Staus geben.

2
Sebastian: Tschüs, Mama! Ich muss los!
Mutter: Du, warte mal, Sebastian! Es wird doch sicher ziemlich spät heute?
Sebastian: Hm, ich denke schon. Wieso?
Mutter: Wie willst du denn nach Hause kommen, nach der Party?
Sebastian: Genauso wie ich hinkomme: mit dem Auto!
Mutter: Sebastian!
Sebastian: Ach, mach dir keine Sorgen, Mama. Ich werde keinen einzigen Tropfen Alkohol trinken. Ich versprech's dir!
Mutter: Ach komm, das glaubst du doch selbst nicht! Wenn ihr erst mal richtig feiert, dann wird auch getrunken, das kenn' ich doch! Nimm doch lieber 'n Taxi!

3
Politesse: Hier dürfen Sie nicht parken. Haben Sie das Schild nicht gesehen?
Mann: Ja, ja, ich weiß. Bin sofort wieder da, versprochen!
Politesse: Wie bitte? Das geht nicht. Das ist eine Ausfahrt und Sie stehen im Halteverbot.
Mann: Ich muss nur mal schnell in die Apotheke. Das dauert doch nur ein paar Minuten. Bitte!
Politesse: Nein! Sie werden auf der Stelle hier wegfahren. Sie behindern die Fußgänger.
Mann: Das geht doch ganz schnell.
Politesse: Das kommt überhaupt nicht infrage! Aber gut, wie Sie wollen, dann wird es halt teuer für Sie.

4

Kollege: Hallo, Frau Marcinkowski. Wirklich schade, dass Sie die Firma verlassen. Na ja, ich nehme an, Sie haben Ihre Gründe. Wie geht's denn jetzt weiter? Haben Sie schon eine neue Stelle?

Kollegin: Ja, ja, die habe ich, ab September, in Bremen.

Kollege: Ach ja? Sie werden Berlin verlassen? Wie schade!

Kollegin: Ja, das werde ich, und ich fürchte, das wird noch ziemlich anstrengend werden. Da kommt noch ganz schön was auf uns zu.

Kollege: Das kann ich mir vorstellen. So ein Umzug ist immer mit viel Arbeit verbunden. Kommt Ihre Familie auch mit?

Kollegin: Ich werde erst mal allein nach Bremen gehen und versuchen, so schnell wie möglich eine Wohnung zu finden. Und sobald wir die haben, werden mein Mann und mein Sohn nachkommen.

Kollege: Na dann, alles Gute für Sie und Ihre Familie, Frau Marcinkowski!

5

Alex: Hallo Sahin! Lange nicht gesehen! Wie geht's dir?

Sahin: Alles bestens! Ta-daa! Stell dir vor, ich habe vorgestern die Deutschprüfung bestanden!

Alex: Wow! Gratuliere!

Sahin: Danke.

Alex: Und was machst du jetzt? Dann hast du jetzt ja erst mal keine Schule mehr, oder?

Sahin: Anfang Juni fange ich eine Ausbildung zum Hotelfachmann an.

Alex: Ach ja, stimmt. Du wolltest ja im Hotel arbeiten. Cool!

Sahin: Und du? Hast du nicht bald Semesterferien?

Alex: Ja, genau.

Sahin: Und was machst du?

Alex: Im September fahren meine Freundin und ich mit dem Campingbus nach Kroatien. Einfach so. Und da, wo es uns gefällt, bleiben wir ein paar Tage.

Sahin: Hört sich gut an!

Schritt C, C1 a und b

Dr. Schnöbl: Ja, ja, Herr Swoboda, natürlich ... Das besprechen wir dann alles morgen. Ja, bei Ihnen in der Bank, ja? Mist, da ist 'ne Verkehrskontrolle! Ich rufe Sie nachher noch mal an.

Polizist: Guten Tag!

Dr. Schnöbl: Tag!

Polizist: Verkehrskontrolle! Ihren Führerschein und den Fahrzeugschein, bitte!

Dr. Schnöbl: Hier, bitte!

Polizist: Können Sie sich vorstellen, warum wir Sie anhalten, Herr Dr. Schnöbl?

Dr. Schnöbl: Nee, eigentlich nicht. Bin ich zu schnell gefahren?

Polizist: Sie haben ohne Freisprechanlage telefoniert.

Dr. Schnöbl: Ah ja, stimmt.

Polizist: Sie wissen ja, dass das verboten ist, oder?

Dr. Schnöbl: Tut mir leid, das ist mir wirklich unangenehm.

Aber wissen Sie, meine Frau ist ziemlich krank, und ich wollte nur schnell ...

Polizist: Ganz egal, aus welchem Grund Sie im Auto telefonieren: Ohne Freisprechanlage bringen Sie sich und andere in Gefahr.

Dr. Schnöbl: Ja, natürlich. Da haben Sie ja vollkommen recht. Aber das war doch jetzt nicht so schlimm, oder? Ich meine, es war doch keine Absicht.

Polizist: Tut mir leid, aber das ist nicht in Ordnung. Telefonieren ohne Freisprechanlage ist eine Ordnungswidrigkeit gemäß Paragraph 23, Absatz 1a der Straßenverkehrsordnung.

Dr. Schnöbl: Tja, und was machen wir jetzt?

Polizist: Sie erhalten einen Bußgeldbescheid in Höhe von 60 Euro sowie einen Punkt in Flensburg.

Dr. Schnöbl: Was? Auch ein Punkt in Flensburg? Ach, kommen Sie, so schlimm war das doch gar nicht. Können Sie nicht mal ein Auge zudrücken?

Polizist: Tut mir leid.

Dr. Schnöbl: Es wird bestimmt nie wieder vorkommen. Sehen Sie hier, ich gebe Ihnen die 60 Euro in bar und wir vergessen den Punkt in Flensburg, okay?

Polizist: Nein! Das kommt überhaupt nicht infrage!

Dr. Schnöbl: Ja, wieso denn?

Polizist: Was denken Sie sich eigentlich? Gesetz ist Gesetz, das gilt auch für Sie, Herr Dr. Schnöbl.

Dr. Schnöbl: Aber hören Sie!

Polizist: Ich warne Sie! Wenn Sie jetzt nicht sofort vernünftig werden, dann wird die Sache richtig teuer!

Schritt D, D2 a

Journalistin: Kennen Sie dieses Gefühl, dass Sie irgendwo hinkommen und sich da sehr fremd fühlen? Das kann die unterschiedlichsten Gründe haben, zum Beispiel weil Sie die Sprache, die gerade gesprochen wird, nicht verstehen, weil Sie irgendwo neu sind und noch niemanden kennen oder einfach, weil Ihnen auch nur die Gerüche an einem Ort nicht vertraut sind. Wir haben verschiedene Menschen auf der Straße nach ihren Erfahrungen gefragt.

Schritt D, D2 b

1

Journalistin: Kennen Sie dieses Gefühl, dass Sie irgendwo hinkommen und sich da sehr fremd fühlen?

Frau: Ja, schon. Zum Beispiel, wenn dort eine andere Sprache oder ein Dialekt gesprochen wird und man nichts oder nur wenig versteht. Das muss gar nicht unbedingt im Ausland sein. Ich komme zum Beispiel aus Wien und wohne dort in einer WG. Als ich zum ersten Mal mit meiner Mitbewohnerin Katharina zu ihrer Familie in den Bregenzerwald gefahren bin, das ist in Vorarlberg, da hab' ich kein Wort verstanden. Vorarlberg liegt an der Schweizer Grenze und die sprechen dort einen vollkommen anderen Dialekt. Das war wirklich verrückt. In dem Moment hab' ich mich sehr fremd gefühlt. Dieser Dialekt und auch die regionalen Spezialitäten, alles anders. Und dabei war ich ja immer noch in Österreich!

Journalistin: Und was haben Sie da gemacht?
Frau: Ich habe die Eltern meiner Freundin ganz freundlich gebeten, langsam und möglichst keinen Dialekt zu sprechen. Nach einiger Zeit ist es dann ganz gut gegangen. Wir haben auf jeden Fall viel Spaß gehabt und wir haben viel gelacht.

2
Journalistin: Wie ist es mit Ihnen? Kennen Sie dieses Gefühl, dass Sie irgendwo hinkommen und sich fremd fühlen?
Mann: Oh ja, dieses Gefühl kenne ich, sehr gut sogar. Meine Frau und ich mussten vor sechs Jahren Afghanistan verlassen und sind nach Deutschland gekommen. Das war am Anfang sehr schwer. Wir mussten ja alles da lassen und hier praktisch bei Null anfangen. Es ist ja nicht nur die Sprache, die neu ist, es ist einfach alles: die Menschen und ihr Verhalten, das Klima, das Essen, die Geschäfte. Da ist es egal, in welchem Land man jetzt lebt. Alles, was man aus seiner Heimat kennt, ist plötzlich ganz anders und sehr fremd, und man denkt oft daran, wie's früher zu Hause war.
Journalistin: Und wie ist es jetzt?
Mann: Viel besser, auf jeden Fall. Wir haben nette Menschen getroffen, die offen waren und uns geholfen haben, wir haben die Sprache gelernt. Unsere Kinder gehen in den Kindergarten und sprechen Deutsch ohne Akzent. Sie wachsen zweisprachig auf, das finde ich toll. Man kann schon sagen, dass Deutschland unser Zuhause, vielleicht sogar ein bisschen Heimat geworden ist.

3
Journalistin: Entschuldigung, eine kurze Frage: Kennen Sie das Gefühl, irgendwo zu sein und sich fremd zu fühlen?
Frau: Na ja, ich denke, das hat wahrscheinlich jeder mal irgendwie erlebt. Aber wissen Sie, ich habe schon als Kind in sehr vielen verschiedenen Ländern gelebt, das hatte mit dem Beruf meiner Eltern zu tun. Ich spreche auch mehrere Sprachen und war notgedrungen überall gleich zu Hause. So ein Gefühl von Heimat, wie andere das beschreiben, wenn man an einen bestimmten Ort kommt, das kenne ich gar nicht. Heimat ist für mich da, wo meine Freunde und meine Familie sind. Das kann irgendwo auf dieser Welt sein. Und wenn man offen ist für Neues und auf Menschen zugeht, fühlt man sich auch nicht fremd, nirgendwo. Jedenfalls habe ich diese Erfahrung gemacht.

4
Journalistin: Kennen Sie das Gefühl, das Sie irgendwo hinkommen und Sie fühlen sich fremd?
Mann: Ich denke, das kommt ganz darauf an, wohin Sie fahren und wie weit die Kultur dort von Ihrer eigenen entfernt ist. Oder ob Sie sich vorher schon mit der Kultur des Landes beschäftigt haben. Oder Menschen aus diesem Kulturkreis kennen. Wenn ich jetzt nach Kamerun reise, ist es natürlich etwas Anderes, als wenn ich nach Paris fahre. Da kann schnell mal das Gefühl von Fremdheit aufkommen.
Journalistin: Sie meinen also, je weiter weg, desto fremder?
Mann: Ja, ich denke schon. Länder außerhalb Europas fühlen sich für uns erst mal fremder an. Aber auch da gibt es

natürlich Unterschiede, die wiederum mit der Geschichte des Landes oder des Kontinents zu tun haben. Wenn Sie zum Beispiel in die USA reisen, ...

Lektion 11, Audiotraining 1
Ab morgen! Wiederholen Sie wie im Beispiel.
Hören Sie zuerst ein Beispiel:
S2: Ab morgen jogge ich jeden Abend eine Stunde.
S1: Ab morgen werde ich jeden Abend eine Stunde joggen.

Und jetzt Sie:
S2: Ab morgen jogge ich jeden Abend eine Stunde.
S1: Ab morgen werde ich jeden Abend eine Stunde joggen.
S2: Ab morgen fahre ich mit dem Fahrrad zur Arbeit.
S1: Ab morgen werde ich mit dem Fahrrad zur Arbeit fahren.
S2: Ab morgen bin ich immer pünktlich.
S1: Ab morgen werde ich immer pünktlich sein.
S2: Ab morgen esse ich keine Schokolade mehr.
S1: Ab morgen werde ich keine Schokolade mehr essen.
S2: Ab morgen rauche ich nicht mehr.
S1: Ab morgen werde ich nicht mehr rauchen.
S2: Ab morgen achte ich mehr auf meine Gesundheit.
S1: Ab morgen werde ich mehr auf meine Gesundheit achten.

Lektion 11, Audiotraining 2
Ich muss jetzt los! Bilden Sie Sätze mit *da*. Hören Sie zuerst ein Beispiel:
S2: Ich muss jetzt los.   noch eine Verabredung haben
S1: Ich muss jetzt los, da ich noch eine Verabredung habe.

Und jetzt Sie:
S2: Ich muss jetzt los.   noch eine Verabredung haben
S1: Ich muss jetzt los, da ich noch eine Verabredung habe.
S2: Ich muss jetzt los.   noch einkaufen müssen
S1: Ich muss jetzt los, da ich noch einkaufen muss.
S2: Ich muss jetzt los.   noch arbeiten müssen
S1: Ich muss jetzt los, da ich noch arbeiten muss.
S2: Ich muss jetzt los.   noch einen Anruf bekommen
S1: Ich muss jetzt los, da ich noch einen Anruf bekomme.
S2: Ich muss jetzt los.   noch einen Arzttermin haben
S1: Ich muss jetzt los, da ich noch einen Arzttermin habe.
S2: Ich muss jetzt los.   sonst zu spät kommen
S1: Ich muss jetzt los, da ich sonst zu spät komme.

Lektion 11, Audiotraining 3
Sie haben vergessen, die Blumen zu bezahlen.
Wiederholen Sie. Hören Sie zuerst ein Beispiel:
S2: Sie haben vergessen, die Blumen zu bezahlen.
S1: Sie haben vergessen, die Blumen zu bezahlen.

Und jetzt Sie:
S2: Sie haben vergessen, die Blumen zu bezahlen.
S1: Sie haben vergessen, die Blumen zu bezahlen.
S2: Tut mir leid, das ist mir wirklich unangenehm.
S1: Tut mir leid, das ist mir wirklich unangenehm.
S2: Sie haben ja vollkommen recht. Das war nicht in Ordnung.

S1: Sie haben ja vollkommen recht. Das war nicht in Ordnung.
S2: Es wird bestimmt nie wieder vorkommen.
S1: Es wird bestimmt nie wieder vorkommen.
S2: Aber hören Sie, es war doch keine Absicht.
S1: Aber hören Sie, es war doch keine Absicht.
S2: Können Sie nicht mal ein Auge zudrücken?
S1: Können Sie nicht mal ein Auge zudrücken?

Zwischendurch mal Hören
Der Ton macht die Musik.
Mike Wetzich: Ja, hallo?
Emma Heintz: Hallo? Hier ist Emma Heintz von IT-Systems. Spreche ich mit Herrn Mike Wetzich?
Mike Wetzich: Ja, richtig, das bin ich.
Emma Heintz: Herr Wetzich, wir haben Ihre Bewerbungs-unterlagen bekommen ...
Mike Wetzich: Aha? Ja?
Emma Heintz: ... und wir möchten Sie gern zu einem Vor-stellungsgespräch einladen.
Mike Wetzich: Oh, schön! Das freut mich natürlich.
Emma Heintz: Hätten Sie denn am Freitag um 11 Uhr Zeit?
Mike Wetzich: Das ist der Vierzehnte, nicht?
Emma Heintz: Richtig, der Vierzehnte.
Mike Wetzich: Moment, bitte! Ja, ich denke, das geht.
Emma Heintz: Schön, Herr Wetzich, dann bis Freitag, 11 Uhr, Zimmer 314.
Mike Wetzich: Zimmer 314, okay ...
Emma Heintz: Ich freue ich mich auf unser Treffen.
Mike Wetzich: Ich freue mich auch, Frau Heintz. Auf Wiederhören!
Emma Heintz: Auf Wiederhören!

Lektion 12   Soziales Engagement

Folge 12: Das weiß der Kuckuck.

Bild 1
Ella: Ja, Wegmann?
Tobias: Hallo Ella, hier ist Tobi.
Ella: Hey, Tobi, wie geht's?
Tobias: Ganz gut eigentlich. Aber im Moment habe ich ein Problem.
Ella: Oh! Kann ich dir helfen?
Tobias: Ja, vielleicht. Es geht um die „Nachbarschaftshilfe".
Ella: Das ist doch da, wo du ehrenamtlich mitarbeitest, oder?
Tobias: Genau, und da bin ich jetzt leider in einer blöden Situation.
Ella: Wieso denn?
Tobias: Wir machen da jeden Sommer ein buntes Ferien-programm für Kinder. Ich mache in diesem Jahr eine Theatergruppe, zusammen mit einer Kollegin.
Ella: Hey, klingt prima!
Tobias: Es läuft auch super. Aber jetzt hab' ich gerade einen Anruf bekommen, dass sich meine Kollegin den Arm gebrochen hat.

Ella: Oje, wie blöd!
Tobias: Sie fällt für zwei Wochen aus. Und ich darf die Kinderbetreuung nicht machen, ohne dass eine zweite Aufsichtsperson mit dabei ist.
Ella: Du brauchst also Ersatz.
Tobias: Eigentlich nicht. Ich hab' schon jemanden. Das Blöde ist nur: Er kann an allen Tagen, außer morgen.
Ella: Und du kennst sonst niemanden, der morgen Zeit hat?
Tobias: Leider nicht. Ich weiß nicht, was ich machen soll. Ich möchte den Kurs nicht ausfallen lassen.
Ella: Du warte mal, ich habe da eine Idee ...

Bild 2
Ella: So, einen Moment noch: 15. August, Interview mit Tobias Lackner im Gebäude der „Nachbarschaftshilfe e. V.". Das Thema ist: „Ehrenamtliche Arbeit im Verein". So, jetzt können wir anfangen, Tobi.
Tobias: Okay.
Ella: Also: Nehmen wir mal an, ich möchte mich engagieren, ich möchte mich für etwas einsetzen. Wie mache ich das?
Tobias: Du machst das zum Beispiel, indem du Mitglied in einem Verein wirst.
Ella: Hier bei der „Nachbarschaftshilfe".
Tobias: Na ja, bei uns kannst du sogar mitmachen, ohne dass du Mitglied bist.
Ella: Aber du bist richtig mit dabei. Seit wann eigentlich?
Tobias: Ich bin Mitglied, seit ich 16 bin.
Ella: Und zurzeit machst du hier ein Kinder-Ferienprogramm.
Tobias: Ja, ... aber natürlich nicht allein. Zusammen mit vielen anderen.
Ella: Was ist denn ein Kinder-Ferienprogramm? Erzähl doch mal!
Tobias: Na ja, die Sommerferien sind ja sechs Wochen lang und die meisten Eltern haben nicht so viel Urlaub. Na, und da helfen wir, indem wir ein tolles Ferienprogramm für die Kinder machen, mit Bastelkursen, mit Tanz und Musik, mit Wanderungen, mit gemeinsamen Schwimmbadbesuchen, mit Kinderkino und mit einer Theatergruppe.
Ella: Wie lange dauert das Programm?
Tobias: Das geht die ganzen Ferien über, bis die Schule wie-der anfängt. Jeden Tag von 8 bis 16 Uhr. Hey, da kommen die ersten Kinder! Machen wir später weiter, okay?
Ella: Okay.

Bild 3
Ella: Na, macht euch das Spaß hier?
Kinder: Jaaaa!
Ella: Was findet ihr denn besonders gut?
Sebastian: Dass der Tobi total nett ist ...
Maja: Dass er so gut Theater spielen kann ...
Sebastian: Theaterspielen ist halt einfach lustig ...
Maja: Und meine Mama findet es auch super, dass ich hier bin ...
Ella: Warum findet sie das so gut?
Maja: Weil sie arbeiten kann, obwohl ich Sommerferien habe.

Sebastian: Mein Papa findet es auch gut, weil er dann immer weiß, wo ich bin und was ich mache.
Ella: Wie heißt denn euer Theaterstück?
Maja: „Urlaub für die Tiere".
Sebastian: Das haben wir selbst geschrieben!
Maja: Ja, wir selbst!
Ella: Echt? Wow!
Maja: Ja, aber Tobi hat uns natürlich geholfen. Rate mal, was für ein Tier ich bin? „Muuuh!"
Ella: Du bist eine Biene, oder?
Sebastian: Nein! Sie ist doch eine Kuh!
Ella: Natürlich! Und du?
Sebastian: Wuff! Wuff!
Ella: Aha! Ein Hund! Und was macht ihr heute?
Sebastian: Tobi sagt: „Das weiß der Kuckuck."
Ella: Tja, dann müssen wir wohl warten, bis der Kuckuck kommt.

Bild 4

Maja: Muuuh! Ich bin die Kuh. Und wer bist du?
Sebastian: Wuff! Ich bin der Hund.
Maja: Aha! Was arbeitest du?
Sebastian: Ich passe auf das Haus auf. Wuff!
Maja: Aha! Macht das Spaß?
Sebastian: Na ja, es geht so. Wuff! Wuff!
Maja: Möchtest du Urlaub machen, Hund?
Sebastian: Ui ja! Urlaub! Das wäre schön! Wuff wuff wuff!
Ella: Ich finde, das wird ein sehr schönes Theaterstück, Tobi!
Tobias: Ja? Das freut mich. Und: danke! Du hast mir sehr geholfen.
Ella: Und du hast mir geholfen. Ich kann über dich und die Kinder einen schönen Beitrag für den „Stadt-Kurier" schreiben.
Tobias: Du hast mir geholfen. Ich habe dir geholfen. Wir beide helfen den Eltern.
Ella: Und den Kindern macht's Spaß.
Tobias: Na also! Was wollen wir mehr?
Maja: Na, sind jetzt alle da?
Kinder: Ja!
Maja: Alle außer dem Kuckuck.
Linus: Kuckuck! Kuckuck!
Sebastian: Hallo Kuckuck! Was machen wir heute?
Linus: Kuckuck! Wir gehen jetzt in die Eisdiele. Kuckuck! Und jeder kriegt ein Eis! Kuckuck!
alle Kinder: Hurra! Bravo! Gute Idee!
Tobias: Klasse, richtig gut!
Ella: Bravo, das war schön!

Schritt A, A1

a Ich bin Mitglied, seit ich 16 bin.
b Das Programm geht die ganzen Ferien über, bis die Schule wieder anfängt.
c Seit ich gehört habe, dass meine Kollegin sich den Arm gebrochen hat, suche ich Ersatz.
d Es dauert zwei Wochen, bis meine Kollegin wieder dabei sein kann.

Schritt A, A3
Gespräch 1

Angestellte: Guten Tag. Was kann ich für Sie tun?
Fahrgast: Wir haben da ein Problem. ... Unser Zug ist mehr als zwei Stunden verspätet hier angekommen. Nun haben wir unseren Anschluss verpasst und brauchen eine neue Verbindung für uns und unsere Fahrräder.
Angestellte: Darf ich Ihre Tickets und Ihre Fahrradkarten mal sehen?
Fahrgast: Ja, klar. Bitte schön ... Der Zugbegleiter meinte, dass es mit den Fahrrädern schwierig werden könnte.
Angestellte: Ja, das stimmt. Jetzt in der Hauptreisezeit sind die Fahrradstellplätze in den Fernreisezügen häufig schon ausgebucht. Aber keine Sorge, wir werden sicher eine Lösung finden.
Angestellte: So, ... Sie haben Glück. Mit dem Nahverkehr klappt es heute noch. Bis Sie in Frankfurt sind, müssen Sie allerdings noch etwas Geduld haben.
Fahrgast: Wie lange dauert es denn noch, bis wir zu Hause ankommen?
Angestellte: Fahrplanmäßig kommen Sie um 23.35 Uhr in Frankfurt an.
Fahrgast: Nein! Noch gute acht Stunden? Seitdem wir die Fähre in Travemünde verlassen haben, sind wir doch schon fast dreieinhalb Stunden unterwegs. Das wären dann ja insgesamt elfeinhalb Stunden. Ursprünglich sollte die Fahrt nur sechseinhalb Stunden dauern. Das kann doch nicht sein.
Angestellte: Es tut mir wirklich sehr leid, aber ich kann Ihnen leider keine andere Verbindung anbieten. Sie müssen fünfmal umsteigen. Sehen Sie selbst, das ist Ihr neuer Reiseplan.
Fahrgast: Gibt es denn keinen Zug, der durchfährt?
Angestellte: Doch, aber leider nicht für Ihre Fahrräder. Ich gebe Ihnen schon mal ein Fahrgastrechteformular mit. Damit können Sie eine Entschädigung für die entstandenen Unannehmlichkeiten bekommen.
Fahrgast: Eine Entschädigung. Okay, und wie funktioniert das?
Angestellte: Sie müssen sich vor der Ankunft am Zielbahnhof die Verspätung vom Zugbegleiter bestätigen lassen. Anschließend brauchen Sie das Formular nur noch auszufüllen und abzuschicken.

Gespräch 2

Angestellte: Grüß Gott. Womit kann ich Ihnen helfen?
Fahrgast: Ach! Ich weiß gar nicht, was ich machen soll. Mir ist gerade etwas ganz Dummes passiert.
Angestellte: So? Was denn?
Fahrgast: Ich hab' meinen Laptop verloren.
Angestellte: Oje! Im Zug?
Fahrgast: Ja, ich hab' ihn im Zug liegen lassen. Mann! Der war ganz neu!
Angestellte: Jetzt beruhigen Sie sich doch bitte! Welcher Zug war denn das?
Fahrgast: Der Railjet von Wien nach Linz.
Angestellte: Und wann haben Sie bemerkt, dass der Laptop weg war?

Fahrgast: Kurz nach der Ankunft des Zuges. Ich war schon auf der Rolltreppe. Bis ich den Verlust bemerkt hatte, waren die Türen schon wieder zu und der Zug ist weitergefahren.

Angestellte: So ein Pech!

Fahrgast: Ja, so etwas ist mir schon seit Jahren nicht mehr passiert. Können Sie mir da vielleicht weiterhelfen?

Angestellte: Ich kann's gern versuchen. Dazu brauche ich aber ein paar Angaben von Ihnen. Da, füllen Sie doch bitte schon einmal das Formular aus. Bis Sie das Formular ausgefüllt haben, habe ich den Zugbegleiter bestimmt schon erreicht. Vielleicht ist Ihr Laptop schon abgegeben worden.

Fahrgast: Das glaub' ich nicht. Der ist bestimmt weg!

Angestellte: Na, keine Sorge! Die meisten Menschen sind ehrliche Finder. Oft muss man nur ein bisserl Geduld haben, bis die Sachen wieder da sind.

Fahrgast: Meinen Sie?

Angestellte: Aber sicher!

Schritt D, D2
Gespräch A

Moderatorin: Hallo, liebe Hörerinnen und Hörer! Wie in jedem Jahr zur Vorweihnachtszeit haben wir bei Radio Nordwest auch in diesem Jahr die Sendung „Menschen helfen Menschen" im Programm. Wir suchen Mitbürger, die nicht nur von Nächstenliebe reden, sondern sie in ihrem Alltag auch tatsächlich praktizieren. In der Nachbarschaft, in der Gemeinde, einfach dort, wo Hilfe dringend gebraucht wird. Kennen Sie eine solche helfende Hand? Eine gute Seele? Einen rettenden Engel? Dann rufen Sie uns an! Wie immer erreichen Sie uns unter der Rufnummer 0800 47 47 47. Und hier haben wir bereits die erste Hörerin in der Leitung. Grüße Sie, Frau Sebald. Sie rufen uns aus Rendsburg an?

Frau Sebald: Ja, und ich möchte einen rettenden Engel vorstellen.

Moderatorin: Bitte Frau Sebald, legen Sie los!

Frau Sebald: Tja, also das war im Frühjahr. Meine Mutter ging im Stadtpark spazieren. Plötzlich wurde ihr unglaublich übel und dann wurde sie kurz bewusstlos und stürzte.

Moderatorin: Oje!

Frau Sebald: Eine Schülerin, die zufällig vorbeigejoggt ist, hat glücklicherweise sofort reagiert: Sie hat zuerst den Rettungsdienst angerufen. Sie hat die Situation beschrieben und wurde dann von den Sanitätern telefonisch angeleitet. Sie hat dann mit einer Herzdruckmassage angefangen, bis die Sanitäter vor Ort waren und die weitere Behandlung übernehmen konnten.

Moderatorin: Da hat Ihre Mutter aber wirklich Glück gehabt!

Frau Sebald: Ja, das kann man wohl sagen, denn da hat jede Minute gezählt. Ohne das schnelle, entschlossene Handeln der Schülerin hätte meine Mutter sicher nicht überlebt.

Moderatorin: Wissen Sie denn auch den Namen des rettenden Engels?

Frau Sebald: Ja, das war Fatima Yilmaz. Ich möchte ihr an dieser Stelle noch einmal ganz herzlich danken!

Moderatorin: Na, vielleicht hört Fatima Yilmaz ja gerade zu.

Frau Sebald: Ja, das würde mich sehr freuen!

Moderatorin: Das ist eine schöne Geschichte. Danke, Frau Sebald, für diesen tollen Beitrag.

Frau Sebald: Bitte schön! Tschüs!

Gespräch B

Moderatorin: Hier ist Radio Nordwest mit „Menschen helfen Menschen", und ich habe bereits den nächsten Hörer am Apparat. Herr Junghans: Wer ist Ihre gute Seele?

Herr Junghans: Ja, also die Dame heißt Ingeborg Melchinger und ich weiß gar nicht, ob es ihr recht ist, dass ich sie hier im Radio vorstelle. Sie ist nämlich sehr bescheiden, aber ich denke, für so viele gute Taten muss man schon auch mal öffentlich gelobt werden, nech?

Moderatorin: Jetzt bin ich aber gespannt. Was macht Frau Melchinger denn?

Herr Junghans: Ja, also sie unterstützt seit über einem Jahr Flüchtlinge, die neu in Deutschland sind. Sie hilft einfach bei allem, was so anfällt: beim Deutschlernen, sie begleitet die Flüchtlinge zu Behörden, zum Arzt ... Und vor einem halben Jahr hat sie sogar eine alleinerziehende Mutter aus Syrien mit ihrer kleinen Tochter bei sich aufgenommen. Die beiden bewohnen nun das Dachgeschoss.

Moderatorin: Ist es nicht schwierig, mit Menschen zusammenzuwohnen, die man überhaupt nicht kennt? Das führt doch sicher zu Konflikten?

Herr Junghans: Ja, das kann sein. Aber die Untermieter haben im Dachgeschoss eine kleine Küche und ein eigenes Bad. Sie leben dort selbstständig und unabhängig von Frau Melchinger. Und dann kannten sie sich ja schon aus dem Deutschkurs. Das hat einfach gut gepasst.

Moderatorin: Tja, liebe Hörerinnen und Hörer, ist es nicht erstaunlich, mit wie viel Energie und Einsatzbereitschaft hier geholfen wird? Ich bedanke mich bei Ihnen, Herr Junghans, und wünsche Ihnen noch einen guten Tag.

Herr Junghans: Danke, Ihnen auch!

Moderatorin: Radio Nordwest es ist 11.57 Uhr. Rufen Sie an, wenn Sie sich an unserer Sendung „Menschen helfen Menschen" mit einem eigenen Beitrag beteiligen möchten. 0800 47 47 47! Und jetzt spielen wir ein paar Takte Musik.

Lektion 12, Audiotraining 1
Helfen Sie unserem Verein! Bilden Sie Sätze mit *indem*.
Hören Sie zuerst ein Beispiel:

S2: Helfen Sie unserem Verein.   Geld spenden
S1: Helfen Sie unserem Verein, indem Sie Geld spenden.

Und jetzt Sie:

S2: Helfen Sie unserem Verein.   Geld spenden
S1: Helfen Sie unserem Verein, indem Sie Geld spenden.
S2: Helfen Sie unserem Verein.   anderen von uns berichten
S1: Helfen Sie unserem Verein, indem Sie anderen von uns berichten.
S2: Helfen Sie unserem Verein.   Mitglied werden
S1: Helfen Sie unserem Verein, indem Sie Mitglied werden.
S2: Helfen Sie unserem Verein.   unsere Broschüre verteilen
S1: Helfen Sie unserem Verein, indem Sie unsere Broschüre verteilen.

S2: Helfen Sie unserem Verein.   uns unterstützen
S1: Helfen Sie unserem Verein, indem Sie uns unterstützen.
S2: Helfen Sie unserem Verein.   ehrenamtlich arbeiten
S1: Helfen Sie unserem Verein, indem Sie ehrenamtlich arbeiten.

Lektion 12, Audiotraining 2
Alle außer meiner Schwester. Antworten Sie.
Hören Sie zuerst ein Beispiel:
S2: Kommen alle zur Familienfeier?   meine Schwester
S1: Ja, alle außer meiner Schwester.

Und jetzt Sie:
S2: Kommen alle zur Familienfeier?   meine Schwester
S1: Ja, alle außer meiner Schwester.
S2: Essen alle das vegetarische Menü?   mein Vater
S1: Ja, alle außer meinem Vater.
S2: Trinken alle den Rotwein aus Italien?   meine Mutter
S1: Ja, alle außer meiner Mutter.
S2: Übernachten alle im Hotel?   ich
S1: Ja, alle außer mir.
S2: Treffen sich alle am Morgen zum Frühstück?   mein Sohn
S1: Ja, alle außer meinem Sohn.

Lektion 12, Audiotraining 3
Das geht nicht! Bilden Sie Sätze mit *ohne ... zu*. Hören Sie zuerst ein Beispiel:
S2: Du kannst keine Zeitung im Geschäft lesen.   kaufen
S1: Du kannst keine Zeitung im Geschäft lesen, ohne sie zu kaufen.

Und jetzt Sie:
S2: Du kannst keine Zeitung im Geschäft lesen.   kaufen
S1: Du kannst keine Zeitung im Geschäft lesen, ohne sie zu kaufen.
S2: Du kannst kein Geld verdienen.   arbeiten
S1: Du kannst kein Geld verdienen, ohne zu arbeiten.
S2: Du kannst nicht ausgehen.   Babysitter haben
S1: Du kannst nicht ausgehen, ohne einen Babysitter zu haben.
S2: Du kannst die Wohnung nicht kündigen.   eine neue haben
S1: Du kannst die Wohnung nicht kündigen, ohne eine neue zu haben.
S2: Du kannst nicht zum Vorstellungsgespräch gehen.   einen Anzug anziehen
S1: Du kannst nicht zum Vorstellungsgespräch gehen, ohne einen Anzug anzuziehen.
S2: Du kannst kein Auto kaufen.   mit deiner Frau sprechen
S1: Du kannst kein Auto kaufen, ohne mit deiner Frau zu sprechen.

Zwischendurch mal Hören
Reden wir darüber ...
1
Fred: Bitte, Herr von Weißenhorn, können wir das nicht regeln, ohne dass Sie gleich mit dem Rechtsanwalt drohen?

Ich will die Miete ja zahlen. Natürlich. Hab' ich denn nicht immer gezahlt, seit ich hier wohne? Was? Immer zu spät? Ich hab' vielleicht ein paar Mal nicht ganz pünktlich gezahlt, aber gezahlt hab' ich ... Wann? Na, morgen. Morgen Mittag bekommen Sie Ihr Geld. Ja, ja, ich versprech's Ihnen. Natürlich, Herr von Weißenhorn. Ja. ... Ja. ... Ja, bis morgen dann. ... Vollidiot!

2
Hermine: So, jetzt klickst du einfach noch mal auf „Datei" und dann ...
Jonas: Moment! Moment! Warte mal, Hermine! Wohin soll ich klicken?
Hermine: Auf „Datei" und dann gehst du in dem Menü auf „Speichern unter"...
Jonas: „Speichern unter"? Ah ja, da ist es.
Hermine: Da draufklicken.
Jonas: Draufklicken, so ...
Hermine: ... und jetzt 'nen neuen Namen eingeben. Du, sag mal, hast du mal wieder was von Fred gehört?
Jonas: Komisch, dass du fragst. Grad heute hab ich 'ne E-Mail von ihm bekommen.
Hermine: Ach, wirklich? Was schreibt er denn so?
Jonas: Du kennst ihn ja. Von Fred hört man gar nichts, außer er braucht Geld. ... Aah! Jetzt hat's geklappt! Super!
Hermine: Na siehst du! Wie viel will er denn diesmal?
Jonas: 1.500.
Hermine: Und? Gibst du's ihm?
Jonas: Na ja, was soll ich machen, er ist ja mein Neffe.
Hermine: Hm. Du, ich muss jetzt Schluss machen! Sag Fred schöne Grüße von mir!
Jonas: Mach' ich, Hermine! Nett, dass du mich angerufen hast! Und vielen Dank für deine Hilfe!
Hermine: Ach was! Mach' ich doch gern! Tschüs!
Jonas: Tschüs!

3
Sebastian: Ehrlich! Glaub's mir doch! Ich mag dich wirklich. Ich mag dich, seit ich dich zum ersten Mal gesehen habe.
Kirsten: Ja, ja, ja! So machst du's mit jeder, oder?
Sebastian: Hey, hey! ... Kann ich denn gar nichts sagen, ohne dass du gleich was Schlechtes denkst?
Kirsten: So hast du's mit Anne gemacht und mit Cécile wahrscheinlich auch schon.
Sebastian: Cécile ist nett, aber sie ist überhaupt nicht mein Typ. Ich steh' nicht auf Blondinen.
Kirsten: So? Und das soll ich dir jetzt glauben?
Sebastian: Das musst du mir glauben. Ich steh' auf dunkle, sportliche Frauen.
Kirsten: Auf dunkle, sportliche Frauen wie Anne.
Sebastian: Auf dunkle, sportliche Frauen wie dich, Kirsten.
Kirsten: Hey! Du! Sag mal! Ich weiß echt nicht, ob das jetzt so okay ist.
Sebastian: Tja, das kannst du ganz leicht rausfinden, indem du's einfach ausprobierst.
Kirsten: Toll! Und wie soll ich das Anne erklären? Hast du da vielleicht noch so 'nen einfachen Rat für mich?

4

Cécile: Ach, Mensch, Anne, das tut mir so leid für dich!

Anne: Und das Schlimmste ist: Er hat's mir nicht mal am Telefon gesagt.

Cécile: Nein? Wie denn dann?

Anne: Er hat mir einfach nur 'ne Nachricht geschickt!

Cécile: Boah! Also so was! Das ist ja echt unmöglich!

Anne: Das ist so verletzend!

Cécile: Ja, das kann ich wirklich verstehen einerseits ... aber auf der anderen Seite kannst du eigentlich auch ganz froh sein.

Anne: Froh? Wie meinst du denn das?

Cécile: Na ja, Sebastian hat doch nicht wirklich zu dir gepasst.

Anne: Findest du? Warum denn nicht?

Cécile: Na ja, Basti ist ja ganz süß, aber er ist viel zu jung für dich.

Anne: Zu jung?

Cécile: Ja, du brauchst einen erwachseneren Mann, verstehst du?

Anne: Hm, vielleicht hast du recht, Cécile.

Cécile: Aber sicher. Glaub mir, bald findest du den Mann deines Lebens. Was wollen wir wetten?

Lektion 13   Aus Politik und Geschichte

Folge 13: Nicht aufgeben! Weitermachen!

Bild 1

Ella: Test, Test, Test, ... Heute mache ich ein Interview mit August Wirth. Herr Wirth ist 81 Jahre alt und hat mich eingeladen, ihn in seiner Stadt auf seinem Morgenspaziergang zu begleiten. Und ich muss sagen: Puh! Sie haben eine ziemlich gute Kondition!

Herr Wirth: Tja, man muss was tun, wenn man fit bleiben möchte.

Ella: Sie waren Lehrer und haben sich immer besonders um Kinder aus Migrantenfamilien gekümmert. Warum?

Herr Wirth: Na, ich bin ja 1945 als kleiner Junge selbst Migrant gewesen.

Ella: Sie waren ein Flüchtlingskind? Erzählen Sie doch mal!

Herr Wirth: Meine älteren Geschwister und ich sind nach dem verlorenen Krieg mit unserer Mutter von Schlesien nach Westdeutschland geflohen.

Ella: Schlesien hatte zu Deutschland gehört, nicht?

Herr Wirth: Richtig. Nach dem Krieg wurde der größte Teil dann von Polen beansprucht.

Ella: Wie alt waren Sie denn, als Sie fliehen mussten?

Herr Wirth: Neun.

Ella: Sie sind mit Ihrer Mutter geflohen. Was war denn mit Ihrem Vater?

Herr Wirth: Der war Soldat. Er ist im Krieg gestorben.

Ella: So eine Flucht stelle ich mir sehr schlimm vor. Vor allem für Kinder.

Herr Wirth: Ich war der Jüngste. Mein Bruder war elf, meine Schwester vierzehn. Meine Mutter war eine sehr starke Frau.

Und wir vier haben immer zusammengehalten, wir haben gemeinsam gekämpft und wir haben es geschafft. Am Ende durfte ich sogar studieren und bin Lehrer geworden.

Bild 2

Herr Wirth: In den sechziger Jahren sind viele Migranten aus Südeuropa nach Westdeutschland gekommen. Viele hatten nur wenig Schulbildung. Ihre Kinder hatten deshalb keine guten Bildungschancen.

Ella: Weil die Eltern ihnen beim Lernen nicht helfen konnten.

Herr Wirth: Ja, das war eins der größten Probleme.

Ella: Sie haben 1975 einen Lernhilfeverein für Kinder aus Migrantenfamilien gegründet. Was haben Sie da gemacht?

Herr Wirth: Wir haben Migrantenfamilien besucht. Wir haben die Eltern überzeugt, dass Bildung für ihre Kinder das Wichtigste ist. Wir haben Helfer gesucht und gefunden.

Ella: Leute, die den Kindern beim Lernen geholfen haben, die mit ihnen Hausaufgaben gemacht haben, die ihnen geholfen haben, Deutsch zu lernen ...

Herr Wirth: Genau. Wir haben mit Handwerkern und Unternehmern gesprochen und dafür gesorgt, dass auch Schulabgänger aus Migrantenfamilien gute Lehrstellen finden.

Ella: Und Sie haben Spenden gesammelt, damit die begabtesten jungen Migranten studieren konnten. Das alles haben Sie noch neben Ihrer Arbeit gemacht?

Herr Wirth: Ja, das war nicht immer einfach. Aber es hat auch viel Spaß gemacht. Übrigens: Die zweite Bürgermeisterin hier in meiner Stadt kommt aus einer Migrantenfamilie. Sie ist die Tochter von einem meiner ersten ausländischen Schüler.

Ella: Wow! Das ist ja toll! Darauf können Sie echt stolz sein.

Bild 3

Ella: Herr Wirth, Sie haben so viele junge Menschen durch die Schulzeit begleitet. Welche Tipps können Sie den jungen Leuten von heute geben? Vor allem den jungen Migranten.

Herr Wirth: Also, Tipp Nummer eins: Wer denkt, alles läuft einfach so und man muss selbst nichts tun, der hat keine Ahnung. Es gibt keine gute Zukunft, ohne dass ihr was dafür tut. Ganz egal was ihr macht: Seid fleißig! Bleibt nicht stehen! Bildet euch weiter! Das ist das Allerwichtigste.

Ella: Tipp Nummer zwei?

Herr Wirth: Lernt Deutsch, Leute! Je besser ihr Deutsch könnt, desto größere Chancen habt ihr.

Ella: Gibt's noch einen dritten Tipp?

Herr Wirth: Ja, den gibt's: Glaubt an euch selbst! Schwierigere Probleme löst man oft erst beim zweiten oder dritten Versuch. Jeder Fehler ist eine Chance zum Bessermachen.

Ella: Vielen Dank, Herr Wirth! Das war eine Menge gute Infos!

Herr Wirth: Moment mal! Ich bin noch nicht fertig. Ich muss noch meinen vierten Tipp loswerden.

Ella: Na, da bin ich gespannt!

Bild 4

Herr Wirth: Mein vierter Tipp wird vielen nicht gefallen.
Ella: Sagen Sie ihn trotzdem!
Herr Wirth: Übertreibt es nicht mit der digitalen Welt!
Ella: Übertreiben? Was meinen Sie damit?
Herr Wirth: Ich weiß ja, dass Technik immer wichtiger wird, gerade auch im Beruf. Aber die ganze Technik nützt nichts, wenn die Politik schlecht ist. Alles Positive was wir heute haben, das ist nicht von Computern gemacht worden. Nein, das wurde von engagierten Menschen erkämpft. Und man muss das immer und immer wieder machen, sonst ist es ganz schnell weg. Ich finde, das ist die allerwichtigste Aufgabe. Und deshalb sage ich allen jungen Leuten: Glück, das ist ein Versprechen. Und dieses versprochene Glück, das müsst ihr euch selbst holen.
Ella: Jetzt fällt mir keine Frage mehr ein.
Herr Wirth: Na, wunderbar, Ella! Dann können Sie jetzt Ihr Mikro ausmachen und wir gehen da rüber ins Café. Ich lade Sie zum Frühstück ein, wenn Sie wollen. Wollen Sie?
Ella: Sehr gern!
Herr Wirth: Na, dann kommen Sie!

Schritt B, B1

a Meine älteren Geschwister und ich sind nach dem Krieg mit unserer Mutter von Schlesien nach Westdeutschland geflohen.
b Nach dem Krieg wurde der größte Teil Schlesiens dann von Polen beansprucht.
c Ich habe Spenden gesammelt, damit die begabtesten jungen Migranten studieren konnten.

Schritt B, B2

1

Interviewer: Entschuldigen Sie, eine kurze Frage: Stellen Sie sich vor, Sie könnten in Deutschland verändern, was Sie wollten.
Passantin: Ähm!
Interviewer: Was würden Sie denn verändern?
Passantin: Ich würde sofort die Ganztagsschule einführen, damit die Kinder auch nachmittags betreut sind.
Interviewer: Die Ganztagsschule? Warum das denn? Ist es nicht toll, dass die Kinder in der Regel nachmittags zu Hause sind?
Passantin: Na ja, wenn ein Elternteil nachmittags zu Hause sein kann, um die Kinder zu beaufsichtigen und bei den Hausaufgaben zu unterstützen, dann geht das natürlich. Aber welche Familie kann sich das heutzutage finanziell noch leisten? Und denken Sie an die Alleinerziehenden. Also, ich finde, eine Ganztagsbetreuung der Kinder würde zu einer besseren Vereinbarkeit von Familie und Beruf führen. Und noch ein Argument: Schüler mit Migrationshintergrund würden viel schnellere Fortschritte bei ihren Deutschkenntnissen machen und würden sich rascher integrieren. Und: wenn Schüler unterschiedlicher kultureller Herkunft mehr Zeit miteinander verbringen würden, würde das zu einem größeren gegenseitigen Verständnis führen.

Interviewer: Herzlichen Dank für Ihre Meinung.
Passantin: Ich danke Ihnen – einen schönen Tag noch.

2

Interviewer: Wenn Sie in Deutschland etwas ändern könnten, was wäre das?
Passantin: Oh, das wäre schön. Ich würde sofort etwas ändern.
Interviewer: Und was?
Passantin: Ich würde bezahlbareren Wohnraum für alle schaffen! Wissen Sie, gerade für ärmere Menschen, für Rentner, für Familien mit Kindern, für junge Berufstätige ist es nahezu unmöglich, eine Wohnung zu finden, die sie sich leisten können. Das ist vor allem in größeren Städten so. Das kann doch nicht sein, da muss der Staat doch mehr dagegen unternehmen. Es müsste viel mehr Wohnraum gebaut werden und wir bräuchten strengere Gesetze, wie viel Miete man für Wohnungen verlangen darf. Alle sollten es sich nämlich leisten können, in den Städten zu leben und sollten nicht gezwungen sein, aufs Land zu ziehen, wo es so viel schlechtere Arbeitsmöglichkeiten gibt.
Interviewer: Ich danke Ihnen!
Passantin: Sehr gern.

3

Interviewer: Wenn Sie in Deutschland etwas ändern könnten, was wäre das?
Passant: Ich würde ein Tempolimit einführen. Wir brauchen strengere Gesetze! Auf den Autobahnen eine Höchstgeschwindigkeit von 120 Stundenkilometern und vor allem brauchen wir schärfere Verkehrskontrollen und höhere Strafen für Temposünder.
Interviewer: Und warum?
Passant: Ich bin viel mit dem Auto unterwegs, auch im Ausland. Nirgendwo darf man so schnell fahren wie bei uns. Und nirgendwo gibt es so aggressive Autofahrer wie bei uns. Verglichen mit unseren Nachbarländern wie der Schweiz oder Österreich ist Deutschland ein Paradies für Verkehrsrowdys. Deshalb bin ich für ein Tempolimit.
Interviewer: Aha, vielen Dank!
Passant: Bitte, gern.

Schritt D, D2 a

Herr Blese: Guten Morgen, meine Damen und Herren! Ich begrüße Sie sehr herzlich! Mein Name ist Sebastian Blese und ich werde Ihnen nun ein paar Bilder zeigen und Ihnen die wichtigsten Informationen zur Geschichte Berlins seit dem Zweiten Weltkrieg geben. Nach dieser Einführung werden wir unsere Busrundfahrt durch Berlin machen. Bitte melden Sie sich jederzeit gern, wenn Sie Fragen haben!
Tourist: Wie lange dauert die Busrundfahrt denn?
Herr Blese: Zwei Stunden. Wir fahren um 10.30 Uhr los. Noch weitere organisatorische Fragen? Nein? Dann fange ich mal mit Bild 1 an. Hier sehen Sie ein Foto vom zerstörten Berlin. So sah Berlin aus, als der Zweite Weltkrieg endlich beendet war. Am 8. Mai 1945 hatte Hitler-Deutschland den Krieg endgültig verloren und die Reichshauptstadt

Berlin war total zerstört. Die Siegermächte – USA, Großbritannien, Frankreich und die Sowjetunion – waren sich einig: Von Deutschland sollte nie wieder ein Krieg ausgehen. Aber wie sollte das Land wieder aufgebaut werden? Welches politische System sollte es bekommen? Darüber hatten die Siegermächte unterschiedliche Meinungen. Deshalb wurde Deutschland zunächst in vier Besatzungszonen geteilt.

Tourist: Was genau sind Besatzungszonen? Ich verstehe das Wort nicht.

Herr Blese: Man könnte auch sagen, Deutschland wurde in vier Gebiete geteilt. Sehen Sie – hier auf Bild 2 kann man das gut sehen: Hier sehen Sie eine Karte der vier Zonen: Im Westen die Besatzungszonen der Amerikaner, Briten und Franzosen und im Osten die sowjetische Besatzungszone.

Tourist: Aber ich dachte, es gab zwei deutsche Staaten.

Herr Blese: Ja, das stimmt, aber nicht gleich nach dem Krieg. Erst 1949 wurden dann zwei deutsche Staaten gegründet – die sehen Sie hier auf dem nächsten Bild. Aus den drei Westzonen wurde Westdeutschland, also die Bundesrepublik Deutschland oder BRD. Hier orientierte man sich politisch an den westlichen Demokratien. Und aus der Ost-Besatzungszone wurde Ostdeutschland oder die Deutsche Demokratische Republik, die DDR. Ein sozialistischer Staat nach sowjetischem Vorbild. Die Hauptstadt der BRD wurde Bonn, die Hauptstadt der DDR wurde Ostberlin. Sie haben eine Frage?

Touristin: Und Berlin wurde durch die Mauer geteilt, oder?

Herr Blese: Aber noch nicht 1949. Die Berliner Mauer wurde erst 1961 erbaut. Hier sehen Sie auf unserem vierten Bild den Bau der Mauer. Warum wurde nun zwölf Jahre nach Gründung von BRD und DDR eine Mauer gebaut? Viele Menschen in Ostdeutschland waren mit dem Leben in der sozialistischen DDR unzufrieden. Man konnte seine Meinung nicht frei sagen und die Wirtschaft war staatlich gelenkt. Im Westen ging es den Menschen wirtschaftlich viel besser und man lebte in einer Demokratie. Und deshalb gingen immer mehr Ostdeutsche aus der DDR in die BRD. Aus diesem Grund haben die Verantwortlichen in der DDR 1961 die Berliner Mauer bauen lassen und die gesamte Grenze nach Westdeutschland geschlossen.

Touristin: Und dann konnte kein Mensch mehr von Ostdeutschland nach Westdeutschland reisen?

Herr Blese: Das war sehr gefährlich und extrem schwierig. Trotzdem flohen zwischen 1961 und 1989 tausende Menschen aus der DDR über die Grenze. Leider wurden auch viele Leute bei den Fluchtversuchen erschossen.

Tourist: Und 1989 wurden die Grenzen dann aber geöffnet, nicht wahr?

Herr Blese: Genau. Das geschah, weil die Unzufriedenheit der DDR-Bürger inzwischen so groß geworden war, dass es zu einer friedlichen Revolution kam – der Druck war so groß, dass die DDR-Regierung am 9. November 1989 die Grenzen öffnete. Sehen Sie hier: Das ist ein Bild vom 9. November 1989 – die Menschen kletterten über die Mauer, sie fuhren mit dem Auto oder gingen sogar zu Fuß nach Westberlin. Es war ein großer Tag, ein großes Fest! Die offizielle Wiedervereinigung der beiden deutschen Staaten

war am 3. Oktober 1990. Dieser Tag ist heute unser Nationalfeiertag, der „Tag der deutschen Einheit". Berlin wurde zur neuen Hauptstadt vom vereinigten Deutschland. Am 4. Oktober 1990 zog das deutsche Parlament von Bonn nach Berlin. Und hier – auf unserem letzten Bild – sehen Sie …

Touristin: Das Bundeskanzleramt!

Herr Blese: Genau! Das Bundeskanzleramt wurde 2001 eröffnet. Hier arbeitet die deutsche Bundeskanzlerin oder der deutsche Bundeskanzler, also der Regierungschef. Und damit bin ich auch schon am Ende meiner kleinen Einführung in die neuere Geschichte Berlins. Das Bundeskanzleramt und die Reste der Berliner Mauer werden Sie gleich auf unserer Rundfahrt sehen. Unser Bus wartet schon draußen. Wir treffen uns dann in zehn Minuten …

Schritt D, D2 b
Abschnitt 1

Herr Blese: Guten Morgen, meine Damen und Herren! Ich begrüße Sie sehr herzlich! Mein Name ist Sebastian Blese und ich werde Ihnen nun ein paar Bilder zeigen und Ihnen die wichtigsten Informationen zur Geschichte Berlins seit dem Zweiten Weltkrieg geben. Nach dieser Einführung werden wir unsere Busrundfahrt durch Berlin machen. Bitte melden Sie sich jederzeit gern, wenn Sie Fragen haben!

Tourist: Wie lange dauert die Busrundfahrt denn?

Herr Blese: Zwei Stunden. Wir fahren um 10.30 Uhr los. Noch weitere organisatorische Fragen? Nein? Dann fange ich mal mit Bild 1 an. Hier sehen Sie ein Foto vom zerstörten Berlin. So sah Berlin aus, als der Zweite Weltkrieg endlich beendet war. Am 8. Mai 1945 hatte Hitler-Deutschland den Krieg endgültig verloren und die Reichshauptstadt Berlin war total zerstört. Die Siegermächte – USA, Großbritannien, Frankreich und die Sowjetunion – waren sich einig: Von Deutschland sollte nie wieder ein Krieg ausgehen. Aber wie sollte das Land wieder aufgebaut werden? Welches politische System sollte es bekommen? Darüber hatten die Siegermächte unterschiedliche Meinungen.

Abschnitt 2

Herr Blese: Deshalb wurde Deutschland zunächst in vier Besatzungszonen geteilt.

Tourist: Was genau sind Besatzungszonen? Ich verstehe das Wort nicht.

Herr Blese: Man könnte auch sagen, Deutschland wurde in vier Gebiete geteilt. Sehen Sie – hier auf Bild 2 kann man das gut sehen: Hier sehen Sie eine Karte der vier Zonen: Im Westen die Besatzungszonen der Amerikaner, Briten und Franzosen und im Osten die sowjetische Besatzungszone.

Tourist: Aber ich dachte, es gab zwei deutsche Staaten.

Herr Blese: Ja, das stimmt, aber nicht gleich nach dem Krieg. Erst 1949 wurden dann zwei deutsche Staaten gegründet – die sehen Sie hier auf dem nächsten Bild. Aus den drei Westzonen wurde Westdeutschland, also die Bundesrepublik Deutschland oder BRD. Hier orientierte man sich politisch an den westlichen Demokratien. Und aus der Ost-Besatzungszone wurde Ostdeutschland oder die Deutsche Demokratische Republik, die DDR. Ein sozialistischer Staat nach sowjetischem Vorbild. Die Hauptstadt der BRD wurde Bonn, die Hauptstadt der DDR wurde Ostberlin. Sie haben eine Frage?

Abschnitt 3
Touristin: Und Berlin wurde durch die Mauer geteilt, oder?
Herr Blese: Aber noch nicht 1949. Die Berliner Mauer wurde erst 1961 erbaut. Hier sehen Sie auf unserem vierten Bild den Bau der Mauer. Warum wurde nun zwölf Jahre nach Gründung von BRD und DDR eine Mauer gebaut? Viele Menschen in Ostdeutschland waren mit dem Leben in der sozialistischen DDR unzufrieden. Man konnte seine Meinung nicht frei sagen und die Wirtschaft war staatlich gelenkt. Im Westen ging es den Menschen wirtschaftlich viel besser und man lebte in einer Demokratie. Und deshalb gingen immer mehr Ostdeutsche aus der DDR in die BRD. Aus diesem Grund haben die Verantwortlichen in der DDR 1961 die Berliner Mauer bauen lassen und die gesamte Grenze nach Westdeutschland geschlossen.
Tourist: Und dann konnte kein Mensch mehr von Ost-deutschland nach Westdeutschland reisen?
Herr Blese: Das war sehr gefährlich und extrem schwierig. Trotzdem flohen zwischen 1961 und 1989 tausende Men-schen aus der DDR über die Grenze. Leider wurden auch viele Leute bei den Fluchtversuchen erschossen.

Abschnitt 4
Tourist: Und 1989 wurden die Grenzen dann aber geöffnet, nicht wahr?
Herr Blese: Genau. Das geschah, weil die Unzufriedenheit der DDR-Bürger inzwischen so groß geworden war, dass es zu einer friedlichen Revolution kam – der Druck war so groß, dass die DDR-Regierung am 9. November 1989 die Grenzen öffnete. Sehen Sie hier: Das ist ein Bild vom 9. November 1989 – die Menschen kletterten über die Mauer, sie fuhren mit dem Auto oder gingen sogar zu Fuß nach Westberlin. Es war ein großer Tag, ein großes Fest! Die offizielle Wiederver-einigung der beiden deutschen Staaten war am 3. Oktober 1990. Dieser Tag ist heute unser Nationalfeiertag, der „Tag der deutschen Einheit". Berlin wurde zur neuen Hauptstadt vom vereinigten Deutschland. Am 4. Oktober 1990 zog das deutsche Parlament von Bonn nach Berlin. Und hier – auf unserem letzten Bild – sehen Sie ...
Touristin: Das Bundeskanzleramt!
Herr Blese: Genau! Das Bundeskanzleramt wurde 2001 eröffnet. Hier arbeitet die deutsche Bundeskanzlerin oder der deutsche Bundeskanzler, also der Regierungschef. Und damit bin ich auch schon am Ende meiner kleinen Einfüh-rung in die neuere Geschichte Berlins. Das Bundeskanzler-amt und die Reste der Berliner Mauer werden Sie gleich auf unserer Rundfahrt sehen. Unser Bus wartet schon draußen. Wir treffen uns dann in zehn Minuten ...

Lektion 13, Audiotraining 1
Eine größere Stadt. Bilden Sie Sätze.
Hören Sie zuerst ein Beispiel:
S2: Leipzig ist eine große Stadt.   Berlin
S1: Ja, aber Berlin ist eine größere Stadt.

Und jetzt Sie:
S2: Leipzig ist eine große Stadt.   Berlin
S1: Ja, aber Berlin ist eine größere Stadt.
S2: Deutschland ist ein großes Land.   Schweden
S1: Ja, aber Schweden ist ein größeres Land.
S2: Theo hat ein großes Fahrrad.   Lisa
S1: Ja, aber Lisa hat ein größeres Fahrrad.
S2: Sarah hat ein großes Problem.   Simon
S1: Ja, aber Simon hat ein größeres Problem.
S2: Familie Meyer macht eine große Reise.   Familie Müller
S1: Ja, aber Familie Müller macht eine größere Reise.
S2: Mein Sohn hat einen großen Hund.   meine Tochter
S1: Ja, aber meine Tochter hat einen größeren Hund.

Lektion 13, Audiotraining 2
Was ist los in meiner Stadt? Bilden Sie Sätze.
Hören Sie zuerst ein Beispiel:
S2: In meiner Stadt wurde ein neues Museum eröffnet.
S1: In meiner Stadt ist ein neues Museum eröffnet worden.

Und jetzt Sie:
S2: In meiner Stadt wurde ein neues Museum eröffnet.
S1: In meiner Stadt ist ein neues Museum eröffnet worden.
S2: In meiner Stadt wurde ein neues Schwimmbad gebaut.
S1: In meiner Stadt ist ein neues Schwimmbad gebaut worden.
S2: In meiner Stadt wurde ein neuer Verein gegründet.
S1: In meiner Stadt ist ein neuer Verein gegründet worden.
S2: In meiner Stadt wurde eine neue Bürgermeisterin gewählt.
S1: In meiner Stadt ist eine neue Bürgermeisterin gewählt worden.
S2: In meiner Stadt wurde der Flughafen vergrößert.
S1: In meiner Stadt ist der Flughafen vergrößert worden.
S2: In meiner Stadt wurde ein Kriminalfilm gedreht.
S1: In meiner Stadt ist ein Kriminalfilm gedreht worden.

Lektion 13, Audiotraining 3
Davon halte ich nicht viel! Wiederholen Sie.
Hören Sie zuerst ein Beispiel:
S2: Bist du für oder gegen offene Geschäfte am Sonntag?
S1: Bist du für oder gegen offene Geschäfte am Sonntag?

Und jetzt Sie:
S2: Bist du für oder gegen offene Geschäfte am Sonntag?
S1: Bist du für oder gegen offene Geschäfte am Sonntag?
S2: Ich bin dafür, weil es praktisch ist.
S1: Ich bin dafür, weil es praktisch ist.
S2: Davon halte ich viel, denn ich habe sonst wenig Zeit zum Einkaufen.
S1: Davon halte ich viel, denn ich habe sonst wenig Zeit zum Einkaufen.
S2: Das kann ich nur befürworten.
S1: Das kann ich nur befürworten.
S2: Meiner Meinung nach hätte das viele Vorteile.
S1: Meiner Meinung nach hätte das viele Vorteile.

S2: In diesem Zusammenhang finde ich wichtig, dass die Supermärkte auch nachts geöffnet haben.
S1: In diesem Zusammenhang finde ich wichtig, dass die Supermärkte auch nachts geöffnet haben.

Lektion 14   Alte und neue Heimat

Folge 14: Heimat ist, wo du Freunde hast.

Bild 1
Ella: Darf ich vorstellen? Das ist Hubert Berner. Er hatte die Idee zu diesem „Fest der Vielfalt". Und das ist Herr Wirth, er …
Hubert: Sie sind August Wirth? Na, den brauchst du mir aber nicht vorzustellen, Ella! Ich weiß, wer Herr Wirth ist. Er hat schon was für Integration und gutes Zusammenleben in Deutschland getan, als wir zwei noch nicht geboren waren. Herr Wirth, ich habe großen Respekt vor Ihnen und Ihrer Arbeit.
Herr Wirth: Und ich finde Ihr Fest prima, Herr Berner. Miteinander zu essen, das ist einer der besten und angenehmsten Wege, um sich kennenzulernen.
Hubert: Na, dann lassen Sie uns beide doch gleich mal was zu essen holen, oder?
Herr Wirth: Sehr gern.
Hubert: Sie müssen unbedingt unseren „Krabbensalat" probieren.
Herr Wirth: Krabbensalat? Sind Sie aus Norddeutschland?
Hubert: Ich nicht, aber mein Partner. Ehrlich gesagt: Er hatte auch die erste Idee zu diesem Fest. Kommen Sie! Ich stelle Ihnen Mischa vor.
Herr Wirth: Na, dann: bis nachher, Ella!
Ella: Ja, bis gleich.
Sami: Hey, den alten Herrn, den habe ich irgendwo schon mal gesehen. Ich glaube, in einer Zeitung. Ich weiß bloß nicht mehr, in welcher.
Ella: In unserer, Sami. Letzte Woche war das. Und den Artikel über ihn habe ich geschrieben.
Sami: Ach ja, stimmt! Du, ich glaube, ich hole mir jetzt auch mal was zu essen.
Ella: Sehr gute Idee! Ich habe auch Hunger.

Bild 2
Ella: Hmm, das sieht aber gut aus! Von wem sind denn diese Dinger hier, diese … na, wie heißen die denn?
Lara: Das sind Piroggen.
Ella: Und wer hat die gemacht?
Lara: Die sind von mir.
Ella: Ach so? Piroggen? Das ist eine russische Spezialität, oder?
Lara: Na ja, in Russland gibt's auch Piroggen. Die hier sind aber nach einem original polnischen Rezept von meiner Mutter.
Ella: Ah!
Lara: Ähm, ich bin übrigens Lara.
Ella: Freut mich, dich kennenzulernen, Lara!

Lara: Ich bin eine Bekannte von Hubert und Mischa. Und wer bist du?
Ella: Ich heiße Ella.
Lara: Hi, Ella!
Ella: Du lebst also in Polen?
Lara: Nein. Ich komme aus Polen. Aber ich lebe hier, in Deutschland, mit meinem Mann und unserem Baby.
Ella: Ah! Dein Mann ist Deutscher?
Lara: Nein, er ist Kanadier.
Ella: Hey! Dann wächst euer Kind ja dreisprachig auf, oder?
Lara: Viersprachig. Tim spricht Französisch und Englisch.
Ella: Na, da hat der Kleine aber ganz schön viel zu lernen, was?
Lara: Die Kleine! Es ist ein Mädchen.
Ella: Ach so? Hmm! Köstlich, deine Piroggen!
Lara: Oh, danke!

Bild 3
Leon: Hmm, diese Baklava! Die ist ja wahnsinnig gut! So eine gute habe ich noch nie gegessen. Wer hat die denn mitgebracht?
Tobias: Die ist von meiner Freundin.
Leon: Echt? Woher kommt sie denn? Ist sie aus der Türkei?
Tobias: Nein. Sie ist Libanesin.
Leon: Ah! Und die Baklava hat sie selbst gemacht?
Tobias: Nein, nein. Ihre Oma hat die gebacken.
Leon: Wow! Superlecker! Kannst du mir ihre Telefonnummer geben?
Tobi: Die Telefonnummer?
Leon: Ja.
Tobi: Von meiner Freundin?
Leon: Nein! Von ihrer Oma natürlich! Nur für den Fall, dass ich mal Baklava brauche.
Tobi: Ach so!
Ella: Hey, hey, hey! … Ja, wen haben wir denn da? …
Tobi: Hallo, Ella!
Leon: Hi!
Ella: Ja sagt mal, das wusste ich ja gar nicht: Ihr zwei kennt euch?
Leon: Nö.
Tobi: Eigentlich nicht.
Ella: Ach so! Na gut, dann stelle ich euch jetzt vor. Das ist mein Cousin Tobi. Er geht auf die Schauspielschule. Und das ist Leon, das „Mädchen für alles".
Tobi: Was!?
Ella: Wenn du mal was brauchst, Tobi, irgendwas … egal was es ist: Ich garantiere dir, Leon besorgt es für dich.
Tobi: Ah! Jetzt versteh' ich das mit der Telefonnummer!
Leon: Na, siehst du.

Bild 4
Ella: Du Sami?
Sami: Ja?
Ella: Machst du mal bitte ein Foto für mich?
Sami: Muss das sein? Kann das nicht jemand anders machen? Mir schmeckt's gerade so gut!

Ella: Bitte, Sami! Komm schon! Das geht doch ganz schnell.

Sami: Na, wenn's dich glücklich macht!

Ella: Hier, mach das Foto mit meinem Handy!

Sami: Okay! Also? Kann's losgehen?

Ella: Nein, warte!

Sami: Was denn noch?

Ella: Ich brauche noch das Plakat da. Hey, kommt alle her, wir machen ein Foto!

Sami: Kommt, Leute! Stellt euch hin! Los los, los, ... Ich hab' Hunger! So, ja. Da hinstellen! Hey, Ella! ... Was ist denn jetzt?

Ella: Bin schon da! ... Eine Sekunde noch! Wir schaffen das!

Sami: Okay, Leute! ... Habt ihr gehört? Wir schaffen das! Also dann: ... CHEESE!

Schritt A, A2

1

Also, ich komme aus Husum, das ist ganz weit im Norden an der Nordseeküste. Die bekannteste Spezialität bei uns sind Krabben. Das sind so kleine Garnelen, sehr lecker. Die kommen hier frisch aus der Nordsee und sind ziemlich teuer. Sehr beliebt sind Krabbenbrötchen, genauso wie Fischbrötchen. Das ist sozusagen die Currywurst des Nordens, nur ein bisschen gesünder und teurer. Oder es gibt Krabbensalat. Den gibt es in den unterschiedlichsten Varianten. Ich mag ihn am liebsten mit Essig und Öl. Oder Krabben mit Rührei. Schmeckt echt lecker. Man kann die Krabben hier direkt am Hafen kaufen und zu Hause pulen. Aber das ist 'ne Wahnsinnsarbeit und dauert sehr lang, weil die Dinger so klein sind. Für mich ist das so 'ne Kindheitserinnerung. Früher haben wir manchmal zu Hause stundenlang Krabben gepult, die ganze Familie, so richtig als Wettbewerb: Wer schafft die meisten? Das Krabbenpulen ist nämlich gar nicht so einfach, das muss man üben.

2

Also, wenn Sie mich fragen, was so richtig typisch ist für Frankfurt, dann würde ich sagen, Grüne Soße, bei uns heißt sie übrigens „grie Soß". Das ist eine kalte Kräutersoße, die man zu Kartoffeln, Fleisch, Fisch oder hart gekochten Eiern isst. Man braucht dafür traditionell sieben verschiedene frische Kräuter, die es eigentlich nur im Frühling gibt. In der Frankfurter Region werden diese Kräuter überall angebaut und man kann sie im Frühling auf jedem Markt oder auch im Supermarkt kaufen. Es gibt sehr viele verschiedene Rezepte, die meisten Frankfurter machen sie mit Öl, Essig, Zitrone, Salz, Pfeffer und saurer Sahne oder Crème fraîche. Ich liebe dieses Gericht. Es erinnert mich immer an zu Hause. Meine Mutter macht wirklich die beste. Außerdem verbinde ich dieses Essen natürlich mit Frühling. Dazu trinkt man traditionell ein Glas Äppelwoi, das ist saurer Apfelwein.

3

Die Münchner Weißwurst ist durch das Oktoberfest mittlerweile schon auf der ganzen Welt bekannt, aber die wenigsten Menschen außerhalb von München wissen, wie man sie richtig isst. Die Weißwurst wird nicht gebraten, sondern nur in heißem Wasser erwärmt. Sie besteht aus Kalbfleisch, Schweinefleisch, Petersilie und Gewürzen. Dazu isst man traditionellerweise eine Breze und süßen Senf und trinkt ein Weißbier dazu. Sehr verbreitet ist das „Weißwurst-Frühstück". Diese Tradition stammt noch aus der Zeit, als es keine Kühlschränke gab. Da hieß es immer, die Weißwurst darf das 12 Uhr-Läuten nicht hören, man sollte sie also vor 12 Uhr essen. Wenn ich Geburtstag habe, lade ich meine Kollegen in der Mittagspause jedes Jahr zum Weißwurstessen ein. Und wenn Sie wissen wollen, wie man diese Wurst richtig isst, geben Sie doch einfach mal „Weißwurst" im Internet ein. Da gibt es viele Videos, die zeigen, wie es geht.

4

Unser liebstes Gemüse sind die Rüebli – das ist das Schweizer Wort für Karotten: Über acht Kilo Rüebli hat jeder Schweizer im Jahr 2012 gegessen! Meine Familie stammt aus Aarau im Kanton Aargau. Der Kanton wird auch „Rüebliland" genannt. Wie er zu diesem Namen kam, ist allerdings ungewiss, denn es gibt hier wahrscheinlich gleich viele Rüebli wie sonst wo. Haben Sie schon einmal Rüeblitorte gegessen? Das ist eine Spezialität bei uns – ein wunderbar feuchter Kuchen aus Rüebli und gemahlenen Mandeln, ganz ohne Butter, ein leichtes Gebäck für jede Gelegenheit! Hmm ... So fein kann gesunde Ernährung sein!

5

Ich komme aus Weimar. Wie in anderen Städten in Thüringen wird hier gern die Thüringer Rostbratwurst gegessen. Meistens riecht man sie zuerst, bevor man sie sieht, wenn man z. B. in der Stadt über einen Platz geht. Das duftet so lecker, da bekommt man dann garantiert Hunger. Diese sehr gut gewürzte Bratwurst ist nämlich die typische Zwischenmahlzeit hier bei uns, man bekommt sie fast überall in so kleinen Imbissbuden. Meistens in einem Brötchen mit scharfem Senf dazu. In Thüringen werden pro Jahr 36.000 Tonnen Rostbratwürste hergestellt. Ganz schön viel, was?

6

Wer schon einmal in Österreich war, kann es sicher bestätigen: Wir Österreicher lieben Knödel, egal ob süß oder salzig! Gemeinsam haben alle Knödelvariationen zwei Dinge: die runde Form und die Art der Zubereitung. Der Teig besteht oft aus Mehl, gern gibt man auch Topfen oder Erdäpfel dazu – das sind übrigens die österreichischen Wörter für Quark und Kartoffeln. Ich komme aus Krems. Hier bei uns in der Wachau in Niederösterreich wachsen sehr viele Marillen, so nennen wir die Aprikosen. Deshalb sind bei uns die Marillenknödel sehr beliebt. Sie werden mit frischen Marillen gefüllt. Heute isst man sie meistens als Nachspeise, aber früher, als ich klein war, haben wir Kinder regelrechte Wettessen veranstaltet, wenn dieses köstliche Gericht in den Sommermonaten als Mittagessen auf den Tisch kam.

Schritt C, C3

1

Ach, ich weiß auch nicht, das Thema Europa scheint irgendwie out zu sein. Alle meckern doch nur rum. Ich persönlich
sehe die EU trotzdem noch positiv. Das Reisen zum Beispiel,
das hat sich doch im Vergleich zu früher total verändert.
Offene Grenzen, keine Kontrollen. Es reicht quasi der Perso-
nalausweis. In den meisten Ländern braucht man kein Geld
mehr zu wechseln und kann mit Euro bezahlen. Wenn man
sich mal überlegt, wie kompliziert das früher war! Das vergessen die meisten einfach, wahrscheinlich weil sie es nicht
anders kennen.

2

Ich finde einfach, dass dieser ganze Apparat EU nicht transparent genug ist. Man hat das Gefühl, die Politiker in Brüssel
entscheiden ständig über unsere Köpfe hinweg. Vor allem
die kleinen Länder haben überhaupt nichts mehr zu sagen.
Auch wenn ich daran denke, was das alles kostet. Gestern
habe ich gehört, dass alle Dokumente in der EU in 23 Sprachen übersetzt werden. Das ist doch Wahnsinn! Was soll das
bringen und vor allem: Wer soll das bezahlen?

3

Ich kann mir ein Leben ohne Europa überhaupt nicht vorstellen. Als ich zehn Jahre alt war, habe ich mein Taschen-
geld von DM in Euro getauscht. Mit 18 bin ich auf einer
Interrailtour quer durch Europa gereist. Nach dem Abitur
war ich mit dem Erasmusprogramm für ein Semester in
Madrid und habe dort studiert. Europa gibt mir die Chance,
mir eine eigene Zukunft aufzubauen. In verschiedenen
Ländern zu studieren, gehört da auf jeden Fall dazu.

4

Alle reden immer davon, dass wir uns als Europäer fühlen
sollen. Ich fühle mich in erster Linie als Mensch. Das klingt
vielleicht etwas verträumt, aber es stimmt, ich fühle mich
weder besonders europäisch noch besonders deutsch. Dass
ich Europäer bin, wurde mir erst bewusst, als ich mal eine
Weile in den USA war. Erst da habe ich gemerkt, dass Europäer mehr Gemeinsamkeiten haben als ich vorher dachte.

5

Ich dachte eigentlich, Europa steht für ein friedliches
Zusammenleben, für Demokratie, Gerechtigkeit und
Gedankenfreiheit. Das sehe ich heute ein bisschen kriti-
scher. Als plötzlich so viele Flüchtlinge nach Europa kamen,
da hat sich gezeigt, dass doch nicht alle Mitgliedstaaten so
solidarisch sind und gut zusammenhalten, wie man einmal
dachte. Denn in so einer Situation denken die meisten
dann doch nur an ihren eigenen Vorteil. Sie fordern viel von
der EU, aber geben wollen sie nichts oder nicht genug. Das
finde ich nicht gerecht.

Lektion 14, Audiotraining 1
Wie bitte? Stellen Sie Fragen. Hören Sie zuerst ein Beispiel:
S2: Ich freue mich auf meinen Urlaub.
S1: Wie bitte? Worauf freust du dich?

Und jetzt Sie:
S2: Ich freue mich auf meinen Urlaub.
S1: Wie bitte? Worauf freust du dich?
S2: Ich ärgere mich über deine E-Mail.
S1: Wie bitte? Worüber ärgerst du dich?
S2: Ich habe Lust auf eine Pizza.
S1: Wie bitte? Worauf hast du Lust?
S2: Ich träume von Sommer und Sonne.
S1: Wie bitte? Wovon träumst du?
S2: Ich kümmere mich um die Kinokarten.
S1: Wie bitte? Worum kümmerst du dich?
S2: Ich erinnere mich an unseren Streit.
S1: Wie bitte? Woran erinnerst du dich?

Lektion 14, Audiotraining 2
**Wofür interessieren Sie sich? Antworten Sie.
Hören Sie zuerst ein Beispiel:**
S2: Wofür interessieren Sie sich?   Fotografie
S1: Ich interessiere mich für Fotografie.

Und jetzt Sie:
S2: Wofür interessieren Sie sich?   Fotografie
S1: Ich interessiere mich für Fotografie.
S2: Womit beschäftigen Sie sich am liebsten?
meine Familie
S1: Ich beschäftige mich am liebsten mit meiner Familie.
S2: Worüber wissen Sie viel?   Politik
S1: Ich weiß viel über Politik.
S2: Wovon sprechen Sie oft?   meine Kinder
S1: Ich spreche oft von meinen Kindern.

Und jetzt noch einmal Sie: Antworten Sie mit Ihren
Informationen.
S1: Wofür interessieren Sie sich?
S1: Womit beschäftigen Sie sich am liebsten?
S1: Worüber wissen Sie viel?
S1: Wovon sprechen Sie oft?

Lektion 14, Audiotraining 3
**Wir machen eine Party! Wiederholen Sie.
Hören Sie zuerst ein Beispiel:**
S2: Kommt, wir machen eine Party!
S1: Kommt, wir machen eine Party!

Und jetzt Sie:
S2: Kommt, wir machen eine Party!
S1: Kommt, wir machen eine Party!
S2: Welcher Termin passt am besten?
S1: Welcher Termin passt am besten?
S2: Vielleicht der nächste Samstag ...
S1: Vielleicht der nächste Samstag ...
S2: Wer kümmert sich um die Getränke?
S1: Wer kümmert sich um die Getränke?

S2: Ich kümmere mich um Wasser, Saft und Bier.
S1: Ich kümmere mich um Wasser, Saft und Bier.
S2: Wer bringt einen Salat mit?
S1: Wer bringt einen Salat mit?
S2: Ich bringe einen Tomatensalat mit!
S1: Ich bringe einen Tomatensalat mit!

Lektion 8   Unter Kollegen

Schritt A Übung 5
vgl. Seite AB 87

Schritt A Übung 6
vgl. Seite AB 87

Schritt B Übung 12
Guten Tag, liebe Hörerinnen und Hörer. In vielen kleinen Firmen ist das so, der Chef, die Chefin ist auch der Freund, die Freundin. Viele Arbeitskollegen und -kolleginnen sind auch Freunde und treffen sich auch in der Freizeit. Aber was passiert, wenn es Probleme gibt oder wenn jemand die Arbeitsstelle wechselt? Wir haben Leute auf der Straße gefragt: Freundschaft am Arbeitsplatz – gut oder schlecht? Was meinen Sie? Hier einige Antworten.

1

Also, ich habe vor drei Monaten meine Lehre angefangen. In den ersten Wochen habe ich mich noch mit meinen Freunden aus der Schule getroffen. Aber jetzt sehen wir uns weniger und weniger. Früher waren wir zusammen im Unterricht, heute macht jeder was anderes, der eine wird Bäcker, der andere Krankenpfleger, ich arbeite hier im Hotel Pottbeck und werde Koch. Ich meine, man ist den ganzen Tag acht Stunden mit anderen Leuten zusammen und die werden eben immer wichtiger. Ich mache die gleichen Erfahrungen wie meine Kollegen, da muss ich nicht erst lange von meinem Tag erzählen – ein Wort ist oft genug und die wissen, was ich meine. Das passiert ganz automatisch, dass die Kollegen dann Freunde werden – wie früher in der Schule auch.

2

Noch vor zwei Jahren hätte ich sofort gesagt: Freundschaft am Arbeitsplatz ist total super. Wenn die Kolleginnen und Kollegen auch meine Freunde sind, fühle ich mich wohl und gehe gern zur Arbeit. Aber vor zwei Jahren ist meine Kollegin und Freundin plötzlich entlassen worden. Sie erzählte überall herum, dass ich sie bei der Chefin schlecht gemacht hätte. Obwohl das nicht stimmte, haben viele ihr geglaubt. Weil meine Freunde auch meine Kollegen waren, wurde es im Büro immer schwieriger für mich. Einige haben überhaupt nicht mehr mit mir gesprochen. Schließlich habe ich mir eine neue Arbeit gesucht. Jetzt habe ich immer eine gewisse Distanz zu den Kollegen. Aus Erfahrung wird man klug. Ich glaube heute, richtige Freunde findet man nicht auf der Arbeit.

3

Seit einem Jahr arbeite ich hier in der Firma. Ich bin Mechanikerin und den ganzen Tag mit den Kollegen unterwegs. Nach der Arbeit gehen wir oft zusammen noch etwas trinken oder ins Kino oder so. Mit Angelika habe ich auch mal ein paar Tage Urlaub gemacht. Wir haben uns Hamburg angesehen und waren anschließend an der Nordsee. Also, ich denke, meine Kollegen sind meine Freunde. Ich meine, wo lernt man sonst Leute kennen? Aber es ist schade, dass ich nur so wenige Kolleginnen habe.

4

Ich habe eine kleine Firma für Software-Entwicklung. Ich habe fünf Angestellte, alles Leute, die mit mir studiert haben. Wir kennen uns lange und sind auch befreundet. Aber manchmal wird es schwierig, wenn ich zu jemandem als Chef sprechen muss, weil sie oder er etwas falsch gemacht hat. Dann wünsche ich mir, dass da nicht auch gleichzeitig die Freundin, der Freund vor mir steht. Grenzen zu setzen oder Probleme zu benennen, wäre dann einfach leichter für mich. Aber es hat auch Vorteile, mit Freunden zusammenzuarbeiten, weil wir oft bis spät in die Nacht zusammen sind, weil ein Programm noch fertig werden muss. Da ist es toll, wenn die Freunde einfach sagen, wir machen das jetzt.

Schritt D Übung 25b
Gespräch 1
Daniel: Entschuldigen Sie, sind Sie nicht die Mutter von Emma?
Frau: Ja. Und Sie sind der Papa von Leon, stimmt's?
Daniel: Genau. Das ist schön, dass ich Sie hier mal treffe. Unsere Kinder spielen ja so oft zusammen.
Frau: Richtig. Ach, wollen wir uns nicht lieber duzen?
Daniel: Alles klar! Ich heiße Daniel.

Gespräch 2
junger Mann: Mama, Papa, das ist sie! Das ist Silke, meine Freundin.
Heinz: Aha, schön, dass wir uns endlich kennenlernen. Übrigens, von uns aus können wir uns gern duzen. Also, ich bin Heinz und das ist Edeltraut.
junge Frau: Ja, gern. Das ist nett.

Gespräch 3
Mann: Also, Frau Nida, ich zeige Ihnen dann mal die Firma. Ach ja, wir legen sehr viel Wert auf Gemeinschaft. Deshalb sagen wir hier alle Du zueinander, und wenn es Ihnen recht ist, dann können wir uns auch gern duzen.
Frau Nida: Oh, das finde ich sehr gut. Ich heiße Elzbieta.

Fokus Beruf: Eine Kündigung schreiben
Übung 2 und 3a
Sekretärin: Irina Bockel möchte Sie gern sprechen – ja, ich schicke sie hinein. Sie können gleich zu Herrn Schulte reingehen.
Irina Bockel: Guten Tag, Herr Schulte, haben Sie wohl einen Moment für mich?
Herr Schulte: Guten Tag, Frau Bockel, kommen Sie doch bitte herein – was gibt's denn?
Irina Bockel: Tja, Herr Schulte, ich wollte Ihnen nur sagen, dass ich ab dem 1. August nicht mehr bei Ihnen arbeiten werde.

Herr Schulte: Was? Sie wollen uns verlassen? Aber wieso das denn? Haben Sie eine neue Arbeitsstelle? Gibt es ein Problem bei uns?

Irina Bockel: Nein, nein. Hier ist alles in Ordnung. Aber wissen Sie, mein Mann hat ab September eine neue Arbeitsstelle in Würzburg und da ziehen wir im August nach Würzburg.

Herr Schulte: Hm, das freut mich natürlich für Ihren Mann, aber es gefällt mir gar nicht, dass Sie uns verlassen wollen. Meinen Sie denn, dass es richtig ist, hier gleich alles aufzugeben und mitzuziehen?

Irina Bockel: Ich habe es mir wirklich gut überlegt und ich möchte heute kündigen. Ich werde mir in Würzburg dann eine neue Stelle suchen.

Herr Schulte: Tja, wenn Sie sich da so sicher sind, muss ich Sie wohl gehen lassen. Aber so einfach geht das nicht mit der Kündigung. Sie müssen die Kündigung nämlich schriftlich einreichen. Und Sie müssen die Kündigungsfrist einhalten – das sind vier Wochen. Also: Sie können mit einer gesetzlichen Frist von vier Wochen entweder zum Fünfzehnten oder zum Ende des Monats kündigen.

Irina Bockel: Gesetzliche Frist? ... Dann kann ich also gar nicht heute kündigen?

Herr Schulte: Nein, mündlich ist die Kündigung nicht gültig. Wenn Sie aber die Kündigung heute noch schriftlich einreichen, dann wäre der früheste Termin für Ihre Kündigung zum 15. August. Aber lassen Sie uns doch mal schauen, wie viel Urlaub Sie noch haben ... Hm, Sie haben keinen Resturlaub mehr, aber ich sehe, dass Sie viele Überstunden gemacht haben. Mit Ihren Überstunden könnten Sie dann schon zwei Wochen früher aufhören zu arbeiten.

Irina Bockel: Mhm, ja gut. Dann schicke ich Ihnen nachher eine E-Mail mit der Kündigung. Muss ich dabei noch etwas beachten?

Herr Schulte: Eine Kündigung per E-Mail ist leider auch nicht gültig. Wir brauchen die Kündigung schon als Brief. Ich weiß, dass das alles sehr bürokratisch klingt, aber wir brauchen auch nur ein ganz kurzes Schreiben von Ihnen, in dem Sie die Kündigung kurz begründen und die Kündigungsfrist nennen. Das ist alles.

Irina Bockel: Okay, ein Brief mit dem Kündigungsgrund und der Kündigungsfrist – und mehr muss ich nicht schreiben?

Herr Schulte: Nein, das wäre schon alles. Sollen wir Ihnen dann gleich ein Arbeitszeugnis ausstellen, damit Sie sich damit bewerben können?

Irina Bockel: Ja also ... das wäre prima. Dann kann ich es gleich zu meinen Bewerbungsunterlagen hinzufügen.

Herr Schulte: Das mach' ich doch gern! Und dann wünsche ich Ihnen und Ihrem Mann schon mal alles Gute für Würzburg.

Irina Bockel: Danke.

Lektion 9   Virtuelle Welt

Schritt C Übung 17a

Frau: Kannst du mir vielleicht sagen, wie eine Online-Überweisung funktioniert?

Mann: Kein Problem, gern. Sieh mal: Zuerst musst du die Online-Banking-Nummer und die PIN eintippen. Dann wählst du den Empfänger der Überweisung aus. Danach klickst du auf „Empfänger übernehmen" und gibst den Geldbetrag ein. Zuletzt gibst du die TAN ein und bestätigst die Überweisung.

Frau: Alles klar, danke für deine Hilfe!

Schritt E Übung 23

Moderator: Liebe Hörerinnen und Hörer, hallo und willkommen in unserer Sendung „Eltern diskutieren mit Eltern"! Die Frage, die wir heute diskutieren wollen, ist: „Smartphones für Kinder – gut oder schlecht?" Zu unserer Diskussion haben wir Annette Karl eingeladen, die eine Tochter im Alter von zwölf und einen Sohn im Alter von neun Jahren hat. Unser zweiter Gast im Studio ist Thomas Oehler, Vater einer elfjährigen Tochter. Herr Oehler: Hat Ihre Tochter denn ein Smartphone?

Herr Oehler: Ja, natürlich hat meine Tochter ein Smartphone. Warum sollte sie denn keines haben? Ein Smartphone ist doch inzwischen ein Alltagsgegenstand wie ein Fahrrad auch. Deshalb verstehe ich nicht, warum manche Eltern sich bei dem Thema Smartphone so aufregen. Unsere Welt wird immer digitaler! Da ist es doch gut, wenn unsere Kinder möglichst früh lernen, mit Smartphones umzugehen!

Moderator: Frau Karl: Sind Sie auch der Meinung, dass Smartphones zum Alltag gehören und deshalb alle Kinder ein Smartphone haben sollten?

Frau Karl: Nun, so einfach ist es natürlich nicht. Es stimmt schon, dass man sich ein Leben ohne Smartphone nicht mehr vorstellen kann. Das heißt aber nicht, dass jedes Kind ein Smartphone haben sollte. Ich finde, Kinder müssen ein bestimmtes Alter erreicht haben, um mit einem Smartphone umgehen zu können.

Moderator: So wie Sie denken viele Menschen, Frau Karl. Es heißt, dass Kinder zwischen zehn und zwölf Jahren das richtige Alter haben, um den Umgang mit einem Smartphone und anderen digitalen Medien zu lernen. Sehen Sie das auch so, Herr Oehler?

Herr Oehler: Ja, klar. Natürlich sind Kinder, die in die Grundschule gehen, noch zu jung für Smartphones. Die Dinger sind ja erst dann sinnvoll, wenn man lesen und schreiben kann. Meine Tochter hat ihr erstes Smartphone nach der vierten Klasse bekommen, also zum Schulwechsel. Da war sie zehn.

Moderator: Sie haben nun eine zwölfjährige Tochter und einen neunjährigen Sohn, Frau Karl. Haben beide ein Smartphone oder nur Ihre Tochter?

Frau Karl: Nur unsere Tochter. Das liegt aber vor allem daran, dass die Schule, auf die unsere Tochter geht, ziemlich weit weg ist. Sie hat mein altes Smartphone bekommen, mit dem sie uns jederzeit von unterwegs anrufen oder schreiben kann. Zum Beispiel dann, wenn sie den Bus verpasst hat und später nach Hause kommt. Mir hilft es zu wissen, dass wir für unsere Tochter jederzeit erreichbar sind. Und sie für uns auch.

Herr Oehler: Und wie findet Ihr Sohn das, dass er noch kein Handy hat?

Frau Karl: Der findet das natürlich nicht so toll. Aber unser Sohn ist sowieso erst neun Jahre alt und geht noch in die Grundschule, die ganz in unserer Nähe ist. Außerdem sieht er, dass seine Schwester ihr Smartphone nicht immer, sondern nur zu bestimmten Zeiten nutzen darf.

Moderator: Das heißt, bei Ihnen zu Hause gibt es klare Regeln für den Umgang mit dem Smartphone?

Frau Karl: Oh ja, die gibt es. Wir haben sämtliche Regeln sogar schriftlich festgehalten, also eine Art Vertrag mit unserer Tochter gemacht. In diesem Vertrag steht, wann und wie lange sie jeden Tag mit ihren Freundinnen chatten oder im Internet surfen darf. Diesen Vertrag musste sie unterschreiben. Das war uns, also meinem Mann und mir, ganz wichtig. Ohne diese Regeln geht es, glaube ich, nicht.

Herr Oehler: Interessant, da haben Sie Ihre Tochter aber gut im Griff ... Meine hätte da nicht mitgemacht. Einen Vertrag unterschreiben, nein, das kann ich mir bei ihr nicht vorstellen ... Das hätte nicht funktioniert.

Moderator: Studien zufolge verbringen Kinder und Jugendliche täglich bis zu drei Stunden mit dem Smartphone. Wie ist das bei Ihrer Tochter, Herr Oehler?

Herr Oehler: Ach wissen Sie, ich achte da nicht so darauf. Solange meine Tochter keine schlechten Noten nach Hause bringt und gut gelaunt ist, kann sie in ihrer Freizeit tun, was sie möchte. Was ich allerdings verboten habe, ist, Fotos von sich ins Internet zu stellen und mit Leuten Kontakt aufzunehmen, die sie nicht kennt. Das finde ich wirklich gefährlich. Sie versteht meine Sorgen und nutzt ihr Smartphone inzwischen nur noch, um mit ihren Freunden zu chatten und Musik zu hören. Na ja, und vielleicht auch, um Videos anzusehen.

Frau Karl: Verzeihung, Herr Oehler, darf ich Sie fragen, ob Ihre Tochter alle Videos ansehen kann, die es im Internet gibt? Es gibt ja Apps, die man auf dem Smartphone seines Kindes installieren kann und die es ihm unmöglich machen, sich alles anzusehen. Wir haben eine solche App auf dem Smartphone unserer Tochter installiert und finden das eine gute Lösung. Wie ist das bei Ihnen?

Herr Oehler: Nein, eine solche App habe ich nicht installiert. Ich bin dagegen, alles zu kontrollieren, was mein Kind tut, Frau Karl. Kinder wissen oft sehr genau, was gut für sie ist und was nicht. Wenn wir Eltern uns immer einmischen, schadet das mehr als es nützt.

Moderator: Tja, liebe Hörerinnen und Hörer: Sie sehen: Beim Thema Smartphone gibt es sehr unterschiedliche Meinungen. Uns interessiert, was Sie denken! Schicken Sie uns also eine Nachricht oder rufen Sie uns an und sagen Sie uns, was Sie denken: „Smartphones für Kinder – gut oder schlecht?" Wir machen jetzt eine kleine Musik-Pause, bevor wir weiterdiskutieren. Ihnen, Frau Karl und Herr Oehler, danke ich für die Diskussion und wünsche Ihnen alles Gute!

Herr Oehler: Vielen Dank.

Frau Karl: Danke. Ihnen auch alles Gute.

Schritt E Übung 24a und b
vgl. Seite AB 107

Fokus Beruf: Alternativvorschläge machen
Übung 1b und 2b

Alberto: Herr Rossi, sind Sie nervös?

Herr Rossi: Ich? Nein, überhaupt nicht! Nervös! Also ...! Wie kommen Sie denn darauf?

Alberto: Ach, nur so. Ich bin nur gerade die Liste durchgegangen. Wir müssen noch ganz schön viel erledigen bis Samstag.

Herr Rossi: Mhm.

Alberto: Dazu habe ich noch eine Frage: Können wir nicht am Montag zuerst die Bilder aufhängen und danach putzen?

Herr Rossi: Aber Alberto!!! Und der Salat? Und das Gemüse?

Alberto: Na ja, wir können den Salat für Samstag doch nicht schon am Montag kaufen. Das ist viel zu früh.

Herr Rossi: Hm, na ja. Sie haben recht. Also: am Montag dann die Bilder und das Putzen.

Alberto: Mhm. Und wäre es nicht besser, wenn wir die Einladungen am Dienstag verteilen? Am Freitag haben alle das Wochenende schon geplant und unsere Einladung kommt vielleicht zu spät.

Herr Rossi: Meinen Sie? Sie könnten recht haben.

Alberto: Und am Mittwoch können wir die Tische dekorieren. Dann ist Silvia auch da und kann uns helfen. Sie hat immer so tolle Ideen.

Herr Rossi: Stimmt, das ist eine gute Idee.

Alberto: Und wie wäre es, am Donnerstag den Salat und das Gemüse vom Großmarkt mitzubringen? Wir fahren am Donnerstag doch sowieso hin, um das Fleisch und den Fisch zu kaufen.

Herr Rossi: Ja, da haben Sie auch recht.

Alberto: Und vielleicht sollten wir auf dem Rückweg noch bei der Bank vorbeifahren und das Wechselgeld holen. Das schaffen wir sicher noch. Dann müssen wir am Samstag nicht noch mal los.

Herr Rossi: Ja, auf dem Rückweg vom Großmarkt kommen wir direkt an der Bank vorbei. Das ist richtig.

Alberto: Genau. Und am Freitag stellen wir den Sekt in den Kühlschrank, wie Sie es notiert haben.

Herr Rossi: Ja!

Alberto: Und abends machen wir dann das Tiramisu. Schließlich soll es doch frisch sein für Samstag.

Herr Rossi: Ist das nicht zu spät? Schaffen wir das?

Alberto: Klar, schaffen wir das. Wir helfen Ihnen doch.

Herr Rossi: Und am Samstagmittag gieße ich den Sekt ein. Es kommen ja sicher viele Leute, und da muss ja alles fertig sein.

Alberto: Herr Rossi?

Herr Rossi: Mhm?

Alberto: Ist es nicht besser, wenn wir den Sekt erst eingießen, wenn die Gäste kommen? Ich meine, bis 18 Uhr ...

Herr Rossi: Das sag ich doch, Alberto. Wer trinkt schon gern warmen Sekt.
Alberto: Aha.

Lektion 10   Werbung und Konsum

Schritt A Übung 5b
Herr Keller: Malereibetrieb Keller, guten Tag.
Herr Seidl: Guten Tag, Herr Keller. Dr. Seidl am Apparat. Ich musste heute leider feststellen, dass Ihre Männer die Wände in meiner Praxis in der falschen Farbe gestrichen haben.
Herr Keller: Ach, wirklich? Das überrascht mich. Es war doch abgemacht, dass wir die Wände dort weiß streichen. So steht es ja auch im Angebot.
Herr Seidl: Ja, aber die Wände sind grau, nicht weiß. Ich bin wirklich sehr enttäuscht von Ihrer Firma.
Herr Keller: Das tut mir sehr leid. Ich kann verstehen, dass Sie verärgert sind. Die Wände sind wirklich grau, nicht weiß?
Herr Seidl: Allerdings.
Herr Keller: Dann sehe ich leider nur eine Möglichkeit, nämlich die Wände in Ihrer Praxis noch einmal zu streichen.
Herr Seidl: Das sehe ich genauso. Dazu möchte ich aber noch anmerken, dass ich weder für die zusätzlichen Arbeitsstunden noch für die neue Farbe etwas bezahle.
Herr Keller: Selbstverständlich nicht. Ich werde mich diesmal auch persönlich um Ihre Praxis kümmern. Deshalb würde ich gern zu Ihnen kommen und mir die Wände mal ansehen. Wann hätten Sie denn Zeit?

Schritt C Übung 16
vgl. Seite AB 115

Schritt D Übung 18
1
Und hier unser ganz besonderer Veranstaltungstipp: Wenn Sie als Hobby-Koch gern eigene Rezeptideen entwickeln und diese präsentieren möchten, können Sie am 2. März bei einem Kochwettbewerb mitmachen. Gesucht und ausgezeichnet wird die am besten schmeckende Nachspeise. Auf den Gewinner warten tolle Preise: Ein Gutschein für ein Essen zu zweit im einzigen Sterne-Restaurant der Stadt und zwölf Dessert-Teller der Firma Rosener.

2
Achtung, Autofahrer auf der A43 Richtung Frausdorf. An der Anschlussstelle Haching stehen am rechten Fahrbahnrand Personen und ein brennendes Fahrzeug. Bitte fahren Sie vorsichtig an der Unglücksstelle vorbei. Und hier noch eine Eilmeldung: Auf der A91 am Autobahnkreuz Bad Graudenz kommt Ihnen in südlicher Richtung ein Falschfahrer entgegen. Bleiben Sie auf der rechten Seite und überholen Sie nicht!

3
Und nun die Wetteraussichten: Morgen zieht die kalte Luft noch weiter nach Osten. In Berlin ist es bei höchstens minus drei Grad winterlich kalt, in der Region um Freiburg steigt die Temperatur dagegen bis auf plus sieben Grad. Am Alpenrand kann es bei 0 Grad noch etwas regnen oder schneien. Im Norden und Osten lockert der Himmel dagegen langsam auf und es wird sonnig. Und hier der Wettertrend für die kommenden Tage: ...

4
Egal, wo: Werbung für Kaffee wird überall gemacht. Kein Wunder, denn die Deutschen trinken durchschnittlich 150 Liter Kaffee im Jahr. Doch welche Firma produziert den besten Kaffee? Darüber haben wir Sie, liebe Hörerinnen und Hörer, vorige Woche abstimmen lassen. Zu welchem Ergebnis Sie gekommen sind, erfahren Sie gleich in unserer Sendung „Von Verbrauchern für Verbraucher." Außerdem unser Thema heute: Welche Kaffeemaschine macht den besten Kaffee?

5
Auf snackbox.de kannst du deinen ganz persönlichen Snack kreieren. Wie das geht? Ganz einfach: Zuerst suchst du dir die Größe der Packung aus. Dann füllst du deine Snackbox mit allem, was dir schmeckt: Von scharf gewürzten Nüssen über getrocknete Früchte bis hin zur Schokolade – auf snackbox.de gibt es wirklich alles, was das Snackherz glücklich macht. Ist deine Box gefüllt, kannst du deinem Snack einen Namen geben und dann bestellen. Snackbox.de: Mach dir den Snack, der dir schmeckt.

Lektion 11   Miteinander

Schritt B Übung 9
Gespräch 1
Anna: Hallo Yue.
Yue: Ach, hallo Anna. Wie geht es dir?
Anna: Gut danke. Und dir?
Yue: Auch gut. Du, das ist ja nett, dass ich dich beim Einkaufen treffe. Dann kann ich dich gleich etwas fragen.
Anna: Ja klar, was denn?
Yue: Ich bin morgen bei meiner Vermieterin zum Essen eingeladen und ich bin mir nicht sicher, was ich ihr mitbringen soll. Ich wollte ihr frische Erdbeeren mitbringen. Was hältst du davon?
Anna: Hm, das ist eine schöne Idee, aber es ist eigentlich nicht so üblich bei uns, zu einer Einladung Essen mitzubringen.
Yue: Ach so? Was ist denn üblich?
Anna: Wenn du bei einer Frau eingeladen bist, kannst du mit Blumen nichts falsch machen. Aber keine roten Rosen. Das schenken sich nur Paare.
Yue: Nein, rote Rosen bringe ich nicht mit. Aber Blumen sind eine gute Idee. Danke. Das mache ich. Sag mal, was machst du noch heute Nachmittag?

Gespräch 2

Herr Bloch: Hallo, Herr Markovic.

Herr Markovic: Grüß Sie, Herr Bloch.

Herr Bloch: Herr Markovic, ich habe eine Bitte. Könnten Sie Ihr Fahrrad bitte nicht in den Hausflur stellen?

Herr Markovic: Äh ja, warum?

Herr Bloch: Wissen Sie, wir haben sonst keinen Platz für unseren Kinderwagen. Der Hausmeister sagt, Fahrräder dürfen eigentlich gar nicht im Haus stehen. Und außerdem können wir den Kinderwagen nicht jeden Tag in die Wohnung tragen.

Herr Markovic: Ah ja.

Herr Bloch: Für die Fahrräder ist ja extra ein Ständer im Hof. Aber den Kinderwagen kann ich nicht woanders hinstellen.

Herr Markovic: Ja klar, ich verstehe, das kann ich schon machen. Gar kein Problem. Dann stelle ich das Rad ab jetzt immer hinter das Haus, in den Hof, okay?

Herr Bloch: Das wäre wirklich sehr nett. Danke.

Herr Markovic: Mach ich, Herr Bloch. Ich bemühe mich, daran zu denken.

Gespräch 3

Herr Salvatore: Salvatore.

Nina Thein: Grüß Sie, Herr Salvatore. Hier spricht Nina Thein. Ich bin die Klassenlehrerin von Ihrem Sohn Angelo.

Herr Salvatore: Ah, hallo, Frau Thein.

Nina Thein: Ich wollte Sie fragen, ob Sie wissen, dass Angelo sich seit einiger Zeit morgens oft verspätet. Er kommt fast täglich zu spät in den Unterricht. Das haben mir mehrere Kollegen bestätigt. Manchmal liegt es ja an der Bahn, aber das ist bei Ihrem Sohn wohl eher die Ausnahme.

Herr Salvatore: Oh, nein, das wusste ich nicht. Von zu Hause geht er eigentlich meistens pünktlich los. Wir werden auf jeden Fall mit ihm reden.

Nina Thein: Ja, das wäre gut. Wissen Sie, er ist ja sonst ein netter Schüler und seine Leistungen sind auch absolut in Ordnung. Aber dieses Zuspätkommen – das muss sich eindeutig ändern. Er will ja bald eine Ausbildung machen. Da muss er jetzt schon lernen, pünktlich zu sein.

Herr Salvatore: Ja, klar. Da haben Sie recht. Vielen Dank für Ihren Anruf.

Nina Thein: Gerne. Auf Wiederhören, Herr Salvatore.

Herr Salvatore: Auf Wiederhören.

Gespräch 4

Melek: Hallo Cara.

Cara: Hallo Melek.

Melek: Du Cara, gut, dass ich dich gerade im Hausflur treffe. Wir fahren von Freitag bis Dienstag weg. Könntest du da vielleicht wieder so nett sein, in der Zeit bei uns die Post reinzuholen und vielleicht einmal die Blumen zu gießen?

Cara: Ja, klar. Gar kein Problem. Ich brauche dann nur wieder den Wohnungs- und Briefkastenschlüssel.

Melek: Oh, danke. Du bist die beste. Die Schlüssel gebe ich dir dann am Donnerstag, okay?

Cara: Ja, klar. Aber sag mal, wohin fahrt ihr denn eigentlich?

Melek: Ein paar Tage nach Hamburg – mit dem ICE. Das haben sich die Kinder schon lange gewünscht.

Cara: Oh, toll. Also dann bis spätestens Donnerstag.

Melek: Ja und vielen Dank noch mal. Tschüs.

Schritt B Übung 11

vgl. Seite AB 123

Schritt C Übung 13b

Gespräch 1

junger Mann: Ach, guten Abend, Herr Both.

Herr Both: Guten Abend. Können Sie bitte die Musik ausmachen? Das ist ja ein furchtbarer Lärm.

junger Mann: Oh, tut mir leid, dass wir Sie gestört haben. Das ist mir wirklich unangenehm, aber ich feiere heute mit Freunden meinen 30. Geburtstag.

Herr Both: Alles Gute! Aber müssen Sie denn in dieser Lautstärke feiern, dass wir gleich aus dem Bett fallen? Das ist wirklich nicht in Ordnung.

junger Mann: Ach, wissen Sie, man wird ja nur einmal im Leben 30. Und das muss doch richtig gefeiert werden, finden Sie nicht?

Herr Both: Na ja, aber doch nicht so laut. Das geht doch nicht. Man muss doch auch ein bisschen Rücksicht nehmen.

junger Mann: Sie haben ja vollkommen recht. Die Musik ist wirklich sehr laut. Aber sonst macht das Tanzen nicht so viel Spaß und es ist doch auch nur heute. Es wird bestimmt nie wieder vorkommen.

Herr Both: Also gut, aber machen Sie die Musik bitte wenigstens ein bisschen leiser.

junger Mann: In Ordnung. Und wenn es immer noch zu laut ist, dann sagen Sie Bescheid. Oder Sie kommen einfach und feiern mit.

Gespräch 2

Frau: Oh halt, Moment! Ich fahre ja schon weg!

Politesse: Ach, ist das Ihr Auto? Sie wissen schon, dass Ihre Parkzeit bereits zehn Minuten abgelaufen ist? Das kostet Sie ein Verwarnungsgeld von zehn Euro. Hier, bitte schön.

Frau: Ach nein. Zehn Euro wegen der paar Minuten? Jetzt bin ich doch hier und fahre gleich weg. Dass ich zu spät gekommen bin, war doch keine Absicht.

Politesse: Tut mir leid, so einfach ist das nicht, dann müssen Sie eben mehr Geld in die Parkuhr einwerfen.

Frau: Ach, hören Sie, ich wollte doch nur schnell in den Laden gehen und ein Brot kaufen, aber dann standen so viele Leute vor mir an der Kasse. Können Sie nicht mal ein Auge zudrücken? Seien Sie doch bitte so nett.

Politesse: Das kommt überhaupt nicht infrage. Und wenn Sie jetzt nicht sofort hier wegfahren, dann erhöht sich das Verwarnungsgeld auf 15 Euro.

Frau: Okay, okay, ich fahre ja schon weg.

Schritt C Übung 14c

Frau: Entschuldigen Sie. Ich war zuerst hier. Stellen Sie sich bitte hinten an.

Mann: Entschuldigung, aber ich habe es sehr eilig.

Frau: Das ist nicht in Ordnung. Ich habe es auch eilig.

Mann: Ach, seien Sie doch bitte so nett. Ich wollte nur schnell bezahlen.

Frau: Ich sagte es Ihnen schon. Das kommt überhaupt nicht infrage.

Mann: Okay, okay, dann stelle ich mich eben hinten an und komme zu spät zum Meeting.

Frau: Ach, warten Sie, dann drücke ich mal ein Auge zu. Gehen Sie schon vor.

Mann: Oh, danke. Das ist wirklich nett.

Fokus Beruf: Ein Missverständnis klären
Übung 1a

Herr Baumer: Guten Tag, Frau Jordan. Sagen Sie mal, wo waren Sie denn gerade? Wir hatten doch das Treffen mit Herrn Wildt von der Firma Solarkraft und Sie waren nicht da!

Frau Jordan: Hallo, Herr Baumer. Das wollte ich Sie auch gerade fragen! Ich war pünktlich um acht Uhr in unserem Besprechungsraum und weder Sie noch Herr Wildt waren da. Dabei war der Raum doch extra für unsere Besprechung reserviert. Ich habe eine Weile gewartet und auch bei Ihnen angerufen, aber ich konnte Sie nicht erreichen. Warum sind Sie denn nicht gekommen?

Übung 2

Herr Baumer: Guten Tag, Frau Jordan. Sagen Sie mal, wo waren Sie denn gerade? Wir hatten doch das Treffen mit Herrn Wildt von der Firma Solarkraft und Sie waren nicht da!

Frau Jordan: Hallo, Herr Baumer. Das wollte ich Sie auch gerade fragen! Ich war pünktlich um acht Uhr in unserem Besprechungsraum und weder Sie noch Herr Wildt waren da. Dabei war der Raum doch extra für unsere Besprechung reserviert. Ich habe eine Weile gewartet und auch bei Ihnen angerufen, aber ich konnte Sie nicht erreichen. Warum sind Sie denn nicht gekommen?

Herr Baumer: Was, Sie waren in unserem Besprechungsraum? Das haben Sie wohl falsch verstanden. Die Besprechung war nicht bei uns, sondern bei der Firma Solarkraft, weil wir uns doch die Produktion gemeinsam anschauen wollten. Das habe ich doch gestern in der E-Mail geschrieben! Haben Sie die nicht gelesen?

Frau Jordan: Wie? Bei Solarkraft? Nein. ... Das habe ich nicht gewusst. Ich hatte doch gestern frei. Eigentlich hätte das Treffen doch bei uns stattfinden sollen.

Herr Baumer: Ja, das stimmt, ursprünglich war das Treffen bei uns geplant. Ich habe aber mit dem Chef vereinbart, dass sich eine Besprechung vor Ort anbieten würde, damit wir uns die Produktion anschauen können. Solche Terminänderungen stehen doch auch immer in unserem gemeinsamen Kalender. Haben Sie da nicht nachgeschaut?

Frau Jordan: Doch, natürlich, aber eben vorgestern. Und da stand noch unser Besprechungsraum als Ort für das Treffen im Kalender.

Herr Baumer: Hm, jetzt verstehe ich. Das war wohl ein Missverständnis. Ich hatte unsere Sekretärin eigentlich gebeten, den Ort im Kalender zu ändern. Bitte fragen Sie in Zukunft selbst noch einmal bei unserer Sekretärin nach, ob sich Termine kurzfristig geändert haben – vor allem, wenn Sie vorher einen Tag frei haben.

Frau Jordan: Ja, natürlich, Herr Baumer. Ich bin froh, dass wir die Sache jetzt geklärt haben. Und beim nächsten Mal bin ich dann sicher am richtigen Ort.

Lektion 12   Soziales Engagement

Schritt A Übung 7b

Frau: Entschuldigen Sie! Ich weiß nicht, ob ich bei Ihnen richtig bin.

Mann: Jetzt erzählen Sie erst mal, was Ihr Problem ist.

Frau: Ich habe gerade meinen Anschlusszug verpasst und der nächste hat auch schon wieder 30 Minuten Verspätung.

Mann: Aha, ja. Und was ist denn genau Ihr Problem?

Frau: Ja, also, ich muss dringend nach Rheinhausen. Ich habe da in einer Stunde ein total wichtiges Vorstellungsgespräch. Mein erstes. Ich möchte die Stelle gern haben. So eine Chance kommt nie wieder. Ich weiß nicht, was ich machen soll.

Mann: Keine Sorge, wir werden sicher eine Lösung finden. Ich sehe mal nach, ob noch ein anderer Zug in diese Richtung fährt. – Nein, da fährt jetzt keiner.

Frau: Oh nein! Was mache ich denn jetzt? Können Sie mir da vielleicht weiterhelfen?

Mann: Ja, ich habe da eine Idee. Sie haben den Anschluss ja wegen einer Verspätung versäumt, für die wir bei der Bahn verantwortlich sind. Ich stelle Ihnen deshalb jetzt einen Taxigutschein aus und Sie fahren mit dem Taxi. Nach Rheinhausen sind es nur 10 bis 15 Kilometer. Ich bin ganz sicher, dass Sie das noch rechtzeitig schaffen.

Frau: Wirklich? Da bin ich aber froh! Vielen Dank für Ihre Hilfe.

Schritt A Übung 8a
vgl. Seite AB 134

Schritt A Übung 9a
vgl. Seite AB 134

Schritt E Übung 21a

Radiosprecher: Hallo Leute, hier sind wir wieder mit der Sendung „Ich habe da ein Problem." Ihr ruft uns an und erzählt von eurem Problem und andere Hörer geben euch auf unserer Internetseite Tipps, Ratschläge und Meinungen. Viele haben so schon die Lösung gefunden. Heute sprechen wir mit Rafik aus Sprockhövel. Hallo Rafik.

Rafik: Ja, hallo!

Radiosprecher: Äh, Rafik, bevor du loslegst, wo ist Sprockhövel? Das habe ich noch nie gehört.

Rafik: Also, genau komme ich aus Niedersprockhövel ...

Radiosprecher: Mann, das wird ja immer besser, wo ist das denn?

Rafik: Sprockhövel liegt im Süden des Ruhrgebiets. Vielleicht kennst du Dortmund oder Hagen?

Radiosprecher: Klar.

Rafik: Ja, da die Ecke.

Radiosprecher: Aha, okay. Ja, Rafik, was ist denn dein Problem?

Rafik: Ich habe seit ungefähr eineinhalb Jahren eine Freundin.
Radiosprecher: Und das ist dein Problem?

Übung 21b

Radiosprecher: Ja, Rafik, was ist denn dein Problem?
Rafik: Ich habe seit ungefähr eineinhalb Jahren eine Freundin.
Radiosprecher: Und das ist dein Problem?
Rafik: Ja, ich meine, nein. Also, meine Freundin hat sich vor etwa einem Jahr bei mir 1000 Euro für ein Auto geliehen. Sie sagte, dass sie das Auto braucht, um damit zu ihrer neuen Arbeit zu fahren.
Radiosprecher: Aha ...
Rafik: Ja, und wir hatten vereinbart, dass sie mir monatlich 100 Euro zuruckgibt. Aber das hat sie nie gemacht.
Radiosprecher: Verstehe. Und jetzt bist du sauer?
Rafik: Nein, ich habe bis jetzt nichts gesagt, weil ich sie wirklich gern habe.
Radiosprecher: Hm, und wo ist jetzt dein Problem?
Rafik: Puh, es ist wirklich schwer, im Radio darüber zu sprechen. Na ja, vorgestern kam sie und nun will sie sich wieder Geld von mir leihen. Diesmal braucht sie 500 Euro für einen Laptop. Sie sagt, dass sie den unbedingt für ihren Job braucht.
Radiosprecher: Und du glaubst ihr nicht?
Rafik: Puh, keine Ahnung. Ich weiß nicht, ob ich ihr das Geld geben soll oder nicht.
Radiosprecher: Hm, ja, verstehe ich gut. Hast du denn mal mit ihr gesprochen?
Rafik: Nein, noch nicht. Schließlich ist sie meine Freundin und ich möchte sie nicht verlieren. Aber ich weiß nicht so genau, was ich machen soll.
Radiosprecher: Okay, Rafik. Leute, ran an den Computer und gebt Rafik euren heißen Tipp. Was würdet ihr tun? Unsere Internetseite ist ab sofort offen für eure Kommentare. Bis gleich!

Fokus Beruf: Sich auf einer Infoveranstaltung informieren
Übung 1b

Referent: ... und dann komme ich schon zum dritten Beruf im Kurzprofil: Der Physiotherapeut. Nun, was macht ein Physiotherapeut? Physiotherapeuten behandeln vor allem Menschen, die sich nicht mehr gut bewegen können. Also meistens alte Menschen, Menschen mit Behinderung oder Patienten nach schweren Unfällen. Außerdem führen sie präventive – also vorbeugende – Therapiemaßnahmen durch. Menschen mit diesem Beruf arbeiten hauptsächlich in Krankenhäusern und Kliniken, aber auch immer mehr in Altenheimen, Sportvereinen und in Wellness-Hotels. Für Physiotherapeuten gibt es eine einheitlich geregelte schulische Ausbildung an Berufsfachschulen oder Berufskollegs. Diese Ausbildung dauert normalerweise drei Jahre. Mit einer entsprechenden Vorbildung, wenn man z. B. schon in einem Therapieberuf tätig war, kann die Ausbildung aber auf eineinhalb Jahre verkürzt werden. Dies als Einstimmung auf den heutigen Tag – nun können Sie sich noch in persönlichen Gesprächen bei unseren Beratungsexperten weiterinformieren.

Übung 2b und c

Diego: ... und dann bin ich vor zwei Jahren nach Deutschland, da haben wir dann geheiratet. Und dann kam die kleine Evita auf die Welt. Es ist wirklich viel passiert in den letzten zwei Jahren.
Beraterin: Tja, unverhofft kommt oft ... und jetzt möchten Sie hier eine Ausbildung machen. Richtig?
Diego: Na ja, eigentlich habe ich ja schon eine Ausbildung – ich bin nämlich medizinischer Bademeister von Beruf. Aber meine Ausbildung ist leider in Deutschland nicht anerkannt worden. Jetzt suche ich nach neuen Möglichkeiten. Und klar, eine Ausbildung wäre super.
Beraterin: Aha, medizinischer Bademeister, schön, das ist ja interessant. Medizinischer Bademeister, da könnten Sie doch eine Ausbildung zum Physiotherapeuten machen. Das passt doch gut!
Diego: Ja, das habe ich auch gedacht. Ich war da auch gerade bei der Infoveranstaltung. Und der hat so viel erzählt, aber ich habe mir das natürlich nicht alles merken können und hab noch ein paar Fragen.
Beraterin: Klar, schießen Sie los! Dafür bin ich ja da!
Diego: Können Sie mir vielleicht noch ein bisschen mehr zur Ausbildung sagen?
Beraterin: Ja, natürlich. Es gibt grundsätzlich zwei Teile, den theoretischen und den fachpraktischen Teil.
Diego: Puh – Theorie, na, das muss halt sein ... Was lerne ich denn da?
Beraterin: Das ist doch sehr spannend! In der theoretischen Ausbildung haben Sie z. B. Unterricht in Massagetherapie, Anatomie des Menschen, Orthopädie usw. Und im fachpraktischen Teil vertiefen Sie Ihre Kenntnisse und lernen, die Theorie anzuwenden, ein Praktikum eben – das machen Sie am besten in einer Klinik oder in einem Rehabilitationszentrum. Praxiserfahrungen sind ja das A und O in einer Berufsausbildung.
Diego: Mhm. Ja klar. Wie lange dauert denn die Ausbildung?
Beraterin: Normalerweise drei Jahre.
Diego: Was? Drei Jahre? Das ist aber schon ziemlich lang. So viel Zeit wollte ich eigentlich nicht verschwenden.
Beraterin: Na ja, „verschwenden" ist wohl nicht der richtige Ausdruck.
Diego: Hm, ja, stimmt. Ich würde es nur eben gern kürzer machen. Ich habe ja eigentlich schon viel Berufserfahrung in dem Bereich.
Beraterin: Ja, das stimmt. Sie haben recht. Sie brauchen gar nicht so lange für Ihre Ausbildung. Sie haben ja schon eine gute Vorbildung als medizinischer Bademeister. Sie könnten auch die verkürzte Ausbildung machen, da lernen Sie statt der drei Jahre nur eineinhalb Jahre und haben trotzdem den gleichen Abschluss.
Diego: Oh, das ist ja super, eineinhalb Jahre und ich habe einen neuen Beruf. Super! Ist die Ausbildung denn sehr teuer?

Beraterin: Na ja, ein bisschen Geld müssen Sie schon investieren.

Diego: Mhm. Sicher.

Beraterin: Vielleicht können wir ja auch einen Zuschuss für Sie beantragen.

Diego: Ja? Toll! Danke! Also, ich schaff das auf jeden Fall. Gleich morgen schicke ich meine Bewerbungen los. Und später verdiene ich ja dann genug Geld. Ach, wie viel verdient denn ein Physiotherapeut so im Monat?

Beraterin: Moment, Moment, so schnell geht das nun auch nicht. Bevor wir übers Finanzielle sprechen, lassen Sie uns doch erst mal die nächsten Schritte planen. Haben Sie denn schon alle Bewerbungsunterlagen beisammen? Die Aufnahmevoraussetzungen der Schulen sind ganz unterschiedlich!

Diego: Ach so, ja, und welche Unterlagen brauche ich dafür?

Beraterin: Auf jeden Fall Ihr beglaubigtes Schulzeugnis – mit Übersetzung!

Diego: Okay, das habe ich schon!

Beraterin: Und Ihre Berufsurkunde und den Nachweis, dass Sie in Chile schon mehrere Jahre als medizinischer Bademeister gearbeitet haben, auch mit Übersetzung.

Diego: Klar.

Beraterin: Und dann noch ein ärztliches Attest.

Diego: Ein ärztliches Attest? Warum denn? Ich bin doch kerngesund!

Beraterin: Ja, das muss leider trotzdem sein. Das fordern die meisten Ausbildungszentren. Wenn Sie möchten, helfe ich Ihnen dann bei der Zusammenstellung Ihrer Mappe.

Diego: Das würden Sie tun? Oh, super. Vielen Dank.

Beraterin: Aber natürlich, dafür bin ich doch da.

Diego: Ach und noch was. Sollte ich die Schulen vielleicht erst mal anschreiben und mich vorinformieren?

Lektion 13   Aus Politik und Geschichte

Schritt C Übung 16

Die Umweltverbände warnen: Schlechte Luftqualität führt zu Gesundheitsproblemen. Was kann man gegen die Luftverschmutzung in den Städten tun? Wir haben fünf Leute dazu befragt.

a

Ich fände es gut, wenn es alle vier Wochen einen autofreien Sonntag geben würde. Das hatten wir ja schon mal Anfang der 70er. Ich erinnere mich noch daran, wie wir auf der Autobahn Fahrrad gefahren sind. Das war eine tolle Aktion für die Umwelt.

b

Ich denke, man sollte unbedingt noch viel mehr Fahrradwege bauen. Vor allem in der Stadtmitte. Dann ist das Radfahren nicht mehr so gefährlich für Radfahrer und wahrscheinlich würden dann auch mehr Leute das Auto stehen lassen und öfter das Rad nehmen. Mir geht das ja selbst so. Wenn ich in die Stadt fahren muss und ich weiß, dass es keine Radwege gibt, dann steige ich eben doch wieder ins Auto.

c

Also, meine Frau und ich haben uns vor wenigen Wochen ein Elektroauto gekauft. Wir hätten es schon viel früher gemacht, wenn die Autos nicht so teuer wären. Wir sind eigentlich sehr zufrieden damit. Problematisch ist höchstens, dass es noch nicht so viele Tankstellen gibt, an denen man die Batterie aufladen kann. Aber sonst ist es wirklich ein gutes Gefühl zu wissen, dass das Auto die Luft nicht verschmutzt.

d

Ich finde, Bus- und Zugfahren müsste weniger und das Fliegen viel mehr kosten. Wenn das Zugfahren nicht so teuer wäre, dann würden viel mehr Leute mit öffentlichen Verkehrsmitteln wie S-Bahn oder Bus fahren und nicht mit dem eigenen Auto. Und wenn das Fliegen nicht so billig wäre, würden nicht so viele Menschen mal für ein Wochenende nach Paris oder Barcelona fliegen. So ein Flug schadet der Umwelt natürlich sehr. Wenn ich Umweltminister wäre, würde ich die Preise fürs Fliegen radikal erhöhen und für die öffentlichen Verkehrsmittel stark senken.

e

Die Regierung sollte die Industrie, aber auch Privathaushalte noch mehr finanziell unterstützen, um erneuerbare und saubere Energien wie Sonnenenergie und Windenergie zu nutzen. Das wäre ein wichtiger Schritt, damit unser Energieverbrauch klimafreundlicher wird und der Klimawandel gestoppt werden kann. So könnten wir uns dann auch von Importen von Heizöl und Gas unabhängig machen.

Lektion 14   Alte und neue Heimat

Schritt A Übung 2
vgl. Seite AB 156

Schritt B Übung 11

1

Naomi: Als ich hierher kam, musste ich mich erst einmal daran gewöhnen, älteren Kollegen im Gespräch in die Augen zu sehen. Das ist in meinem Land nicht üblich. Bei uns vermeidet man Augenkontakt, wenn man sich mit Älteren unterhält – als Zeichen von Respekt und Höflichkeit. Außerdem hat mich überrascht, wie oft man hier Fragen mit einem „Nein" beantwortet. Das gilt bei uns als sehr unhöflich. Statt Nein zu sagen, wechseln wir lieber das Thema. Komisch, wie stark manche Gewohnheiten sind: Obwohl ich schon so lange hier lebe, finde ich es immer noch schwierig, jemandem direkt ins Gesicht Nein zu sagen.

2

Carol: Als ich hierher kam, habe ich mich erst einmal sehr über die Öffnungszeiten gewundert. Gerade dann, wenn man Zeit hat – also abends oder am Sonntag – ist alles zu: Geschäfte, Banken, Arztpraxen und so weiter und so fort. Das hat mich richtig geärgert. Inzwischen sehe ich aber auch die Vorteile: Die Leute haben hier mehr Zeit, etwas zusammen zu unternehmen, abends Freunde zu treffen oder sonntags einen Ausflug mit der Familie zu machen. Das ist in meinem Heimatland schwieriger, weil immer einer arbeiten muss.

3

Jan: Mir ist aufgefallen, dass Männer und Frauen hier anders miteinander umgehen als bei uns. Dort, wo ich herkomme, ist es eigentlich immer noch üblich, dass Männer Frauen in den Mantel helfen oder für sie die Tür aufmachen und aufhalten. Bei uns sieht man auch noch öfter, dass Männer Frauen mit einem Handkuss begrüßen. Das habe ich hier noch nie beobachtet. Ich finde es fast ein bisschen schade, dass sich Männer und Frauen hier nicht so verhalten, wie ich es von zu Hause kenne.

Fokus Beruf: (Un-)Zufriedenheit äußern
Übung 2
Frau Böhm: Herr Cordalis, mir ist aufgefallen, dass Sie in letzter Zeit nicht so zufrieden wirken, wie ich das von Ihnen gewohnt bin. Das gefällt mir nicht. Deshalb wollte ich mit Ihnen über Ihre Arbeit sprechen. Wie geht es Ihnen zurzeit?
Herr Cordalis: Ehrlich gesagt, nicht gut. Die meisten Kunden haben zwar nicht mehr Wünsche und Beschwerden als sonst, aber ich habe einfach zu wenig Zeit, um mich um jeden Kunden intensiv zu kümmern. Das stört mich.
Frau Böhm: Seit wann haben Sie den Eindruck, dass Sie zu wenig Zeit für Ihre Kunden haben?
Herr Cordalis: Na ja, Sie wissen ja, dass Frau Dineva seit zwei Wochen krankgeschrieben ist und ich sie vertreten muss. Ich betreue also in der gleichen Zeit zweimal so viele Kunden wie sonst. Zwar hilft mir unsere Praktikantin, aber sie kann natürlich nicht alles machen, was Frau Dineva normalerweise macht. Außerdem muss ich ihr noch so viel zeigen und erklären, sie ist ja erst seit einem Monat hier. Das kostet Zeit, die mir dann fehlt.
Frau Böhm: Ja, das weiß ich natürlich. Ich finde es sehr gut, wie Sie Frau Dineva vertreten und sich noch dazu um unsere Praktikantin kümmern. Und mir gefällt, dass Sie trotz Stress sehr professionell und freundlich mit den Kunden umgehen. Dafür danke ich Ihnen. Sie haben in den letzten beiden Wochen ausgezeichnete Arbeit geleistet, Herr Cordalis. Das wollte ich Ihnen unbedingt persönlich sagen.
Herr Cordalis: Es freut mich, dass Sie zufrieden sind, Frau Böhm, und mir das auch sagen. Ich mache meine Arbeit auch wirklich gern, obwohl es oft zu viel und zu stressig ist. Ist denn schon klar, wann Frau Dineva wieder zurückkommt?

Lektion 8 Unter Kollegen

Foto-Hörgeschichte

vgl. Transkriptionen zum Kursbuch, Seite 182

Ellas Film

Schöne Grüße von Jessie
Ella: So, jeder von euch weiß jetzt, was Jessica Langer über meinen Chef Sami Kirsch denkt. Nun möchte ich doch mal rauskriegen, welche Meinung Sami über Jessie hat. Ist doch spannend, oder? Oder auch nicht. Mal sehen. Ach übrigens, Sami?
Sami: Ja? Was denn?
Ella: Ich soll dir schöne Grüße ausrichten!
Sami: Echt? Von wem denn?
Ella: Von einer alten Bekannten. Sie hat gesagt, ich soll den lieben Kollegen Sami herzlich grüßen.
Sami: Na, das ist ja interessant! Wer ist es denn?
Ella: Ich sag' nur: Schöne Grüße von Jessie!
Sami: Jessie? Welche Jessie? Ella, komm!
Ella: Ich geb' dir 'nen Tipp: Abendspiegel!
Sami: Nee! Sag bloß! Du meinst doch nicht etwa …
Ella: … Jessica Langer. Genau die mein' ich!
Sami: Wahnsinn! Die hab' ich schon ewig lang nicht mehr gesehen.
Ella: Ach so? Und ich hab' gedacht, das ist 'ne gute Freundin von dir.
Sami: Überhaupt nicht. Wieso denn?
Ella: Na, so begeistert wie sie über dich spricht.
Sami: Was? Los, erzähl doch mal!
Ella: Na ja, sie nennt dich einen Kollegen, über den sie nur Gutes sagen kann.
Sami: Na sieh mal an!
Ella: Mhm. Sie hält dich für einen tollen Journalisten.
Sami: Ach, komm jetzt! Du machst dich doch lustig über mich, oder?
Ella: Nein! Sie hat sogar gesagt, du bist ein echtes Vorbild!
Sami: Du lügst!
Ella: Nein.
Sami: Je mehr du redest, desto weniger glaub' ich dir.
Ella: Hm, sie hat das gesagt. Ich schwör' es dir, Sami!
Sami: Hey, das freut mich! Und ich habe immer geglaubt, die findet mich total doof.
Ella: Ich hab' doch gesagt das kann spannend werden!
Sami: Das hat mir jetzt richtig gut getan! Danke, Ella!
Ella: Bitte, gern!

Lektion 9 Virtuelle Welt

Foto-Hörgeschichte

vgl. Transkriptionen zum Kursbuch, Seite 184 – 185

Ellas Film

Irgendwie komisch, oder?
Ella: Hallo! Ich gehe manchmal herum und beobachte Menschen und mache mir so meine Gedanken dazu. Da drüben zum Beispiel sind zwei zusammen unterwegs und gucken dabei in ihre Handys. Und ich habe irgendwie das Gefühl, als ob die gar nichts miteinander zu tun hätten, oder? Außer vielleicht, dass sie in dieselbe Richtung gehen. Ist das nicht Wahnsinn? Ich weiß ja, dass ich sowas auch mache, also dass ich auch immer mal wieder irgendwas mit dem Handy mache, während ich mit Leuten zusammen bin. Hm …
So, jetzt ist es eine Viertelstunde später und die beiden haben in der ganzen Zeit nur einmal ganz kurz miteinander gesprochen. Und zwar bevor sie hier Halt gemacht haben. Jetzt essen sie was zusammen. Na ja, eigentlich nicht „zusammen". Es sieht eher so aus, als ob jeder von denen ganz allein wäre, als ob die da nur zufällig an einem Tisch sitzen würden. Oder gibt's da irgendwas Gemeinsames? Wie gesagt, ich mache das auch ziemlich oft, aber ich seh' mich natürlich nicht selbst dabei. Wenn ich es bei denen sehe, dann, na ja, finde ich es schon komisch irgendwie. Als ob ich in einem Science-Fiction-Film wäre oder in einem Traum.
Hey! Na sieh mal an, geht doch auch anders!

Lektion 10 Werbung und Konsum

Foto-Hörgeschichte

vgl. Transkriptionen zum Kursbuch, Seite 188 – 189

Ellas Film

Alles, was du brauchst
Ella: Hallo! Diese Sache mit dem Tee-Test bei uns in der Redaktion … Ihr erinnert euch doch, oder? Ich habe da ja ein paar Fotos und kurze Videos gemacht. Und als ich mir die später angesehen habe, da dachte ich, daraus könnte man einen lustigen, kleinen Werbe-Clip machen. Sami hat ihn schon gesehen und hat sich halb tot gelacht darüber. Ich bin gespannt, wie ihr ihn findet und sag' schon mal Tschüs! Viel Spaß!
Sprecherin: Das ist Sami. Sami hat ein Problem: Er ist weder lustig, noch attraktiv. Deshalb braucht er dringend etwas, was ihn interessanter macht. Aber er kann und kann es nicht finden. Hallo Sami, guck doch mal: Hier kommt genau das, was du suchst: Gute-Laune-Tee von ESOTERIX. ESOTERIX – alles, was du brauchst!
Werbesprecherin: Lecker-Gute-Laune von ESOTERIX. ESOTERIX, der wohltuende Tee. Und drin ist nur reine Natur.

Transkriptionen der Filme

Lektion 11 Miteinander

Foto-Hörgeschichte

vgl. Transkriptionen zum Kursbuch, Seite 192–193

Ellas Film

Immer fair bleiben

Ella: Also, die Sache mit dem Kürbis gestern hat mir keine Ruhe gelassen und ich habe Herrn Bogert angerufen. Hallo, Herr Bogert!

Herr Bogert: Hallo, Frau Wegmann.

Ella: Ihnen gehört die Kürbisstation hier.

Herr Bogert: Meiner Frau und mir, richtig.

Ella: Sie sind Landwirt und verdienen sich mit Kürbissen etwas dazu.

Herr Bogert: Ja, solche zusätzlichen Angebote brauchen wir, da wir von der kleinen Landwirtschaft allein nicht mehr leben können.

Ella: Und? Läuft das?

Herr Bogert: Ja, das geht schon. Wir sind eigentlich ganz zufrieden.

Ella: Die Kürbisstation ist ein Stück von Ihrem Bauernhof weg, etwas außerhalb der Ortschaft. Sie können also nicht den ganzen Tag hier sein und aufpassen. Wird viel gestohlen bei Ihnen?

Herr Bogert: Ja, so um die zehn Prozent etwa.

Ella: Boah, und das obwohl Ihre Kürbisse viel günstiger sind als im Laden.

Herr Bogert: Für manche Leute kann's halt nicht günstig genug sein.

Ella: Unglaublich!

Herr Bogert: Auf der anderen Seite gibt's aber auch wahnsinnig nette Leute. Neulich war ein handgeschriebener Zettel in der Kasse, da stand drauf: „Tut mir leid, hatte kein Geld mit dabei. Bezahle morgen."

Ella: Und?

Herr Bogert: Ja, am nächsten Tag war eben wieder ein Zettel in der Kasse, da waren mit Klebestreifen die Geldstücke drangeklebt und darunter ein großes Herz mit vielen Dank.

Ella: Ach, das tut gut! Es gibt also nicht nur schlechte Nachrichten!

Herr Bogert: Nein, nein, die allermeisten Leute sind absolut ehrlich. Zum Glück!

Ella: Und das ist gut und richtig so, denn Leute wie Herr Bogert arbeiten fleißig und sollen von ihrer Arbeit auch leben können, oder?

Zwischendurch mal Film

Das geht ja gar nicht!

Aljoscha: Hey, stopp, warte mal! Was machst denn du da?

Mona: Was ich mache? Na, ich entsorge die Brötchen.

Aljoscha: Du entsorgst die Brötchen?

Mona: Ja, die sind alt.

Aljoscha: Nö, das machst du nicht.

Mona: Warum denn nicht?

Aljoscha: Weil Brötchen wegwerfen – das geht gar nicht!

Mona: Hä?

Aljoscha: Man wirft keine Lebensmittel weg. Das kommt überhaupt nicht infrage! Wo kommen wir denn hin, wenn jeder einfach Essen wegwirft? Nur, weil es nicht mehr so ganz frisch ist. Essen wegwerfen – das geht doch nicht, oder? Nö, das ist nicht in Ordnung. Aus alten Brötchen kann man nämlich jede Menge leckere Gerichte machen. Man muss allerdings nur wissen, wie. Das ist ja klar. Aber so schwer ist es nun auch nicht! So ein Brotsalat mit eingelegten Trockentomaten und Rucola zum Beispiel, das ist eine ganz wunderbare Sache. Und bitte sehr! Sagt selbst, sieht das nicht total appetitlich aus?

Paulette: Aljoscha, in deinen Brotsalat könnte ich mich direkt reinsetzen!

Mona: Wow, ja, so lecker! Übrigens, du hattest voll recht, Aljoscha!

Aljoscha: Mhm.

Mona: Alte Brötchen wegwerfen, das geht gar nicht. Aljoscha? Aljoscha!

Aljoscha: Hm? Geht gar nicht? Was denn?

Paulette: Beim gemeinsamen Essen dauernd ins Handy zu glotzen! Das geht gar nicht.

Lektion 12 Soziales Engagement

Foto-Hörgeschichte

vgl. Transkriptionen zum Kursbuch, Seite 196–197

Ellas Film

Total zufrieden!

Ella: So, das war ein interessanter Tag hier, in der Nachbarschaftshilfe e. V. Es hat Spaß gemacht, mit Tobias und den Kindern den Tag zu verbringen. Bevor wir nun nach Hause gehen, möchte ich aber noch kurz eine Elternmeinung hören. Verena Hayek ist die Mama von Linus, unserem Kuckuck.

Linus: Kuckuck, kuckuck.

Ella: Sagen Sie uns kurz Ihre Meinung zum Kinder-Ferienprogramm, Verena?

Frau Hayek: Na ja, das ist einfach super! Gerade für Alleinerziehende wie mich. Ich meine, ich kann nicht in die Arbeit gehen, ohne dass ich einen guten Platz für meinen Jungen habe.

Linus: Du, Mama ...?

Frau Hayek: Ja, gleich! Das sind seine ersten, großen Schulferien und ich kann im Moment nicht Urlaub machen, weil meine Chefin krank geworden ist. Ich bin Verkäuferin und der Laden muss weiterlaufen.

Ella: Verstehe.

Frau Hayek: Meine Eltern hätten ihn auch genommen, aber sie wohnen ziemlich weit weg. Und ich denke auch für Linus ist es viel schöner, wenn er mit anderen Kindern was zusammen machen kann.

Ella: Ja, klar! Was ist eigentlich mit Linus' Vater?

Frau Hayek: Ach der, der kümmert sich nicht mehr so um den Jungen seit wir uns getrennt haben. Außerdem macht er gerade drei Wochen Tauchurlaub mit seiner neuen Partnerin.

Linus: Du, Mama, gehen wir jetzt?

Frau Hayek: Ja, gleich, mein Schatz.

Ella: Und wie sind Sie auf das Kinder-Ferienprogramm gekommen?

Frau Hayek: Ganz einfach: Die Lehrerin, Linus' Lehrerin hat mir davon erzählt.

Ella: Und sind Sie zufrieden mit diesem Tipp?

Frau Hayek: Ja, total zufrieden! Und Linus gefällt es auch super hier, oder?

Linus: Ja Mama, aber jetzt gehen wir nach Hause!

Frau Hayek: Ja, okay, dann sag tschüs zu Ella.

Linus: Tschüs, Ella!

Ella: Tschüs, Kuckuck und tschüs, Verena!

Frau Hayek: Tschüs!

Linus: Kuckuck, kuckuck.

Lektion 13   Aus Politik und Geschichte

Foto-Hörgeschichte

vgl. Transkriptionen zum Kursbuch, Seite 200–201

Ellas Film

Amira

Ella: Mein Cousin Tobias hat mir vor ein paar Tagen seine neue Freundin vorgestellt. Sie heißt Amira und sie ist total nett. Ich mochte sie sofort. Sie hat mir ein bisschen über ihre Familie erzählt. Hören wir mal rein!

Amira: Meine Oma ist 1977 von Beirut nach Deutschland gekommen und …

Ella: Warte mal, warum ist sie denn aus ihrer Heimat weggegangen?

Amira: Na ja, damals war ja Bürgerkrieg im Libanon. Das war sehr brutal. Es hat ganz viele Tote gegeben. Mein Opa ist leider auch gestorben. Danach ist meine Oma dann mit ihrem Sohn …

Ella: Also, mit deinem Papa?

Amira: Ja, genau. Mit dem ist sie dann zu ihrem Bruder geflohen. Der war damals schon in West-Berlin. Mein Papa war noch ein Kind damals.

Ella: Wie alt?

Amira: Zehn, glaube ich. Ja, zehn Jahre.

Ella: Deine Mama kommt auch aus einer libanesischen Familie, oder?

Amira: Ja, aber sie ist in der DDR geboren, 1970, in Ost-Berlin. Meine Eltern haben sich 1990 kennengelernt. Nach dem Mauerfall, als aus Ost- und West-Berlin … als aus Ost- und Westdeutschland wieder ein Land geworden ist.

Ella: Und du bist natürlich auch in Deutschland geboren?

Amira: Ja, ich bin geborene Berlinerin, wie meine Mama.

Ella: Und was machst du beruflich? Oder gehst du noch in die Schule?

Amira: Nein, ich mache eine Ausbildung zur Erzieherin.

Ella: Und? Macht dir das Spaß?

Amira: Oh ja! Die Arbeit mit den Kindern, die macht mir total Spaß!

Ella: Na, das ist doch super! Danke, Amira!

Amira: Kein Problem!

Ella: Ist euch auch was aufgefallen? Die Geschichten von Amiras Vater und von August Wirth sind doch ganz ähnlich, oder? Beide mussten als Kinder mit ihrer Mutter wegen eines Krieges aus der Heimat fliehen. Und beide haben was Gutes daraus gemacht. Ich finde das sehr beeindruckend! Tschüs!

Lektion 14   Alte und neue Heimat

Foto-Hörgeschichte

vgl. Transkriptionen zum Kursbuch, Seite 204–205

Ellas Film

Eine schwere Entscheidung

Ella: Tja, jetzt ist gerade was passiert! Ich weiß gar nicht, was ich sagen soll! Es ist was ganz Supertolles und gleichzeitig was total Schwieriges! Da, bitte schön.

Jessica Langer: Hallo Ella, hoffentlich kriegst du meine Nachricht noch rechtzeitig. Hab' vorhin versucht, dich zu erreichen und ich muss jetzt in eine Sitzung. Also, pass auf! Wir suchen eine neue Kollegin und es gibt eine sehr gute Chance, dass du zu uns kommen kannst. Das einzige Problem dabei: Du musst dich sofort entscheiden! Sofort heißt heute noch. Also, falls du Interesse hast, ruf mich an. So schnell wie möglich. So 'ne Chance kommt so schnell nicht wieder!

Ella: Zum Abendspiegel nach Berlin! Das war schon immer mein Traum! Ich möchte so gern einfach „Ja" sagen, aber andererseits: Für Sami wäre das wohl ziemlich schlimm. Ich glaube, er braucht mich. Er hat sowieso schon so viel Stress. Am liebsten wäre es mir, wenn ich beides machen könnte. Aber das geht natürlich nicht … Ich wünsche mir, dass mir jetzt irgendjemand sagt, was ich tun soll! Was soll ich tun? Ich rufe sie an! Ach du liebe Zeit! Der Akku … der Akku ist leer!

Vivi: Tja, schade! Ellas letzter Film für „Schritte international Neu" ist nicht ganz fertig geworden. Wie soll sich Ella entscheiden? Was würden Sie an ihrer Stelle machen?

Lektion 8   Unter Kollegen

Schritt A

1a **a** wenn, damit, obwohl, als, dass

1b 2 Wenn 3 dass 4 obwohl 5 damit 6 Als

2 **b** Ines telefoniert mit ihrer Freundin, obwohl sie viel Arbeit hat. **c** Sie schreibt die E-Mail für die Chefin morgen, falls der Computer dann wieder funktioniert. **d** Ines erledigt die Rechnungen am nächsten Tag, weil sie sie heute nicht mehr schafft.

3 **a** Ich habe diese Stelle angenommen, obwohl ich anfangs nicht so viel verdiene. **b** Auf meinem Tisch standen frische Blumen, als ich heute Morgen ins Büro gekommen bin. **c** Die Chefin geht mit mir gleich durch alle Büros, damit ich alle Kollegen kennenlerne. **e** Ich habe Kaffee und Brote dabei, falls es keine Kantine gibt.

4 **b** Ich muss heute noch … erledigen **c** Vielleicht könnte … übernehmen **d** dann könnte ich **e** Ich spreche gleich mal mit ihm

5 **b** einen **c** ein **d** es **e** etwas **f** habe

7 **b** Grenzen **c** Falls **d** zugesagt **e** Wenden

Schritt B

8a 2 erfolgreicher … mehr 3 später … später 4 länger … besser

8b

1	2	3
Je erfolgreicher	Je später	Je länger
unsere …	wir mit …	du hier
ist,	beginnen,	arbeitest,
desto mehr Mitarbeiter	desto später	desto besser
brauchen	kommen	lernst
wir.	wir	du deine Kollegen
	nach Hause.	kennen.

9 **b** Je größer der Einfluss der Mitarbeiter ist, desto zufriedener sind sie bei der Arbeit. **c** Je freundschaftlicher die Beziehungen sind, desto besser funktioniert die Zusammenarbeit. **d** Je mehr Engagement ein Mitarbeiter zeigt, desto schneller macht er Karriere.

10 **b** Je netter die Kollegen sind **c** Je ruhiger mein Arbeitsplatz ist, desto seltener bekomme ich Kopfschmerzen. **d** Je besser das Essen in der Kantine ist, desto lieber essen die Mitarbeiter dort.

11a 2 c 3 d 4 b 5 a

11b 2 Je freundlicher die Atmosphäre in der Kantine ist, desto lieber treffen sich die Mitarbeiter dort. 3 Je motivierter der Koch ist, desto öfter bietet er neue Gerichte an. 4 Je mehr Mitarbeiter in der Kantine essen, desto länger müssen sie auf das Essen warten. 5 Je gesünder das Essen in der Kantine ist, desto fitter sind die Mitarbeiter nach der Mittagspause.

12 **a** 4 **b** 3 **c** 2 **e** 4 **f** 2

Schritt C

14 **b** über ihre **c** um seine **d** an deine **e** mit seiner **f** von unserer **g** auf ein **h** mit meiner **i** für das

15 **b** den **c** dem **d** die **e** denen **f** das **g** die

16 **A** 2 Das ist Paola, von der ich an jedem Geburtstag eine leckere Torte bekomme. 3 Das ist Paola, über die ich nur Gutes sagen kann.
B 1 Das ist Xiang, von dem ich viele Tipps bekommen habe. 2 Das ist Xiang, mit dem ich nach der Arbeit zum Sport gehe. 3 Das ist Xiang, für den das Deutschlernen sehr schwierig war.
C 1 Das sind Paul und Stefan, mit denen ich seit einem Jahr zusammenarbeite. 2 Das sind Paul und Stefan, auf die ich mich jeden Morgen freue. 3 Das sind Paul und Stefan, von denen ich in meinem ersten Jahr in der Firma viel gelernt habe.

17 **b** an die **c** über den **d** für das **e** vor dem

18 **B** auf die du keine Lust hast **C** für die Sie sich wirklich interessieren **D** mit dem Sie in drei Monaten perfekt Chinesisch lernen **E** von dem Sie träumen

19 **Musterlösung:** Da vor dem Haus steht mein erstes Fahrrad, mit dem ich immer an den See gefahren bin. Das ist meine Familie, an die ich oft denke. Auf diesem Foto ist meine Wohnung, in der ich seit drei Jahren wohne. Das hier sind meine Schulkollegen, über die ich mich oft ärgern musste. Mein Lieblingsfoto: Das war das große Fest, von dem ich dir oft erzählt habe. Und hier siehst du meinen Hund, mit dem ich jeden Abend spazieren gehe. Und das sind meine Nachbarinnen, mit denen ich manchmal einen Kaffee trinke.

20a 2 ein alter Bekannter 3 eine gute Bekannte 4 die neuen Bekannten 5 alte Bekannte

20b

		bekannt	jugendlich	erwachsen
Das ist …		der/die Bekannte	der/die Jugendliche	der/die Erwachsene
		ein Bekannter	ein Jugendlicher	ein Erwachsener
		eine Bekannte	eine Jugendliche	eine Erwachsene
Das sind …		die Bekannt	die Jugendlichen	die Erwachsenen
		– Bekannte	– Jugendliche	– Erwachsene

21 **b** Erwachsenen **c** Jugendliche **d** Bekannte **e** Erwachsener **f** Jugendliche

22a 3 keinen Kollegen 4 die Menschen 5 meinem Kollegen 6 meinem Nachbarn 7 des Herrn 8 der Nachbarn

22b

Der/Ein/Kein/ …	Nachbar
(Ich habe) den/einen/keinen/ …	Kollegen
(Ich gratuliere) dem/einem/keinem/ …	Kollegen
(Der Hut) des/eines/keines/ …	Herrn
Die/ – /Keine/ …	Kollegen
(Ich sehe) die/ – / keine/ …	Menschen
(Ich helfe) den/ – / keinen/ …	Nachbarn
(Das Haus) der/ – /keiner/ …	Nachbarn

23 **B** Kollege **C** Teamkollegen **D** Franzosen, Tschechen, Chinesen **E** Nachbarn **F** Herrn **G** Menschen

24 **b** Gedichte **c** Einfluss **d** monatelang **e** Konsequenzen **f** Atmosphäre **g** wirken

Schritt D

25a 1 b 2 a 3 c

25b **a** von uns aus können, ich bin **b** wollen wir uns nicht lieber duzen, Alles klar **c** sagen wir hier alle Du zueinander, wenn es Ihnen recht ist

26 **nein:** Kathrin, Theo, Olga, Lothar; **ja:** Ellen, Sigi, Anton

27a

	private E-Mail	halbformelle E-Mail	formelle E-Mail
Adressat	Freunde, Familie	Lehrer/in, Nachbarn, Kollegen	Ämter, Firmen
Anrede	Liebe Anna	Lieber Herr Maier	Sehr geehrter Herr Schröder
Gruß	Liebe Grüße	Viele Grüße	Mit freundlichen Grüßen
Du oder Sie	Du	Sie	Sie

27b **Musterlösung:** Liebe Frau Duran, ich möchte mich herzlich für die Einladung zu Ihrer Geburtstagsfeier bedanken. Leider kann ich nicht kommen, weil ich am Wochenende Besuch von meinen Eltern habe. Ich wünsche Ihnen alles Gute zum Geburtstag. Viele Grüße, Gaia Bardolini

Fokus Beruf: Eine Kündigung schreiben

2 **a** ~~schriftlich~~ mündlich **b** ~~15 Tagen~~ vier Wochen **c** ~~Urlaub~~ Überstunden **d** ~~per E-Mail~~ als Brief

3a mein Mann hat zum 1. September eine neue Arbeitsstelle in Würzburg, Ich kündige daher mein Arbeitsverhältnis mit Ihnen fristgerecht zum 15. August

3b **Musterlösung:**
Betreff: Kündigung des Arbeitsverhältnisses – Arbeitsvertrag vom 01.06.2005
Sehr geehrter Herr Schulte,
mein Mann hat zum 1. September eine neue Arbeitsstelle in Würzburg. Ich kündige daher mein Arbeitsverhältnis mit Ihnen fristgerecht zum 15. August. Die Arbeit in Ihrem Unternehmen hat mir immer viel Spaß gemacht. Ich bitte Sie, mir möglichst bald mein Arbeitszeugnis zukommen zu lassen und bedanke mich für die Zusammenarbeit.
Mit freundlichen Grüßen
Irina Bockel

Lektion 9   Virtuelle Welt

Schritt A

1 **b** Finn macht Kaffee, während Liana die Fenster öffnet. **c** Während Finn den Drucker einschaltet, setzt sich Liana an den Schreibtisch. **d** Liana liest ihre E-Mails, während Finn Papier in den Drucker legt. **e** Während Finn einige Dokumente ausdruckt, beantwortet Liana ihre E-Mails.

2a 3 Lesen Sie Ihre Nachricht noch einmal. 4 Warten Sie, bis die E-Mail verschickt ist. 5 Kontrollieren Sie, ob Sie alle Programme geschlossen haben.

2b 2 Bevor Sie die E-Mail schreiben, ergänzen Sie die Adresse des Empfängers und einen Betreff. 3 Lesen Sie Ihre Nachricht noch einmal, bevor Sie auf „E-Mail senden" klicken. 4 Bevor Sie das E-Mail-Programm schließen, warten Sie, bis die E-Mail verschickt ist. 5 Kontrollieren Sie, ob Sie alle Programme geschlossen haben, bevor Sie den Computer ausschalten.

3a

	Zuerst	Dann
2	mit ihrer Chefin sprechen	mit Reisebüro telefonieren und Hotelzimmer buchen
3	Termine für die kommende Woche planen	ihrer Chefin den Terminplan schicken
4	Lager überprüfen und Papier bestellen	in die Mittagspause gehen

3b 2 Ich habe mit dem Reisebüro telefoniert und ein Hotelzimmer für meine Chefin gebucht, nachdem ich mit ihr gesprochen hatte. 3 Nachdem ich die Termine für die kommende Woche geplant hatte, habe ich den Terminplan an meine Chefin geschickt. 4 Nachdem ich das Lager überprüft und Papier bestellt hatte, bin ich in die Mittagspause gegangen.

4

	Gestern:	Heute:
b	Nachdem ich zehn Minuten gelernt hatte, hat das Telefon geklingelt.	Nachdem ich zwei Stunden gelernt habe, mache ich eine Pause.
c	Nachdem ich mit meinem Freund telefoniert hatte, bin ich einkaufen gegangen.	Nachdem ich kurz mit meinem Freund telefoniert habe, habe ich noch eine Stunde gelernt.
d	Nachdem ich die Lebensmittel weggeräumt hatte, habe ich versucht zu lernen. Aber nach fünf Minuten hatte ich keine Lust mehr und bin spazieren gegangen.	Nachdem ich eine halbe Stunde spazieren gegangen bin, lerne ich weiter.

5a b 1 c 2 d 2 e 1 f 2

5b Bevor der neue Kollege da war, war es sehr ruhig und ordentlich im Büro. Bevor der neue Kollege da war, standen alle Tassen und Gläser im Schrank.

5c Nachdem der neue Kollege zu uns gekommen war, sahen die Küche und das Büro schrecklich aus. Nachdem der neue Kollege zu uns gekommen war, konnte sich niemand mehr konzentrieren.

6 **b** bevor sie mit einer neuen Aufgabe angefangen hat. **c** Während sie an ihrem Schreibtisch saß und arbeitete **d** nachdem sie alle ihre Aufgaben erledigt hatte

7 **b** Nachdem Tom geduscht hatte, hat er sich angezogen und Frühstück gemacht. **c** Während er am Tisch saß und frühstückte, hat er die Zeitung gelesen. **d** Bevor Tom aus dem Haus gegangen ist, hat er seine Freundin geweckt. **e** Während Tom U-Bahn gefahren ist, hat er Musik gehört.

8 **b** Während ich unterwegs war, habe ich Musik gehört. **c** Bevor ich nach Hause gegangen bin, habe ich eingekauft. **d** Nachdem ich zu Hause angekommen bin, habe ich gekocht.

9a **1 jemandem eine Aufgabe geben:** Würdest du das tun?, Könntest du dich nicht darum kümmern?, Wie wäre es, wenn du das übernimmst?
2 eine Aufgabe annehmen: Darum kann ich mich kümmern., Das übernehme ich., Ja, lass mich das machen.
3 eine Aufgabe ablehnen: Ich weiß nicht. Ich kann nicht so gut …, Eher nicht. Aber ich würde …, Das kommt für mich nicht infrage.

9b **Musterlösung Situation 2:** Sag mal, würdest du die Karte für Frau Schneider schreiben?
Eher nicht. Aber ich würde die Karte besorgen.
Klasse, vielen Dank!

10 **b** anschließen **c** Datei **d** herunterladen **e** Tastatur **f** Ordner **g** Rechner **h** Virus

Schritt B
11 **b** hätte **c** wäre **d** könnte **e** lernen würde
12a 2 d 3 c 4 a 5 b
12b

2	Er tut so,	als ob	er ein anstrengendes Leben	hätte.
3	Er tut so,	als ob	er ein erfolgreicher Manager	wäre.
4	Er tut so,	als ob	er gut mit Werkzeug	umgehen könnte.
5	Er tut so,	als ob	er ein neues Gerät	erfunden hätte.

13 **b** lernen würde **c** hätte **d** wäre **e** kennen würde **f** finden würden
14 **b** Noemi tut so, als ob sie nichts verstehen würde. **c** Der Kursraum sieht so aus, als ob er groß wäre. **d** Der CD-Player hört sich so an, als ob er bald nicht mehr gehen würde. **e** Es scheint so, als ob der Kursleiter viel Erfahrung hätte.
15 **b** sie eine eigene Firma hätte, ist sie Angestellte **c** sie viel Geld für Kleidung ausgeben würde, näht sie ihre Kleidung selbst **d** sie jede Woche zu einem teuren Friseur gehen würde, lässt sie ihre Haare von einer Freundin schneiden
16 **Musterlösung:** **a** Der Mann sieht so aus, als ob er Schmerzen hätte. Aber in Wirklichkeit hat er keine Lust zu wandern. **b** Der Mann sieht so aus, als ob er die Frau lieben würde. Aber in Wirklichkeit denkt er nur an ihr Geld. **c** Der Junge sieht so aus, als ob er keine Angst vor dem Hund hätte. Aber in Wirklichkeit hat er große Angst.

Schritt C
17a (von links oben nach rechts unten:) 3, 4, 2
17b 2 Dann wählst du den Empfänger der Überweisung aus. 3 Danach klickst du auf „Empfänger übernehmen" und gibst den Betrag ein. 4 Zuletzt gibst du die TAN ein und bestätigst die Überweisung.
18 1 B 2 G 3 C 4 X 5 E

Schritt D
19a 2 Irgendwie 3 irgendwelche 4 irgendwer
19b **Musterlösung:** 1 Irgendwo muss der Schlüssel doch sein. 2 Kann mir bitte irgendwer helfen?
20 **b** 5 **c** 4 **d** 1 **e** 2
21 **A:** 2, 3 **B:** 4
22a 1 Ich rate Dir 2 Ehrlich gesagt hat man den Eindruck, An Deiner Stelle würde 3 Ich kann gut verstehen, Auch bei uns, fand das übertrieben 4 wieso Dich das so aufregt, Deshalb solltest Du
22b **Musterlösung:** Text B: Ich kann gut verstehen, dass Dich das aufregt. Auch bei uns ist das so. Mein Mann kauft fast jede Woche neue Sportschuhe. Unglaublich! An Deiner Stelle würde ich mit einer ihrer Freundinnen sprechen. Vielleicht kann sie mit Deiner Freundin reden, warum sie so viele Schuhe kauft.

Schritt E
23 **Moderator:** 2, 6; **Frau Karl:** 4, 5, 8; **Herr Oehler:** 3, 7, 9
24a 2 Verständnis 3 Erstaunen 4 Ratschlag 5 Kritik 6 Ärger

Fokus Beruf: Alternativvorschläge machen
1b Salat und Gemüse im Großmarkt kaufen: Donnerstag, Tischdekoration machen und auf Tische stellen: Mittwoch, Tiramisu zubereiten: Freitag, Fleisch und Fisch im Großmarkt holen: Donnerstag, putzen (auch die Fenster!): Montag, Einladungen verteilen: Dienstag, Sekt in Kühlschrank stellen: Freitag, Sekt eingießen: Samstag, Wechselgeld holen: Donnerstag
2a 3, 6, 7, 8
2c 3 Wäre es nicht besser, wenn wir die Einladungen am Dienstag verteilen? 6 Wie wäre es, am Donnerstag den Salat vom Großmarkt mitzubringen? 7 Vielleicht sollten wir auf dem Rückweg noch bei der Bank vorbeifahren. 8 Ist es nicht besser, wenn wir den Sekt erst eingießen, wenn die Gäste kommen?

Lektion 10   Werbung und Konsum

Schritt A
1 **b** gerecht **c** verbieten **d** Sieger **e** vorige **f** weder … noch
2 **b** weder liegen noch sitzen **c** sowohl Arme als auch Beine **d** weder Licht noch Bremsen **e** sowohl neue Fenster als auch neue Türen
3 **A** sowohl … als auch **B** weder … noch, sowohl … als auch **C** weder … noch, sowohl … als auch
4 **b** weder Fleisch noch Alkohol gibt **c** sowohl praktische als auch schöne Kleidung bekommt **d** sowohl der Rechnungsbetrag als auch das Kaufdatum stehen **e** weder zu groß noch zu schwer ist
5a 1 Es war doch abgemacht 2 Ich bin wirklich sehr enttäuscht 3 Dann sehe ich leider nur eine Möglichkeit 4 Dazu möchte ich aber noch anmerken 5 Ich werde mich … persönlich um … kümmern

Schritt B

6a b 3 c 1 d 3 e 2 f 1 g 2

6b **b** Sehen Sie, dort, wo jetzt die Post ist, stand früher das Rathaus. **c** Es gibt da etwas, was ich dir sagen möchte: Ich liebe dich! **d** Überall, wo Sie Häuser sehen, waren früher Felder. **e** Du findest sowieso alles, was ich für dich tue, falsch! **f** Ich möchte immer nur da sein, wo du auch bist. **g** Das ist genau das, was mich so ärgert. Hör also auf damit!
etwas/nichts/alles/das + was
dort/überall/da + wo

7 **b** da, wo; dort, wo **c** etwas, was; nichts, was **d** das, was; überall ..., wo

8 **b** wo **c** was **d** wo **e** was **f** wo **g** was

9 **b** Aber ich fühle mich auch da wohl, wo ich jetzt lebe. **c** Ich mache in meiner Freizeit nur das, was mir Spaß macht. **d** Und bei der Arbeit mache ich nichts, was meine Kunden oder Kollegen verärgert.

10 1 richtig 2 richtig 3 falsch 4 falsch 5 richtig 6 falsch

11 **b** 4 **c** 3 **d** 1

Schritt C

12a Im Haus meines Großvaters fand ich ein paar Dinge besonders schön: zum Beispiel ein Foto, auf dem ein kleiner, schlafender Junge zu sehen war (das war mein Großvater als Kind), ein schwarzes, allerdings nicht funktionierendes Radio, eine alte, an einer Kette hängende Uhr und goldene, wunderschön leuchtende Ringe.
Irgendwann hat mir mein Großvater diese Dinge geschenkt. Jetzt stehen das Foto, auf dem der kleine, schlafende Junge zu sehen ist, und das schwarze, wieder funktionierende Radio auf meinem Regal. Die alte, an der Kette hängende Uhr wird gerade repariert. Nur die goldenen, leuchtenden Ringe sind bei meinem Großvater geblieben.

12b

ein kleiner der kleine	ein schlafender der schlafende	Junge (der)
ein schwarzes das schwarze	ein funktionierendes das funktionierende	Radio (das)
eine alte die alte	eine hängende die hängende	Uhr (die)
– goldene die goldenen	– leuchtende die leuchtenden	Ringe (Pl.)

13 **B** feine, riechende **C** frische, wachsende **D** hübsche, passende **E** interessanten, wechselnden **F** verschiedenen, auffallenden **G** kleinen, hupenden **H** hübschen, sprechenden

14 **A** 1 sprechenden/mitdenkenden 2 mitdenkenden/sprechenden
B 1 singende 2 weinenden 3 beruhigende

15 **b** sowohl kochen als auch **c** Das ist ja nicht zu glauben **d** Unglaublich **e** das Beste kommt noch **f** Wahnsinn

16a+b
Meine neue Uhr ist einfach super ↘! Stell dir nur vor →: Damit weißt du nicht nur →, wie spät es ist →, sondern auch, wie viele Schritte du gemacht hast ↘! Ach, wirklich ↗? Das ist ja nicht zu glauben ↘.
Ja, aber das Beste kommt noch →: Wenn du zu lange gesessen hast →, erinnert dich die Uhr daran →, dass du aufstehen und dich bewegen sollst ↘.
Unglaublich!

Schritt D

17 **b** Verbraucher **c** Aprikose **d** zusammenstellen **e** abstimmen **f** Entwicklung **g** Sieger **h** benötigen **i** andererseits **j** Auslieferung

18 **richtig:** 1, 3, 4, 5; **falsch:** 2

Schritt E

19 **b** 5 **c** 2 **d** 7 **e** 1 **f** 8 **g** 6 **h** 9 **i** 3

20a (von links oben nach rechts unten:) 8, 1, 7, 3, 5, 4, 2, 6

20b **Musterlösung:** Liebe Marta, neulich ist etwas passiert, was ich Dir unbedingt erzählen muss. Stell Dir vor: Axel ist gegen Mitternacht aufgewacht, weil er eine Stimme gehört hat. Als er ins Bad schaute, lag die Zahnbürste von Luis auf dem Boden uns sagte „Weitermachen". Axel legte Handtücher auf die Zahnbürste, aber er hörte sie immer noch. Er holte ein Messer, um die Batterie aus der Zahnbürste zu holen. Dabei schnitt er sich in den Finger. Dann hatte er keine Lust mehr und warf die Zahnbürste aus dem Fenster. Die Zahnbürste fiel in die Kanalbaugrube, aber man hörte sie immer noch. Ein Mann kam vorbei und wunderte sich über die Stimme. Er schaute in die Kanalbaugrube. Axel erklärte ihm, dass eine Zahnbürste in der Kanalbaugrube liegt, keine Person.
Liebe Grüße, Paola

Fokus Beruf: Rechte und Pflichten am Arbeitsplatz

1 **Arbeitszeit:** Montag bis Freitag, 7.00 – 22.00 Uhr, acht Stunden pro Tag
Pausen: 45 Minuten Pause/Tag, spätestens nach sechs Stunden, Mindestdauer 15 Minuten
Überstunden: bis zu zwei Überstunden pro Tag, werden nicht bezahlt, mehr freie Tage

2a **Musterlösung Situation 1:**

Herr Meier: Ich mache jeden Tag Überstunden. Ist das erlaubt?

Frau Herpich: Sie müssen bis zu zwei Überstunden pro Tag machen, wenn der Arbeitgeber Sie dazu auffordert.

Herr Meier: Bekomme ich für die Überstunden mehr Geld?

Frau Herpich: Nein, Überstunden werden nicht bezahlt. Aber Sie bekommen für Ihre Überstunden mehr freie Tage.

Lektion 11   Miteinander

Schritt A

1a   **2** Mit 35 Jahren, werde … sein **3** am Sonntag, werden … wir **4** in zwei Monaten, werden … haben

1b

2	Kamil	möchte	mit 35 Jahren	ein Geschäft	haben.
	Er	wird	dann	sein eigener Chef	sein.
3	Sammy	geht	am Sonntag	ins Fußballstadion.	/
	Hoffentlich	werden	sie	–	gewinnen.
4	Webers	feiern	in zwei Monaten	Goldene Hochzeit.	
	Sie	werden		eine wunderbare Feier	haben.

2   **B** Vorsatz/Plan **C** Versprechen **D** Vorhersage/Vermutung

3   **a** wirst … erreichen **b** wird … finden **c** werde … bewerben **d** werden … suchen **e** werden … besuchen **f** lernen

4   Ich werde ganz sicher eine Woche lang die Geschirrspülmaschine ausräumen. Ich werde früher aufstehen und meine Schwester zum Kindergarten bringen. Und ich werde jeden zwei Tag Gitarre üben.

5   **Musterlösung:** Die Autos werden fliegen können. Die Kühlschränke werden kochen und backen können. Wir werden alle mindestens drei Handys haben. Unsere Haustiere werden uns E-Mails schreiben.

6   **a** Ab morgen werde ich abends kein Brot mehr essen. **c** Ich bemühe mich, nicht später als 22 Uhr ins Bett zu gehen. **d** Wie findest du die Idee, dass wir beide ein Instrument spielen lernen? **e** Ich gebe Ende des Jahres endgültig das Rauchen auf. **f** Du musst meinetwegen nicht regelmäßig Sport machen.

Schritt B

7   **a** Vor fünf Jahren kam ich nach Deutschland, da ich in Berlin arbeiten wollte. **b** Anfangs fühlte ich mich fremd, da alles neu für mich war. **c** Dann machte ich einen Deutschkurs und es ging mir besser, da ich endlich Deutsch sprechen konnte. **d** Heute geht es mir richtig gut, da ich viele Freunde habe.

8   **b** weil/da ich im Büro noch so viel Arbeit habe **c** aus diesem Grund brauchen wir es leider selbst. **d** weil/da schon einige Gäste abgesagt haben

9   **a** falsch **b** Yue braucht ein Geschenk für ihre Vermieterin. **c** falsch **d** Er soll das Fahrrad auf den Fahrradstellplatz im Hof stellen. **e** falsch **f** Angelo verspätet sich häufig. **g** richtig **h** Dass Cara sich ein paar Tage um die Wohnung kümmert.

10   **B** Ausnahme **C** verspätet **D** stundenlang **E** unerträglich **f** Generation **g** Benehmen
Lösungswort: Respekt

11   **a** Auch wenn es heute nicht mehr so üblich ist, finde ich es wirklich wichtig, dass Jugendliche richtige Bücher lesen und nicht nur nächtelang vor dem Computer sitzen.
b Machst du das auch? Wenn ich nachts unter der Woche wach bin und nicht schlafen kann, dann koche ich mir einen Tee und lese ein gutes Buch, am besten etwas zum Lachen oder zum Nachdenken.
c Meine Kinder Christof und Christine sind zwar beide kleine Chaoten und furchtbar unordentlich, aber sie haben einen guten Charakter.
d Ich arbeite in der IT-Branche. Mein Chef ist sehr sympathisch. Auch wenn wir mal Fehler machen: Er gibt uns immer wieder eine Chance. Und zum Geburtstag bekommt jeder Mitarbeiter eine Flasche Champagner. Charmant, oder?

Schritt C

12   **a** eilig **c** Geschwindigkeitsbeschränkung **d** überquert **e** Rücksicht

13a   **1 a** tut mir leid **c** nicht in Ordnung **d** geht doch nicht **e** ja vollkommen recht **f** bestimmt nie wieder vorkommen
2 a war doch keine Absicht **b** doch nur schnell **c** mal ein Auge zudrücken **d** doch bitte so nett **e** überhaupt nicht infrage

14a   (von oben nach unten:) M, M, F, F, M, F, M

14b   Frau: Entschuldigen Sie. Ich war zuerst hier. Stellen Sie sich bitte hinten an.
Mann: Entschuldigung, aber ich habe es sehr eilig.
Frau: Das ist nicht in Ordnung. Ich habe es auch eilig.
Mann: Ach, seien Sie doch bitte so nett. Ich wollte nur schnell bezahlen.
Frau: Ich sagte es Ihnen schon. Das kommt überhaupt nicht infrage.
Mann: Okay, okay, dann stelle ich mich eben hinten an und komme zu spät zum Meeting.
Frau: Ach, warten Sie, dann drücke ich mal ein Auge zu. Gehen Sie schon vor.
Mann: Oh, danke. Das ist wirklich nett.

15   **richtig:** b

16a   (von oben nach unten:) 4, 3, 5, 2, 1, 6

16b   **Musterlösung:** Einspruch gegen den Bußgeldbescheid (Aktenzeichen …)
Sehr geehrte Damen und Herren,
hiermit lege ich fristgerecht Einspruch gegen den Bußgeldbescheid (Aktenzeichen …) vom 16.10.20.. ein. Mir wird zur Last gelegt, dass ich mit meinem Auto im Halteverbot geparkt habe. Das ist aber nicht möglich, weil ich an diesem Tag ganz sicher korrekt geparkt habe. Mit freundlichen Grüßen,
Dario Monti

Schritt D

17a   A 2 B 3 C 1

17b

		Deutschland/ Österreich	anderes Land	mein Land
2	Nase putzen	überall, sehr laut	allein, stört niemanden	
3	Verabredung	verabreden, Kalender	oft, ohne Anmeldung	
4	...			

Schritt E

18 b 4–7 c 24–25 d 18–19 e 31–32 f 22–23 g 11–13

19 1 a 2 c 3 b 4 a 5 a 6 b 7 a 8 a 9 c 10 a

20a 2 Essen 4 ein Erlebnis 3 Ziele

20b Musterlösung:

Liebe Martina,

ich habe mich über Deinen Brief aus Pusan sehr gefreut. Wie schön, dass Du Dich langsam wohler fühlst in Süd-Korea. Auch wir vermissen Dich! Besonders am Anfang war es sehr komisch, dass Du nicht mehr im Fußballtraining oder im Kino dabei bist.

Ich kann Dich gut verstehen! Leider vermisse ich auch immer deutsches Brot, wenn ich im Ausland bin. Als ich letztes Jahr für sechs Wochen in Mexiko war, habe ich in einer größeren Stadt eine deutsche Bäckerei gefunden. Das war toll! Vielleicht entdeckst du ja auch in Pusan eine?

Die nächsten zwei Wochenenden haben wir zwei wichtige Fußballspiele, die wir unbedingt gewinnen wollen. Deshalb trainieren wir im Moment fast jeden Tag.

Was ich Dir noch erzählen wollte: Obwohl es im Moment sehr viel regnet, schien letzte Woche für zwei Tage die Sonne und es war richtig heiß. Lea, Eva und ich sind also nach dem Fußballtraining noch ins Schwimmbad gefahren. Normalerweise schwimmen wir immer nur und fahren dann nach Hause. Aber diesmal waren wir mutig: Wir sind alle Drei vom 5-Meter-Turm gesprungen. Das war so aufregend! Du könntest mir schreiben, wie Dir die koreanischen Spezialitäten schmecken, wenn du Zeit hast. Ich bin ganz neugierig!

Liebe Grüße,
Sandra

21a 2 Zuerst möchte ich Ihnen erzählen 3 Dann möchte ich besonders von 4 berichte ich Ihnen darüber 5 Danach erzähle ich davon 6 Anschließend berichte 7 Zum Schluss zeige 8 Am Ende meiner Präsentation 9 danke Ihnen für Ihre Aufmerksamkeit 10 noch Fragen?

21b neutral: Meiner Meinung nach ...
positiv: Das gefällt mir gut, denn ...
negativ: Nicht so gut finde ich, dass ...

Fokus Beruf: Ein Missverständnis klären

1a Musterlösung: 1 Frau Jordan nicht beim Treffen mit Herrn Wildt von der Firma Solarkraft war.

2 sie im Besprechungsraum gewartet hat und niemand da war. / weil sie Herrn Baumer nicht erreichen konnte.

2 a falscher Treffpunkt b Herr Baumer c die Sekretärin fragen

3 b 4 c 2 d 5 e 1

Lektion 12 Soziales Engagement

Schritt A

1 b meine Eltern mich bei der Hausaufgabenhilfe angemeldet hatten c ich Mitglied beim Lauftreff geworden bin d ich Zeit habe e ich Geld für die Organisation „Tierschutz jetzt" sammle

2a 2 c 4 a 5 e

2b

Das dauert/e bis zu einem bestimmten Zeitpunkt: → ●			
2 Michael ist ... gegangen,	bis	sein Sohn Ben geboren	wurde.
4 Michaels Frau arbeitet nicht	bis	Ben in die Schule	geht.

Das hat in der Vergangenheit begonnen und dauert immer noch an: ● →			
3 Michael hilft ... im Haushalt	seit	Ben da	ist.
5 Michael geht zu den Sonntagsspielen	seit	Ben im Fußballverein	spielt.

3a 2 Seitdem wir nicht mehr zur Schule gehen, treffen wir uns einmal in der Woche in einer Kneipe. 3 Seit die meisten von uns verheiratet sind, kommen die Ehefrauen auch mit. 4 Seitdem die Frauen dabei sind, haben wir noch mehr Spaß.

3b 2 Bis sie einen kleinen Unfall hatte, ist sie nie mit einem Helm gefahren. 3 Bis sie sich einen guten Helm kaufen kann, spart sie Geld. 4 Bis sie den neuen Helm hat, fährt sie lieber mit dem Bus.

4 b seit c bis d Seit e seit f bis g bis

5a während, als, wenn, nachdem, seit/seitdem, bis

5b Musterlösung: Während ich meinen Bachelor mache, lerne ich weiter Deutsch. Als ich in meine Heimat gefahren bin, habe ich meine Familie und Freunde besucht. Nachdem ich meine Geschichte aufgeschrieben habe, möchte ich ein Buch veröffentlichen. Seitdem ich regelmäßig schwimmen gehe, bin ich nicht mehr so müde. Bis ich den Führerschein habe, fahre ich Fahrrad. Wenn ich meine Deutschprüfung geschafft habe, möchte ich unbedingt ein Semester im Ausland studieren.

6 b Fundsachen c Rollstuhl d Geduld e ausgestellt f Passagier g versäumt

7a (von oben nach unten:) 9, 5, 7, 8, 1, 6, 2, 3, 4
a Ich weiß nicht, was ich machen soll b Können Sie mir da vielleicht weiterhelfen c ich habe da eine Idee d Ich bin mir ganz sicher, dass f Keine Sorge, wir werden sicher eine Lösung finden g Jetzt erzählen Sie erst mal h Und was ist denn genau Ihr Problem

8a Ich weiß nicht, was ich <u>machen</u> soll! Ich habe da ein <u>Problem</u>.
Ich weiß nicht, ob ich bei Ihnen <u>richtig</u> bin.
Ich bin leider gerade in einer <u>blöden</u> Situation.

9a Was ist denn <u>genau</u> Ihr Problem?
Keine <u>Sorge</u> |, ich werde Ihnen helfen.
Ich habe da eine <u>Idee</u>.
Wie wäre es |, wenn Sie sich erst einmal hinsetzen?
Ich bin <u>ganz</u> sicher |, dass Sie <u>rechtzeitig</u> in Pasing sind.

Schritt B

10 b bekommen c betragen d sein e Mitglied werden
11a 2 a 3 b 4 e 5 c
11b 2 Nun hilft Frau Sosic von der Nachbarschaftshilfe meiner Mutter beim Einkaufen, indem sie einmal in der Woche mit ihr zum Supermarkt fährt. 3 Sie hilft auch meinem Vater bei der Gartenarbeit, indem sie sich um den Rasen und die Blumen kümmert. 4 Außerdem hat sie mich bei der Arbeitssuche unterstützt, indem sie mit mir Stellenangebote im Internet gesucht hat. 5 Jetzt unterstütze ich die Nachbarschaftshilfe finanziell, indem ich regelmäßig Geld spende.
12 b sie dir alle Schritte langsam zeigen c du einfach deine Kontonummer angibst d kannst du 100 Euro sparen e du uns gleich anrufst
13 b ohne dass c indem d Indem e ohne dass
14a 2 Sally geht für ihre Nachbarin einkaufen, ohne dass die alte Frau sie lange bitten muss. (verschiedene Personen) 3 Thomas möchte Menschen aus seiner Nachbarschaft kennenlernen, ohne dass er gleich in einen Verein eintritt. (dieselbe Person) 4 Die Kinder aus der Nachbarschaft bekommen im Kinder- und Jugendtreff eine warme Mahlzeit, ohne dass ihre Familien jeden Tag kochen müssen. (verschiedene Personen) 5 Man kann sich bei der Nachbarschaftshilfe engagieren, ohne dass man Mitglied wird. (dieselbe Person) 6 Lucia hilft zweimal in der Woche bei der Nachbarschaftshilfe, ohne Mitglied zu sein. (dieselbe Person) 7 David betreut die Kinder aus der Nachbarschaft bei den Hausaufgaben, ohne Geld dafür zu bekommen. (dieselbe Person)
14b 3 Thomas möchte Menschen aus der Nachbarschaft kennenlernen, ohne gleich in einen Verein einzutreten. 5 Man kann sich bei der Nachbarschaftshilfe engagieren, ohne Mitglied zu werden.
15 b Ich gehe nicht regelmäßig laufen, ohne einen festen Termin mit anderen Läufern zu haben. c Sie können zweimal am Training teilnehmen, ohne dass der Verein einen Mitgliedsbeitrag fordert. d Wir wollen uns verbessern, ohne dass der Spaß im Training zu kurz kommt.
17 1 c 2 b 3 c 4 a

Schritt C

18 a anerkannt b hinweisen, Einrichtung c egoistisch, Verfallsdatum d Integration, Kälte e Altenheim

19 b Das Restaurant ist eigentlich immer geöffnet außer am Sonntag. c Das andere Restaurant, das wir gefunden haben, hatte zwar geöffnet, aber es gab keine vegetarischen Gerichte. Also haben alle etwas gegessen außer mir. d Das Essen hat keinem so richtig geschmeckt außer Dörte. Sie hat gleich zwei Portionen gegessen. e Am Ende waren wir auch noch alle betrunken außer Fredi. Das fanden alle lustig, nur er nicht. f Als ich bezahlen wollte, habe ich festgestellt, dass ich nicht genug Geld hatte. Niemand wollte mir etwas leihen außer meinem Freund Fredi. Der hat mir 50 Euro gegeben. g Also, zu meinem nächsten Geburtstag lade ich keinen mehr ein, außer vielleicht meinem lieben Fredi und meiner Eltern.

Schritt D

20a

1915	sehr guter High School-Abschluss	1922	Weltrekord: als erste Frau über 4200 Meter hoch fliegen
1917–1919	verschiedene, soziale Berufe	1928	als erste Frau mit Flugzeug über Atlantik + Buch darüber schreiben
1919–1920	Medizinstudium	1932	selbst über Atlantik fliegen
1920	zum ersten Mal mit Flugzeug mitfliegen	1937	Welt mit Flugzeug umrunden wollen
1921	erstes Flugzeug kaufen	2010	Film über ihr Leben

Schritt E

21a 1, 2, 4
21b 2 ~~500 Euro~~ 1000 Euro 3 ~~zu Rafik~~ zur Arbeit 4 ~~alle zwei Monate~~ monatlich 5 ~~auch~~ nicht 6 ~~nicht mehr liebt~~ wirklich gern hat 7 ~~für ein neues Auto~~ für einen Laptop
21c 2 B 3 A 4 B
21d Musterlösung:
Hallo Rafik,
das Problem kenne ich gut. Auch mein Freund hat sich immer Geld von mir geliehen, aber nie zurückbezahlt. Das ist wirklich ärgerlich. Ich glaube schon, dass Deine Freundin Dir das Geld zurückgeben möchte, aber wahrscheinlich nicht kann. Vielleicht ist sie wirklich in finanziellen Schwierigkeiten. An Deiner Stelle würde ich in Ruhe mit ihr sprechen. Vielleicht könnt ihr ihr Problem gemeinsam lösen. Alles Gute!
Susann

Fokus Beruf: Sich auf einer Infoveranstaltung informieren

1a 1
1b Er hilft Menschen, die sich nicht mehr gut bewegen können. Er arbeitet normalerweise im Krankenhaus.
2a 2 Ausbildungsdauer 3 Ausbildungsinhalte 4 Spezialisierung 5 Finanzielle Aspekte 6 Verdienst/Einkommen 7 Zugangsvoraussetzungen 8 Lernorte
2b 2, 3, 5, 6, 7

Lektion 13 Aus Politik und Geschichte

Schritt A

1 **b** werden im Ausländeramt beantwortet **c** werden asiatische Lebensmittel verkauft **d** Müll wird getrennt **e** werden Mülltonnen geleert **f** werden Flaschen im Supermarkt zurückgegeben

2a Koch wollte an seiner Jungenschule für mehr Bewegung und Gemeinschaft sorgen. Er ließ einen Ball aus England schicken, dem einzigen Land, in dem Fußball damals bekannt war.
Zuerst wurde Kochs Idee von seinen Lehrerkollegen abgelehnt. Er bekam viel Ärger wegen des körperlichen Spiels und der chaotischen und ungeregelten Zustände auf dem Fußballfeld. Nur von wenigen Kollegen wurde er unterstützt. 1875 ist dann das erste Fußball-Regelwerk geschrieben worden. Sein Autor? Konrad Koch.
Im selben Jahr gründete Koch an seiner Schule den ersten Fußballverein. Bei den Schülern wurde der Sport immer beliebter. Sie hatten nicht nur Spaß, sondern lernten auch, Verantwortung zu übernehmen und Konflikte zu lösen. Auch in anderen Schulen und bei Erwachsenen wurde der Sport immer populärer. Im Jahr 1900 ist dann von 86 Klubs der Deutsche Fußballbund (DFB) gegründet worden. Das alles verdanken wir auch dem Lehrer Konrad Koch.

2b

Zuerst	wurde	Kochs Idee von …	abgelehnt.
Nur von wenigen Kollegen	wurde	er	unterstützt.

1875	ist	dann das erste Fußball-Regelwerk	geschrieben worden.
Im Jahr 1900	ist	dann von 86 Klubs …	gegründet worden.

3a **2** wurde … genannt **3** wurde … angenommen **4** wurde … gewaschen **5** weggeworfen **6** wurde … aufgenommen **7** wurden … produziert

3b **2** wurde … genannt → ist … genannt worden
3 wurde … angenommen → ist … angenommen worden
4 wurde … gewaschen → ist gewaschen worden
5 wurde … weggeworfen → ist … weggeworfen worden
6 wurde … aufgenommen → ist aufgenommen worden
7 wurden … produziert → sind … produziert worden

4 **b** wurde **c** ist **d** wurde **e** ist

5 Wann und von wem …
b ist der Eiffelturm gebaut worden?, wurde der Eiffelturm gebaut?
c ist Mona Lisa gemalt worden?, wurde Mona Lisa gemalt?
d ist der moderne Buchdruck erfunden worden?, wurde der moderne Buchdruck erfunden?

6 **b** Zuerst möchte ich über … sprechen **c** Der nächste Punkt meiner Präsentation **d** Ich möchte euch auch Informationen über … geben **e** Nun habt ihr einen Einblick **f** Vielen Dank für eure Aufmerksamkeit **g** noch Fragen

7 **1** a **2** c **3** a **4** c **5** c

Schritt B

8 **b** kleiner, am kleinsten **c** älter, am ältesten **d** teurer, am teuersten **e** kälter, am kältesten **f** höher, am höchsten

9a **1** längste **2** kälteste **3** kleinste, größten, kleinste **4** höchsten, höchste
1 der längste Eisenbahntunnel **2** das kälteste Hotel **3** die kleinste Stadt, die größten Städte, die kleinste Stadt **4** die höchsten Gebäude, höhere Gebäude, das höchste Gebäude

9b

+	++	+++	
der tiefe ein/kein tiefer	der tiefere ein/kein tieferer	der tiefste	Tunnel (der)
das kalte ein/kein kaltes	das kältere ein/kein kälteres	das kälteste	Hotel (das)
die kleine eine/keine kleine	die kleinere eine/keine kleinere	die kleinste	Stadt (die)
die hohen hohe/keine hohen	die höheren höhere/keine höheren	die höchsten	Gebäude (Pl.)

10a Immer mehr Menschen ziehen aus ländlichen Regionen in die Städte. Warum? Die hohe Arbeitslosigkeit ist vor allem für junge Leute ein großes Problem. Sie hoffen, in der Stadt bessere Jobchancen, einen höheren Verdienst und ein größeres Angebot an kulturellen Veranstaltungen zu finden. Für die besseren Jobchancen, den höheren Verdienst und das größere, kulturelle Angebot akzeptieren sie auch, dass sie sich in Städten wie München und Frankfurt nur eine kleinere Wohnung mit einer höheren Miete leisten können. In dem Zusammenhang bringt die Landflucht in ländlicheren Regionen viele Probleme mit sich: Firmen und Geschäfte müssen schließen, weil sie sich nicht mehr lohnen, oder sie versuchen, mit einem günstigeren Warenangebot neue Kunden zu finden; Wohnungen und Häuser stehen leer, Kindergärten schließen. All das führt zu einem immer schnelleren Wandel der Gesellschaft. Deshalb werden immer mehr Bürger und auch Politiker aktiv und entwickeln neue Ideen gegen die Landflucht.

10b+c
Ich habe … / Für …

+	++	+++	
den/einen hohen	den/einen höheren	den höchsten	Verdienst (der)
das große ein großes	das größere ein/kein größeres	das größte	Angebot (das)
die/eine kleine	die/eine/keine kleinere	die kleinste	Wohnung (die)
die guten gute/keine guten	die besseren bessere/keine besseren	die besten	Jobchancen (Pl.)

Mit ... / In ...

+	++	+++	
dem/einem schnellen	dem/einem schnelleren	dem schnellsten	Wandel (der)
dem/einem günstigen	dem/einem günstigeren	dem günstigsten	Angebot (das)
der/einer hohen	der/einer höheren	der höchsten	Miete (die)
den/– ländlichen	den /– ländlicheren	den ländlichsten	Regionen (Pl.)

11 a höchsten c niedrigeren d erfolgreicheren e niedrigste

12 b starken, stärkeren c cooles, cooleres d guten, besseren e großen, größten

13 **Musterlösung:** b an der besten Uni studieren. c größere Fortschritte in der deutschen Sprache machen. d im Sommer einen längeren Urlaub zu machen. e in einer größeren Wohnung wohnen. f die schönsten Kleider kaufen. g mir das neuste Smartphone leisten könnte. h Ich würde mir wünschen, kürzere Arbeitstage zu haben.

14 b 5 c 1 d 6 e 2 f 3 g 4

15a 2 Ich finde es besser so, wie es zurzeit ist 3 halte ich viel 4 Meiner Ansicht nach 5 kann ich nur ablehnen

15b **Musterlösung:** 1 Das kann ich nur ablehnen. 2 Ich bin absolut dagegen.

Schritt C

16 a – b – c – d + e +

17b

Wer?	Was?	Wo?	Wann?
Menschen in europäischen Städten, in München mehrere hundert Demonstranten; Münchens Alt-Oberbürgermeister Hans-Jochen Vogel	Demonstration für den Erhalt der EU, Pulse-of-Europe Kundgebung für Frieden und Zusammenhalt in Europa; Rede über Wiederaufbau Deutschlands nach dem 2. Weltkrieg	in mehr als 80 europäischen Städten, vor der Münchner Oper	am Sonntag

17c **Musterlösung:** Am Sonntag haben in mehreren europäischen Städten Menschen für den Erhalt der EU demonstriert. Vor der Oper in München haben mehrere hundert Demonstranten ein politisches Zeichen für Frieden und Zusammenhalt gesetzt. Auch Münchens Alt-Oberbürgermeister Hans-Jochen Vogel hielt eine Rede bei der Demonstration.

18 b 6 c 2 d 3 e 1 f 5 g 8 h 7

19 a zonen b Siegermächte d Regierung e fair f streiken g Demonstration h protestieren **Lösungswort:** Freiheit

Fokus Beruf: Maßnahmen vergleichen

1a A: + B: – C: +/–

1b A: Sportprogramm (Yoga, Rückengymnastik, gemeinsam joggen oder walken) B: guter Koch und Kantine C: Geschenk für teamförderndes Verhalten

Lektion 14 Alte und neue Heimat

Schritt A

1a 2 das Gemüse + die Suppe 3 schwarz + das Brot 4 zubereiten

1b 2 das Rührei 3 der Kuchenteig 4 der Rotwein 5 die Reservierung

3 **Musterlösung:** Festtag, Festessen, Festzelt, Weihnachtszeit, Weihnachtsmarkt, Weihnachtsgebäck, Marktplatz, Markttag

4a (von oben nach unten:) 2, 4, 6, 5, 1, 3

Schritt B

5 b Dann lass uns halt nach dem Weg fragen! c Hat Elsa dir zu deinem Geburtstag gratuliert? d Hedwig hat sich für die Blumen bedankt. e Ich kann dir bei den Hausaufgaben helfen. f Hast du dich um die freie Stelle beworben?

6 b daran c davon d darauf e davor

7 b Mit wem, worüber c Mit wem, worüber

8 b Mit wem c Wovon d Auf wen e Worüber

10 **Musterlösung:**

sich verlassen, Lust haben	darauf/auf ...	→ Worauf/Auf wen ...?
sich bedanken	dafür/für ...	→ Wofür/Für wen ...?
sich bedanken sich beschweren	darüber/über ...	→ Worüber/Über wen ...?
sich bewerben	darum/um ...	→ Worum/Um wen ...?

helfen	dabei/bei ...	→ Wobei/Bei wem ...?
sich streiten, sich treffen, telefonieren	damit/mit ...	→ Womit/Mit wem ...?
fragen	danach/nach ...	→ Wonach/Nach wem ...?
träumen, erzählen	davon/von ...	→ Wovon/Von wem ...?
Angst haben	davor/vor ...	→ Wovor/Vor wem ...?
gratulieren	dazu/zu ...	→ Wozu/Zu wem ...?

11a 1 Naomi: Höflichkeit 2 Carol: Öffnungszeiten 3 Jan: Männer und Frauen

11b 1 c 2 a 3 b

12a 2 d 3 a 4 c 5 b

12b 2 Im Vergleich zu meinem Land / Wenn man ... mit meinem Land vergleicht, dann 3 Mir ist aufgefallen, dass / Ich habe festgestellt, dass; Das ist in meinem Land anders. / Das ist bei uns nicht so. 4 Im Unterschied zu meinem Land / Im Gegensatz zu meinem Land 5 Das ist in meinem Land auch so. / Das ist bei uns genauso.

13 **b** Bei dem Wort „Heimat" denke ich an **c** Ich erinnere mich noch gut **d** Mit „Heimat" verbinde ich das Gefühl

14 **b** die Mobilität **c** ordnen **d** der Profi **e** der Geruch **f** der Geschmack **g** speziell **h** die Tradition

Schritt C

15 **b** 3 **c** 1 **d** 4 **e** 2

16a **1** der Schweiz **2** zu arbeiten **3** die Region

16b **Musterlösung: Lage:** in Mitteleuropa; **Einwohner:** acht Millionen Menschen, mehr als zwanzig Prozent stammen aus einem anderen Land, vor allem aus Italien, Deutschland, Portugal und Frankreich; **Größe:** ungefähr so groß wie die Niederlande; **Grenzen:** Deutschland, Italien, Österreich, Liechtenstein, Frankreich

Schritt D

17 **1** B **2** E **3** X **4** F **5** D

Fokus Beruf: (Un-)Zufriedenheit äußern

2a **1** ☺ **2** ☹

2b **2** ~~lange mit den Kunden zu unterhalten~~ intensiv um die Kunden zu kümmern **3** ~~im Urlaub~~ krankgeschrieben **4** ~~Die Auszubildende~~ Die Praktikantin **5** ~~noch bessere Arbeit leisten könnte~~ ausgezeichnete Arbeit leistet

3 **+:** Ich finde es sehr gut, dass …; Sie haben ausgezeichnete Arbeit geleistet.; Mir gefällt, dass …
-: Ich bin nicht zufrieden, weil …; Mir ist in letzter Zeit aufgefallen, dass … Das stört mich.; Ich finde es nicht gut, dass …

Lösungen zu den Tests

Lektion 8   Unter Kollegen

1   Freundschaften, Studie, beeinflusst, krankmelden, Zusammenarbeit, warnen
2   **a** dass **b** falls **c** weil **d** als
3   **a** an die **b** von dem **c** von denen **d** mit dem **e** vor der
4   **Musterlösung: a** ... schneller kann man feststellen, ob man wirklich gut zusammenpasst. **b** ... mehr Verehrer hat sie. **c** ... leichter findet er eine Frau. **d** ... besser funktioniert die Beziehung. **e** ... schwieriger ist vielleicht die finanzielle Situation.
5   **a** 4 **b** 2 **d** 2 **e** 1 **f** 4 **g** 3 **h** 5 **i** 1 **j** 1 **k** 5
6   **richtig:** a, e
7   **Musterlösung:** Ich denke, der Satz bedeutet, dass es wichtig ist, echte Freunde zu haben. Wahre Freundschaften sind selten, daher sind sie so besonders. Mit vielen Leuten hat man einen freundschaftlichen Umgang, zum Beispiel im Job. Aber man sollte gute Zusammenarbeit nicht mit Freundschaft verwechseln. Mit echten Freunden kann man über alles sprechen, also auch über Beziehungsprobleme und Geldsorgen. Mit Arbeitskollegen sollte man darüber lieber nicht sprechen. Echte Freundschaft bedeutet für mich, dass man über alle Themen offen sprechen kann.

Lektion 9   Virtuelle Welt

1   **a** erstellen **b** süchtige **c** installieren **d** aufregen
2   süchtig, ernsthafte, aufregt, Eindruck, Standpunkt, herrlich
3   **a** nachdem **b** Während **c** Bevor **d** nachdem **e** bevor
4   **a** Der Motor hört sich an, als ob er kaputtgehen würde. **b** Das Auto sieht so aus, als ob es alt wäre. **c** Es scheint so, als ob der Chef viel Geld hätte.
5   wie wäre es, wenn du; Ich weiß nicht. Ich kann nicht so gut; könntest du nicht; Das kommt für mich nicht infrage.; kann ich mich kümmern.; Aber ich würde; Würdest du das tun?; Das mache ich gern.
6   **Musterlösung:** Lieber John, ich kann gut verstehen, dass Dich das aufregt. Auch bei uns ist das so. Mein Mann guckt ständig auf sein Smartphone. Unglaublich! An Deiner Stelle würde ich mit ihr sprechen. Versuch doch, feste Zeiten für das Smartphone mit ihr zu vereinbaren.

Lektion 10   Werbung und Konsum

1   benötige, Vorige, Lieferung, weder ... noch, entschlossen
2   **a** was **b** wo **c** was **d** wo **e** was **f** was
3   **a** weder ... noch **b** weder ... noch **c** Sowohl ... als auch **d** sowohl ... als auch
4   **a** startendes **b** funktionierenden **c** streitende **d** spielenden **e** tanzenden
5   **a** 3 **c** 3 **d** 2 **e** 3 **f** 1 **g** 3 **h** 4 **i** 4 **j** 4 **k** 2

6   **Musterlösung:** Das finde ich nicht in Ordnung. Wenn Zigarettenwerbung im Fernsehen verboten ist, sollte sie auch auf Plakaten verboten sein. Zigaretten sind schließlich sehr schlecht für die Gesundheit. Meiner Meinung nach sollten Kinder und Jugendliche keine Werbung für dieses Produkt sehen, weder im Fernsehen noch auf Plakaten. Ich verstehe nicht, warum ein Unterschied zwischen Fernsehen und Plakaten gemacht wird. Ich denke, dass gar keine Werbung für Zigaretten gemacht werden sollte. Schließlich werden viele Leute davon süchtig und krank.

Lektion 11   Miteinander

1   absolut, bestraft, behindert, bemüht, weggegangen, zugeschaut, offenbar
2   Geschwindigkeitsbeschränkung, Ausnahme, geweigert
3   **Musterlösung: a** Morgen wird es dir besser gehen. **b** Das Essen wird lecker schmecken. **c** Die Reparatur wird teuer werden.
4   **a** da sie falsch geparkt hat. **b** da ich die Straße bei Rot überquert habe.
5   es war doch keine Absicht.; Sie haben ja vollkommen recht.; ich wollte doch nur; schlimm war das doch gar nicht.; Sie nicht mal ein Auge zudrücken?; kommt überhaupt nicht infrage.; Sie doch bitte so nett.
6   **Musterlösung:** Liebe Teresa, es freut mich, dass Du den Job bekommen hast! Bei uns ist es üblich, einen Anzug oder ein Kostüm im Büro zu tragen. In der Freizeit kann man natürlich anziehen, was man möchte. Pünktlichkeit spielt nicht so eine große Rolle und Termine werden nicht so viel im Voraus geplant. Nicht so gut finde ich, dass es bei uns leider weniger Urlaubstage gibt. In meinem Büro sind die Regeln zum Siezen nicht so streng. Da gibt es viele Kollegen, die sich einfach duzen. Ich wünsche Dir ganz viel Spaß!
Viele Grüße

Lektion 12   Soziales Engagement

1   **b** Kälte **c** Integration **d** Feuerwehr **e** beinahe **f** dreimal **g** Einrichtung **h** einsetzt **i** Organisation **j** Altenheim **k** betreue
2   **a** Seit **b** bis **c** seit **d** Seit **e** bis
3   **a** ... indem sie gespendete Kleidung prüft, sortiert und in Kisten verpackt. **b** ... ohne Geld zu bekommen. **c** ... ohne dass diese Mitglied sein müssen. **d** ... indem man einen Erste-Hilfe-Kurs beim Roten Kreuz besucht. **e** ... ohne vorher etwas gegessen und getrunken zu haben. **f** ... ohne dass du deine Eltern um Erlaubnis fragst.
4   **a** Ich engagierte mich schon beim Roten Kreuz, als ich noch zur Schule ging. **b** Manuel bekam Hilfe vom Mieterverein, nachdem er Mitglied geworden war. **c** Seit Karin sich für Straßenhunde engagiert, hat sie keine Zeit mehr für ihre Freunde. **d** Das Programm der Nachbarschaftshilfe geht die Ferien über, bis die Schule wieder anfängt.

5 gerade in einer blöden Situation; ist denn genau Ihr Problem; bin ganz sicher, dass; mir da vielleicht weiterhelfen; Wie wäre es denn

6 **Musterlösung:** Als ich Kind war, war mein großes Vorbild meine Oma. Sie wurde 1929 in Ungarn geboren. Sie war sehr freundlich und herzlich. Sie hat sehr oft gelacht und sich um uns Kinder gekümmert. Am meisten hat mich beeindruckt, dass sie nach dem Krieg fliehen musste und sich dann ein neues Leben aufgebaut hat. Trotzdem hat sie ihre Freude am Leben nicht verloren. Sie hat geheiratet und vier Kinder bekommen. Sie hat sich immer sehr für ihre Familie eingesetzt.

Lektion 13 Aus Politik und Geschichte

1 **a** politisch **c** Demonstration, protestiert

2 **a** blühen **b** leisten **c** weiterbilden

3 größere, höheres, höchste, schönsten, neueste, vollste

4 **a** Früher ist auf den Straßen protestiert worden. Früher wurde auf den Straßen protestiert. **b** 1990 ist der 3. Oktober zum ersten Mal gefeiert worden. 1990 wurde der 3. Oktober zum ersten Mal gefeiert. **c** In Berlin ist 1961 eine Mauer gebaut worden. In Berlin wurde 1961 eine Mauer gebaut.

5 (von oben nach unten:) 6, 3, 4, 1, 2, 5

6 In diesem Zusammenhang finde ich auch wichtig, dass; Ich bin für; Ich finde es besser so; Das kann ich nur ablehnen.; Das ist bei uns nicht so streng wie

7 **Musterlösung: Wer?** tausende Schüler **Was?** protestieren gegen zu schwere Abiturprüfungen **Wann?** in diesem Jahr **Wo?** in Stuttgart (Baden-Württemberg), Schulbehörde
Tausende Schüler aus Baden-Württemberg protestieren in diesem Jahr in Stuttgart vor der Schulbehörde gegen zu schwere Abiturprüfungen. Sie finden, dass die Prüfungen in den Fächern Englisch, Mathematik und Deutsch zu schwer waren. Nach Ansicht der Schüler ist das Abitur daher unfair. So heißt auch ihre Unterschriftenaktion: „Abitur unfair". Viele Schüler, Eltern und Lehrer haben unterschrieben. Die Schüler konnten 30.000 Unterschriften an die Schulbehörde übergeben.

Bewertungsschlüssel für die Tests:

40 – 36 Punkte	sehr gut
35 – 32 Punkte	gut
31 – 28 Punkte	befriedigend
27 – 24 Punkte	ausreichend
23 – 0 Punkte	nicht bestanden